Kohlhammer

Veröffentlichungen zur badischen
Kirchen- und Religionsgeschichte

herausgegeben
im Auftrag des Vorstands des Vereins für Kirchengeschichte
in der Evangelischen Landeskirche in Baden
von Johannes Ehmann

Band 5

Johannes Ehmann (Hrsg.)

Der Heidelberger Katechismus und seine Verbreitung in den Territorien des Reichs

Studien zur deutschen Landeskirchengeschichte

Verlag W. Kohlhammer

1. Auflage 2015

Reproduktionsvorlage: Textwerkstatt Mergenhagen/Veith, München
Gesamtherstellung: W. Kohlhammer GmbH, Stuttgart

ISBN 978-3-17-029685-5

Vorwort

Später als erhofft kann der Band mit Dokumentation der Tagung erscheinen, mit welchem der Arbeitskreis deutsche Landeskirchengeschichte (ADLK) das Jubiläum des Heidelberger Katechismus aufgenommen und mitgestaltet hat. Gastgeber der Tagung vom 20.–22. September 2013 war der Verein für Kirchengeschichte in der Evangelischen Landeskirche in Baden, der wiederum von der Evangelischen Studierendengemeinde Heidelberg (ESG) freundlichst aufgenommen wurde und die Räume zur Tagung nutzen durfte. Dafür sei an dieser Stelle insbesondere Pfr. Dr. Hans-Georg Ulrichs sehr herzlich gedankt.

Dank gilt es auch abzustatten an Prälat Prof. Dr. Traugott Schächtele und die Evangelische Landeskirche in Baden, die das Auditorium zu einem kleinen Empfang eingeladen und damit dem geistigen Mühen einen würdigen und leiblichen Rahmen gegeben haben.

Zu danken ist ferner all denen, die organisatorisch zum Gelingen des Symposiums beigetragen haben durch graphische Gestaltung der Einladung oder Begleitung des Plenums im Hause.

Besonderer Dank gilt freilich denen, die vorgetragen und dann auch ihre Manuskripte zur Veröffentlichungen bereitgestellt haben. Leider konnten nicht alle Beiträge hier abgedruckt werden. Zusätzlich aufgenommen wurde ein Beitrag des Herausgebers, den er im Januar 2013 in der Evangelischen Akademie der Pfalz in Landau gehalten hat.

Heidelberg, Pfingsten 2015

Johannes Ehmann

Inhalt

1. Einführung

Johannes Ehmann (Heidelberg)

Wenige kirchengeschichtliche Ereignisse sind in den letzten Jahrzehnten so konkret und so breit auch einer breiteren Öffentlichkeit in Heidelberg vor Augen getreten wie zuletzt das 450. Jubiläum des Katechismus, der mit nur wenigen andern als „Namen" den seiner Heimatstadt trägt: hier also des Heidelberger Katechismus von 1563.

Die Bedeutung dieses Katechismus für die Geschichte und Lehre des reformierten Protestantismus ist unbestritten. Und dennoch (oder deshalb?!) überraschte das breite Echo des Jubiläums auch in Kultur und Gesellschaft. Zwei Ausstellungen, besser: zwei Teile *einer* Ausstellung in Stadt und Schloss, Grußworte von Vertretern des öffentlichen Lebens, Gottesdienste und Festakte, Bildungs- und Kulturveranstaltungen gaben dem Heidelberger Festjahr Konturen.

Wissenschaftlich „gerahmt" war das Festjahr von zwei Heidelberger Veranstaltungen: eingeleitet von einem international besetzten Symposium zu „Profil und Wirkung des Heidelberger Katechismus"[1], das vom 9.–11. Mai stattfand, und (vorläufig) abgeschlossen dann durch die Tagung des ADLK vom 20.–22. September 2013.

Beide Tagungen – das ist leicht ersichtlich – bildeten bei aller Unterschiedlichkeit eine thematische Klammer. Ging es in der Frühjahrstagung auch um die Internationalität der Herkünfte und Wirkungen spezifischer theologischer Traditionen, so in der Herbsttagung um territorialgeschichtliche Wirkungen des Heidelberger Katechismus bezogen auf das Alte Reich.

Mit dieser inhaltlichen Zuspitzung suchte der Arbeitskreis deutsche Landeskirchengeschichte (ADLK) seiner Grundlinie zu folgen, kirchengeschichtliche Ereignisse auf ihre Wirkungen in den deutschen Territorien zu befragen und die Ergebnisse der interessierten Öffentlichkeit vorzulegen.

Als bekannt wurde dabei vorausgesetzt, welche Bedeutung dem Heidelberger Katechismus für die Geschichte der Kurpfalz als ehrwürdigstem weltlichen Reichstand zwischen 1556, also der Einführung der lutherisch-oberdeutschen Reformation durch Kurfürst Ottheinrich, und 1563, also der Einführung des neuen, nun reformierten Katechismus durch Kurfürst Friedrich III. zukommt. Das galt es nicht zu wiederholen.

---

1 S. dazu Christoph Strohm/Jan Stievermann (Hgg.): Profil und Wirkung des Heidelberger Katechismus. Neue Forschungsbeiträge anlässlich des 450jährigen Jubiläums. The Heidelberg Catechism: Origins, Characteristics, and Influences: Essays in Reappraisal on the Occasion of its 450th Anniversary (SVRG 215), Heidelberg/Gütersloh 2015.

Vielmehr wurde versucht, die manchmal verschlungenen Wirkungen des pfälzischen Buches eben für die Kirchengeschichte der verschiedenen Territorien zu untersuchen. Nicht für alle Territorien konnte dies gelingen. Manche Landschaften wird man auch im Folgenden vermissen. Aber eine nahezu lückenlose Bestandsaufnahme hätte wohl ein jahrelanges Projekt benötigt. Die Dokumentation der folgenden Beiträge verdankt sich also auch einem gehörigen Maß des „Muts zur Lücke“ – vielleicht auch für manche ein Ansporn, sich künftig der partikularen Wirkung des Heidelberger Katechismus im eigenen Territorium anzunehmen.

Der Band wird eingeleitet durch zwei Beiträge, einen (1) des Herausgebers zur allgemeinen Einkleidung des historischen Umfeldes des Heidelberger Katechismus im Südwesten, nicht also zur Entstehungsgeschichte des Katechismus selbst.

Von besonderer Bedeutung ist (2) der Beitrag Christoph Strohms, der gewissermaßen eine Brücke vom o.g. Symposiums zur Herbsttagung des ADLK schlägt, indem er das zur Wirkung im Reich parallele wirkende wechselseitige Verhältnis der Pfalz zu Westeuropa schildert und die Entstehung des Heidelberger Katechismus darin einzeichnet.

Es folgen Einzelbeiträge zu ausgewählten Territorien.

(3) In seiner umfangreichen Darstellung beschreibt Helge Klassohn die höchst komplexe politische und theologische Lage der Fürsten Anhalts und deren erklärten Willen, einen eigenen religionspolitischen Kurs einzuschlagen und durchzuhalten. Die bis in die Gegenwart reichende Schilderung beschreibt somit die Entwicklung des Bekenntnisstandes des Territoriums durch die Zeiten und darin die schwindende Geltung des Heidelbergers.

(4) Einen an Person und Wirken Otto Thelemanns orientierten Einblick in die (Neu-) Begründung eines bekenntnisgebundenen reformierten Kirchenwesens im Bayern des 19. Jahrhunderts gibt der Herausgeber.

(5) Eike Wolgast schildert die m. W. bisher selten bearbeiteten Einflüsse des Heidelberger Theologie auf die konfessionelle Entscheidung Kurfürst Johann Sigismund von Brandenburgs samt deren Folgen.

(6) So engagiert wie profund aus den Akten erarbeitet Hans-Georg Ulrichs die Rolle und Funktion des Heidelberger Katechismus für die praktische Kirchentheorie der evangelisch-Reformierten im lutherischen Umfeld der Provinz (bzw. Landeskirche) Hannovers.

(7) Eine instruktive Übersicht über die Rezeption des Heidelberger Katechismus in hessische, nach der heutigen Ordnung des Bundesgebietes, teils auch nordrhein-westfälische bzw. rheinland-pfälzische Landschaften gibt Karl Müller, der auch neuere Entwicklungen aufgreift.

(8) Den Kampf um die Geltung des Heidelbergs zwischen Bekenntniswahrheit und überkommener Last am Ende des 19. Jahrhunderts schildert Gesine von Kloeden.

(9) Haik Porada gibt einen Überblick über die Geschichte des teils heftig angefeindeten Reformiertentums in Pommern zwischen schwedischer und brandenburg-preußischer Konfessionspolitik bei insgesamt schwachem Nachhall des Heidelberger Katechismus.

(10) Hans Seehase widmet sich einem bisher kaum erkundeten reformierten Territorium, der Herrschaft Sachsen-Barby, die lehensrechtlich von Sachsen

abhängig, dann als Teil der preußischen Kirchenprovinz auch auf eine Zeit der Geltung des Heidelberger Katechismus in ihren reformierten Gemeinden zurückblicken kann.

(11) Felix Klemme schließlich beleuchtet das Ringen um Identität der ursprünglich reformierten Gemeinden im Kirchenkreis Tecklenburg für Reformiertentum und Union innerhalb der westfälischen Provinz Preußens im 19. Jahrhundert.

2. Der Heidelberger Katechismus im Zeitalter der frühen Konfessionalisierung

Ein ereignisgeschichtlicher Überblick

Johannes Ehmann (Heidelberg)

Als Kurfürst Friedrich III. von der Pfalz (1559–76) im Jahre 1563 „seine" Reformation einführte[1], hatte die Kurpfalz bereits eine beinahe 50 Jahre währende wechselvolle Geschichte reformerischer oder gar reformatorischer Versuche hinter sich. Zu denken ist in erster Linie an die Reformation seines Vorgängers Ottheinrich (1556–59), der die Kurpfalz nach dem Augsburger Frieden von 1555 einer oberdeutsch geprägten lutherischen Reformation zuführte, indem er auf die württembergische Kirchenordnung (KO) des Johannes Brenz von 1553 und vor allem auf dessen Katechismus zurückgriff. Dieses Ereignis führt uns sofort ins Zeitalter der frühen Konfessionalisierung, zugleich aber auch in die Phase der Spätreformationen, die nach der Vorgeschichte dieser Reformation fragen lässt, die doch auch zur Vorgeschichte des Heidelberger Katechismus (HK) gehört.

Es soll im Folgenden im Rahmen dieser Einführung darum gehen, den Rahmen zu entwerfen, innerhalb dessen dann die theologische Profilierung einzuzeichnen ist, die im Heidelberger Katechismus ihren Niederschlag gefunden hat. Meine Aufgabe soll also sein, die weiteren Kreise zu ziehen, sowohl zeitlich wie räumlich, und dies auch durch begriffliche Klärungen und deren Anwendung. Wird in der allgemeinen Historiographie der letzten Jahrzehnte unter Konfessionalisierung[2] vor allem der Prozess der Staaten(fort)bildung sowie der Sozialdis-

---

1 Ich verweise an dieser Stelle (statt einer Fülle an Fußnoten) auf die folgenden Übersichtsdarstellungen: Irene Dingel, Die Wittenberger Reformation; in: Michael Plathow (Hg.), Lutherische Kirchen (Die Kirchen der Gegenwart 1. Bensheimer Hefte 107), Göttingen 2007, 7–57; dies., Evangelische Lehr- und Bekenntnisbildung im Spiegel der innerprotestantischen Auseinandersetzungen zur Zeit des Augsburger Religionsfriedens; in: Als Frieden möglich war. 450 Jahre Augsburger Religionsfrieden, hg. von Carl. A. Hofmann u. a., Begleitband zur Ausstellung, Regensburg 2005, 51–61; Christoph Strohm, Der Übergang der Kurpfalz zum reformierten Protestantismus; in: Udo Wennemuth (Hrsg.), 450 Jahre Reformation in Baden und Kurpfalz (VBKRG 1), Stuttgart 2009, 87–107; Eike Wolgast, Die reformatorische Bewegung in der Kurpfalz bis zum Regierungsantritt Ottheinrichs 1556; ebd., 25–44.

2 Vgl. dazu die schon klassischen „Konfessionalisierungsbände": Die reformierte Konfessionalisierung in Deutschland – Das Problem der „Zweiten Reformation", hg. von Heinz Schilling (SVRG 195), Gütersloh 1986; Die lutherische Konfessionalisierung in Deutschland, hg. von Hans Christoph Rublack (SVRG 197), Gütersloh 1992; Die katholische Konfessionalisierung, hg. von Wolfgang Reinhard und Heinz Schilling (SVRG 198), Gütersloh 1995.

ziplinierung unter konfessionellen Vorzeichen im Zeitraum von ca. 1500–1650 verstanden, so tritt uns eine Entwicklung vor Augen, die zunächst noch vorkonfessionell von der Reichsreform des Wormser Reichstags von 1495 bis zum Westfälischen Frieden 1648 reicht. Das hier und heute avisierte Zeitalter der *frühen* Konfessionalisierung dürfte entsprechend aus kirchengeschichtlicher Sicht zwischen 1517, dem Jahr des Thesenanschlags Luthers oder auch 1518, dem Jahr der Heidelberger Disputation, und den Jahren 1576 bzw. 1577/80 dem Todesjahr Friedrichs des III., dem der lutherische Ludwig VI. folgt, bzw. der lutherischen Konkordienformel und dem Konkordienbuch eben von 1577/1580 liegen. Darauf liegt der Schwerpunkt unserer Ausführungen.

Es ist nun der spezifischen Geschichte der Kurpfalz geschuldet, dass unsere Darstellung reformatorischer Konfessionalisierung bereits *vor* der pfälzischen Reformation einsetzen muss – d. h. mit den Regierungen der Kurfürsten Ludwig V. (1508–44) und Friedrich II. (1544–56).

Dies bedarf der Begründung. So soll die Darstellung einsetzen bei den Folgen der Landshuter Fehde, die zum einen eine frühe reformatorische Entscheidung der Kurpfalz mit verzögert haben. Zum andern soll herausgearbeitet werden, inwiefern zur Geschichte des Heidelberger Katechismus auch ein Wechsel der politischen Orientierung gehört, die nach 1563 einen alten politischen Gegensatz zwischen Württemberg und Kurpfalz nun auch religionspolitisch forciert. Dem entspricht die Gliederung der folgenden Abschnitte, nämlich (1) der Blick auf die Religionspolitik der genannten Kurfürsten Ludwig V. und Friedrich II., dann (2) die Religionspolitik Ottheinrichs, schließlich (3) aber auf die Religionspolitik Württembergs in ihrer antipfälzischen Frontstellung zwischen 1564 und 1566 unter Herzog Christoph (1550–68). Es folgt (4) ein Resümee.

1. Die Religionspolitik Ludwigs V. und Friedrichs II. zwischen 1508 und 1556

Es liegt wohl nicht nur an der prekären Quellenlage in der Pfalz, dass über die Religionspolitik Ludwigs kaum etwas Sicheres zu sagen ist. Vielmehr gehört zur Einschätzung dieses Fürsten eine – um mit Eike Wolgast zureden – „Äquidistanz“[3] zu Alt- wie Neugläubigen, eine Position der Nichtpositionierung, die freilich der Kurpfalz gemeinsam mit Kurmainz die Rolle von Schiedsrichtern unter den Reichsständen in den 1530er-Jahren einbrachte. Diese Rolle gründete in drei Tatsachen:

(1) Ludwig V. fiel das historische Erbe zu, die politischen Folgen des sog. Landshuter Erbfolgekriegs („Landshuter Fehde“) von 1504/05 bewältigen zu müssen, in deren Zusammenhang auch das kurpfälzische Bretten belagert worden war. Dieser Krieg gehörte zu den Schrecken der Kindheitserinnerungen des klei-

3 Vgl. Wolgast, 25–36. Ihm folgend auch das Weitere.

nen Philipp Melanchthon in seiner Heimatstadt. Nicht nur verloren die pfälzischen Wittelsbacher den erhofften Einfluss auf die bayerischen Territorialherrschaften, sondern verzeichneten empfindliche Verluste gegenüber Württemberg, bspw. mit Maulbronn und dem mittleren Neckarraum sowie im Hoheloheschen. Herzog Ulrich von Württemberg hatte bspw. die kurpfälzische Stadt Besigheim a. Neckar 1504 erobert; sie wurde 1529 badisch. Diese Stadt wird uns am Ende noch einmal beschäftigen.

Jedenfalls galt es, nach der politischen, rechtlichen und militärischen Depression die Pfalz durch ein gutes Verhältnis zum Kaiser zu stabilisieren, also diesen nach 1520 auch nicht zu verärgern durch ein offenes Eintreten für die Reformation – schon gar nicht nach den Wirren des Bauernkriegs.

(2) Außerdem galt es, das kurpfälzisch-dynastische Satellitensystem zu pflegen, das eine Hinterfragung geistlicher Reichsfürstentümer verbot. 1523 schrieb der evangelische Publizist Heinrich von Kettenbach mit stillschweigender Parallelisierung Ludwigs mit König Ahab: „Der pfaltzgraff hyncktt zu bayden seytten, er hat vil brüder, seind auch bischoffe, er will nit geren wider sy thon."[4] Gemeint war das Familienkartell der Brüder Ludwigs und Friedrichs, nämlich Philipp, Bischof von Freising und Naumburg, Johann, Bischof von Regensburg; Georg war Bischof von Speyer, Heinrich Probst von Ellwangen, seit 1523 Koadjutor, seit 1533 Bischof von Worms sowie Bischof von Utrecht, Wolfgang, der freilich 1524 von seinen Ämtern zurücktrat, war Domherr in Würzburg, Augsburg und Speyer. Ganz offenbar versuchte man, den Einfluss zu sichern oder neu zu stärken, den man 1505 verloren hatte, nicht zuletzt in pfälzischen Randlagen, aber auch bayerischen, schwäbischen und fränkischen Gebieten. Dazu gelang es, die Schirmvogtei über die großen Klöster des Landes an sich zu ziehen.

(3) Schließlich muss für die Person des Kurfürsten selbst von Unwillen, vielleicht auch Unfähigkeit ausgegangen werden, sich auf theologische Fragen einzulassen. Diese waren ihm lästig und der gebotenen Loyalität mit dem Kaiser hinderlich, wenn er seinen Gesandten beim Augsburger Reichstag 1530 schrieb, er wolle sich „der selben newerung ye nit vill beladen noch des, so wir kein verstandt eigendlich[en] wissens empfangen, zu diputirn… Noch vill mynder des wegen gegen ymands, furnemlich kyserlicher majestät alls unserm hern, zu setzen …" Und im Hinblick auf die Hauptmächte der Reformatorischen, der Landgrafschaft Hessen und dem Kurfürstentum Sachsen, denen er verwandtschaftlich verbunden war, formulierte er seinen Grundsatz der Neutralität mit den Worten, „wo wir ye fur ir liebden nit sein kundten, das wir auch widder sie nit sein wollten."[5] Ein Heinrich von Kettenbach hätte sich durch solch ein Votum in seiner Einschätzung nur bestätigt fühlen können. Und in seinem Sinne hat auch lange die protestantische Geschichtsschreibung Ludwig als unentschlossenen Fürsten charakterisiert und kritisiert, in dessen Regierungszeit und zu Füßen des Heidelberger Schlosses doch die berühmte Disputation Luthers 1518 fiel, und der dennoch den reformatorischen Impuls ignorierte und einer Politik der Zurückhaltung huldigte – vielleicht in der Einschätzung, dass Frieden die einzige Möglichkeit

4 Zitat nach Wolgast, 27.
5 Ebd. 26f.

zum Wiederaufbau der Pfalz darstellte. Der politische Ausgleich genoss Priorität vor der religiösen Parteinahme – ganz entgegen der religionspolitischen Dynamik Hessens unter Landgraf Philipp oder seit 1534 auch Württembergs mit dem zurückgekehrten Herzog Ulrich.

Von einer Konfessionalisierung der Pfalz, sei es reformatorisch, sei es antireformatorisch ist also nicht zu reden. Aber die Religionsmandate gegen die reformatorische Bewegung wurden reichsrechtlich mitgetragen und der Reformation zuneigende Prediger des Landes angewiesen, sich solange mit neuer Lehre zurückzuhalten, bis ein Konzil die theologischen Streitfragen entschieden habe. Doch waren eher Ruhe und Ordnung als eine streng römische Theologie die Maximen von Ludwigs Politik. Immerhin wuchs Ludwig so in die schon genannte Rolle des ausgleichenden Schiedsrichters hinein. Und zugleich wuchs das Misstrauen der Evangelischen gegenüber diesem Fürsten und dessen vermuteter stiller Parteinahme. Die Altgläubigen, schrieb der lutherische Publizist Johann Locher Anfang 1524 despektierlich, hoffen „auf den alten affen von Haydelberg gleych wie die Juden auf iren Messiam."[6] Gleichwohl zeigt gerade das Jahr 1524, dass Ludwig zu den Anhängern eines deutschen Nationalkonzils gehörte, wenn er nach dem kaiserlichen Verbot desselben seine Enttäuschung gegenüber dem Kaiser kundtat. Aber wieder muss offen bleiben, ob Ludwig eine Reform der Kirche erhoffte oder nicht das Konzil als plausibles Mittel der Befriedung des Gemeines Mannes betrachtete, dessen Liebäugeln mit der Reformation ihm freilich nicht verborgen blieb.

Ludwigs Schreiben an seine Gesandten 1530 in Augsburg wurde bereits genannt. Am klarsten wird seine Position doch in einem Brief an Pfalzgraf Friedrich in der Oberpfalz vom Herbst 1525: Man solle das Evangelium frei und fleißig predigen, aber man wisse derzeit nicht, welche Religionspartei die Oberhand gewinnen werde und welche im Besitz der Wahrheit sei.[7] Religiöse Skepsis verband sich mit der erklärten Absicht, nicht um theologischer Fragen willen politischen Boden preiszugeben. Für das kurpfälzische Kernland bedeutete dies: Reformatorische Prediger wurden geduldet, solange sie sich nicht exponierten. Andernfalls wurden sie – teils auf äußere Initiative – des Landes verwiesen. Die prominentesten Beispiel sind Wenzel Strauß 1526 und schon zwei Jahre zuvor der auf kurpfälzischen Druck in Neckarsteinach entlassene Jakob Otter. Aber – um das verwirrende Bild zu komplettieren – es gab auch nicht minder prominente Gegenbeispiele: so der Heidelberger Theologe Martin Frecht, Gast der Heidelberger Disputation, der nach Übernahme einer theologischen Professur und Doktorat 1529/30 in der Stadt erst 1531 nach Ulm weichen musste. Oder auch Heinrich Stoll, der eindeutig reformatorisch gesinnt 1526 sogar als Prediger an Heilig Geist zu Heidelberg berufen wurde, zeitlebens blieb und 1557 als Kirchenrat und Generalsuperintendent nach der ottheinrichschen Reformation starb.

---

6 Vgl. Adolf Laube u. a. (Hgg.), Flugschriften der frühen Reformationsbewegung, Bd. 2, Berlin 1983, 967, 40f.

7 Vgl. Armin Kohnle, Reichstag und Reformation. Kaiserliche und ständische Religionspolitik von den Anfängen der Causa Lutheri bis zum Nürnberger Religionsfrieden (QFRG 72), Gütersloh 2001, 328f.

Im Jahre 1544 übernahm Pfalzgraf Friedrich II. die Kurwürde seines Bruders und setzte einen Kurs, der nur so beschrieben werden kann: Alles blieb beim Alten, und: Alles wurde anders – und das beinahe gleichzeitig!

Zunächst galt für Friedrich dasselbe wie für den verstorbenen Bruder. Unbedingte Loyalität zum Kaiser und zum Hause Habsburg, letzteres kaum uneigennützig. Denn schon als Pfalzgraph litt Friedrich, durch Erziehung am burgundischen Hof weit höfischer und verschwenderischer gesinnt als sein Bruder, an permanentem Geldmangel, was dazu führte, dass Friedrich die verschiedensten kaiserlichen Ämter übernahm, um der Privatinsolvenz zu entgehen. Für sich persönlich wie für die Pfalz lag der Inbegriff seines Kalküls freilich bei den Hoffnungen der Einheirat ins Kaiserhaus und gar einer dänischen Thronfolge. Letztgenannte Hoffnung zerschlug sich 1544, was zeitweise und durchaus gefährliche Entfremdungen zum Kaiser verursachte. Das Scheitern der weitreichenden politischen Ambitionen und seine – wie zu zeigen sein wird – so späte wie wenig nachhaltige reformatorische Entscheidung stehen zweifellos im Zusammenhang.

Seit dem Jahre 1518 war Friedrich Statthalter der Oberpfalz gewesen und hatte hier zunächst die reformatorische Bewegung unterdrückt. 1538 – das erscheint mir bemerkenswert – stellte Friedrich in der Oberpfalz die Konfession frei, also im Zeitraum zwischen Nürnberger und Frankfurter Anstand. 1543 soll er das Abendmahl sub utraque genommen haben. Wieder sind in aller Kürze drei Momente des Wirkens Friedrichs in der Kurpfalz zu benennen:

(1) Zunächst die Einsicht, dass die reformatorische Bewegung, so die Oberpfälzer Erfahrung, nicht ohne Gewalt zu unterdrücken war.

(2) Zu Füßen des Schlosses, ungefähr am heutigen Kornmarkt wohnend, der Neffe und Thronerbe Friedrichs, Ottheinrich, der teils lästig und mit klarem Blick auf das kurpfälzische Erbe, reformatorische Maßnahmen entschieden bejahte. Ottheinrich hatte soeben, also 1544, sein Fürstentum Pfalz-Neuburg nach Staatsbankerott verlassen müssen, hatte dort jedoch Erfahrungen gesammelt sowohl mit reformatorischer Theologie als auch fränkischen Quellen reformatorischer Kirchenordnung, die der Haller und später Württembergische Reformator Johannes Brenz, auch er einstmals Gast der Heidelberger Disputation, für die württembergische KO von 1553 fruchtbar machen sollte.

(3) Schließlich aber waren Übernahme der Kurwürde nach dem Scheitern der hochfliegenden dänischen Pläne und die wachsende Distanz zum Kaiser offenbar für Friedrich Grund genug, den Oberpfälzer Weg nun auch in der Kurpfalz fortzusetzen. So wurde zunächst wie in der Oberpfalz die Konfession frei gestellt, nach einem Adelstag Ende 1545, auch das evangelische Abendmahl, der evangelische Gottesdienst und auch die Priesterehe möglich. Zur erkennbaren Einführung der Reformation fehlte eigentlich nur noch eine regelrechte KO und die Visitation. Aber schon 1546 wurde das Abendmahl sub utraque dann in einer ersten KO sogar befohlen.

Zur Begründung bzw. Rechtfertigung seiner Maßnahmen verwies Friedrich mit einem gewissen Recht darauf, dass sämtliche Ausgleichsmaßnahmen im Reich bisher gescheitert seien und die evangelische Bewegung sich augenscheinlich nicht unterdrücken lasse.

Diese reformatorische Phase währte allerdings nur ca. sechs Monate und wurde jäh durch den Schmalkaldischen Krieg (1546/47) bzw. dessen Ausgang abgebrochen. Friedrich hielt sich aus Kriegshandlungen heraus, hatte aber Herzog Ulrich von Württemberg Truppen zukommen lassen. Das Abenteuer war zu Ende. Aber nun doch nicht ganz. Hätte es in der damaligen Kurpfalz schon die reformierte Hochschätzung der „Fürsehung" oder Providenz Gottes gegeben, von der auch im Heidelberger Katechismus die Rede ist, so hätte man sagen müssen. Confusione principis et providentia Dei konnte Friedrich sich aus der Affäre ziehen.

Wir müssen noch einmal kurz zurückblenden: Noch vor dem für die kurze Reformation entscheidenden Adelstag im April 1546 hatte der Kurfürst im Januar Aufnahmeverhandlungen mit dem Schmalkaldischen Bund geführt. Die Kurpfalz als aktives Bundesglied des Schmalkaldischen Bundes wäre sicherlich hart bestraft worden. Aber Friedrich tat etwas, was mit für die Orientierung der pfälzischen Politik grundlegend und erwähnenswert erscheint – er verband seine Mitgliedschaft im Bund mit der Sicherung seiner Ambitionen in Bayern, mindestens mit der Abwehr der bayerischen Ansprüche auf die Kurwürde der dortigen Wittelsbacher, sowie Anerkennung der eben gescheiterten Ansprüche auf den dänischen Thron durch die Schmalkaldener. Da diese nun mit solch politisch brisanten Hypotheken nicht belasten wollten, scheiterte die Aufnahme der Kurpfalz – aus Sicht der Jahre 1547/48 zu deren Glück.

Hier ist eine kleine Parenthese nötig, nämlich die Feststellung, dass Friedrich offenbar meinte, zumindest in Ansätzen wieder und nun konstruktiv beim Punkt und Jahr 1504 ansetzen zu müssen, nämlich antibayerischer Politik, so verständlich dies sein mag, und Suche nach einer neuen Machtbasis. Das Schielen nach der dänischen Krone bis 1544, war das etwa schon ein Wetterleuchten im Blick auf 1614 und die böhmische Krone unter Friedrich V.?

So aber entging Kurfürst Friedrich II. der Katastrophe und seine Politik, auch seine Religionspolitik fiel wieder in den reflektierten Schwebezustand eines Ludwig zurück. Friedrich unterwarf sich bereits 1546 dem Kaiser und besuchte den Geharnischten Reichstag zu Augsburg 1548, um dem kaiserlichen Misstrauen keinerlei Anhalt zu bieten. Hier unterstützte er gar das Interim, dessen vorübergehende Zugeständnisse im Abendmahl und zur Priesterehe er aber als dauerhafte Einrichtung wünschte. Außerdem gelang es, die Durchführung des Interims in der Kurpfalz ohne jede Konsequenz zu handhaben, zumal mit Ausnahme des Kurerzbistums Mainz auch die Bischöfe keinerlei Dynamik an den Tag legten. Und wenn der Kurfürst die Meinung vertrat, in den Religionsfragen keine Gewalt anzuwenden und die Ergebnisse des Konzils, also Trients, abzuwarten, so war dies nichts anderes als ein Wahren der Ordnung unter Hinhalten religionspolitischer Konsequenzen, die alte Position Ludwigs. Diese Position hat Friedrich noch beibehalten, als die Interimspolitik des Kaisers, die in Württemberg ja streng, in Konstanz schlimm und nachhaltig wirkte, mit dem Fürstenkrieg als gescheitert betrachtet werden musste. Erst der Passauer Friede von 1552 bewog Friedrich, wieder einem reformatorischen Kirchentum Geltung zu verschaffen. Nach meiner Einschätzung war dies die eigentliche proreformatorische Entscheidung des Kurfürsten, denn jetzt war mit dem Reformationsbeschluss der Einfluss auf die

Hochstifte Worms und Speyer erheblich gemindert, also ein politischer Nachteil bewusst in Kauf genommen. Das Lavieren hatte ein Ende. Dennoch und typisch fehlte auch dieser Entscheidung noch die letzte Konsequenz. Von einer allgemeinen Reformation konnte nicht die Rede sein. Zunächst gewährte der Landesherr nur (aber immerhin) den Gemeinden, die dies wünschten, evangelische Prediger, so in Neustadt, Kaiserslautern und Heidelberg. Dann aber schuf 1555 der Augsburger Friede die neue und grundlegend andere Geschäftsordnung der Reichsreligionspolitik. Die dort in Augsburg vertretenen pfälzischen Gesandten samt Pfalzgraf Ottheinrich vertraten hier zunächst eine konfessionelle Freistellung, wie man sie ja aus der Ober- wie Kurpfalz kannte. Jetzt aber kam es noch unter Friedrichs Herrschaft zu Verhandlungen mit dem neuen und mehr als tatkräftigen Herzog von Württemberg Christoph (1550–68), als deren Ergebnis eine KO für die Pfalz erarbeitet werden sollte. Wahrscheinlich wurde bereits jetzt vereinbart, dass Johannes Brenz und Jakob Andreae das pfälzische Reformationswerk begleiten sollten. Auch wurde der württembergische Landeskatechismus Brenzens nach Heidelberg überstellt. Es hat nun doch den Anschein, dass die Reformation konsequent und nach württembergischen Vorbild durchgeführt werden sollte, aber die KO war beim Tode Friedrichs noch nicht vollendet und aus nicht erweislichen Gründen wurden 1556 dann auch zur Visitation nicht württembergische, sondern straßburgische Theologen, nämlich Johannes Marbach und Johannes Flinner herangezogen, die aber der württembergischen Reformation durchaus wohlwollend gegenüberstanden und somit nicht als antiwürttembergische Alternative betrachtet werden dürfen.[8]

Im Februar 1556 starb Kurfürst Friedrich II. Sein Nachfolger wurde der ungeliebte Neffe Otto Heinrich, genannt Ottheinrich.

Eine weitere kurze Parenthese sei erlaubt: Noch nicht mit der proreformatorischen Entscheidung von 1546, wohl aber mit der des Jahres 1555 zeichnete sich eine politische Gemeinsamkeit mit Württemberg ab, die nachher noch einmal eigens zu rekapitulieren ist. Das reformatorische Aktionsbündnis – Ottheinrich sollte es fortsetzen – ist aber allein schon aus dem Grunde bemerkenswert, da Württemberg, es gehörte 1462 zusammen mit Baden zu den großen Verlierern der Schlacht von Seckenheim[9], seit 1505 zu den Nutznießern des kurpfälzischen Machtverlustes zu zählen war und zur konkurrierenden Macht am mittleren Neckar aufstieg. Konnte diese Koalition halten? Wir werden sehen, dass sie spätestens 1564 in Licht und Schatten des Heidelberger Katechismus zerbrach und wohl auch zerbrechen musste.

---

8 Vermutlich war Brenz einfach unabkömmlich, Andreä mit Heerbrand in der Markgrafschaft Baden-Pforzheim engagiert (unter Mithilfe des kurpfälzischen Hofpredigers und Philippisten Diller).

9 Die Schlacht brachte Kurfürst Friedrich I. den Beinamen „der Siegreiche“ ein.

2. Die Religionspolitik Ottheinrichs

Mit der ihm eigenen leibesfülligen Dynamik hat Ottheinrich als pfälzischer Kurfürst dann im Schutz des Augsburger Friedens eine württembergisch geprägte lutherische Reformation eingeführt, die württembergische Option seines Vorgängers also beibehalten und zugleich die unvollständigen Vorarbeiten Friedrichs beiseitegelegt. Eingeführt wurde durch die KO von 1556, d. i. die württembergische KO von 1553[10], unter anderem der Brenzsche Katechismus. Auch rechtspolitisch war Württemberg Vorbild, wenn die Ehe- und Kanzleiordnung des Nachbarn zur Einführung gelangten. Dennoch war Ottheinrich auch nur religionspolitisch kein Satellit Württembergs und auch kein Übergangskurfürst.[11] Aber er hatte das Erbe seiner beiden Vorgänger anzutreten, das nach 40 Jahren Schwebezustand in Religionsfragen alles andere als ein leichtes gewesen ist.

40 Jahre Schwebezustand heißt konkret, dass die nun fällige Visitation den für die Kurpfalz der End-50er Jahre des 16. Jahrhunderts typischen religiösen Pluralismus als allgemeines Phänomen zutage beförderte. Es gab Lutheraner, Altgläubige, erasmisch angehauchte Zwinglianer, Philippisten, Calvinisten – nicht zuletzt: Täufer. Das offenbar war der Preis der fehlenden Konfessionalisierung: eine theologische Pluralisierung, der Ottheinrich schließlich nicht Herr werden konnte, wie insbesondere der Heidelberger Abendmahlsstreit zeigte.

Der von Straßburg ausgeliehene, aber durchaus in württembergischem Sinne agierende Johannes Marbach musste bald erkennen, dass die unmittelbare Übertragung württembergischer Strukturen auf die Kurpfalz kaum möglich war. Das lag sicherlich auch daran, dass die reformatorische Ordnung in Württemberg nun schon mehr als zwei Jahrzehnte zurücklag und auch die Herausforderung des Herzogtums, einerseits politisch sich gegenüber den Ansprüchen Habsburgs zu behaupten und andererseits theologisch die Integration von fränkischem Luthertum und oberdeutscher Theologie zu bewerkstelligen, insbesondere durch Christoph immer besser bewältigt wurde. In der Pfalz gab es schlicht und einfach zu wenig Pfarrer oder renommierte Theologen, als dass tatsächlich (wie geplant) gleich vier Generalsuperintendenten über entsprechende Sprengel hätten wachen sollen, in denen sie die Superintendenten, und diese wiederum die Pfarrer einmal im Jahr hätten visitieren sollen. Es blieb bei *einem* Generalsuperintendenten und der teils hektischen Suche nach geeigneten Theologen.

Zwar wurde der Kirchenrat nach württembergischen Vorbild eingerichtet, d. h. unter Vorsitz eines weltlichen Rates, aber dieser war insgesamt inhomogen besetzt, und nach dem Tode des ersten Generalsuperintendenten, des schon genann-

---

10 Die Tradition der Brandenburgisch-Nürnbergischen KO (1534) war Ottheinrich schon aus seiner oberpfälzischen Statthalterschaft bekannt.

11 Zu Ottheinrich vgl: Axel Gotthardt, „Fröhlich gewest". Ottheinrich, ein unpolitischer Fürst; in: Pfalzgraf Ottheinrich. Politik, Kunst und Wissenschaft im 16. Jahrhundert, Neuburg a.d. Donau/Regensburg 2002, 71–93; Barbara Kurze, Kurfürst Ott Heinrich. Politik und Religion in der Pfalz 1656–1559, Gütersloh 1956 (SVRG 174); Hans Scheible, Kurfürst Ottheinrich, ein Mann des Kairós; in: ders., Beiträge zur Kirchengeschichte Südwestdeutschlands, Stuttgart 2012 (VBKRG 2), 153–168.

ten Heinrich Stoll, berief Ottheinrich den streitbaren und nicht kompromissfähigen, vormals Goslarer und Rostocker Hitzkopf Tilman Heshus – empfohlen ausgerechnet durch Melanchthon, der seiner alten Heimat damit einen Bärendienst erwies und nur den Abendmahlsstreit neu entfachte. Anders ausgerichtete Theologen wie der Melanchthonianer Diller, seines Zeichens Hofprediger, oder Thomas Erastus, hochgebildeter Zwinglianer und Leibarzt hatten Mühe, zu schlichten oder sich Gehör zu verschaffen. Die kurpfälzische Reformation hatte trotz tüchtiger Akteure zweifellos etwas unausgereiftes, ungefestigtes, unfertiges. Aber mit dem Tode des Kurfürsten am 12. Februar 1559 war eine Tendenz klar. Unter Hoftheologen und Beamten überwog die melanchthonische Richtung, die überdies in der Abendmahlslehre – vielleicht auch provoziert durch Tilman Heshus – ganz im Gefälle der Entwicklung Melanchthons selbst zunehmend nach „links“ tendierte. Den Ausschlag zum Zerhauen des gordischen Heidelberger Knotens dürften aber die Glaubensflüchtlinge gegeben haben, die ausgehend vom Heidelberger Gespräch von 1560 dann zügig zur Schaffung eines neuen Katechismus, eben dem Heidelberger 1563, und einer neuen KO schritten.

3. Heidelberger Bund und das Zerbrechen einer süddeutschen Koalition zwischen Friedrich III. und Herzog Christoph

Gemeinsam mit Ottheinrich in der Kurpfalz hatte 1556 Markgraf Karl II. von Baden-Pforzheim (später Durlach), nur wenige Wochen später die Reformation nach württembergischen Vorbild und gegen streng-lutherische Tendenzen eingeführt, so dass nun in drei benachbarten Territorien eine gemeinsame KO in Geltung war. Aber diese Einheit zerbrach. *Wär' doch dieser Bund geblieben, wär uns viel erspart geblieben*, so könnte man dichten.

Was ich Ihnen bisher erinnernd vortragen konnte, repräsentierte den Stand der Forschung. Was ich weiter entwickle, sind nun Erwägungen zum Verhältnis Pfalz-Württemberg (Baden schwimmt immer ein wenig mit), die mit der politischen Entwicklung der 50er-Jahre gegeben scheinen. Noch einmal müssen wir also zurückblenden vor den Augsburger Frieden, zunächst

a) auf den Heidelberger Bund[12]

Worum handelt es sich? Parallel zur konfessionspolitischen Einflussnahme Herzog Christophs von Württemberg auf seine westlichen Nachbarn vollzog sich – und zwar recht bald nach Antritt seiner Herrschaft 1550 – die Etablierung eines Bündnisprojektes unter württembergischer Führung. Es ging um ein Bündnis, das von Bayern bis zu den rheinischen geistlichen Kurfürstentümern unter Einschluss des Hochstiftes Würzburg reichen sollte. Diese Koalition – es handelt sich um

12 Bernhard Sicken, Der Heidelberger Verein (1553–1556). Zugleich ein Beitrag zur Reichspolitik Herzog Christophs von Württemberg in den ersten Jahren seiner Regierung, in: ZWLG 32 (1973), 320–435 (Lit.).

den in Heidelberg geschlossenen und nach Heidelberg benannten Bund – hatte einen Anlass und einen Grund.

Anlass war der sog. Zweite Markgräflerkrieg. Markgraf Albrecht Alcibiades von Brandenburg-Kulmbach versuchte, nach dem Passauer Frieden sich ein großes Herzogtum Franken zusammen zu rauben; und da er evangelisch war, glaubte er vor allem, sich an geistlichen Territorien, voran Würzburg und Mainz, schadlos halten zu können. Verheert wurden allerdings auch Teile der Pfalz, bspw. das Hambacher Schloss. Ähnlich der Sickingenschen Fehde 30 Jahre zuvor oder auch der Bekämpfung der Münsteraner Täufer führte eine solche Missachtung des Reichsfriedens zu Koalitionen, die überkonfessionell agierten. Der Bund, der nun zustande kommen sollte, war ein reines Defensivbündnis. Man musste aber gar nicht eingreifen, da Markgraf Albrecht seine Sache in der Schlacht von Sievershausen (1553) verlor.

Für uns ist von Bedeutung, dass Herzog Christoph in dieser Angelegenheit zum ersten Male nach dem Passauer Frieden die gegenüber Habsburg neugewonnen politischen Spielräume nutzte und zum initiativen Haupt eines Bündnisses wurde, obwohl er selbst im Gegensatz zu anderen Bundesgliedern gar nicht die Kurwürde besaß. Württemberg schickte sich an, zum dynamischsten protestantischen Reichsstand zu werden, was – betrachtet man die geradezu ängstliche Wahrung der Ehren, Machtposition und Interessen der Kurfürsten – beim Heidelberger Kurfürsten nicht nur Freude ausgelöst haben dürfte.

Der *Grund* des Bündnisinteresses lag freilich tiefer – nämlich in einem tiefen Misstrauen der Reichsfürsten gegenüber Habsburg jenseits aller konfessionellen Bindung, insbesondere in Bayern. Die Bindungsmacht dieses Heidelberger Bundes seit 1552 scheint zunächst groß gewesen zu sein, waren hier doch so gegensätzliche Kräfte wie Kurpfalz und Bayern, dem Württemberg noch stark verbunden war, Bundesgenossen. Württembergs Interessen waren klar und durchaus politisch bedingt: ein Bündnis, das die Wiederherstellung des Schwäbischen Bundes, wie König Ferdinand es wünschte, verhinderte, Habsburg aus dem Bündnissystem ausschloss, womit die Freiheit Württembergs gestärkt werden sollte. Christoph lag nun viel daran, auch Baden in den Bund zu integrieren, was durchaus delikat war, denn Karl II. war Schwager von Albrecht Alcibiades und dieser ist geächtet in Pforzheim 1557 gestorben und dort auch begraben. Vielleicht etwas überspitzt ausgedrückt ging es dem Herzog um eine Art württembergische Hegemonie in Süddeutschland.

Dieser Heidelberger Bund ist 1556, also nach dem Augsburger Frieden zerbrochen – der Friede neutralisierte die Konfessionspolitik der Habsburger und brachte so die konfessionellen Spannungen unter den Reichsständen wieder zutage. Und dennoch ist er von Bedeutung, denn mit dem Augsburger Frieden zerbrach auch die überkonfessionelle Politik Württembergs. Die Integrationsmacht Württemberg bemühte sich *jetzt* um eine evangelische Lehr- und Kirchengemeinschaft als kleinere und folgende Alternative zum Heidelberger Bund. Aus dieser Einheit – wir sind jetzt ja tatsächlich mitten im konfessionellen Zeitalter, in dem die protestantischen Territorien daran gingen, sich *corpora doctrinae* zu schaffen – schor Friedrich III. erkennbar seit dem Naumburger Fürstentag 1561 und offensichtlich dann 1563 mit seinem Heidelberger Katechismus aus. Die

Verbitterung Christophs über den Weg der Kurpfälzer dürfte auch darin ihren Grund haben. Und darin lag eben auch die Konsequenz, einerseits den Heidelberger Katechismus theologisch zu bekämpfen, die reichsrechtliche Anerkennung der Kurpfalz als Augsburgischer Religionsverwandter in Frage zu stellen und den Weg nun der inner*lutherischen* Verständigung forciert zu beschreiten. Damit aber sind wir beim

b) Ende freundlicher Beziehungen der reformatorischen Mächte Pfalz und Württemberg

Christoph hatte Friedrich vor seinen theologischen Neuerungen gewarnt. Nun, seit 1563 gehörten württembergische Theologen zu den Hauptgegnern des Katechismus. Die ersten Kritiker waren zwar Matthias Flacius und dann der aus der Pfalz vertriebene Tilman Heshus, dann aber richtete im Auftrag seiner Fürsten der württembergische Hofprediger Balthasar Bidembach 1563 massive Angriffe gegen den Schriftgebrauch des Heidelberger Katechismus, wogegen der Hauptverfasser des Katechismus, Zacharias Ursinus, 1564 seine „Antwort auf etlicher Theologen Zensur über die am Rand des Heidelbergischen Catechismi aus hl. Schrift angezogene Zeugnisse“ verfasste.

Auch der Versuch einer theologischen Vermittlung misslang. Beim Maulbronner Gespräch von 1564 verschärften sich eher die Fronten, da der Zusammenhang von Abendmahlslehre und Christologie nun noch deutlicher vor Augen trat, in der sich reformierte, auch philippistische und lutherische Theologie deutlich unterschied.

Einen Höhepunkt der Spannungen bildete aber der Reichstag von Augsburg 1566, in dem der Kurfürst im Grunde die Rolle des Wahrheit kündenden Narren einnahm und auf die Angriffe der Stände so reagierte, dass er seinen Sohn Johann Kasimir eine gewaltige Bibel hereinschleppen ließ, aus der heraus Friedrich und sein Katechismus widerlegt werden wollten. Das konnte und mochte wohl auch keiner tun. Und so gelang es Württemberg nicht, die Pfälzer aus dem Schutz der Augsburger Religionsverwandten heraus zu drängen.

Betrachten wir das Verhältnis der damals wichtigsten protestantischen Stände zum Augsburger Frieden, so lässt sich dieses in didaktischer Überzeichnung vielleicht so darstellen.

1. Kurpfalz bekämpfte die Friedensregelung als ungerecht, weil die Altgläubigen begünstigend, und war bereit, auch politisch riskante Wege zu gehen.

2. Kursachsen beanspruchte die Gegenposition. Es betrachtete sein Sicherheitsbedürfnis als saturiert, beachtete die Loyalität zum Kaiser, und scheute alles Risiko um des allgemeinen Friedens willen.

3. Dazwischen stand Württemberg, das politisch am Frieden festhielt, aber ihn zugleich für verbesserungsfähig und -nötig ansah. Diese Position rückte Württemberg scheinbar wieder in gewisse Nähe zur Kurpfalz. Aber nur scheinbar. Denn die politische Option der Gefährdung des Friedens war Württemberg ebenso fremd wie die theologische. Der Graben vertiefte sich.

Daran änderte auch das lutherische Zwischenspiel in der Kurpfalz unter Ludwig VI. nichts. Zum einen unterzeichnete Ludwig nur widerwillig die Konkordienformel, vielleicht weil er doch an einen „dritten Weg“ glauben mochte, zum andern bedeutete die Restituierung des Luthertums (1576–83) zugleich auch eine

Ablösung von württembergischer Theologie, denn jetzt wurde der Kleine Katechismus Luthers eingeführt und somit die Brenzsche Tradition nicht wiederbelebt.

Und in Neustadt, der kurzzeitigen reformierten Freistadt Johann Kasimirs, saß ein deprimierter Zacharias Ursinus, der in seinem letzten großen Werk, der *Admonitio christiana* bitter die gesamtprotestantische Entsolidarisierung beklagte, für die er das Konkordienluthertum verantwortlich machte.

Der Weg der Kurpfalz mündete nach der Restituierung des pfälzischen Reformiertentums 1584 wieder in die religionspolitische Westorientierung, dann aber auch ins böhmische Abenteuer und in die Katastrophe. Der Weg Württembergs mündete wie erwähnt in die Ablösung Kursachsens als erster lutherischer Macht und ins Luthertum der Konkordienformel. Zwischen allen Stühlen bewegte sich das kleine Baden-Durlach, das kurz und erfolglos Anschluss an reformierte Theologie unter Markgraf Ernst-Friedrich suchte und dann unter dem lutherischen Markgrafen Georg-Friedrich zum bedingungslosen Verbündeten des glücklosen Pfälzers Friedrich V. avancierte, die Schlacht von Wimpfen 1622 mit allen Schrecken verlor und so die Kurpfalz einer ersten Gegenreformation öffnete. Währenddessen hatte freilich der *Christliche Unterricht, wie er in den Kirchen und Schulen der Pfalz gehalten* werden sollte, schon längst seinen Weg in die Welt angetreten. Das Buch eines protestantischen Reichsstandes hatte die Grenzen seines Territoriums längst überschritten.

4. Schluss und Resümee

Die Politik der Kurpfalz im Zeitalter der frühen Konfessionalisierung war – ausgehend von der Depression der Landshuter Fehde – eine vorsichtige, konsolidierende und Habsburg gegenüber notgedrungen loyale.

Theologisch bedeutete diese Phase eine Pluralisierung, zu der die Konfessionalisierung nach 1556 in Spannung treten musste. Streit der Theologen, verbunden mit einer nicht eben glücklichen Berufungspolitik Ottheinrichs destabilisierten die kirchlichen Verhältnisse, nicht zuletzt aufgrund der kurzen Regierungszeit dieses Kurfürsten.

Abhilfe aus Pfälzer Sicht schuf hier nicht die weitere Evolution, sondern Revolution der Lehrgrundlagen und Ordnung durch Friedrich III.

Am Rande, manchmal schwächer, manchmal stärker, tritt Württemberg als die aufstrebende Macht in Süddeutschland in Erscheinung. Um der eigenen Freiheit willen vertritt man hier seit 1552 einen antihabsburgischen Kurs, überkonfessionell im Heidelberger Bund, innerkonfessionell vor dem Schmalkaldischen Krieg und dann nach dem Augsburger Frieden durch Export von Lehre und KO, auch weltlicher Verwaltung nach württembergischen Muster.

Diese Rolle Württembergs zerbricht nach der Einführung des Heidelberger Katechismus in der Kurpfalz und beide Territorien stehen für unterschiedliche

Stränge der Konfessionalisierung. Württemberg, der Verlierer von 1462 und Gewinner von 1504 ist seit 1563 wieder zum Konkurrenten der Kurpfalz geworden. Erst der 30jährige Krieg schafft eine Notallianz, die freilich die Katastrophe nicht vereiteln kann.

Eine kleine, uns kaum bedeutsam erscheinende Episode kann uns noch einmal den Blick auf das Zeitalter der Konfessionalisierung schärfen. Der vorhin schon genannte badische Markgraf Ernst-Friedrich, der politisch auf Baden-Baden und theologisch aufs Reformiertentum ausgreifen wollte, bot im Jahre 1595 die badischen Ämter Besigheim und Mundelsheim Kurpfalz und Württemberg zum Verkauf an, um die sog. Oberbadische Okkupation (Sequestur der Markgrafschaft Baden-Baden) zu finanzieren. Württemberg erkannte die Gelegenheit und arrondierte sein Territorium. Die Kurpfalz, die dem damaligen Markgrafen theologisch doch näher stand, kam nicht zum Zuge, was freilich auch daran lag, dass Baden mit Württemberg territoriale Tauschgeschäfte vornehmen konnte, die auch badisches Gebiet arrondierten.

Vielleicht wird erst mit dieser Episode klar, dass die Kurpfalz alle mikroterritorialen Interessen am mittleren Neckar hinter sich gelassen und eben kein Interesse an diesen bis zur Landshuter Fehde kurpfälzischen Gebieten mehr hatte. Das Landshuter Kapitel war abgeschlossen. Man blickte nicht mehr in den pfälzisch „nahen Osten", sondern in den Westen auf mögliche europäische Koalitionen – und dann in den ferneren Osten, nach Böhmen, um ein für allemal Habsburg und die bayerischen Wittelsbacher mit ihrem Anspruch auf die Kurwürde in Schranken zu weisen.

Das Experiment misslang und der Krieg regierte. Erst der Westfälische Friede schaffte neue, wenn auch begrenzte Handlungsräume. Aber Preußen stieg nun auf zur ersten reformierten Macht im Reich, während der Heidelberger Katechismus v.a. durch die Niederlande vermittelt seinen Lauf durch die Welt nahm und längst genommen hatte.

3. Der Heidelberger Katechismus und Westeuropa

Christoph Strohm (Heidelberg)

Seit der Mitte des 19. Jahrhunderts gibt es eine intensive Diskussion über die Entstehungsgeschichte und das theologische Profil des Heidelberger Katechismus. Das besondere Problem dabei ist, dass infolge der Einnahme Heidelbergs im Jahr 1622 durch die Truppen des bayerischen Feldherrn Tilly und vor allem durch die Zerstörung Heidelbergs im kurpfälzischen Erbfolgekrieg 1689/93 die Akten praktisch vollständig verloren gegangen sind. Die Rekonstruktion muss darum auf der Basis einiger weniger in Briefen erhaltenen Äußerungen und inhaltlicher Vergleiche erfolgen.

Erstaunlich und zugleich außerordentlich aussagekräftig ist die Vielgestaltigkeit der Antworten.[1] August Ebrard sah 1846 „melanchthonisch-calvinische" Einflüsse am Werk,[2] Heinrich Heppe eine klar melanchthonische Prägung, die eine Charakterisierung als „deutsch-evangelisch" nahe lege.[3] Dagegen attestierte Karl Sudhoff in seiner Olevian-Biographie klar calvinische Prägung,[4] Maurits Gooszen Ende des 19. Jahrhunderts wieder deutliche zwinglianische Einflüsse.[5] Diese Positionen wurden im 20. Jahrhundert vielfach aufgenommen und ergänzt durch verschiedene Kompromissvorschläge.[6] In jüngster Zeit wurde der Anteil

1 Einen Überblick über die umfangreichen Diskussionen zur Verfasserfrage bieten: J.F. Gerhard Goeters, Entstehung und Frühgeschichte des Katechismus, in: Lothar Coenen (Hg.), Handbuch zum Heidelberger Katechismus, Neukirchen-Vluyn 1963, 3–23; Walter Henß, Der Heidelberger Katechismus im konfessionspolitischen Kräftespiel seiner Frühzeit. Historisch-bibliographische Einführung d. 1. vollst. dt. Fassung, sog. 3. Aufl. von 1563 u. d. dazugehörigen lat. Fassung, Zürich 1983; Wulf Metz, Art. Heidelberger Katechismus. I. Kirchengeschichtlich, in: TRE 14, Berlin/New York 1985, 582–586; Lyle D. Bierma, The Doctrine of the Sacraments in the Heidelberg Catechism: Melanchthonian, Calvinist, or Zwinglian? (Studies in Reformed Theology and History, N.S., 4), Princeton, NJ 1999, 1–7.

2 Vgl. J. H. August Ebrard, Das Dogma vom heiligen Abendmahl und seine Geschichte, Bd. 2, Frankfurt a.M. 1846, 604–606.

3 Vgl. Heinrich Heppe, Geschichte des deutschen Protestantismus in den Jahren 1555–1581, Bd. 1, Frankfurt a.M. 1865, 446, Anm. 2.

4 Vgl. Karl Jakob Sudhoff, C. Olevianus und Z. Ursinus. Leben und ausgewählte Schriften (LASRK 8), Elberfeld 1857, 113–118.

5 Vgl. Maurits Albrecht Gooszen, De Heidelbergsche Catechismus. Textus Receptus met Toelichtende Teksten, Leiden 1890, 149f. 155f.

6 „Der HK charakterisiert die Verbindung melanchthonischer Formeln mit der calvinischen Lehrweise. Er ist das berühmteste Zeugnis des entstehenden deutschen Reformiertentums. Der Beitrag Calvins [...] dominiert, derjenige Bullingers tritt demgegenüber zurück" (Wilhelm H. Neuser, Dogma und Bekenntnis in der Reformation. Von Zwingli und Calvin bis zur Synode von Westminster, in: Carl Andresen [Hg.], Die Lehrentwicklung im Rahmen

des kurfürstlichen Leibarztes und Laientheologen Thomas Erastus hervorgehoben.[7] Hingewiesen wurde schließlich auch auf den prägenden Einfluss der Katechismen Johannes a Lascos und seiner Fremdengemeinden, von denen ein Teil unter Führung des Predigers Petrus Dathenus seit Juni 1562 in Frankenthal Zuflucht gefunden hatte.[8]

In der Vielfalt der Deutungsversuche kommt sachgemäß zum Ausdruck, dass der Heidelberger Katechismus das Dokument eines Konsenses recht unterschiedlicher Richtungen des Reformiertentums war. Der reformierte Protestantismus reichte in der zweiten Hälfte des 16. Jahrhunderts von konsequenten Zwinglianern bis hin zu den Nachfolgern Philipp Melanchthons oder den Oberdeutschen, die im Sinne Martin Bucers und der Wittenberger Konkordie von 1536 die Einheit mit der Wittenberger Reformation zu wahren suchten. Es fanden sich Anhänger eines Staatskirchentums – später auch „Erastianer" genannt –, die Kirchen- und Sittenzucht als Angelegenheit der weltlichen Obrigkeit ansahen, und Vertreter einer strengen konsistorial oder presbyterianisch organisierten Kirchenzucht. Noch gravierender verschieden war der Erfahrungshorizont derjenigen, die im Zusammenwirken mit der Obrigkeit eine moderate Reformation eines ganzen Territoriums zu unternehmen suchten, und den Mitgliedern der Flüchtlingsgemeinden. Diese übten nicht nur die Muster einer Freiwilligkeits- und Bekenntniskirche ein, sondern brachten Erfahrungen harter Verfolgung durch den Papst und katholische Mächte mit.

In der Kurpfalz sammelten sich die unterschiedlichen Gruppen, und es gelang den verschiedenen Akteuren – insbesondere Friedrich III. – die Situation produktiv zu gestalten. Insofern wurde die Kurpfalz zu einer Art *Laboratorium*, in dem die unterschiedlichen Richtungen zusammenzuwirken hatten, was sie bei allen Spannungen auch bewältigt haben. Der Heidelberger Katechismus ist das herausragende Dokument der kurpfälzischen Kompromisstheologie, konnte aber doch genügend Profil bewahren, um richtunggebend zu wirken.

Konsens besteht heute im Blick auf die zentrale Rolle, die Zacharias Ursinus gespielt hat.[9] Da Ursinus als Dogmatik-Professor für einen entsprechenden Auf-

---

der Konfessionalität [HDThG 2], Göttingen 1988, 165–352; 290); vgl. auch Jan Rohls, Theologie reformierter Bekenntnisschriften, Göttingen 1987, 24f; weitere Belege in: Bierma, Doctrine (wie Anm. 1), 4f. Auf einem Heidelberger Symposium vom 9. bis 11. Mai 2013 hat Emidio Campi auf den wichtigen, bisher nicht ausreichend beachteten Einfluss Petrus Martyr Vermiglis hingewiesen: vgl. ders., Der Heidelberger Katechismus und die „candida ingenia Helvetiorum", in: Christoph Strohm/Jan Stievermann (Hg.), Profil und Wirkung des Heidelberger Katechismus, erscheint 2015.

7 Vgl. Charles D. Gunnoe, Jr., Thomas Erastus and the Palatinate. A Renaissance Physician in the Second Reformation (Brill's Series in Church History, 48), Leiden/Boston 2011, bes. 107–131.

8 Bard Thompson sieht in dem auf a Lasco zurückgehenden kleinen Emder Katechismus von 1554 eine der wichtigsten Quellen des Heidelberger Katechismus. In mindestens 35 der 129 Fragen seien die Übereinstimmungen mit dem Werk a Lascos so groß, dass man eine direkte Abhängigkeit vermuten müsse (vgl. Bard Thompson, The Palatine Church Order of 1563, in: ChH 23 [1954], 339–354).

9 Im Gefolge der Darstellung Heinrich Altings wurden bis Ende des 19. Jahrhunderts Zacharias Ursinus und Caspar Olevian als Verfasser bezeichnet. Vgl. Heinrich Alting, Historia

trag des Kurfürsten prädestiniert schien und er zudem zwei entsprechende Vorarbeiten, eine *Summa theologiae* und eine *Catechesis minor*, verfasst hat,[10] dürfte er der Hauptverfasser gewesen sein.[11] Ursinus' *Catechesis minor* zeigt bereits die Dreiteilung Elend, Erlösung und Dankbarkeit, die den Aufbau des Heidelberger Katechismus bestimmt.[12] Es liegt nahe, von Ursinus' Hauptverfasserschaft auf einen stark melanchthonischen Charakter des Heidelberger Katechismus zu schließen. Denn Ursinus war ein Schüler Melanchthons und blieb seinem Lehrer aufs Engste verbunden, auch wenn er im Zuge späterer Studienaufenthalte Genfer und Zürcher Einflüsse aufgenommen hat.[13] Melanchthon hat mit seinem Gutachten zum Heidelberger Abendmahlsstreit vom November 1559 auch persönlich einen wichtigen Anteil an der Hinwendung der Kurpfalz zum reformierten Protestantismus seit 1559.[14]

Darüber hinaus ist aber sowohl die Entstehungs- als auch die Rezeptionsgeschichte des Heidelberger Katechismus nicht zu verstehen ohne die traditionell engen Beziehungen der Kurpfalz nach Westeuropa.[15] Dieser Zusammenhang soll im Folgenden in ihrer Bedeutung für die konfessionellen Entwicklungen in der Kurpfalz – nach chronologischen Gesichtspunkten gegliedert – skizziert werden.

---

ecclesiae Palatinae, in: Ludwig Christian Mieg (Hg.), Monumenta pietatis et literaria virorum in re publica et literaria illustrium, Frankfurt a.M. 1702, 129–250.

10 Vgl. August Lang (Hg.), Der Heidelberger Katechismus und vier verwandte Katechismen. Mit einer historisch-theologischen Einleitung, Nachdruck d. Ausg. Leipzig 1907, Darmstadt 1967, 151–199. 200–218.

11 Vgl. Goeters, Entstehung (wie Anm. 1), 11–15; Joachim Staedtke, Entstehung und Bedeutung des Heidelberger Katechismus, in: ders., Reformation und Zeugnis der Kirche. Gesammelte Studien, hg. v. Dietrich Blaufuß (ZBRG 9), Zürich 1978, 213–225, hier: 215–217.

12 Vgl. Lang, Heidelberger Katechismus (wie Anm. 10), 200. 211.

13 So kann man in der Sakramentslehre des Heidelberger Katechismus, wo sich die Feinheiten der konfessionellen Differenzen am klarsten zeigen, durchaus zwinglianisches und calvinisches Erbe nachweisen (vgl. zusammenfassend Bierma, Doctrine [wie Anm. 1], 41f.).

14 Vgl. Philipp Melanchthon, Iudicium de controversia de coena Domini 1560, in: Melanchthons Werke in Auswahl, hg. v. Robert Stupperich, Bd. 6: Bekenntnisse und kleine Lehrschriften,Gütersloh 1955, 482–486; Regest in: MBW 9119; vgl. dazu Heinz Scheible, Melanchthons Bedeutung für die pfälzische Kirche [2010]., in: ders., Beiträge zur Kirchengeschichte Südwestdeutschlands (VBKRG 2), Stuttgart 2012, 373–392, bes. 384–386; zu Melanchthons Bedeutung für die kurpfälzische Reformationsgeschichte vgl. auch ders., Reformation und Calvinismus in der Kurpfalz [1997], ebd., 99–113.

15 Vgl. dazu genauer Christoph Strohm, Der Übergang der Kurpfalz zum reformierten Protestantismus, in: Udo Wennemuth (Hg.), 450 Jahre Reformation in Baden und Kurpfalz (VBKRG 1), Stuttgart 2009, 87–107.

1. Friedrich III. und der Westen

Friedrich III. pflegte, längst bevor er im Alter von 45 Jahren dem am 12. Februar 1559 verstorbenen Ottheinrich als Kurfürst nachfolgte, enge Beziehungen nach Westeuropa.[16] Friedrich war am lothringischen Hof zu Nancy, am fürstbischöflichen Hof von Lüttich und am Hof Kaiser Karls V. in Brüssel erzogen worden.[17] So verstand und sprach er selbstverständlich Französisch und hatte schon von daher einen viel unmittelbareren Zugang zu den Verhältnissen in Westeuropa als andere Reichsfürsten.[18] Im Übrigen gab es bereits unter den Vorgängern Verbindungen der Kurpfalz in den westeuropäischen Raum, die sich jetzt verstärkten.[19]

Der Briefwechsel Friedrichs III. zeugt von seiner intensiven, ständigen Anteilnahme an den Entwicklungen in Frankreich.[20] Im gleichen Jahr, in dem Friedrich die pfälzische Kurwürde übernahm, wurde Franz II. König von Frankreich. Ein Jahr zuvor, am 24. April 1558, hatte er Maria Stuart, die Königin von Schottland und katholische Anwärterin auf den englischen Königsthron, geheiratet. Die katholischen Herzöge von Guise gewannen an Einfluss und die Verfolgungen der Protestanten verschärften sich spürbar. Die Zahl der Todesurteile gegen die Häretiker stieg sprunghaft an.[21] Der prominenteste Fall war die Hinrichtung des hochangesehenen Juristen und Parlamentsrats am königlichen Hof, Anne Du Bourg.

---

16 Vgl. August Kluckhohn, Friedrich der Fromme, Kurfürst von der Pfalz, der Schützer der reformirten Kirche 1559–1576, Nördlingen 1879.

17 Vgl. ebd., 3f.

18 Vgl. ebd., 124–128. 304–338. 348–374.

19 Vgl. auch Andreas Wirsching, Konfessionalisierung der Außenpolitik. Die Kurpfalz und der Beginn der französischen Religionskriege (1559–1562), in: Historisches Jahrbuch 106 (1986), 333–360. Schon unter den Vorgängern Friedrich II. (1544–1556) und Ottheinrich (1556–1559) kam es zur Aufnahme von Glaubensflüchtlingen. So nahm Friedrich II. den Brüsseler Hofprediger Petrus Alexander, den Mediziner Eustachius de Quesnay aus Flandern und die Witwe des Earl of Suffolk auf. „Diese Tendenz verstärkte sich unter Ottheinrich beträchtlich. Auf Bitten von Farel, Beza und Hotman, die ihn 1557 in Heidelberg aufsuchten, trat der Pfälzer Kurfürst für die piemontesischen Waldenser ein und nahm zahlreiche Exulanten auf, darunter den früheren Karmeliterprior von Bourges, Pierre Boquin, […]“ (Eike Wolgast, Reformierte Konfession und Politik im 16. Jahrhundert. Studien zur Geschichte der Kurpfalz im Reformationszeitalter [Schriften der Philosophisch-historischen Klasse der Heidelberger Akademie der Wissenschaften, 10], Heidelberg 1998, 32).

20 Vgl. August Kluckhohn, Briefe Friedrich des Frommen, Kurfürsten von der Pfalz, mit verwandten Schriftstücken, Bd. I: 1559–1566; Bd. II/1: 1567–1572; Bd. II/2: 1572–1576, Braunschweig 1868/1870/1872.

21 Vgl. [Jean de Serres/Simon Goulart,] Recueil des choses mémorables avenues en France sous le règne de Henri II, François II, Charles IX & Henri III. S.l. 1595, f. 30^{v}–57^{v}; zum Vordringen des katholischen Hauses der Guise unter Franz II. vgl. Arlette Jouanna, Le temps des guerres de religion en France (1559–1598), in: dies./Jacqueline Boucher/ Dominique Biloghi/Guy Le Thiec (Hg.), Histoire et dictionnaire des guerres de religion, Paris 1998, 3–445, hier: 52–60; vgl. auch Rainer Babel, Franz II., in: Peter Claus Hartmann (Hg.), Französische Könige und Kaiser der Neuzeit, München 1994, 91–98; Henri Pigaillem, Les Guises, Paris 2012.

Im November 1559 kam Theodor Beza aus Genf nach Heidelberg, um beim Kurfürsten um Unterstützung zu werben. Friedrich tat das in einem von Beza entworfenen Schreiben und bat den französischen König, den berühmten Juristen an die Universität Heidelberg gehen zu lassen.[22] Aber alle Bemühungen konnten nicht verhindern, dass Du Bourg am 23. Dezember 1559 in Paris hingerichtet wurde; ein Skandal, der gerade unter Juristen die Hinwendung zur evangelischen Bewegung verstärkte.[23] Als einzelne Führer der Protestanten sich mit Gewaltmitteln zu wehren begannen und es zur kläglich gescheiterten Verschwörung von Amboise kam, schaltete sich Friedrich unmittelbar ein und warnte davor, das Evangelium mit dem Schwert ausbreiten zu wollen.[24]

Franz II. verstarb bereits am 5. Dezember 1560 knapp 17jährig, sodass ihm sein minderjähriger Bruder Karl IX. auf dem Thron folgte, allerdings unter der Regentschaft der Mutter Catherina de Medici und Antoine de Bourbon (1519–1562) als Generalleutnant des Königreichs. Sogleich keimte bei den Protestanten Hoffnung auf. Friedrich gelang es immerhin, die von 20. Januar bis 8. Februar 1561 in Naumburg versammelten Fürsten zu einem Schreiben an Karl IX. zu bewegen, in dem dieser zur Milde gegenüber den Protestanten aufgefordert wurde.[25] Weitergehende Bemühungen um eine Gesandtschaft scheiterten an den Bedenken lutherischer Fürsten.

Aufs Engste war Friedrich mit den Versuchen der Königinmutter Katharina von Medici und ihres Kanzlers Michel de L'Hopital, eine Versöhnung mit den Protestanten zustande zu bringen, befasst. Angesichts des wachsenden Einflusses des katholischen Hauses der Guises und sich verschärfender Spannungen rief die Regentin 1561 zu einem Religionsgespräch nach Poissy.[26] Vor den höchsten Würdenträgern der katholischen Kirche und den Vertretern des Königshauses vertrat Theodor Beza als Führer der protestantischen Delegation die evangelische Sache. Der katholischen Seite gelang es, den Zwiespalt unter den Protestanten deutlich zu machen, in dem man auf die Confessio Augustana Bezug nahm. Beza wehrte jedoch die Realpräsenz Christi im Abendmahl als unmöglich ab.[27] Damit standen die französischen Reformierten im Abseits und das Religionsgespräch

22 Vgl. Johann Wilhelm Baum, Theodor Beza, nach handschriftlichen und anderen gleichzeitigen Quellen dargestellt, Bd. 2, Leipzig 1851, 35; Kluckhohn, Friedrich (wie Anm. 16), 305.

23 Vgl. Christoph Strohm, Ethik im frühen Calvinismus. Humanistische Einflüsse, philosophische, juristische und theologische Argumentationen sowie mentalitätsgeschichtliche Aspekte am Beispiel des Calvin-Schülers Lambertus Danaeus (AKG 65), Berlin/New York 1996, 206–208. 211f.

24 Vgl. Kluckhohn, Friedrich (wie Anm. 16), 306.

25 Der wankelmütige Anton von Navarra wurde zur standhaften Verteidigung der evangelischen Sache aufgefordert.

26 Vgl. Gottlob von Polenz, Geschichte des politischen französischen Calvinismus vom Aufstand von Amboise i. J. 1560 bis zum Gnadenedict von Nimes i. J. 1629, 1. Teil, Gotha 1859, 47–80; Napoléon Peyrat, Le colloque de Poissy, Nîmes 2004.

27 Oration des Edlen vnnd Hochgelerten Herren Theodori von Beza, dieners des Worts Gottes, das angefangen Gespräch in Franckreych, von Religions sachen belangende: Welche Er ... gehabt hat: auff Dynstag den neündten Septembris, Anno 1561. in ainem Frauwencloster de Poissy genandt: ... auß Frantzösischer sprach inns Teütsch verdolmetschet, s.l. 1561.

war praktisch gescheitert.[28] Friedrich hatte seinen Hofprediger Michael Diller sowie den Theologieprofessor Pierre Boquin (1518–1582) nach Poissy geschickt und einen ausführlichen Bericht erhalten.[29] Ärgerlich war insbesondere, dass man auch württembergische Theologen, welche die Confessio Augustana invariata und ihre in Art. 10 entfaltete Abendmahlslehre vehement verteidigten, eingeladen hatte und so den Eindruck des Zwiespalts verstärkt hatte.[30] Es ist klar, dass diese Vorgänge den Auseinandersetzungen um die Geltung der Confessio Augustana invariata im Zusammenhang und im Gefolge des Naumburger Fürstentages ein ganz anderes Gewicht verliehen.

Auf Anraten Michel de L'Hopitals erließ Katharina von Medici im Januar 1562 das Edikt von Saint-Germain-en-Laye. Darin wird den Protestanten das Recht zugestanden, sich zu ihrem Gottesdienst in den Vorstädten sowie auf dem Lande zu versammeln. Jedoch begann bald darauf der erste von acht Religionskriegen in Frankreich. Am 1. März 1562 metzelten Truppen des Herzogs Franz von Guise in einer Scheune in Vassy (Champagne) zum Gottesdienst versammelte Protestanten nieder. Um die siebzig Gläubige fielen diesem Massaker von Vassy zum Opfer.[31] Damit begann der erste Religionskrieg, denn Louis de Bourbon, Fürst von Condé, rief nun die Protestanten zu den Waffen und besetzte am 2. April 1562 Orléans.[32] Rasch breitete sich der Bürgerkrieg über ganz Frankreich aus. In beiden Lagern kam es zu Greueltaten. Am 19. Dezember 1562 erlitten die Protestanten eine vernichtende Niederlage in der Schlacht bei Dreux. Franz von Guise belagerte daraufhin das von den Protestanten gehaltene Orléans, wurde aber am 18. Februar 1563 Opfer eines Attentats, an dessen Folgen er wenige Tage später starb.

Diese Eskalation der Auseinandersetzungen zwischen Katholiken und Protestanten in Frankreich, der Ausbruch des sog. Ersten Hugenottenkrieges, ist ein wesentlicher Kontext der Abfassung des Heidelberger Katechismus von Januar bis März 1563.

---

28 Eine wichtige Folge des Religionsgesprächs von Poissy war, dass das 1545 einberufene, dann aber mehrfach vertagte Konzil von Trient ab Januar 1562 seine regelmäßigen Sitzungen wieder aufnahm.

29 Abgedruckt in: Kluckhohn, Briefe Friedrichs (wie Anm. 20), Bd. I, 215–229.

30 Die württembergischen Theologen kamen zu spät, um an dem öffentlichen Gespräch teilzunehmen, aber waren präsent genug, um den Zwiespalt der Evangelischen sichtbar zu machen. Vgl. bes. den Bericht Jakob Andreäs in seiner Autobiographie: Leben des Jakob Andreae, Doktor der Theologie, von ihm selbst mit großer Treue und Aufrichtigkeit beschrieben, bis auf das Jahr 1562. Lateinisch und deutsch, hg. v. Hermann Ehmer, Stuttgart 1991, 85–89.

31 Vgl. Jouanna, Le temps (wie Anm. 21), 106–110.

32 Vgl. Mack P. Holt, The French Wars of Religion, 1562–1629 (New approaches to European history, 8), Cambridge 1995.

2. Die Präsenz der Verfolgungserfahrung westeuropäischer Flüchtlinge in der Kurpfalz

Friedrich III. nahm persönlich Anteil am Schicksal der verfolgten Glaubensbrüder in Frankreich und dann auch in den Niederlanden. Darüber hinaus ließ er wie bereits sein Vorgänger Glaubensflüchtlinge in die Kurpfalz kommen. Den unter seinem Vorgänger aufgenommenen früheren Karmeliterprior von Bourges, Pierre Boquin, ernannte er zum Theologieprofessor.[33] Innerhalb weniger Jahre gelangte eine Vielzahl von Theologen, Juraprofessoren und Räten, die entweder selbst aus Westeuropa stammten bzw. dort studiert hatten oder in irgendeiner Weise von den Protestantenverfolgungen in England, den spanischen Niederlanden und Frankreich betroffen waren, in führende Stellungen in der Kurpfalz. Am 22. Februar 1560 wurde der Trierer Jurist und Theologe Caspar Olevian an der Universität immatrikuliert und im gleichen Jahr auch Mitglied des kurpfälzischen Kirchenrats.[34] Er übernahm ferner die Leitung des im November 1556 eröffneten Sapienzkollegs sowie am 8. Juli 1561 die dritte Professur (Dogmatik) an der Theologischen Fakultät. Olevian hatte seit 1549/50 in Paris und Orléans und seit 1556 in Bourges Rechtswissenschaften studiert und war im März 1558 zum Theologiestudium nach Genf und später Zürich gewechselt. Er hatte durch den Entwurf der im November 1563 publizierten pfälzischen Kirchenordnung[35] und anderer Ordnungen (wie der 1565 entstandenen Schulordnung des Heidelberger Pädagogiums) sowie durch seine Tätigkeit im Kirchenrat einen maßgeblichen Anteil am Übergang der Kurpfalz zum calvinistisch-reformierten Protestantismus.

Im Jahre 1561 kam mit Wenzel Zuleger ein böhmischer Jurist nach Heidelberg, der nicht nur in Genf Rechtswissenschaften und Theologie studiert und die französische Sprache gelernt, sondern auch längere Zeit als Praeceptor junger Adliger in Frankreich gelebt hatte.[36] Zuleger, der mit Olevian seit gemeinsamen Studientagen in Frankreich bekannt war, hatte auch mit Calvin persönliche Beziehungen aufgenommen. Als Kirchenratspräsident seit 1561 und später auch Oberrat unternahm er im Auftrag des Kurfürsten Missionen nach Frankreich und forcierte die kurpfälzische Unterstützung der Protestanten in Frankreich und den Niederlanden.

Auch der Lebensweg des 1561 auf die zweite Professur (Altes Testament) an der Theologischen Fakultät berufenen, konvertierten Juden Immanuel Tremellius ist durch enge Kontakte mit Genf, Lausanne und Straßburg gekennzeichnet.[37] Er

---

33 S. oben Anm. 19.

34 Zu Olevian vgl. Sudhoff, Olevianus und Ursinus (wie Anm. 4); J.F. Gerhard Goeters, Caspar Olevianus als Theologe: Monatshefte für Evangelische Kirchengeschichte des Rheinlandes 37–38 (1988/89), 287–344; Dagmar Drüll, Heidelberger Gelehrtenlexikon 1386–1651, Berlin u.a. 2002, 421–423.

35 Vgl. Emil Sehling (Hg.), Die evangelischen Kirchenordnungen des XVI. Jahrhunderts, Bd. 14: Kurpfalz, bearb. v. J. F. Gerhard Goeters, Tübingen 1969, 333–408.

36 Vgl. Volker Press, Calvinismus und Territorialstaat. Regierung und Zentralbehörden der Kurpfalz 1559–1614 (Kieler Historische Studien, 7), Stuttgart 1970, 241f.

37 Vgl. Drüll, Gelehrtenlexikon (wie Anm. 34), 532f.

war nicht nur gezwungen, vor der Inquisition in Italien zu fliehen, sondern verlor noch einmal sämtliches Hab und Gut, als er nach der Rekatholisierung Englands unter Maria Tudor erneut fliehen musste. Tremellius' gute Kontakte zu reformierten Theologen in Westeuropa veranlassten den Kurfürsten, ihn ebenfalls mit diplomatischen Missionen in Frankreich und England zu beauftragen.

Die Präsenz der Protestantenverfolgungen Westeuropas in der kurpfälzischen Politik und im Leben an Hof und Universität in Heidelberg verstärkte sich durch die Ansiedlung von Flüchtlingsgemeinden in ehemaligen Klöstern. Eine erste größere Gruppe unter der Leitung des aus Flandern stammenden Predigers Petrus Dathenus fand im Juni 1562 im ehemaligen Kloster Frankenthal Heimat.[38] Noch in den sechziger Jahren folgte die Ansiedlung weiterer Flüchtlingsgemeinden unter dem Pfarrer Franciscus Junius im ehemaligen Zisterzienserkloster Schönau (bei Heidelberg) sowie in Otterberg und Lambrecht (Pfalz). Die Präsenz der Flüchtlingsgemeinden in der Kurpfalz führte in den folgenden Jahrzehnten bis 1618 zu einer starken Vernetzung mit den Milieus, aus denen sich das Personal von Hof, Verwaltung und Universität in Heidelberg rekrutierte.[39]

Vorangetrieben wurde diese Entwicklung nicht zuletzt von dem Juraprofessor und späteren Rat und Kanzler Christoph Ehem,[40] der nach dem Urteil der Zeitgenossen zusammen mit Olevian in den sechziger Jahren den stärksten Einfluss auf den Kurfürsten hatte.[41] Obwohl nicht aus Westeuropa stammend, war Ehem durch seine Studien in Antwerpen schon in jungen Jahren mit den Protestantenverfolgungen in Westeuropa konfrontiert gewesen. Ehem hat hier die französische Sprache erlernt und in den folgenden Jahrzehnten intensiv Anteil an den Verfolgungen der Glaubensbrüder in Frankreich und den Niederlanden genommen. Die Klage darüber durchzieht bis zuletzt seinen Briefwechsel. So ist es konsequent, dass Ehem einer der Architekten der pfälzischen Unionspolitik geworden ist, die der habsburgisch-katholischen Bedrohung eine starke Allianz der protestantischen Mächte Westeuropas und des deutschen Reichs – schließlich auch unter Einschluss Englands – entgegenzustellen suchte. Die Kehrseite dieses Bemühens war die wachsende Entfremdung von den lutherischen Mächten nach dem Sturz der sog. Kryptocalvinisten, allen voran in den beiden Sachsen, die aus theologischen wie politischen Gründen die erstrebte Bildung dieser Allianz nicht ausreichend unterstützten. Die gewisse Radikalisierung und Politisierung sowie

---

38 Siehe dazu genauer unten S. 36f.

39 Vgl. Cornel A. Zwierlein, Heidelberg und „der Westen" um 1600, in: Christoph Strohm/Joseph S. Freedman/Herman J. Selderhuis (Hg.), Späthumanismus und reformierte Konfession. Theologie, Jurisprudenz und Philosophie in Heidelberg an der Wende zum 17. Jahrhundert. Beiträge zum internationalen Symposium vom 19. bis 21. November 2004 in der Johannes a Lasco Bibliothek Emden (SuR.NR 31), Tübingen 2006, 27–92; 42f.; vgl. auch Cornel A. Zwierlein, Die Kurpfälzische Westeuropapolitik seit 1556 und der Heidelberger Katechismus, in: Strohm/Stievermann (Hg.), Profil und Wirkung (wie Anm. 6), erscheint 2015.

40 Zu Ehem vgl. Christoph Strohm, Calvinismus und Recht. Weltanschaulich-konfessionelle Aspekte im Werk reformierter Juristen in der Frühen Neuzeit (Spätmittelalter, Humanismus, Reformation, 42), Tübingen 2008, 58–69.

41 Vgl. Press, Calvinismus (wie Anm. 36), 233.

die anhaltende Aufmerksamkeit für die bedrohlichen Entwicklungen in Westeuropa sind charakteristisch für Ehems Hinwendung zum reformierten Protestantismus. Illustren Ausdruck findet das zum Beispiel in dem Sachverhalt, dass der Sohn und Nachfolger Wilhelms von Oranien, Moritz von Oranien, während seiner Heidelberger Studienzeit mit seiner Familie im Hause Ehems wohnte.

Diejenigen, die einen moderateren, an Melanchthon orientierten Standpunkt vertraten, gerieten angesichts der dominanten Ausrichtung am geistigen, politischen und militärischen Bündnis mit den westeuropäischen Glaubensbrüdern in die Defensive. Als wichtigster Vertreter dieser Richtung ist wohl Zacharias Ursinus zu nennen.[42] Der aus Schlesien Stammende wurde im Herbst 1561 als Nachfolger Olevians am Sapienzkolleg berufen und war seit August 1562 als Inhaber der dritten Lektur (Dogmatik) tätig. Zwar hat auch Ursinus von Herbst 1557 bis Frühjahr 1558 neben dem Studium in Zürich eine Studienreise nach Frankreich und Genf unternommen, prägend blieb jedoch das Studium bei Melanchthon in Wittenberg.

Die Kritik an der Ausrichtung der kurpfälzischen Politik auf die westeuropäischen Konflikte ist in seinem Briefwechsel belegt. Im Mai 1568 ließ Ursinus dem Kurfürsten eine Denkschrift zukommen, in der er die unberufene Einmischung in die französischen Kriege beklagte und zugleich die Vernachlässigung der inneren kirchlichen Angelegenheiten kritisierte. Seinem väterlichen Freund Crato von Craffthheim gegenüber hat er einmal vertraulich formuliert: „Mit Olevian und Ehem verhält es sich, wie du schreibst. Der Grund liegt darin, daß Olevian den Zuleger, dieser den Ehem, der Letztere aber den Josias [d.h. den Kurfürsten, CS] regiert.“[43]

Auch wenn sich der Streit um die Ausrichtung auf die konfessionellen Auseinandersetzungen in Westeuropa erst im Laufe der sechziger Jahre zuspitzte, wirkten sich diese Zusammenhänge bereits unmittelbar auf die Abfassung des Katechismus im Jahr 1563 aus. So scheint mir die auffällige Hinzufügung der Frage 80 mit ihrer scharfen Messopfer-Kritik, in der erweiterten Form auch mit der Abgrenzung gegen die lutherische Lehre von der leiblichen Realpräsenz, ebenfalls eine Folge der wachsenden Präsenz der westeuropäischen Verfolgungserfahrung in Kurpfalz zu sein.

Im Zeitraum Januar bis April 1563 erschienen drei Ausgaben des Heidelberger Katechismus, die charakteristische Unterschiede aufweisen. In der zweiten Ausgabe, die wohl noch während des Druckvorgangs der ersten Ausgabe im März 1563 erfolgte, findet sich eine neue Frage und Antwort, die sich ausdrücklich und

---

42 Vgl. Gustav Adolf Benrath, Zacharias Ursinus 1534–1583, Neustadt a. d. Weinstraße 1970; Erdmann K. Sturm, Der junge Zacharias Ursin. Sein Weg vom Philippismus zum Calvinismus (1534–1562) (BGLRK 33), Neukirchen-Vluyn 1972; Derk Visser, The Reluctant Reformer. His Life and Times, New York 1983; Christopher J. Burchill, On the Consolation of a Christian Scholar. Zacharias Ursinus (1534–83) and the Reformation in Heidelberg, in: JEH 37 (1986), 565–583; Boris Wagner-Peterson, Doctrina schola vitae. Zacharias Ursinus (1534–1583) als Schriftausleger (Refo500 Academic Studies, 13), Göttingen 2013; weitere Literatur in: Harm Klueting, Art. Ursinus, Zacharias, in: TRE 34, Berlin/New York 2002, 445–450.

43 Zit. in: Sudhoff, Olevianus und Ursinus (wie Anm. 4), 392f.

mit scharfen Formulierungen gegen die römisch-katholische Messopferlehre abgrenzt. Diese Frage 80 wird in der dritten, endgültigen und in die Kirchenordnung vom November 1563 aufgenommenen Fassung noch einmal verstärkt:

„Die meß aber lehret, daß [...] *Christus leiblich under der gestalt brots und weins sey und derhalben darin soll angebetet werden.* Und ist also die meß im grund nichts anderst denn eine verleugnung des einigen opfers und leidens Jesu Christi *und ein vermaledeyte abgötterey.*“[44]

Wer auch immer im Einzelnen der Urheber der Formulierungen ist, Olevian[45] oder eventuell Dathenus, sie entsprechen jedenfalls exakt der Erfahrung der Flüchtlinge, welche nicht nur die päpstliche Religion als vernichtend, sondern auch den lutherischen Protestantismus in Gestalt der Frankfurter Geistlichkeit als ablehnend erfahren haben. Dathenus, der schon im April 1564 als wichtiger theologischer Berater des Kurfürsten belegt ist[46] und später dessen Hofprediger wurde, dürfte unter den vom Kurfürsten als Mitautoren des Katechismus genannten Theologen gewesen sein.[47] Denn es ist belegt, dass er bereits im folgenden

---

44 Durch Kursivdruck ist der erst in der dritten Ausgabe vorhandene Text gekennzeichnet, CS.

45 Olevian hat in einem Brief an Calvin berichtet, dass er für die Verschärfung der Kritik an der päpstlichen Messlehre gesorgt habe: „in prima editione germanica [...] omissa erat quaestio de discrimine coenae et missae pontificiae. Admonitus a me Princeps voluit in secunda editione germanica et prima editione latina addi“ (Olevian an J. Calvin, 3.4.1563, in: Calvini opera quae supersunt omnia, hg. v. Wilhelm Baum/Eduard Kunitz/Eduard Reuss, 59 Bde., Braunschweig/Berlin 1863–1900, Bd. 19, 684).

46 Vgl. auch Friedrich Wilhelm Cuno, Blätter der Erinnerung an Dr. Kaspar Olevianus, hg. zu dessen 300. Todestag (15. März 1887), Barmen 1887, 22: „Seine Tüchtigkeit erkannte auch bald der Kurfürst, welcher ihn in der Folge zu seinem Hofprediger ernannte, aber auch schon vordem öfters nach Heidelberg kommen ließ, um ihn an den wichtigen kirchlichen und politischen Beratungen teilnehmen zu lassen. Gleicher Eifer für das Haus des Herrn und gleiche Gesinnung befreundeten ihn bald mit Olevian, Ursin und den übrigen Männern Gottes daselbst. Mit denselben begegnen wir ihm als Abgeordneten auf dem Maulbronner Gespräch, im April 1564, wo er in maßvollstem Benehmen auftritt, als suche er alles im rechten Geleise zu erhalten.“

47 Friedrich III. hat in der auf den 19. Januar 1563 datierten Vorrede des Katechismus ausdrücklich darauf hingewiesen, dass dieser nicht ohne Beteiligung der gesamten Theologischen Fakultät, aller Superintendenten und der vornehmsten Theologen der Kurpfalz entstanden sei. „Vnd demnach mit rhat vnd zuthun Vnserer gantzen Theologischen Facultet allhie, auch aller Superintendenten vnd fürnemsten Kirchendienern, einen Summarischen vnderricht oder Catechismum vnserer Christlichen Religion auß dem Wort Gottes, beides in Deutscher vnd Lateinischer Sprach verfassen vnd stellen lassen“ (Catechismus Oder Christlicher Vnderricht, wie der in Kirchen vnd Schulen der Churfuerstlichen Pfaltz getrieben wirdt, Heidelberg: Johannes Mayer, 1563, 8f.) In einem Brief an Herzog Johann Friedrich d. M. vom 30. März 1563 weist der Kurfürst ebenfalls ausdrücklich auf die Beteiligung aller seiner führenden Theologen an der Abfassung des Katechismus hing: „Das ist aber nit one, das ich alle meyne superintendenten fürnehmste kirchendiener und theologos bey aynander gehabt [...]“ (Kluckhohn, Briefe Friedrichs (wie Anm. 20) Bd. I, 390). Vgl. ferner Olevians Bemerkung in einem Brief an Heinrich Bullinger vom 14. April 1563: „Non unius, sed multorum collatae sunt piae cogitationes“ (Sudhoff, Olevianus und Ursinus, 483). Es gibt allerdings keinen Beleg dafür, dass Dathenus an der für den 12. Januar 1563 nach Heidelberg einberufenen Beratung des Katechismus-Entwurfs, die vom 13. bis 18. Januar 1563 stattfand, teilgenommen hat (vgl. Sehling, Kirchenordnungen [s. Anm. 35], 41).

Jahr zu den engsten theologischen Ratgebern gehörte. Der Sachverhalt, dass die hier (im Januar) approbierte erste Ausgabe sogleich um die erwähnte scharfe Abgrenzung gegen die Messe als papistische Abgötterei erweitert wurde (bis spätestens Anfang März 1563!), könnte als Ausdruck der rasch wachsenden Bedeutung der Flüchtlingsgemeinden unter ihrem Prediger Dathenus interpretiert werden.

3. Westeuropa und die Ausbreitung des Heidelberger Katechismus

Die Frage, welche Rolle die westeuropäischen Glaubensflüchtlinge bei der Entstehungsgeschichte des Katechismus gespielt haben, lässt sich nicht mit abschließender Sicherheit beantworten. Unzweifelhaft ist jedoch die Bedeutung der Konfessionskonflikte und Glaubensverfolgungen in Westeuropa für die frühe Rezeptions- und Wirkungsgeschichte des Katechismus. Die Sorge um die verfolgten Glaubensbrüder in Frankreich und den Niederlanden sowie das Bemühen um Intervention bleibt ein ständiges Thema der Korrespondenz Friedrichs III.[48] Am 1. April 1574 fiel im Kampf gegen ein spanisches Heer neben Ludwig und Heinrich von Nassau-Oranien auch Friedrichs eigener Sohn Christoph. Seine Schwester Sabine von Pfalz-Simmern (1528–1578) war seit 1544 mit dem 1568 von Herzog Alba hingerichteten Grafen Lamoral von Egmond (1522–1568) verheiratet. Er selbst ehelichte am 25. April 1569 in Heidelberg die Gräfin Amalia (1540–1602), Witwe des Grafen Heinrich von Brederode (1531–1568), der einer der wichtigsten Militärführer im niederländischen Unabhängigkeitskampf war.

Friedrichs jüngerer Sohn Johann Casimir, seit 1583 Kuradministrator, engagierte sich mehrfach, allerdings ohne großen Erfolg militärisch für die Glaubensbrüder in Frankreich und den Niederlanden.[49]

Der mehrfach erwähnte Petrus Dathenus ließ gleich im Entstehungsjahr eine niederländische („nederduytsch") Übersetzung des Katechismus anfertigen und brachte sie in Heidelberg zum Druck.[50] Bevor er Ende der sechziger Jahre Hofprediger Friedrichs III. wurde, kehrte er 1566 kurzzeitig in die Niederlande zurück, um seine Glaubensbrüder zu unterstützen. Er schlug den Heidelberger Katechismus auf dem Konvent zu Wesel 1568 zur Verwendung vor. Dem folgte die Gründungssynode der niederländischen reformierten Kirche in Emden 1571.

---

48 Siehe oben Anm. 20.

49 Vgl. zusammenfassend Volker Press, Art. Johann Casimir, Pfalzgraf bei Rhein, in: NDB 10 (1974), 510–513; vgl. auch den Briefwechsel Johann Casimirs: Friedrich von Bezold (Hg.), Briefe des Pfalzgrafen Johann Casimir mit verwandten Schriftstücken, in drei Bänden, München 1882–1903

50 *Catechismus ofte Onderwysinge* in de Christlycke leere, also die in den Kercken ende Scholen Kuervoerstlicken Paltz geleert werdt. In de Nederduytsche Spraecke overgeset, Heidelberg 1563.

Sie sah den Heidelberger Katechismus in den „nederduitsch“ sprechenden Gemeinden als Grundlage vor.[51] Auf der Synode zu Dordrecht 1618/19 wurde er zusammen mit der Confessio Belgica und der Confessio Gallicana einstimmig als rechtgläubige Bekenntnis- und Lehrschrift anerkannt.

Die Druckgeschichte des Heidelberger Katechismus zeigt anschaulich, wie die frühe Ausbreitung des Katechismus durch die engen Beziehungen der Kurpfalz nach Westeuropa und insbesondere in die Niederlande bestimmt ist.[52] In den 60er Jahren stehen neben den 15 in der Kurpfalz gedruckten Ausgaben sieben in Emden gedruckte (wahrscheinlich sind die ohne Ortsangabe gedruckten vier Ausgaben hier ebenfalls zuzuordnen). In Emden sammelten sich bekanntlich die verfolgten niederländischen Protestanten, und von hier aus erfolgte der Aufbau der reformierten Kirchen der Niederlande.

In den 1580er und vor allem den 1590er Jahren tritt als hauptsächlicher Druckort neben die Kurpfalz (und die zugehörige Oberpfalz mit der Residenzstadt Amberg) Herborn. Das bleibt in den folgenden drei Jahrzehnten, den ersten Jahrzehnten des 17. Jahrhunderts, im Wesentlichen gleich, wenn man von den seit den 1590er Jahren in Hanau entstandenen Drucken absieht. Gefördert von dem reformiert gesinnten Landesherrn sammelten sich hier die Nachfahren der aus Westeuropa geflohenen Druckerfamilien, nachdem sie im lutherischen Frankfurt a.M. mit immer größeren Widerständen zu kämpfen hatten.

Der politische Kontext der Drucke aus der Herborner Offizin Christoph Rabens (Corvinus), die bei der frühen Ausbreitung des Heidelberger Katechismus eine wichtige Rolle spielten, erschließt sich bereits aus der Entstehungsgeschichte der dortigen Hohen Schule. Sie war im Jahre 1584 von Graf Johann VI. von Nassau-Dillenburg gegründet worden, nachdem dieser nach dem Tod seines Bruders Wilhelm I. von Oranien und dreier weiterer Brüder in sein Heimatterritorium zurückgekehrt war.[53] Auch drei seiner Söhne fielen im Kampf um die Befreiung der Niederlande. Nicht zufällig war die entscheidende Gestalt beim Aufbau der Hohen Schule der aus Heidelberg vertriebene und an der Entstehung des

---

51 „In der Francösischer kirchen soll der Genevischer, in der Teutscher kirchen der Heydelbergischer catechismus gebraucht und gefolget werden, also doch, so einige kirch were, so eines anderen catechismi, dem wort Gottes gemeß, gebraucht, soll zu veranderungh desselben ungehalten sein“ (abgedr. in: J.F. Gerhard Goeters [Hg.], Die Akten der Synode der Niederländischen Kirchen zu Emden vom 4.–13. Oktober 1571. Im lateinischen Grundtext mitsamt den alten niederländischen, französischen und deutschen Übersetzungen [BGLRK 34], Neukirchen-Vluyn 1971, 17).

52 Vgl. Jochen Gruch, Deutschsprachige Drucke des Heidelberger Katechismus, 1563–1800 (Beiträge zur Katechismusgeschichte, 1), Köln 1996; vgl. auch Karin Maag, Early Editions and Translations of the Heidelberg Catechism, in: Lyle D. Bierma with Charles D. Gunnoe Jr./Karin Y. Maag/Paul W. Fields (Ed.), An Introduction to the Heidelberg Catechism. Sources, History, and Theology (Texts and Studies in Reformation and Post-Reformation Thought), Grand Rapids 2005, 103–117; Christoph Strohm, Der Heidelberger Katechismus im Kontext des Calvinismus des 16. und 17. Jahrhunderts, in: Karla Apperloo-Boersma/Herman J. Selderhuis, in Zusammenarb. mit Frieder Hepp, Karin Tebbe u.a. (Hg.), Macht des Glaubens. 450 Jahre Heidelberger Katechismus, Göttingen 2013, 97–105.

53 Johann VI. heiratete 1580 in zweiter Ehe die Tochter Friedrichs III., Pfalzgräfin Kunigunde Jakobäa von Simmern (1556–1586).

Heidelberger Katechismus beteiligte Caspar Olevian. Auch andere an der Herborner Hohen Schule tätige Gelehrte wie Johann Piscator (1546–1625, in Heidelberg 1574–1577) hatten längere Zeit in Heidelberg verbracht. Ende des 16. Jahrhundert waren die Verbindungen der Kurpfalz zum Haus Nassau-Oranien denkbar eng. Denn seit 1593 war Kurfürst Friedrich IV. mit Louise Juliana von Nassau-Oranien, der Tochter Wilhelms I. von Oranien, verheiratet.

4. Resümee

Die Entstehungs- und Ausbreitungsgeschichte des Heidelberger Katechismus ist aufs Engste mit den intensiven Beziehungen der Kurpfalz nach Westeuropa verbunden. Zwar erschien erst im Jahre 1590 die erste französische Übersetzung des Textes – hier blieb der Genfer Katechismus unangefochten –, umso zahlreicher sind jedoch die in den Niederlanden (bzw. Emden) gedruckten Ausgaben oder die anderswo gedruckten niederländischen Übersetzungen. Der Streit um die Abendmahlslehre seit 1559 in Heidelberg und die Auseinandersetzungen der Fürsten um das rechte Verständnis der Confessio Augustana können nicht ohne die Auswirkungen der engen Beziehungen nach Westeuropa und der Präsenz der Glaubensflüchtlingen in der Kurpfalz verstanden werden. Sie hatten eskalierende Wirkung und beschleunigten die Konfessionalisierung im Reich in erheblichem Maß.[54]

54 Vgl. zum Ganzen die umfassende Darstellung des Zeitalter in: Heinz Schilling, Konfessionalisierung und Staatsinteressen. Internationale Beziehungen 1559–1659 (Handbuch der Geschichte der Internationalen Beziehungen 2), Paderborn 2007.

4. Die Rezeption des Heidelberger Katechismus im Fürstentum Anhalt

Helge Klassohn (Bad Saarow)

Das Fürstentum Anhalt, unter der Herrschaft der seit dem Mittelalter im Reich hoch angesehenen Dynastie der Askanier, im obersächsischen Reichskreis zwischen dem Harz im Westen und dem brandenburgischen Fläming im Osten an den Flüssen Bode, Saale, Elbe und Mulde in unmittelbarer Nachbarschaft zu den mächtigen Kurfürstentümern Sachsen und Brandenburg gelegen, war im 16. Jahrhundert schon durch sein vergleichsweise kleines Territorium (ca. 2300 km^2), durch die vielfachen lehnsrechtlichen Verbindungen zu den Nachbarherrschaften, seine geringen Ressourcen und seine offene Mittellage zu einer ausgleichenden und „vermittelnden" Politik auch in Religionssachen genötigt. Im dem „Hause Anhalt" verbliebenen Kernland ist es zudem im Laufe der Jahrhunderte immer wieder zu erbrechtlich bedingten Teilungen des kleinen Territoriums und zur Errichtung von Einzelherrschaften mit entsprechenden Residenzen in Zerbst, Dessau, Köthen und Bernburg (außerdem in Plötzkau/Saale, Harzgerode/Harz und Hoym/Harz) gekommen. Es kann nicht erstaunen, dass das Territorium der „Fürsten zu Anhalt" sehr bald von den Impulsen der Wittenberger Reformation erreicht und erfasst wurde.

Der Vortrag wird nun die Stationen des Weges verfolgen, auf dem das Fürstentum Anhalt von der Übernahme der von Wittenberg ausgehenden lutherischen Reformation zur Rezeption des reformierten Heidelberger Katechismus kam und die weitere Entwicklung der anhaltischen Landeskirche und ihres Umgangs mit dieser reformierten Bekenntnisschrift schildern.

1. Die Einführung der lutherischen Reformation im Fürstentum Anhalt

Fürst Wolfgang von Anhalt-Köthen (1492–1566) hatte schon als Hofmann von Kurfürst Friedrich dem Weisen von Sachsen den Wormser Reichstag 1521 miterlebt und war für die Sache Luthers eingenommen worden. Als einer der Teilhaber an der askanischen Herrschaft über die damals in ihrer Bedeutung mit Leipzig und Magdeburg vergleichbaren Stadt Zerbst hatte er die dortigen frühen reformatorischen Bestrebungen geschützt und gefördert. Luther war 1522 vom Rat nach Zerbst eingeladen worden, wo er in der Woche nach Kantate in der Kirche des

Augustinerklosters predigte. Der Rat erklärte daraufhin in einer „Willkür“ (Resolution), dass das Evangelium künftig auf diese Weise zu predigen sei und stellte im Mai 1523 den ersten evangelischen Pfarrer (Mattheus Meseberg) für die Ratskirche St. Nikolai an. Fürst Wolfgang von Anhalt war Unterstützer der Protestation von Speyer des Jahres 1529, Unterzeichner der Augsburger Konfession (CA) von 1530 und trat 1531 dem Schmalkaldischen Bund bei. Zum Motor und Gestalter der Reformation in Anhalt, insbesondere im Dessauer Herrschaftsbereich wurde aber der Dompropst von Magdeburg Fürst Georg III. von Anhalt-Dessau, der sich in den Jahren 1529/30 unter dem Einfluss seines theologischen Lehrers Georg Helt, sowie Luthers und Melanchthons „durch intensives Bibel- und Quellenstudium von der Berechtigung der Reformen überzeugt“ hatte.[1] Georg III. war ein theologisch hochgebildeter, in der reformatorischen Sache deutlicher, an Frieden, Rücksichtnahme und Ausgleich orientierter Mann, der auch von Kardinal Albrecht von Brandenburg, Erzbischof von Magdeburg bei aller Gegensätzlichkeit der Überzeugungen respektiert wurde. Georg war eine der für den Fortgang der lutherischen Reformation in Anhalt und im obersächsischen Reichskreis prägenden Persönlichkeiten. Am 16. März 1534 wurden die Geistlichen der Herrschaft Anhalt-Dessau in Dessau versammelt, die Positionen der Wittenberger Reformation mit ihnen erörtert und schließlich das Abendmahl am Gründonnerstag nach lutherischem Ritus gemeinsam mit den drei Fürsten gefeiert. Damit hatte sich die lutherische Reformation in ganz Anhalt durchgesetzt. Die anhaltischen Fürsten führten unter der geistlich-theologischen Leitung von Georg III. und in enger Abstimmung mit Luther und insbesondere Melanchthon ihr Reformationswerk weiter, zu dem der deutsche Gottesdienst mit Predigt und Abendmahl, der öffentliche Vollzug der Taufe, die behutsame Entfernung der Reliquien, die Einrichtung von Schulen, die Regelung von Ausbildung und Bezahlung der nun in Wittenberg ordinierten Geistlichen und – gegen den Protest von Erzbischof Kardinal Albrecht – die erste Kirchenvisitation (mit Kassenprüfung) gehörten.[2] In den folgenden Jahren wurde Georg III. zum wichtigen Berater in Fragen der Reformation für Kurfürst Joachim II. von Brandenburg, der 1539 in Spandau das Abendmahl nach lutherischem Ritus aus der Hand des reformationsfreundlichen Bischofs von Brandenburg Matthias von Jagow (1490–1544) empfangen hatte. Georg III. wirkte auch maßgeblich an der Abfassung der ersten kurbrandenburgischen Kirchenordnung (KO) von 1540 mit.[3] Melanchthon hatte großen Einfluss auf die Reform und Entwicklung des Schulwesens in Anhalt, speziell in den Städten Zerbst, Bernburg, Köthen und Dessau.[4] 1545 erließen die Fürsten, Johann, Georg und Joachim für den von ihnen regierten Teil Anhalts (Anhalt-Dessau) eine von Georg III. verfasste KO. 1545 wurde in ganz Anhalt eine allgemeine Kirchenvisitation durchgeführt.[5] Nach dem Tode des noch unter Herzog

1 Vgl. Achim Detmers, Georg III. von Anhalt, Leipzig 2007, 8.

2 Vgl. Detmers, ebd., 21f.

3 Ebd., 22 f.

4 Vgl. Joachim Castan, Hochschulwesen und reformierte Konfessionalisierung, Das Gymnasium Illustre des Fürstentums Anhalt in Zerbst 1582–1562, Halle 1999, 46.

5 So Beckmann, Historie des Fürstenthums Anhalt, IV, 305; III, 218; vgl. Gustav Allihn, Die reformierte Kirche in Anhalt, Cöthen 1874, 3.

Georg ins Amt gekommenen römisch gesonnenen Bischofs von Merseburg Sigismund von Lindenau 1544 wurde Fürst Georg III von Anhalt am 16. Mai 1544 zum „Geistlichen Koadjutor" (coadjutor in spiritualibus) im Hochstift Merseburg mit allen geistlichen Rechten und Pflichten eines Bischofs bestellt und von Martin Luther am 2. August 1545 im Merseburger Dom „ordiniert"[6]. Damit erhielt Georg auch einen wesentlichen Einfluss auf den Fortgang der Reformation im Westteil des (albertinischen) Herzogtums Sachsen (um Merseburg, Leipzig und Rochlitz) und nach dem Schmalkaldischen Krieg 1547 auch im östlichen Teil des (ernestinischen) Kurfürstentums (östlich der Saale). Von den Wittenberger Reformatoren stand ihm bei der Bewältigung seiner Aufgaben insbesondere Melanchthon beratend und helfend zur Seite.[7] Auch von Merseburg aus übte Georg III. als regierender Fürst von Anhalt-Dessau weiter einen prägenden Einfluss auf die theologische und strukturelle Entwicklung der evangelischen Kirche in Anhalt aus. Georg und seine beiden Brüder hatten sich mit Fürst Wolfgang „auf Druck der kursächsischen Nachbarn"[8] dem Schmalkaldischen Bund 1536/37 angeschlossen. Georg hatte für sein Mitwirken allerdings den militärischen Einsatz gegen den Kaiser ausgeschlossen und alle Seiten zum Frieden gemahnt.[9] Im Herbst 1546 floh Melanchthon mit seiner Familie aus dem von den kaisertreuen Truppen bedrohten Wittenberg ins anhaltische Zerbst, wo ihm Georg III. Aufenthalt gewährte, ebenso wie später in der Dompropstei zu Magdeburg.[10] Nach der für die Protestanten im April 1547 verlorenen Schlacht bei Mühlberg und dem auf dem „geharnischten Reichstag" zu Augsburg 1548 von Kaiser Karl V. durchgesetzten „Augsburger Interim" wurde mit dem Mainzer Weihbischof Michael Helding (1506–1561) wieder ein romtreuer Bischof im Bistum Merseburg installiert. Fürst Wolfgang von Anhalt war vom Kaiser geächtet worden und verlor für mehrere Jahre seine Herrschaft. Es bedurfte des ganzen diplomatischen Geschicks des „Hauses Anhalt" – insbesondere von Fürst Georg – und der Unterstützung Sachsens, um ihn im Zuge der weiteren reichs- und religionspolitischen Entwicklung wieder in seine alte Stellung zu bringen. Anhalt hatte zu spüren bekommen, wie gering seine ökonomischen Ressourcen und wie begrenzt seine machtpolitischen oder gar militärischen Spielräume waren. Auf einem 1547 von den Fürsten Georg III.

6 Vgl. Detmers, 26ff; zum weltlichen Administrator des Bistums war mit allen Einkünften Herzog August von Sachsen (1526–1586) eingesetzt worden. Für die Ordination des nicht zum Priester geweihten Fürsten Georg war ursprünglich der Brandenburger Bischof Matthias von Jagow vorgesehen, der auch zugesagt hatte, aber im Oktober 1544 plötzlich verstorben war, vgl. Detmers, 31ff und Peter Gabriel, Fürst Georg III. von Anhalt als evangelischer Bischof von Merseburg und Thüringen 1544–1548/50. Ein Modell evangelischer Episkope in der Reformationszeit (EHS.T 597), Frankfurt a. M. u. a. 1997 (Diss. theol. Göttingen 1994), 139–153.

7 Z. B. bei der Abfassung seiner Synodalreden, vgl. Martin Brecht, Philipp Melanchthon und Georg von Anhalt; in: Reformation in Anhalt, Dessau 1997, 57ff; Günther Wartenberg, Fürst und Reformator – zum Verhältnis zwischen Philipp Melanchthon und Georg III., in: ebd., 47ff; Detmers, 30, bes. Anm.68.

8 Vgl. Detmers, ebd., 33.

9 Ebd., 33 u. 35.

10 Ebd., 36.

und Joachim nach Zerbst einberufenen Landtag[11] hatten die anhaltischen Stände sich zu einmaligen zusätzlichen Steuerleistungen als „Nothilfe“ nach dem Kriege und zur Bezahlung der von Kaiser Karl V. eingeforderten Schulden bereit erklärt. Georg III. war, wenn Regierungsgeschäfte nicht seine Anwesenheit in Anhalt nötig machten, in Merseburg geblieben, sorgte dort als Senior des Domkapitels weiter für den Schutz der Reformation und zog sich dann Ende 1551 bei zunehmender Kränklichkeit auf sein Schloss Warmsdorf in Anhalt zurück, wo er noch mehrfach von Melanchthon zu kirchenpolitischen Beratungen besucht wurde.[12] Er starb am 17. Oktober 1553 in Dessau und wurde dort am 19. d. M. in Gegenwart von Melanchthon in der Schloss- und Stadtkirche St. Marien beigesetzt.

2. Der weitere Einfluss Melanchthons und seiner Schüler auf die Entwicklung der anhaltischen Landeskirche

Die Beziehungen der anhaltischen Fürsten Johann, Georg und Joachim zu Melanchthon waren auch weiter ausgesprochen intensiv.[13] Melanchthon kam immer wieder nach Dessau und Zerbst[14] und behielt auch nach dem Tode Luthers und Fürst Georgs III. großen Einfluss auf die anhaltischen Theologen. Im Jahre 1555 hatten Melanchthon und Bugenhagen bspw. in Dessau Lehrstreitigkeiten zwischen dem Zerbster Superintendenten Fabricius und anderen anhaltischen Theologen zu schlichten gesucht[15], in denen es um die Frage der Seligkeit der zu Pestzeiten ungetauft verstorbenen Kinder ging. Am 13. September 1555 waren zur Beilegung dieses Streites auf Einladung der anhaltischen Fürsten neben Bugenhagen, Melanchthon und anderen Geistlichen die Superintendenten Fabricius aus Zerbst, Jakob Rungius aus Greifswald und Mauritius Helling aus Nürnberg nach Dessau gekommen und hatten eine bemerkenswert seelsorgerliche Entscheidung gefällt: Christliche Eltern könnten auf das Christuswort: Lasset die Kinder zu mir kommen (Mk 10, 13-16) vertrauen[16]. Auf dieser Versammlung bekräftigten die anhaltischen Theologen ausdrücklich ihre Bindung an die Augsburgische Konfession.[17] 1568 führte Fürst Bernhard die KO von Fürst Georg auch im Zerbster Landesteil ein[18]. Das Fürstentum Anhalt hatte sein kirchliches Leben in diesen

11 Vgl, Codex Anhaltinus minor, Leipzig 1864, 1f.

12 Vgl. Detmers, 38f.

13 Vgl. dazu den Briefwechsel der Fürsten mit Melanchthon aus den Jahren 1532–1558.

14 Vgl. Hermann Wäschke, Geschichte der Stadt Dessau, Dessau 1901, 37.

15 Vgl. Graf, Pfarrerbuch, 5; Allihn (wie Anm. 5), 12; vgl. G. Schubring, Die Einführung der reformierten Confession in Anhalt, Leipzig 1848, 52f.

16 Nur die außerhalb der christlichen Kirche geborenen und ungetauft verstorbenen Kinder könnten nicht zur Seligkeit gelangen. Deshalb seien die in christlichen Familien geborenen und zur Pestzeit gegen die Intention der Eltern ungetauft verstorbenen Kinder nach kirchlichem Ritus zu bestatten.

17 Nach Castan, (wie Anm. 4), 33.

18 Vgl. Graf, ebd., 6.

Jahren nach den Grundsätzen der Wittenberger Reformation unter dem besonderen Einfluss von Melanchthon nach dem Vorbild Kursachsens abschließend geordnet. Seine Beziehungen zum lutherischen Nachbarn waren eng, sein Superintendentenamt entsprach dem sächsischen, seine Theologen wurden an der Wittenberger Theologischen Fakultät ausgebildet und dort auch ordiniert. Lehre und Wirken von Luther, Melanchthon und Fürst Georg III. (nun „der Gottselige" genannt) galten weiterhin als maßgebend[19], wobei es in der Auslegung der Lehre Luthers nach dessen Tod 1546 und wegen der Haltung Melanchthons in manchen Lehrfragen zunehmend Streit und Entscheidungsbedarf innerhalb des lutherischen Lagers gab. Der bei aller unverbrüchlichen Bindung an die Wahrheit des Evangeliums weiter die Einheit der ganzen christlichen Kirche ersehnende und dabei stets auch die Einheit des reformatorischen Christentums erstrebende Melanchthon, hatte auch in seinem Verhältnis zur oberdeutschen und Schweizer Reformation die Vermittlung gesucht, wie in der „Wittenberger Konkordie" (1536) oder in der von ihm insbesondere in Artikel X (Vom Heiligen Abendmahl) in dieser Absicht variierten Ausgabe der CA von 1540 (CA variata) und auch in der „Confessio Saxonica" von 1551 und anderen im „Corpus doctrinae christianae" noch von ihm selbst zusammengefassten Schriften.[20] In diesem Sinne verhielt sich auch die für Anhalt theologisch maßgebende Wittenberger Fakultät („Philippisten"), während sich die Jenaer Fakultät dann unter dem Einfluss von Matthias Flacius („Gnesiolutheraner") zunehmend kritisch ablehnend zur vermittelnden Haltung Melanchthons stellte. Die anhaltischen Theologen folgten weiter den Lehrauffassungen und Intentionen Melanchthons. Auch bei einem 1557 nach Coswig/Anhalt einberufenen Konvent anhaltischer und anderer obersächsischer Theologen war Matthias Flacius zu keinerlei Zugeständnissen gegenüber Melanchthon und seinen Anhängern bereit gewesen und hatte sich zudem höchst kritisch über die theologische und kirchenpolitische Haltung von Fürst Georg III. von Anhalt[21] geäußert. Die Anhänger von Flacius warfen den als „Philippisten"[22] bezeichneten Anhängern Melanchthons nun in der Folge eine, die Lehre Luthers in Richtung der Schweizer Reformation und Calvins versteckt verfälschende, also „kryptocalvinistische" und damit eine das Seelenheil der dem Evangelium vertrauenden

19 Vgl. G. Schmidt, Fürsten von Anhalt, 175, bes. Anm. 13.

20 Vgl. Allihn, 6f; Heinz Scheible, Melanchthon. Eine Biographie, München 1997, 243ff.

21 Vgl. Beckmann (wie Anm. 5), 8; nach Allihn, 13. Schon das in der Folge des von den Protestanten verlorenen Schmalkaldischen Krieges und des darauf auf dem Reichstage von Augsburg im Mai 1548 erlassenen „Augsburger Interims" dann von Melanchthon mit Unterstützung von Georg III. (er war Autor einer entsprechenden Gottesdienstordnung) verantwortete „Leipziger Interim" vom Dezember 1548, das der römischen Partei in den nicht die reformatorischen Grundlehren tangierenden Fragen, den sog. Mitteldingen" (=„Adiaphora", z. B. Liturgie, Festkalender, Fastenordnung etc.) um der Verständigung willen recht weit entgegengekommen war, war insbesondere in Sachsen auf heftigen Widerstand gestoßen.

22 Vgl. zu Entstehung und inhaltlichem Profil des „Philippismus" in Kursachsen: Ernst Koch, Der kursächsische Philippismus und seine Krise in 1560er und 1570er Jahren; in: Heinz Schilling (Hg.), Die reformierte Konfessionalisierung in Deutschland – Das Problem der „Zweiten Reformation", Gütersloh 1986, 60–77; zum „Eigenprofil" des Philippismus vgl. bes. 67ff.

Menschen gefährdende Haltung vor.[23] Johannes Calvin (1509–1564) hatte schon im Jahre 1536 in Basel sein die reformatorische Theologie aus seiner Sicht zusammenfassendes Werk „Institutio religionis christianae“ herausgebracht und 1540 auch die von Melanchthon „variierte“ CA in Straßburg unterschrieben. Seine und Melanchthons Auffassung vom Wesen des Abendmahls standen einander recht nahe, wie überhaupt das theologische Verständnis beider Männer füreinander groß war.[24] Der zunehmend denunziatorisch und herabsetzend von Flacius und seinen Anhängern gebrauchte Vorwurf des „Calvinismus“ wog aber im theologischen Ringen um ein authentisches und zugleich situationsgemäßes Verständnis der Wittenberger Reformation immer schwerer. Waren doch nur die „Augsburger Konfessionsverwandten“, also die dem Luthertum zugehörigen Stände und Territorien reichsrechtlich durch den „Augsburger Frieden“ des Jahres 1555 in ihrem Bestand geschützt. Sowohl der „Frankfurter Rezess“ von 1558[25] als auch der Beschluss des Naumburger Fürstentages von 1561 hatten es nicht vermocht, eine Einigung unter den verschiedenen und einander oft heftig kritisierenden theologischen Richtungen im deutschen Protestantismus herbeizuführen[26], obwohl der Abschluss des Trienter Konzils im Jahre 1563 mit der daraus folgenden konfessionellen Konsolidierung des römischen Katholizismus den Druck auf die Protestanten im Reich erhöhte und eine Verständigung unter ihnen immer dringender werden ließ. Auch das Religionsgespräch zwischen den philippistisch-kursächsischen und den gnesiolutherischen Theologen der anderen sächsischen Territorien vom 21. Oktober 1568 bis 9. März 1569 in Altenburg hatte die Gegensätze zwischen den Theologischen Fakultäten zu Wittenberg und Jena eigentlich nur noch weiter verschärft[27]. Die von einem melanchthonischen Humanismus geprägten theologischen Positionen des damaligen auch in Anhalt vorherrschenden „Philippismus“ können nach Ernst Koch anhand des zu dieser Zeit 1571 in Wittenberg erschienenen Sammelbandes „De principiis horum temporum controversiis: Propositiones, orationes et qaestiones“ gut erfasst werden[28].

---

23 Der innerprotestantische Streit drehte sich im Grunde um zwei Themenbereiche: 1. Christologisch-soteriologische Fragen um das Abendmahlsverständnis und um die Lehre von der Person Christi und 2. anthropologische Fragen um das Verständnis der Bekehrung des Menschen zum erlösenden Christusglauben und seine willentliche Mitwirkung dabei, Fragen um das Verständnis der göttlichen Gebote als zu befolgendes „Gesetz“ im Bezug zum geschenkten „Evangelium“ und Fragen des Verhältnisses von Rechtfertigung und „guten Werken“ zueinander, vgl. Koch, 63.

24 Calvin über Melanchthon nach dessen Tod, vgl. Werke, Bd. VIII, 724.; nach Allihn, 72f; vgl. zu Melanchthon und Calvin: Theodor Mahlmann, Melanchthon als Vorläufer des Wittenberger Kryptocalvinismus; in: Günter Frank und Herman J. Selderhuis (Hg.), Melanchthon und der Calvinismus, Stuttgart 2005, 173–230; bes. 183f.

25 Vgl. CR 9, 489–502.

26 Vgl. Koch, 64.

27 Ebd., 65.

28 Vgl. Koch, ebd. 70ff. Folgende fünf aktuelle Themenkreise werden behandelt: Rechtfertigung und gute Werke, die Lehre von der communicatio idiomatum, Gesetz und Evangelium, die Rolle des Menschen bei der Bekehrung und das Wesen der Erbsünde. Die Ubiquitätslehre wird abgelehnt, weil sie der Einigung der Kirchen entgegenstehe (vgl. Koch, 71);

3. Anhalt und seine Nachbarn im Streit um die lutherische Konkordie

Im Jahr 1569 war der vom Herzog von Württemberg gemeinsam mit anderen Fürsten zu einem Verständigungsversuch unter den Anhängern der Wittenberger Reformation ausgesandte Theologe D. Jacob Andreae, Kanzler der angesehenen lutherischen Universität Tübingen[29] auch nach Anhalt gekommen, wo ein Theologenkonvent am 26. Oktober 1569 in Köthen das Anliegen der lutherischen Verständigung zwar unterstützte, zugleich aber die Orientierung an Melanchthon bekräftigte, das anhaltische Verständnis von den „Adiaphora", von den guten Werken, von der Zweinaturenlehre sowie von der Präsenz des Leibes Christi im heiligen Abendmahl in seinem Sinne bestimmte[30] und sich also auf die Ubiquitätslehre „nicht einließ"[31].

Als sich vom 7.–10. Mai 1570 ein Konvent aus 21 braunschweigischen, kursächsischen, brandenburgischen, holsteinischen, lübischen, hamburgischen, hessischen und anhaltischen Theologen auf Einladung von Fürst Joachim Ernst von Anhalt (Schwiegersohn Herzog Christophs von Württemberg) im Geistlichen Stift St. Bartholomäi zu Zerbst (unter Beteiligung von Jakob Andreae) traf, blieben die Anhalter bei dieser Haltung[32]. Wenngleich sich der Konvent am 10. Mai 1570 auf die Geltung der CA von 1530 und deren Apologie, der Schmalkaldischen Artikel, der beiden Katechismen Luthers, sowie der Schriften von Luther, Melanchthon (einschließlich des *corpus doctrinae*) und Brenz einigen konnte, sofern deren Schriften mit den genannten Symbolen übereinstimmten[33], zogen die philippistischen Kursachsen ihre Zustimmung nur drei Tage später wieder zurück[34].

Bemerkenswerterweise war auf dem Zerbster Theologenkonvent auch eine deutliche Ablehnung der reformierten („calvinischen") Abendmahlslehre formu-

---

vgl. Jürgen Moltmann, Christoph Pezel (1539–1604) und der Calvinismus in Bremen, Bremen 1958, 74f.

29 Vgl. zum Tübinger Luthertum: Manfred Rudersdorf, Lutherische Erneuerung oder Zweite Reformation? Die Beispiele Württemberg und Hessen; in: Heinz Schilling (Hg.), Die reformierte Konfessionalisierung, 138ff.

30 Vgl. G. Schubring, Die Einführung der reformierten Confession in Anhalt, Leipzig 1848, 5.

31 Vgl. wieder Allihn, 13; Ulla Jablonowski, Jahre des Übergangs. Anhalt um 1560, mit Ausblicken bis 1590, in: Mitteilungen des Vereins für Anhaltische Landeskunde 22, Köthen 2013, 102. Übrigens hatte Melanchthon selbst sich schon in einem Gutachten vom 1. November 1559 für Kurfürst Friedrich III. von der Pfalz ausdrücklich gegen seine Braunschweiger Schüler Tilemann Heshusius und Martin Chemnitz und das von ihnen propagierte „neue Dogma" von der leiblichen ubiquitas des erhöhten Christus ausgesprochen und es auf eine Stufe mit der römischen Transsubstantiationslehre gestellt; vgl. Mahlmann, 202f, dort in Anm. 124 auch der Quellenbeleg.

32 Vgl. Allihn, 13; Schubring, 6f; Beckmann, 9.

33 Vgl. Schubring, 6.

34 Vgl. Bekenntnisschriften der evangelisch-lutherischen Kirche, 5. Aufl., Berlin 1960, XXXIV.

liert worden. Der neue Zerbster Superinten-dent Abraham Ulrich[35] hatte sich mit anderen anhaltischen Theologen in diesem Sinne auch bei einer folgenden Disputation in Wittenberg positioniert.[36] Im Jahr 1570 brachten die Anhalter die 4. Auflage der Werke Fürst Georg III. heraus, wohl auch zur neuerlichen Vergewisserung und Präsentation der eigenen Kontinuität in den lutherischen theologischen Positionen[37].

Der im Wesentlichen vom Schüler Melanchthons und Calvins Zacharias Ursinus im Auftrage von Kurfürst Friedrich III. von der Pfalz verfasste, bald darauf in die kurpfälzische KO aufgenommene Katechismus war am 19. Januar 1563 in Heidelberg erschienen, noch im selben Jahr ins Niederländische und Niederdeutsche übersetzt und bis zum Ende des Jahrhunderts in den Niederlanden, in Ostfriesland, am Niederrhein, in Ungarn, in Nassau-Oranien, in Lippe und – wie wir noch sehen werden – auf recht eigene Weise auch in Anhalt als Grundlage für die Glaubensunterweisung, als Wegleitung zum Verständnis der Heiligen Schrift und auch als offizielles Bekenntnis anerkannt und eingeführt worden[38].

Auf dem Reichstag 1566 in Augsburg, also drei Jahre nach Erscheinen des HK und der reformierten, von Kaspar Olevian stammenden kurpfälzischen KO war es Kurfürst Friedrich III. von der Pfalz nur durch ein eindringliches persönliches Glaubenszeugnis mit Unterstützung von Kurfürst August von Sachsen[39]gelungen, sich und seinem Lande trotz Vorwurf des „Calvinismus" die Gemeinschaft mit den anderen protestantischen Ständen und die weitere Geltung des Religionsfriedens von 1555 für die Kurpfalz zu bewahren[40]. Im Anhalt benachbarten Kursachsen hatte es nach dem in Zerbst im Jahre 1570 ergebnislos verlaufenen Verständigungsversuch zwischen den „Philippisten" und den Anhängern des radikalen Luthertums eine weitere Konsolidierung der melanchthontreuen Theologie gegeben. Kurfürst August ordnete die Verpflichtung der Theologen auf das „Corpus doctrinae Philippicum"[41] an und genehmigte im Jahre 1571 auch die Publikation eines neuen „Wittenberger Katechismus" für die höheren Schulen und die einer philippistischen theologischen Grundsatzerklärung mit dem Titel „Von der Person und Menschwerdung vnseres Herrn Jhesu Christi / der waren Christlichen Kirchen Grundfest ... Wittenberg 1571" durch die Theologen der

35 Geb. 1526 in Kronach, Franken; 1558–1577 Pfarrer an St. Bartholomäi zu Zerbst; seit 1570 dort zugleich Superintendent, verstorben 1577; auch er gehörte zu den anhaltischen „Philippisten"; vgl. Graf, Pfarrerbuch, 450.

36 Schubring, 6 f.

37 Vgl. Jablonowski, Jahre des Übergangs, 102.

38 Vgl. Reformierter Generalkonvent der DDR (Hg.), Der Heidelberger Katechismus, Berlin 1982, 4f.

39 Vgl. Volker Press, Die „zweite Reformation" in der Kurpfalz, in: Schilling (Hg.), Reformierte Konfessionalisierung, 107f.

40 Vgl. dazu Martin Heckel, Reichsrecht und „Zweite Reformation": Theologisch-juristische Probleme der reformierten Konfessionalisierung, in: Schilling (Hg.), Reformierte Konfessionalisierung, 19ff.

41 Die CA 1530 und von 1540, die „Apologie" der CA, die „Repetitio" der CA für das Konzil von Trient von 1551 (= Confessio Saxonica), die „Loci Theologici" von 1543, das „Examen ordinandorum" sowie drei „Responsiones" enthaltend.

dortigen Fakultät[42], in der sie übrigens den von den „Flacianern" gegen sie erhobene Vorwurf des „Calvinismus" empört zurückwiesen[43]. Seit 1569 hatte sich auch eine verstärkte Korrespondenz zwischen den Wittenberger Philippisten und den Genfer Reformierten, seit 1572 auch zwischen den Wittenbergern und den Heidelbergern ergeben. Dazu gab es auch Verbindungen nach Frankreich. 1571 hatte Christoph Pezel auf Anregung des später auch für Anhalt bedeutsamen Dr. Peucer in Wittenberg einen eigenen von gnesiolutherischer Seite bald heftig als „kryptocalvinistisch" kritisierten Katechismus herausgegeben.

Am 10. Oktober 1571 war in Dresden eine „Synode" der führenden (philippistischen) kursächsischen Theologen unter Einschluss der Fakultätstheologen aus Wittenberg und Leipzig zusammengetreten und hatte eine 1572 bei Hans Lufft in Wittenberg gedruckte christologische Erklärung zur Person, Menschwerdung, Majestät und Himmelfahrt Christi und (darauf aufbauend) zum „allerheiligsten Mahl des Herrn" verabschiedet[44], worin es mit Berufung u. a. auf die CA und deren Apologie, die Confessio Saxonica, die Loci Theologici und das Examen Ordinandorum Melanchthons zum Abendmahlsverständnis heißt: „Et contra errorem Sacramentiarum de signis seu Symbolis nudis ac vacuis, recte Sacramentalem unionem nominant"– „...vere suum Corpus pro nobis in ligno Crucis traditum, & verum suum saguinem pro nobis effusum, cum Pane &Vino in hoc Sacramento nobis distribuat... Sacramentum Coena Domini, esse verum Corpus & sanguinem Domini nostri Jesu Christi, sub Pane & Vino nobis Christianis ad manducandum ac bibendum a Christo ipso traditum ...". Dies war zu der Zeit auch der Stand der Lehre in Anhalt.

Nach dem Tode seines Onkels Wolfgang (1492–1566) und seiner Brüder Karl (1534–1561) und Bernhard (1540–1570), zu dessen Taufpaten übrigens Martin Luther 30 Jahre zuvor bestellt worden war[45], hatte Fürst Joachim Ernst von Anhalt-Dessau (1536–1586) im Jahre 1572 die Herrschaft über das gesamte Fürstentum Anhalt angetreten. Seine 1571 mit Eleonore von Württemberg geschlossene Ehe zeigte auch die anerkannte Stellung Anhalts und der Askanier unter den der lutherischen Reformation anhängenden Reichsständen[46]. Joachim Ernst hatte zum 15. April 1572 einen „Gemeinen Landtag" nach Zerbst ausgeschrieben, damit „nach dem heil. allein seeligmachenden Worte Gottes und wahrer Christl. Religion, so Gottlob in Sr. F. Gnaden Landen bißhero und noch erhalten, für allen

42 Vgl. Bekenntnisschriften, XXXIV; Theodor Mahlmann, Melanchthon als Vorläufer des Wittenberger Kryptocalvinismus, in: G. Frank/Herman J. Selderhuis, Melanchthon und der Calvinismus, 174f.

43 Mahlmann, 177.

44 Repetitio brevis et simplex orthodoxae confessionis ecclesiarum, quae sunt sub ditione ducis electoris saxoniae etc.De sacrosancta coena domini nostri Iesu Christi Deo horum temporum controuersis articulis, videlicet de persona et incarnatione Christi, et de eius maiestate, ascensione et sessione ad dextram die. In Synodo Dresdensi, die 10. octobris Anno 1571. conscripta & comprobata uniami consensu Academiarum Lipsensis & Vvitebergensis: & Trium Consistoriorum: Deni & Superintendentium Vniversorum & singulorum, qui docent in harum regionum Eccleses Conuersa ex Germanico in Latinum Sermonem Vvitebergae excudebat Iohannes Lvfft anno M. D. LXXII.

45 Vgl. Allihn, Die reformierte Kirche in Anhalt, 3.

46 Vgl. Schmidt, 175.

Dingen gute Ordnung und Policey, damit die Justiz befördert“ und damit „auch unter den Unterthanen eine feine durchgehende Gleichheit in gemeinen Anlage und Bürden gehalten werde.“[47] Auf diesem Landtage wurde auch eine allgemeine Landesordnung- und Steuerordnung beraten, die dann am 21. April 1572 von Joachim Ernst für ganz Anhalt erlassen wurde[48]. Sie diente der Festigung eines von Dessau aus zentral gelenkten Territorialfürstentums mit einem landesherrlich geleiteten und lutherisch-melanchthonisch geprägten Kirchen- und Schulwesen sowie einer eindrucksvollen, wenn auch sehr kostspieligen Hofhaltung. Jedes Jahr sollten durch die Superintendenten in den Kirchen Visitationen durchgeführt werden, dass „gleichförmige ceremonien in allen unser lande kirchen sollen gehalten werden“[49]. In die Regierungszeit von Fürst Joachim Ernst fielen auch theologische und kirchenpolitische Entscheidungen, welche in die Richtung eines gegenüber den Nachbarterritorien eigenständigen religionspolitischen Weges in Anhalt weisen sollten. Es mag für die Politik Joachim Ernst gegenüber Kursachsen unter Kurfürst August auch in Religionssachen nicht ohne Belang gewesen sein, dass sich der mächtige Nachbar schon 1562 von Kaiser Maximilian das Recht zur Nachfolge hatte garantieren lassen, falls es in der askanischen Dynastie, wie damals noch angenommen, keinen männlichen Erben geben würde.[50]

Im Frühjahr 1574 noch war in Wittenberg die scharf antiubiquitistische Schrift „Exegesis perspicua et ferme integra contoversiae de sacra coena“ anonym erschienen.[51] Aber der immer dringender gegen die Philippisten erhobene Vorwurf des „Kryptocalvinismus“, der den Bestand der Wittenberger Reformation und wohl auch die Stellung Kursachsens im Reich zu gefährden drohte, hatte den sächsischen Kurfürsten August (reg. 1553–1586) dann im April 1574 zu einem radikalen religions- und kirchenpolitischen Kurswechsel bewogen. Mit drei anderen Philippisten wurde auch der bislang an der Wittenberger Universität höchst einflussreiche Schwiegersohn Melanchthons Dr. Caspar Peucer[52] in Haft genommen. Viele andere im Kurfürstentum Sachsen im Zuge der kirchen- und religionspolitischen Wende im Jahre 1574 des „Kryptocalvinismus“ und der Täuschung des Dresdener Hofes verdächtigten Philippisten wurden ebenfalls verurteilt und eingesperrt, andere des Landes verwiesen. Einige der in Kursachsen verfolgten Philippisten fanden mit Zustimmung von Fürst Joachim Ernst in An-

---

47 Codex Anhaltinus minor, 13ff.

48 Vgl. Heiner Lück, Calvinismus und reformiertes Bekenntnis, 54f; auch Castan, Hochschulwesen, 40.

49 Zitat nach Lück, 55; vgl. auch Castan, ebd.

50 Vgl. Allihn, 17.

51 Der Leib Christi sei seit seiner Himmelfahrt im Himmel, seine „manducatio“ beim Abendmahl sei unmöglich, vgl. zum ganzen Vorgang Castan, 35f.

52 Peucer wurde 1525 in Bautzen als Sohn sorbischer Eltern geboren, studierte ab 1543 in Wittenberg Mathematik und Medizin, wurde 1545 dort Magister und lehrte Mathematik und Astronomie, war seit 1554 Professor für Philosophie und später auch Rektor, wurde 1550 auch zum Dr. med. promoviert, heiratete die jüngste Tochter Melanchthons und erbte dessen Haus; vgl. Castan, 34f; dort auch Angaben zur philippistischen Abendmahlsauffassung Peucers; vgl. auch Koch, 74ff, und Kurt Aland: Die theologische Fakultät Wittenberg und ihre Stellung im Gesamtzusammenhang der Leucorea während des 17. Jahrhunderts, in: 450 Jahre Martin-Luther-Universität Halle Wittenberg, Bd.1, 1952, bes. 180–203.

halt Zuflucht.[53] Die zumeist philippistisch gesonnenen theologischen Berater des Fürsten Joachim Ernst standen dem von nun an auch in Kursachsen hochgeschätzten württembergischen Theologen Jacob Andreae (1528–1590) und dem von ihm mit Eifer betriebenen lutherischen Einigungswerk weiter zurückhaltend gegenüber. Er war (s. o.) am 25. August 1569 das erste Mal nach Anhalt gekommen[54], war aber damals schon mit der Ubiquitätslehre auf wenig Zustimmung gestoßen. Sie war dann auch auf verschiedenen anhaltischen Theologenkonventen, darunter auch auf dem von Köthen am 26. Oktober 1569, als eine unnötige und Unfrieden stiftende Neuerung der lutherischen Lehre kritisiert und abgelehnt worden.[55] An der Spitze der anhaltischen Theologen stand in diesen Jahren der hoch angesehene und dem Gedanken einer lutherischen Einigung gegenüber durchaus aufgeschlossene Zerbster Superintendent und theologische Berater des Fürsten M. Abraham Ulrich.[56] Zur Unterstreichung der so gut lutherischen wie melanchthontreuen und solchen Neuerungen abholden Haltung der Anhalter war es auch zur erneuten Herausgabe der Schriften des Fürsten Georg III. im Jahre 1570 durch Abraham Ulrich und wiederum im Jahre 1577 (in 5. Auflage) gekommen.[57] Die Ereignisse des Jahres 1574 mit dem Sturz der des „Kryptocalvinismus“ verdächtigten Anhänger Melanchthons (Philippisten) am kursächsischen Hof und an der Universität Wittenberg hatten den Dessauer Hof und die anhaltischen Theologen für die Bestrebungen Jacob Andreaes noch weniger geneigt gemacht.[58] Der hatte sich indes über die kritische Haltung des Kanzlers Trauboth[59] ihm gegenüber und über die in seinen Augen wankelmütige theologische Position des Zerbster Superintendenten Abraham Ulrich beim Dessauer Hof beschwert.[60] Andreae musste sich vom Fürsten Joachim Ernst von Anhalt darauf die Mahnung gefallen lassen: „Bleibet bei der rechten einfältigen Wahrheit, zerrüttet die arme betrübte Kirche Christi nicht weiter, damniret Niemand, er sei

---

53 Zu ihnen gehörten der spätere Dessauer Superintendent Johann Brendel, die nacheinander amtierenden Bernburger Superintendenten Dragendorf, Polus und Reinhardt, der Leipziger Professor und spätere Rektor am Zerbster „Gymnasium Illustre“ Gregor Bersmann, sowie die Wittenberger und später ebenfalls am anhaltischen „Gymnasium Illustre“ lehrenden Professoren Bartholomäus Schönborn und Albert Voit und nach seiner Freilassung im Jahre 1586 auch Dr. Caspar Peucer, vgl. Ulla Jablonowski, Der Einfluß des Calvinismus auf den inneren Aufbau der anhaltischen Fürstentümer Anfang des 17. Jahrhunderts, dargestellt am Beispiel von Anhalt Köthen, in: Meinrad Schaab (Hg.), Territorialstaat und Calvinismus, Stuttgart 1993, 149f.

54 Vgl. Ulla Jablonowski, Jahre des Übergangs, 102.

55 Ebd.

56 Ebd.

57 Ebd.

58 „Die Lehre von der *communicatio idiomatum realis* sei (samt der sich daran anfügenden Lehre von der Ubiquität, H. K.) eine Neuerung, womit man als gute Lutheraner unvermengt bleiben wolle, wogegen Andreä und seines Gleichen jeden, der diese Lehre nicht annehme, als Kryptocalvinisten ausschrieen und ihn von Amt und Brot bringen wollten. Auch die aus Sachsen vertriebenen Kryptocalvinisten seien gute Lutheraner und Schüler Melanchthons; denn Luther und Melanchthon stimmten ja beide überein, wie die Fürsten Georg und Wolfgang bis an ihr Ende mit beiden Freundschaft gehalten hätten“; Zitat nach Schubring, 7.

59 Vgl. ebd., 16.

60 Vgl. ebd., 8.

denn überwiesen.“[61] Das in Fortführung des lutherischen Einigungswerkes unter Leitung von Andreae fertiggestellte „Torgische Buch“ wurde 1576 vom sächsischen Kurfürsten August dann auch nach Anhalt zur Prüfung bzw. Annahme gesandt und auf Veranlassung von Fürst Joachim Ernst im Jahr darauf von einem anhaltischen Theologenkonvent zu Nienburg an der Saale beraten. Der 1576 zur Neuordnung der kirchlichen Verhältnisse nach Kursachsen berufene Andreae war schon Anfang 1577 im Rahmen einer seiner Werbereisen für die lutherische Eintracht im Schloss Harzgerode im anhaltischen Harz auch von Fürst Joachim Ernst empfangen worden. Das Treffen verlief für Andreae ungünstig. Joachim Ernst schrieb ihm danach noch einen empörten Brief[62], in dem er das „monströse Dogma der Ubiquität“ und die Vorgehensweise Andreaes scharf kritisierte. Ein anhaltischer Theologenkonvent in Nienburg (Saale) erklärte dann unter dem 7. März 1577 in einem ausführlichen, wohl unter Federführung von M. Wolfgang Amling (seit 1573 Pfarrer an St. Nicolai zu Zerbst) verfassten und dem Fürsten übergebenen Gutachten (*relatio)* mit 60 *propositiones*[63]zum „Bergischen Buch“, dass die bislang im Frieden lebende anhaltische Kirche an dem „ausländischen Gezänke“ keinen Anteil habe und sich auf diese neue, im Gegensatz zu Melanchthons Schriften, allzu „weitläufige“ Bekenntnisschrift nicht einlassen könne, denn „die Autores werden sich des Verdachts nicht entledigen können, daß sie die zweene theuren Helden, Lutherum und Philippum ... von einander reißen, den einen canonisieren, den anderen stinkend machen, und in seinem Untergange eigene Ehre suchen wollten. Sollte es auch wirklich darauf angelegt sein, die so nützliche und nöthige Schriften Melanchthons aus unseren Kirchen und Schulen zu verdrängen, ... so besorgen wir uns wahrlich eines neuen Lärmens, das sich nicht so leicht legen und dem wahrscheinlich eine lautere „barbaries“ folgen würde“[64]. Die anhaltischen Theologen seien auf das *Examen Philippicum* ordiniert und seien Melanchthon „die alte Liebe und Treue“ weiter schuldig. Zudem werde durch das Buch kaum Frieden bewirkt, sondern der Streit drohe nur noch härter zu werden und eine Spaltung werde unausweichlich, falls die Verfasser auf der Unterschriftsleistung bestehen würden.[65] Man solle deshalb zur Klärung der strittigen Fragen und zur Wahrung der Einheit eine „allgemeine Synode“ einberufen.[66] Nachdem ihn der sächsische und brandenburgische Kurfürst dringlich aufgefordert hatten, dem lutherischen Einigungswerk beizutreten, berief Fürst Joachim Ernst Ende August 1577 die anhaltischen Theologen erneut zu einem Konvent nach Nienburg und forderte sie zu einer Stellungnahme zum zuletzt im

61 Zitat nach Castan, 37; vgl. Duncker, Heinrich, Beiträge zur Geschichte der anhaltinischen Kirche in den Jahren 1570–1600; in: Mitteilungen des Vereins für anhaltische Geschichte und Altertumskunde 5 (1890), 562.

62 Vgl. dazu U. Jablonowski, Jahre des Übergangs, 103f; Brief im LHASA, DE, Z 6, GAR.NS, Nr. 35, fol. 93ff.

63 Vgl. Schubring, 8, 13ff; Allihn, 14; Beckmann, VI, 9, 107ff, Jablonowski, Jahre des Übergangs, 104.

64 Zitat nach Allihn, 14; vgl. Schubring, 10, Pkt. 5.

65 Vgl. Schubring, 10, Pkt. 3 und 4.

66 Vgl. Joh. Christoph Beckmann: Historia des Fürstenthums Anhalt ..., Zerbst 1710, Abt. VI, 107, vgl. zur Nienburger Erklärung Beckmann, 113; Schubring, 12, z. Pkt. 7.

Kloster Berge bei Magdeburg von Andreae, Chemnitz, Selnecker und dann auch mit Musculus, Cornerus und Chyträus zusammen zur „Formula Concordiae" (Concordia s. Libri symbolici ecclesiae evangelicae; FC) geformten und am 19. Mai 1577 vollendeten Konkordienwerk auf.[67] Die anhaltischen Theologen gaben gegenüber dem Fürsten darauf eine „endliche Erklärung auf das anderweit der beeden Kurfürsten Buch" ab, in der sie die FC auch in mehreren Punkten einer theologischen Kritik unterzogen[68]. Sie baten, „man wolle uns in Ruhe lassen, und keinen von uns nach Leipzig zur Unterhandlung fordern"[69]. Und schließlich könnten die Anhalter auch „beweisen, dass Luther mit Melanchthon, aber nicht mit Andreae stimmt"[70]. Von den zwei Kurfürsten nun noch drängender zur Unterschrift unter die FC aufgefordert, schrieb Fürst Joachim Ernst an seine Theologen und bat um baldige Klärung. Mit Schreiben vom 18. Februar 1578 begründeten diese ihre weiterhin kritische Haltung gegenüber dem Konkordienwerk.[71] Die anhaltische Kirche hätte bisher eindeutig zur Augsburgischen Konfession gestanden, weil sie sich an Theologie und Schriften von Fürst Georg III. gehalten hätte, der doch mit Luther und Melanchthon in allen Fragen in Übereinstimmung gewesen sei.

Vom 21. bis 24 August 1578 fand dann in Herzberg/Elster ein Kolloquium von anhaltischen und kursächsischen Theologen statt, auf dem eine Verständigung über das am 19. Mai 1577 verabschiedete, in der Lehre nicht mehr veränderte „Bergische Buch" auch im Hinblick auf die anhaltischen Bedenken vom 18. Februar 1578 erreicht werden sollte[72], an dem aus Anhalt die Superintendenten M. Wolfgang Amling/Zerbst[73] und Superintendent M. Petrus Haring/Köthen[74], die fürstlichen Kommissare Präsident und Kammerrat Christoph von Hoym und

---

67 Es nahmen teil: Propst Dionysius Brunsdorf, Wörlitz; Superintendent Ambrosius Hetzler, Bernburg; Superintendent Petrus Haring, Köthen; Superintendent Johannes Gese, Dessau; Superintendent Abraham Ulrich, Zerbst; Pfarrer M. Wolfgang Amling Zerbst; Diaconus Valentin Faber, Zerbst; Propst Martinus Weisser, Nienburg; vgl. Schubring, 13ff.

68 Vgl. zum Folgenden, Schubring, 13ff: Zum einen lehnten sie die scharfe, jede theologische Nachfrage und Abweichung verurteilende Sprache des „weitläufigen Buches" ab. Dem harten *damnamus (= „wir verdammen")* würden sie das *improbamus (= „wir verwerfen")*der Augsburgischen Konfession (dort aber nur in Art. X De coena domini gebraucht, H. K.) vorziehen. Zum anderen würden auch sie sich wie die *FC* zu den drei Hauptsymbolen, zur Augsburgischen Confession mit deren Apologie, zu den Schmalkaldischen Artikeln und den zwei Katechismen Luthers bekennen, während sie gegenüber den anderen Bekenntnisaussagen der FC bei ihrer im März 1577 eingenommenen Haltung endgültig bleiben würden. Zum dritten beschwerten sie sich über Unklarheiten in der Verhandlungsführung Andreaes, der zunächst die Übereinstimmung mit den Anhaltern in der lutherischen Lehre bestätigt, danach aber mit seiner Abendmahlslehre hervorgetreten sei und sie nun für das Ganze ohne ausreichende und endgültige theologische Klärung und zur Unterschrift nötigen wolle.

69 Zitat nach Schubring, 14.

70 Ebd., 15.

71 Ebd., 15f.

72 Vgl. Bekenntnisschriften, XXXIX u. XL.

73 Seit 1578 Superintendent in Zerbst und damit führender geistlicher Amtsträger in Anhalt; vgl. Graf, Pfarrerbuch, 203.

74 Von 1564–91 Superintendent in Köthen, vgl. Graf, 273.

Kanzler Johann Trauboth, als Protokollführer die Diakone M. J. Tryller[75] und M. Caspar Ulrich aus Zerbst und für Kursachsen D. Jacob Andreae, D. Nicolaus Selnecker, D. Martin Chemnitz, D. Andreas Musculus sowie als Protokollführer Polycarp Leyser und ein Godifridus aus Braunschweig teilnahmen.[76] Die Vertreter des lutherischen Einigungswerkes bestanden gegenüber Anhalt mit Schärfe auf einer klaren Entscheidung für das Konkordienwerk, während die Anhalter bei ihrer Position bleiben wollten und sich beredt und einfallsreich argumentierend ihrer Haut zu wehren suchten.[77] Erzürnt über die Renitenz der Anhalter und mit der Drohung, alles dem sächsischen Kurfürsten berichten zu wollen, hatten die Vertreter des Konkordienwerkes grußlos den Raum („Rembder") verlassen, wurden aber durch die Versicherung der anhaltisch-fürstlichen Räte, „dass ihr Fürst der calvinischen Ketzerei von Herzen feind sei, sie auch in seinem Lande nicht dulden wolle"[78] und durch ihre Entschuldigung für das Auftreten des „noch unerfahrenen" Amling soweit besänftigt, dass Andreae sich sogar für den Dienst als Hofkaplan bei Fürst Joachim Ernst anbot. Amling seinerseits erklärte die Entschuldigung der Räte zur „höflichen Scherzrede" und das von Leyser gefertigte Protokoll der Gegenseite für ungültig, weil dieser überhaupt nur an ein oder zwei Tagen der Verhandlungen anwesend gewesen sei und zudem zeitweise selbst mitdiskutiert habe.[79] Die auch von Hessen und der Kurpfalz abgelehnte Heranziehung der Ubiquitätslehre in der FC zur „Absicherung" der Realpräsenz Jesu Christi beim Abendmahl[80] blieb Streitpunkt zwischen den Anhaltern und den von Andreae geführten Kursachsen und auch den Braunschweigern, wobei den Anhaltern *gegen* ihr damaliges theologisches Selbstverständnis das auch reichspolitisch gefährliche Etikett des „Calvinismus" angeheftet blieb. Im Anschluss an das Herzberger Kolloquium hatten die Kursachsen ihr Protokoll an den Dessauer Hof gesandt und Jacob Andreae beschwerte sich zusätzlich in einem auch von persönlicher Abneigung gefärbten Brief an Fürst Joachim Ernst über Amling: „Ew. Fürstl. Gnaden [werden, H. K.] nicht glauben können, wie übel Magister

---

75 Vgl. Protokoll von Mag. Tryller in: LHASA, DE, Z 6, GAR NS Nr. 582; Jablonowski, Jahre des Übergangs, 105, Anm. 106.

76 Vgl. Allihn, 14f aus reformierter Sicht; aus lutherischer Sicht: Schubring, 16 ff. Über den Verlauf des Kolloquiums gibt es die gedruckten Berichte von Olearius aus Halle nach dem Protokoll von Leyser und von Wolfgang Amling aus den Jahren 1594 und 1595; dort auch mit den Erklärungen der Anhalter; vgl. Schubring, 16 f.

77 Insbesondere der 1578 gerade zum Superintendenten in Zerbst und führenden Geistlichen Anhalts berufene M. Wolfgang Amling musste sich am Ende der von ihm wohl recht selbstbewusst geführten Diskussion von Jacob Andreae sagen lassen: „Ihr solltet modeste reden! Wir hätten uns sonderlich zu Euch, M. Amling, versehen, weil Ihr kaum 3 Tage lang im Predigtamt gewesen, Ihr solltet die, die Ihr hier vor Euch habt und die schon lange Zeit magna cum laude et dignitate gelehrt und sonderlich Euren Präceptoren, den Herrn Dr. Selneckern billig angesehen und mehr Modeste gebraucht haben"; zitiert nach Allihn, 15; vgl. auch Beckmann VI, 10; Schubring, 17f.

78 Schubring, 17f.

79 Ebd., 18.

80 Vgl. Bekenntnisschriften, XL u.753, Anm. 1; Schubring, ebd.

Amling als ein junger aufgeblasener Mann in diesem Fall bestanden“[81]. Amling war zu dieser Zeit 37 Jahre alt. Im Streit um den eigenen religionspolitischen und konfessionellen Weg Anhalts wurde Wolfgang Amling von dessen Gegnern und Kritikern vielfach auch persönlich scharf angegriffen, des „Calvinismus“ und der Heuchelei bezichtigt, während er bei aller seiner Disputierfreudigkeit und Streitlust in seinen theologischen Positionen eigentlich als ein „irenischer Philippist“[82] gelten kann. Seine Anhänger wurden von den theologischen Gegnern vielfach als „calvinische Amlingiten“ apostrophiert.

Seit dem Jahre 1578 hat Anhalt seine Pfarramtskandidaten nicht mehr in Wittenberg ordinieren lassen, sondern ordinierte sie nun durch den Superintendenten Amling[83] im eigenen Lande in Zerbst. Von diesem Zeitpunkt an kann man von einer selbständigen anhaltischen Landeskirche unter der „notbischöflichen“ Aufsicht des Landesherrn und unter der geistlichen Leitung von Wolfgang Amling sprechen.[84] Bei ihrer Ordination hatten sich die anhaltischen Pfarramtskandidaten seit 1578 eidlich zu verpflichten, „keine neue Lehre, so dem göttlichen Wort, den alten Symbolen noch der Augsburger Confession zuwider, in unserem ministerio zu gestatten noch einzuführen“[85]. In ihrer Lehre wurden sie auf die CA und deren Apologie, auf die Schmalkaldischen Artikel und die zwei Katechismen Luthers verpflichtet. Außerdem wurden sie dazu angehalten, die Schriften Fürst Georgs III. zu studieren und deren Inhalt in ihren Gemeinden bekanntzumachen.[86]

Dass Amling und die Anhalter sich zu dieser Zeit dem Druck nicht beugen und bei ihrer eigenen, Luther *und* Melanchthon verpflichteten, Position bleiben wollten, wurde von den lutherischen Nachbarn nicht akzeptiert, vielmehr wurde

---

81 Zitat nach Allihn, 18; Man habe von Amling, der sich als „Sophist“ und durch die Verneinung, dass „Christus nach beiden Naturen in uns wohne“ sich als „gut calvinisch“ (Schubring, 19) gezeigt habe, „mehr Ehrfurcht vor den grauen Bärten erwartet“, Zitat nach Allihn, ebd.; Schubring, ebd.

82 So Castan, 43. Mag. Wolfgang Amling, vgl. zu Amling, Castan, 42ff; Beckmann, VIII, 318–322, Graf, Pfarrerbuch, 203; eigenhändiger Lebenslauf im Superintendentur-Archiv Zerbst, Nr. 29, Bl. I[r]. Nach Castan, ebd., ist er am 8.3.1542 in Münnerstadt/Franken geboren, theologisch ausgebildet in Jena, Tübingen und Wittenberg, u. a. mit Dr. Caspar Peucer und dem Dessauer Superintendenten Mag. Johann Brendel (1544–1619, seit 1578 Superintendent in Dessau u. Pfr. an St. Marien) befreundet, zunächst Schulrektor in Zerbst, dann Pfarrer in Coswig/Anhalt, seit 1576 Pfarrer an St. Nicolai zu Zerbst (n. Castan, 42, erfolgte die Bestallung 1576, vgl. Heinrich Becker, Bestallung M. Wolfgang Amlings zu St. Nikolai in Zerbst 1576, n. Graf, 203, erst 1573!; vgl. Mitteilungen des Vereins für anhaltische Geschichte und Altertumskunde 10, 1907, 138–140), seit 1578 Superintendent als Nachfolger von Abraham Ulrich, seit 1581 zugleich Theologieprofessor am dortigen „Gymnasium Illustre“, verstorben 1606 in Zerbst. Amling (vgl. Allihn, 32ff) war in den letzten Jahrzehnten des 16. Jahrhunderts der führende philippistische Theologe und Kirchenmann Anhalts, zum Theologen Wolfgang Amling vgl. wieder Castan, 42ff.

83 Vgl. Heinrich Becker, Des Zerbster Superintendenten Wolfgang Amling Ordinationen 1578–1606, in: ThStKr 70, 1897, 112–163.

84 Vgl. Castan, 44, Anm. 107.

85 Zitat nach Schubring, 37.

86 So Schubring, ebd.

ihnen als „Hauptnoth“ ein „Mangel an Aufrichtigkeit“ unterstellt.[87] Mit warnendem Unterton fügten die Konkordientheologen gegenüber dem anhaltischen Hof in Dessau hinzu, dass „dadurch Ew. Fürstl. Gnaden Kirchen und Landen, da es Gott nicht gnädig abwendet, endlich jämmerlich verderbet und verwüstet werden“[88]. In ihrem Eifer drohten sie auch mit der Feindschaft der zum Konkordienwerk stehenden Kurfürsten und anderer Reichsstände und sprachen auffallend oft von der zur Lösung solcher Fragen auch anzuwendenden Macht des „bracchium saeculare“.[89]

In Anhalt selbst gab es aber in der Theologen- und Pfarrerschaft viel Zustimmung für die in Herzberg von den anhaltischen Vertretern vertretenen theologischen Positionen. Sie bestätigten die Ablehnung des „Bergischen Buches“ auf Konventen in den Jahren 1579 und 1580[90]. Insbesondere der unverdrossen disputierfreudige, biblisch-theologisch und patrologisch hochgebildete, an Melanchthons Systematik geschulte Amling hielt allen Angriffen stand. Er suchte 1579 auch Verbindung zu den Theologen in Hessen-Kassel, das sich ebenfalls nicht dem Druck zur Einordnung in das unter dem Namen Luthers firmierende Einigungswerk hatten fügen wollten.[91]

Für die Verhandlungen in Kassel hatten die anhaltischen Theologen ihre Lehrpositionen zum lutherischen Verständigungsprozess und gegenüber der FC in der wohl von Amling[92] in 11 Artikeln verfassten Theologischen Erklärung „Repetitio anhaltina“ formuliert[93], die 1579 in Kassel übergeben, dort auch 1579[94] lateinisch unter dem Titel *Confessio Anhaldina* gedruckt und 1581 lateinisch und

87 So noch der lutherische anhaltische Theologe des 19. Jahrhunderts Gustav Schubring (1809–1856), 47; vgl. Graf, 424.

88 Zitat nach Allihn, 18; s. a. 83.

89 Vgl. Allihn, 84. Auch Kurfürst Johann Georg I. von Brandenburg sah sich veranlasst, seinen Schwiegervater Fürst Joachim Ernst von Anhalt (Johann Georg hatte Elisabeth von Anhalt im Jahre 1577 geheiratet) in einem Brief vom 25.2.1579 (vgl. Jablonowski, Jahre des Übergangs, 105f; Brief im LHASA,DE, Z 6, GAR NS Nr. 181, fol. 58v.) zur Unterzeichnung der Konkordienformel zu drängen und darauf zu sehen, „dass der Irrtum des Calvinismus in E(uer) L(iebden) Landen, auch wider E(uer) L(iebden) Vermuten und Willen, nicht einreiße, wie es allbereit das Ansehen hat“, zitiert nach Jablonowski, 105f.

90 Ebd., 105.

91 Hessen hatte schon unter Landgraf Philipp I. (1509–1567) eine „Brückenfunktion“ zwischen sächsischer und oberdeutscher Reformation eingenommen. Vgl. Manfred Rudersdorf, Lutherische Erneuerung und Zweite Reformation? Die Beispiele Württemberg und Hessen, in: Schilling, Reformierte Konfessionalisierung in Deutschland, 143.

92 Vgl. die Positionen von W. Amling in: Drei Predigten von der Person und Amt Christi. Geschehen in der Schloßkirche zu Cassel bei Versammlung etlicher Fürsten und Theologen, Cassel 1579.

93 Vgl. Repetitio brevis, simplex et perspicva orthodoxae confessionis, quam amplecuntur Ecclesiae Principatus Anhaltini in aliquot articulis … solide tractat. Neapoli Casimiriana, in officina Matthaei Harnisch M.D. LXXXI. Die spezifische Bezeichnung des Erscheinungsortes verweist auf Neustadt als Residenz des reformierten Fürstentums Pfalz-Lautern (und Sitz der „Notuniversität“ Casimirianum u. a. mit Zacharias Ursinus) unter Pfalzgraf Johann Kasimir, der nach dem Tode seines lutherischen Bruders Kurfürst Ludwig VI. 1583 in Heidelberg die Administration der (dann wieder reformierten) Kurpfalz übernahm.

94 So Schubring, 22.

1582 dann auch deutsch im pfälzischen Neustadt a. d. Hardt gedruckt wurde[95]. In ihrer Vorrede („Anhaltinorum Praefatio") führen die „Anhaltischen Theologen" aus, dass sie „hiemit keine newe Bekenntniß stellen" wollten, sondern nur ihre Meinung und Lehre „von den fürnehmbsten Artikeln" wiederholten, die in der Kirche nicht nur seitdem die „Predigt des heiligen Evangelii durch D. Luthern, Herren Philippum Melanchthonem und ire trewe Gehülffen ist wiederumb geleutert worden, Sondern so lang im Gott eine Kirche durchs heilige Predigtampt inn dieser Welt gesamblet hat mit gleichstimmender einhelligkeit ....allwegen ist angenommen, erkannt und bekannt worden."[96] Sie unterschreiben auch „außdrucklich der Bekenntnuß, welche dem großmechtigen Keyser Carol dem V. deß namens, zu Augspurg auff dem grossen Reichstage Anno Christi 1530 ubergeben unnd wie die nachmals in folgendem jar zugleich mit der Apologia zu Wittenberg gedruckt worden und hernach mit deutlicher erklärung Anno 1540 widerholet Auch endlich im namen und von wegen der Sächsischen Kirchen daß sie den Papisten zu Trident in ihrer damals gehaltenen versamlung ubergeben wurde Anno Christi 1551 auch ist erkläret und widerholet worden."[97] „Zum vierdten" nehmen die Anhaltischen Theologen „auch mit danckbarem hertzen an die einhellige Bekenntnuß deß wahren Christlichen Glaubens wie die inn den Schmalkaldischen Artickeln Anno 1537 widerholet ist. Und in sonderheit beyde Catechismos Lutheri mit welchen die herrliche Schrifften Herren Philippi Melanchthonis aus Gottes Wort verfasset und erstlich außgangen. Hernachmals aber inn das thewre Christliche unstrefliche Buch Corpus doctrinae genannt ordentlich zusammen gebracht dermassen concordieren und in dem grund durchaus ubereinstimmen, daß sie gleich den obern und besten theil der Blüt und (so zu reden) den Kern oder das Marck der gantzen Christlichen Lhere, die Gott durch D. Luthern seligen geleutert hat, in schöner, herrlicher und richtiger ordnung also erklären und für augen stellen, daß ein jedlicher die Wahrheit daraus leichtlich fassen ... kan"[98]. Schließlich sind sie auch der Auffassung, daß „der allmechtige gütige Gott ... aus dem Anhaldischen geblüt erwecket hat den Gottseligen hochberhümbten Fürsten und Herrn Georgium etc. ... als der reinen erleuterten Warheit Zeugen Bekenner und Prediger ... Derwegen auch dieses hocherleuchten Theologen gantz heilsame und nutzbare Schrifften ... wir ....in allen ehren halten. Und weil hochgedachter Gottseliger Fürst die gantze zeit seines lebens nicht allein mit Luthero, mit welchem er inn sonderlichem vertrawen gestanden, sondern auch mit Philippo Melanchthone als mit dem er etwan gleiche nachrede unn verleumbdung der giffti-

95 Deutscher Titel: Kurtze und einfeltige Widerholung der rechtglaubigen Kirchen Lehr und Bekantnuß/ zu der sich die Kirchen im Fürstenthumb Anhald in etlichen Artickeln bekennen/ welche von anderen in streit gezogen worden seind. Gedruckt zur Newstadt an der Hard/ in der Fürstlichen Pfaltz/ Durch Mattheum Harnisch, Anno Domini M.D. LXXXII; vgl.auch Allihn, 77, Anm. 2; Nach Schubring, ist sie im Jahre 1589 erneut (in Zerbst?) gedruckt worden.

96 Zitat nach „Kurtze und einfeltige Widerholung", 8; vgl. auch Allihn, 78.

97 Kurtze und einfeltige Widerholung, 13. Man bezieht sich also auf die CA (invariata), CA (variata) und die Confessio Saxonica Melanchthons.

98 Ebd., 15. Der o.g. Variata und Saxonica werden also die Schmalkaldischen Artikel von 1537 als *Wiederholung* der CA und Melanchthons Corpus doctrinae zugesellt!

gen Calumnien hat erfahren und außstehen müssen, eine bestendige Christliche freundschafft biß in die gruben gehalten, Als gestehen wir gar nicht, daß unter diesen Liechtern der Kirchen zu dieser letzten zeit so viel den grund der Lehr betrifft ... einiger verdacht weder deß zwispalts noch mißhelligkeit soll statt haben ...“[99]

Im Artikel VII „Vom Abendmahl deß *Herren*“[100]bekennen die Anhaltischen Theologen nach dem deutschen Text von 1582, „... daß nemlich im Abendmahl deß *Herren* am Brot und Wein oder mit Brot und Wein wahrhafftig außgetheilet unnd genossen werde eben der Leib welcher am Altar deß Creutzes für unsere Sünde ist auffgeopffert unnd getödtet worden Auch eben das thewre werde Blut welches für uns zu vergebung unser Sünden miltiglich ist vergossen worden und aus den allerheiligsten Wunden Jesu Christi gleich heraus gequollen und geflossen ist[101] ... Also die unwirdig zu diesem Abendmahl kommen, die essen unnd trincken zwar nicht bloß oder gemein Brot und Wein, Sondern verunehren mit ihrem unfletigem Munde, damit sie essen und trincken den Leib unnd das Blut Christi selbst, im Sacrament deß heiligen Abendmahls ...“[102] Am Ende des Abendmahlsartikels wird (im Sinne Melanchthons) auch vor dem „heillosen vorwitz“ gewarnt, erforschen und beschreiben zu wollen, auf welche Weise der Sohn Gottes seinen Leib und sein Blut uns „mitheile“[103]. Im Grundsatz weicht die Abendmahlslehre der anhaltischen „Repetitio brevis“ nicht von der in der FC ab, wird doch auch in der „repetitio“ die „praesentia vere et substantialiter“ des wahren Leibes und Blutes Jesu Christi „cum pane et vino“[104] gelehrt und bekannt. Gleichwohl bewegen sich die Formulierungen ganz in den Bahnen der Theologie Melanchthons. Eine Nähe oder ein Bezug zur Abendmahlslehre des HK ist in der „Repetitio Anhaltina“ dagegen nicht auszumachen[105]. Die gegen die Abendmahlstheologie des Heidelberger Katechismus gerichtete konkordientheologische Polemik findet in der Abendmahlslehre der „Repetitio Anhaltina“ keinen Ansatzpunkt. Sie als „calvinisch“ bezeichnen zu wollen, wäre verfehlt. In Art. VIII „Von

---

99 Ebd., 16–18. In der letzten Zeile nach heutiger Formulierung: „sowohl ... als auch“.

100 Ebd., 53 ff (De Coena Domini).

101 Ebd., 54; der lateinische Text (von 1581) lautet: „Retinemus autem hanc simplicissimam, rectissimam ac minime fallentem verborum institutionis sententiam, quod in Coena Domini cum pane & vino, vere distribuatur & perspercipiatur illud ipsum corpus, quod in ara crucis pro nobis traditum est, & ille ipse preciosus sanguis, qui pro nobis in remissionem peccatorum largissime profusus ex sacrosanctis Christi vulneribus effluxi“, vgl. auch Allihn, 80.

102 Ebd., 54f; die lateinische Version dieses Textes lautet: „... ita indigne vescentes, non quidem nudum aut communem panem calicemque manducant & bibunt, sed ipsum corpus & sanguinem Domini in Sacramento Coenae manducantes ac bibentes ...“

103 Ebd., 55; vgl. W. Amling: „verbum audimus, motum sentimus, modum nescimus, praesentiam credimus“; zitiert nach Allihn, 80, Anm.; auch Schubring, 34.

104 Vgl. Epitome VII, Affirmatva I, 6; s. Bekenntnisschriften, 797.

105 Vgl. Frage 78 im Heidelberger Katechismus: „Wird denn auß brod und wein der wesentlich leib und blut Christi? Antwort. Nein“, vgl. Heidelberger Katechismus von 1563, in: Reformierte Bekenntnisschriften, Bd.2/2 1562–1569, bearbeitet von Wilhelm H. Neuser u.a., Neukirchen 2009, 194f.

der Person Christi“[106] werden allerdings deutlichere Unterschiede zur Theologie der FC erkennbar. Im Hinblick auf die Ungetrenntheit der zwei Naturen in Christus, zur Erläuterung des von ihnen herangezogenen Begriffs der „persönlichen Vereinigung“ und wohl auch mit Bezug auf die in der FC gelehrte „Allenthalbenheit“ (Ubiquität) der menschlichen Natur (des „Fleisches“) Christi sagen die Anhalter: „Es wirdt auch die persönliche vereinigung nicht zertrennet, ob gleich das Fleisch von dem nimmermehr das *Wort* wirdt abgesondert nicht zugleich wie das *Wort* an allen orten ist. Denn alles was in Gott ist, das ist nicht allenthalben als Gott [!, H. K.], wie Augustinus redet. Und so deß Menschen Seele, die aus notwendigkeit der Natur mit dem Cörper, welcher ja auff einmal nicht mehr denn an einem ort sein kann, verbunden und vereiniget ist, durch geschwinde behendigkeit der gedancken allenthalben [!, H.K.] sein kann, da doch die Person gantz und unzertrennet bleibet.“[107] Und so stellen die Anhaltischen Theologen die Frage: „Was für noth will uns denn zwingen, daß wir sagen, daß die Gottheit in die Natur des Fleisches eingeschlossen Oder daß das Fleisch zugleich mit der Gottheit an allen orten und enden und also unendlich sey?“[108] Ein weiterer Bezug auf die Ubiquitätslehre und ihre Anbindung an die Abendmahlslehre in der FC fehlt in der „orthodoxen“, an der Heiligen Schrift, den alten Kirchenlehrern und den reformatorischen Erkenntnissen ausgerichteten kirchlichen Lehre der „Repetitio Anhaltina“. Und es gibt in ihr auch keinen Bezug und keine Entsprechung zu den Fragen und Antworten 47, 48 und 76 im Heidelberger Katechismus mit ihrer theologischen Ausrichtung[109]. Ein formaler oder inhaltlicher Anschluss etwa an die Theologie Calvins ist m. E. darin auch nicht zu finden, wohl aber der Widerwille, das im reformatorischen Christusglauben gewonnene Verständnis der Heiligen Schrift, neuen Lehrformeln unterzuordnen. Vielmehr sollten die bisherigen libri symbolici ecclesiae nur Hilfen zum Verständnis des Wortes Gottes sein und bleiben. Der Drucker Matthaeus Harnisch im reformiert-pfälzischen Neustadt hat aber die Erklärung der Anhaltischen Theologen wohl (zurecht) als polemische Einrede gegen die Ubiquitätslehre der FC verstanden und ihr deshalb im Druck der deutschen Übersetzung von 1582, ohne eine Zustimmung einzuholen[110], die

106 Ebd., 57 ff (De persona Christi).

107 Ebd., 60.

108 Ebd., 60f.

109 Vgl. Frage 47: „Ist denn Christus nit bey uns biß ans ende der welt, wie er uns verheissen hat? (Mt 28,20) Antwort: Christus ist warer Mensch und warer Gott: Nach seiner menschlichen natur, ist er jetzunder nit auf erden...: aber nach seiner Gottheit, Maiestet, gnad und Geist, weicht er nimmer von uns...“. Frage 48: „Werden aber mit der weis die zwo naturen in Christo nit voneinander getrennet, so die menscheit nit uberal ist, da die Gottheit ist? Antwort. Mit nichten: Denn weil die Gottheit unbegreiflich und allenthalben gegenwertig ist ...: so muß folgen, daß sie wol ausserhalb irer angenommenen menschheit, und dennoch nichts desto weniger auch in derselben ist, und personlich mit ir vereiniget bleibt...“. Frage 78: „Wird denn auß brod und wein der wesentlich leib und blut Christi? Antwort. Nein: sondern wie das wasser in dem Tauff, nit in dz blut Christi verwandlet, ... : also wirdt auch dz heilig brod im Abendmal nit d(er) leib Christi selbst ..., wiewol es nach art und brauch der Sacramenten..., der leib Christi genennet wird.“, Heidelberger Katechismus von 1563, ebd., 194f.

110 Vgl. Vorrede des Druckers, ebd., 4.

antiubiquitistischen „Propositiones“ des Theophil Almant sowie „Sechs Argumenta“ gleicher Zielrichtung angehängt[111].

Im Artikel X. „Von den Mitteldingen oder Ceremonien die aus menschlicher wahl und macht inn der Kirchen geordnet unnd eingesetzt seind“[112] lehren die anhaltischen Theologen wie die FC[113]: „Weil Mittelding, sonst *Adiaphora* in anderer Sprache genennet, Ceremonien oder eusserliche bräuche und gewohnheiten seind, die durch Gottes offenbarte wort weder gebotten noch verbotten, Sondern von Menschen, damit alles in der Kirchen ordentlich unnd zierlich zugehe, geordnet seind, So schliessen wir, daß derselbigen Adiaphoren brauch einem jeden Christen frey stehe, doch daß der Glaube und die Liebe, welche beyde allein diese freyheit mitteln, gantz und unversehret bleiben“. Der X. Artikel der „Repetitio Anhaltina“ schließt mit den eindrücklichen Worten: „Denn alles das, was nicht wider den Glauben noch erbarn Christlichen wandel geordnet und befohlen wird, soll frey gelassen unnd nach derselbigen gemeinschafft oder gesellschafft Exempel oder weise, unter denen ein jeder lebet, gehalten werden.“[114] Diese geistlich-seelsorgerliche Haltung entspricht der, welche von Philipp Melanchthon und Fürst Georg III. von Anhalt im „Adiaphorastreit“ eingenommen worden war. Die Konsequenz und Radikalität im Kampf gegen „abgöttische und abergläubische Zeremonien“ wie in der 14 Jahre später unter Fürst Johann Georg I. im Jahre 1596 erlassenen kirchlichen Lebensordnung ist davon weit entfernt.

Fürst Joachim Ernst von Anhalt hatte die Vorrede der Konkordienformel vom Jahr 1578 und das endgültig fertiggestellte Konkordienbuch vom Jahre 1580, anders als 86 Reichsstände, darunter 51 Fürsten und 35 Städte nicht unterzeichnet.[115] Angesichts seiner exponierte Lage zwischen Kursachsen und Kurbrandenburg und im Hinblick auf seine geringen Ressourcen war dies ein selbstbewusster Schritt. Es war Ausdruck einer dynastisch-staatlichen und kirchlich-theologischen Eigenständigkeit, die sich nicht zuletzt auf die seit alter Zeit angesehene Stellung des „Hauses Anhalt“ im Reich und auch auf den eigenen, früh begonnenen Weg zur Reformation der Kirche nach dem von Luther, Fürst Georg III. und Melanchthon verkündigten Evangelium berufen konnte. Es sollte sich aber bald herausstellen, dass die Position Anhalts reichspolitisch nicht unangefochten und sein Festhalten am Philippismus nicht ohne heftigen Widerspruch bleiben würde. Entweder würde sich Anhalt auf absehbare Zeit dem Druck der mächtigen Konkordienanhänger in der Nachbarschaft beugen, oder zur Bewahrung seiner Eigenständigkeit die Annäherung an die Hauptmächte der Konkordiengegner im Reich suchen müssen. Zur Klärung der anhaltischen Position im Sinne der FC hatte Kurfürst August von Sachsen im Jahre 1581 mit Bezug auf die „Repetitio“ von

---

111 Ebd., 90ff u. 113ff.

112 Ebd., 77ff (De adiaphoris, seu ceremoniis humana auctoritate in Ecclesia institutis).

113 Ebd., 77f; vgl. Epitome X (De ceremoniis ecclesiasticis, Affirmativa II), Bekenntnisschriften, 814.

114 Ebd., 79.

115 Nur Pfalz-Zweibrücken, die vier Landgrafen von Hessen, die Herzogtümer Pommern und Holstein, sowie die Städte Nürnberg, Ulm, Frankfurt/Main, Speyer, Worms, Straßburg, Magdeburg, Nordhausen und Bremen hatten die Konkordie ebenso wie Anhalt abgelehnt, vgl. dazu Castan, 38, Anm. 77, u. 39.

1579 acht verfänglich-provozierende Fragen an den Dessauer Hof gesandt, nach denen Fürst Joachim Ernst seine Theologen über ihre „wahre Meinung“ verhören sollte. Der politische Druck auf Anhalt nahm weiter zu. Es kam bei der Beantwortung dieser Fragen auf jedes Wort an[116], sollten Fürst, Land und Kirche nicht als „Calvinisten“ und „Sakramentierer“ in die theologische Isolierung und damit im obersächsischen Reichskreis gegenüber den mächtigen Nachbarn Kursachsen und Kurbrandenburg in eine prekäre reichspolitische Situation geraten. Die acht Fragen wurden freundlich und geschickt auf der Basis der „Repetitio Anhaltina“ beantwortet und mit acht Gegenfragen (z. B. ob die Einsetzungsworte nicht hinreichend seien, aller Sakramentsschwärmerei zu begegnen) verbunden[117], über welche die Konkordientheologen sich dann wenig erfreut zeigten.[118]

4. Die Gründung der melanchthonisch ausgerichteten anhaltischen Landeshochschule „Gymnasium Illustre“ in Zerbst im Jahre 1582

Ein wichtiger Schritt auf dem Wege zu einem eigenständigen Staats- und Kirchenwesen in Anhalt war die auf landesherrlichen Befehl auch auf Grund einer testamentarischen Verfügung von Fürst Wolfgang[119] gemeinsam mit dem Rat der Stadt Zerbst und dem Zerbster Superintendenten, eben Amling veranlasste Errichtung des „Gymnasium Illustre“ in Zerbst im Jahre 1582[120], einer Landeshochschule ohne Promotionsrecht (weil nicht kaiserlich oder päpstlich privilegiert) in den Räumen des ehemaligen Franziskanerklosters, an der die anhaltischen Theo-

116 Vgl. zu den Fragen und ihrer Beantwortung durch die Anhalter Schubring, a.a.O., S. 21 f; Jablonowski, Jahre des Übergangs, 106, s. a. LHASA, DE Z 5, Nachtrag Nr. 225.

117 Vgl. Allihn, 84f.

118 Jacob Andreae reagierte mit seiner im Jahre 1581 in Erfurt erschienenen scharfen „Apologie“ des Konkordienwerks. Amling seinerseits lag bis ins Jahr 1587 hinein im heftigen Schriftenstreit darüber mit den Theologen Selnecker, Kirchner und Matthäus sowie den drei Theologischen Fakultäten in Wittenberg, Jena und Leipzig, vgl. Allihn, 83; u. Beckmann, VI, 12. Die Anhalter bekräftigten ihre Position zunächst mit der 1584 in Zerbst gedruckten Schrift: „Daß die 42 Anhalter Argument wider der Ubiquisten Träume noch feststehen“. Darauf verfasste der Weimarer Superintendent Kirchner eine 1585 in Leipzig mit einer Vorrede der drei sächsischen Fakultäten Wittenberg, Jena und Leipzig publizierte Gegenschrift, der 1586 eine „kurze“ anhaltische Antwort begegnete. Darauf veröffentlichte Superintendent Kirchner in Jena einen „gründlichen Bericht“ über den Streit. Der Leipziger Professor Nicolaus Selnecker hatte zudem 1584 in Leipzig eine „christliche Vemahnung und Warnung“ gegen die Anhalter herausgehen lassen, auf die Amling mit einer im gleichen Jahre 1584 in Zerbst gedruckten „Antwort der Anhalter“ reagierte. 1585 erschien dann in Leipzig wiederum ein Bericht wider die „neuen Amlingiten in Zerbst“, dem im selben Jahr 1585 eine Zerbster Schrift mit der Bekräftigung der *manducatio* des Leibes und Blutes Christi im Hl. Abendmahl antwortete.

119 Vgl. Castan, 66.

120 Vgl. Castan, 55 u. 58; Die vorläufige Stiftungsurkunde trug das Datum 16.11.1581; Die offizielle Bestätigung der Gründung durch Fürst Joachim Ernst erfolgte am 30.1.1582.

logen und Beamten künftig akademisch ausgebildet werden sollten.[121] Der Grund für die Einrichtung der Landeshochschule mit dreijährigem akademischem Studiengang auch in Theologie über der neunzügigen Johannis-Lateinschule, der vereinigten ursprünglich städtischen Johannisschule an St. Nikolai und der Lateinschule an St. Bartholomäi, kann im Bestreben des Dessauer Hofes und der führenden anhaltischen Theologen gesehen werden, auch in der Ausbildung der Theologen ihren gegenüber dem Konkordienluthetum eigenständigen Weg zu bewahren und fortzusetzen.[122] In der Gründungsrede Amlings wird ausdrücklich auf Luthers *und* Melanchthons Lehre Bezug genommen und in diesem Sinne die „Orthodoxie" der theologischen Ausrichtung der Hochschule betont.[123] Nach der Fundationsurkunde sollte es an der Hochschule folgende neun dotierte Professuren geben: 1 für den Rektor, 2 theologische, 1 juristische, 1 ethische, 2 medizinische, 1 hebräische und 1 katechetische[124]. Ähnliche Hochschulen in der Schweiz und in Straßburg haben die Struktur und das Lehrprogramm der Zerbster Institution sicher beeinflusst[125]. Das Gymnasium illustre wurde für Anhalt zu einem wichtigen Zentrum „des geistigen und wissenschaftlichen Lebens vom 16. bis zum 18. Jahrhundert"[126] und spielte als theologische Ausbildungsstätte gerade in der Zeit des konfessionellen Übergangs vom melanchthonisch gefärbten Luthertum zum Reformiertentum in den Jahren von 1586 bis 1606 eine bedeutende Rolle, auch wenn die Mehrzahl der anhaltischen Studenten (besonders die Juristen) weiterhin die nahen Universitäten Wittenberg und Leipzig besuchte[127] und der eigentliche Anstoß zur Einführung der reformierten kirchlichen Lebensordnung mit dem Heidelberger Katechismus dann vom Dessauer Hof und nicht von Zerbst ausging. Viele Studenten aus Anhalt gingen nach 1591 auch an die Hei-

121 Zum Hochschultyp „Gymnasium illustre" und zu den Vorbildern der Zerbster Gründung vgl. Castan, 15ff; zur Gründung selbst Castan, 51ff u. 65f.

122 Vgl. Jablonowski, Einfluß, 151; Jablonowski zitiert n. H. Suhle, Der Einfluß des Reformationswerkes in Anhalt auf den Besuch der Universität Wittenberg; in: Mitt. d. Vereins f. Anhalt. Gesch. u. Altertumskunde.9 (1904), 226, die Begründung, daß die anhaltischen Landeskinder „nicht mit Gefahr, zu der Ubiquität verleitet zu werden, auf fremde dissertierende Universitäten müßten verschickt werden".

123 Vgl. Castan, 60. Im Begleitschreiben von Fürst Joachim Ernst zur Übersendung der förmlichen „Fundationsurkunde" für das „Gymnasium Illustre" vom 12.3.1584 an Wolfgang Amling heißt es mahnend, dass der Fürst mit dessen Gründung den Wunsch verbinde, „... daß Gottes Ehre hierdurch gesuchet, der gemeine Nutz gefördert, und kein Mißbrauch noch Weiterung oder Neuerung in Religion und disciplin einreisse, damit Uns und Unserm Lande kein nachteil oder gefahr [! H. K.] ... erwachsen möge ..." Zitat nach Castan, 65, Anm. 46.

124 Vgl. ebd., 66.

125 So Castan, 18; Wolfgang Amling hatte Kenntnisse über die Hohe Schule in Bern und stand auch mit Theodor Beza in Genf im Briefwechsel zu diesem Thema, so Castan, ebd., Anm. 56; vgl. LAO, Gesamtarchiv, Neue Sachordnung Nr. 28, fol. 24^{v}–25^{v}; fol. 172^{v}–173^{r}, usw.

126 Franz Schrader: Anhalt; in: Anton Schindling, Walter Ziegler (Hg.): Die Territorien des Reichs im Zeitalter der Reformation und Konfessionalisierung, Bd.2: Der Nordosten, Münster 1992, 99.

127 Vgl. Jablonowski, Jahre des Übergangs, 105, Anm. 109.

delberger Universität[128]. „Mit dem Aufbau des Gymnasium illustre wurde das wissenschaftliche Potential des kleinen Landes wesentlich gestärkt. Die neu geschaffenen Stellen im Lehrkörper waren auch für auswärtige Gelehrte interessant, die dank der restriktiven Religionspolitik ihrer Landesherren keine geeignete Stelle mehr fanden.“[129] Zum ersten Rektor berief der Zerbster Rat mit Genehmigung des Fürsten am 5. November 1581 den angesehenen Philologen Gregor Bersmann[130], der wegen verweigerter Unterzeichnung der FC aus Sachsen ausgewiesen worden war. Sein vom Konkordienwerk begeisterter Kollege Nicolaus Selnecker hatte ihn in langen Unterredungen nicht von seiner Treue zu Melanchthons Denkschule abbringen können.[131] So passte er gut zu den Anhaltern. Die für die anhaltische Landeskirche besonders bedeutsame theologische Professur wurde mit dem Zerbster Superintendenten und führenden Geistlichen Anhalts Wolfgang Amling besetzt. Für die inhaltliche („philippistische“) Ausrichtung der Lehre an der Zerbster Hochschule dürfte es von nicht geringer Bedeutung gewesen sein, dass der nach seiner Freilassung aus kursächsischer Haft bis zu seinem Tode im Jahr 1606 am Dessauer Hof als Leibarzt und Rat lebende Schwiegersohn Melanchthons Caspar Peucer zu den fürstlichen Inspektoren des Gymnasiums Illustre gehörte, aus seinem Etat besoldet wurde und auch direkten Einfluss auf die weitere Entwicklung der Hochschule genommen hat.[132] Unter den Zerbster Professoren waren neben Gregor Bersmann (1538–1611)[133] von überregionaler Bedeutung: Wolfgang Amling (1542–1606), Marcus Friedrich Wendelin, Martin Füssel (1571–1626) und Cyriacus Herdessianus (1580–1631). Sehr bald erfreute sich die neugegründete Hochschule des Zustroms auswärtiger Studenten, z. B. aus Kursachsen, aus Schlesien und aus den böhmischen Brüdergemeinden. Im Jahr 1582 gab es insgesamt 67 Immatrikulationen, in späteren Jahren studierten im Durchschnitt ca. 60 Immatrikulierte unterschiedlicher Fachrichtungen in Zerbst bei sechs bis neun Professoren.[134] Nicht vergessen werden darf an dieser Stelle die Druckerei am Gymnasium, die in den Jahren 1582–1597 unter Bonaventura Schmidt (Faber) aus Wörlitz und dann noch bis 1652 für die Veröffentlichung der Schriften der Professoren, sowie für den Druck von Buchausgaben[135] z. B.von Melanchthons Werken und für den Druck von amtlichen Erlassen und Verord-

---

128 Vgl. Jablonowski, Einfluß, 152; Suhle, 218–229.

129 Jablonowski, Jahre des Übergangs, S. 105.

130 Bersmann hatte in Leipzig unter dem Einfluss von Joachim Camerarius, dem engen Freund Melanchthons studiert, hatte sich später in Straßburg, Genf, Padua und Ferrara aufgehalten, war seit 1568 Professor der Poetik in Wittenberg, seit 1571 in Leipzig, nach 1575 auch als Nachfolger von Camerarius Professor für Griechisch, Latein und Ethik, vgl. Castan, 55f.

131 Vgl. ebd., 56.

132 Ebd., 67. Die Inspektoren hatten direkten Einfluss auf die Besetzung der Professuren; so Castan, 66.

133 Ebd., 182.

134 Vgl. Jablonowski, Einfluß, 151; Jahre des Übergangs, 105.

135 Z. B. 1586 die „Doctrina scholae Melanchthonis“, 1589 in 2. Auflage; 1587 die „Declamationes Melanchthonis“ in sieben Bänden; 1588 Melanchthons „Corpus Doctrinae Christianae“ oder von Bersmann bearbeitete Ausgaben von Cicero und Vergil; vgl. Castan, 207ff.

nungen zuständig war. Das Gymnasium Illustre zu Zerbst galt zu seiner philippistischen Blütezeit zwischen 1585 und 1603[136], aber auch noch einige Jahrzehnte danach als „der gelehrte Hort eines irenischen Reformiertentums“ mit europäischem Ruf, der „von Schottland über die Schweiz bis hin nach Böhmen reichte“ und „einen weiten Bereich innerhalb der evangelischen Religionsverwandten“ abdeckte, „von anhaltinisch-sächsischen Philippisten über ‚Böhmische Brüder‘ bis hin zu genuinen Calvinisten Schweizer Ausprägung.“[137]

Mit Castan halte ich es nicht für angebracht, „Anhalt oder die Gründung [des Gymnasium] in Zerbst bereits 1582 „calvinistisch“ zu nennen. Zwischen „Luthertum“ und „Calvinismus“ existierte ja als vermittelnde Position der „Philippismus“[138], an welcher die anhaltischen Theologen mit Amling an der Spitze aus eigener Überzeugung und aus Treue zu Melanchthon noch lange nach den Ereignissen des Jahres 1574 in Kursachsen auch in den Auseinandersetzungen um die FC und auch später im Streit um die Abschaffung des Exorzismus festhielten.

Durch die andauernden theologischen Angriffe von außen dann doch irritiert und um die Stellung seines Landes zunehmend besorgt, ließ Fürst Joachim Ernst wohl auch zum Nachweis der Kontinuität und Verlässlichkeit Anhalts in seiner reformatorischen Haltung im Sommer 1582 eine der (gut lutherischen) Predigten Fürst Georgs III. zum hl. Abendmahl[139] aus dem Jahre 1550 in Zerbst drucken und allen anhaltischen Geistlichen mit der Weisung zustellen, „danach zu lehren und zu handeln“ [140]. Amling muss aber der Meinung gewesen sein, dass die Schriften des Fürsten Georg gerade in der Abendmahlsfrage nicht mehr der inzwischen von den anhaltischen Theologen im Streit um die Konkordienformel bezogenen Position entsprächen und von ihnen nur noch „fidei analogiam“ zu verstehen sei[141], wobei diejenigen, die der Ubiquitätslehre widersprächen, doch

---

136 Vgl. Castan, 185.

137 Ebd., 199, s. a. 188; vgl. Reinhold Specht (Hg.): Die Matrikel des Gymnasium Illustre zu Zerbst in Anhalt 1582–1797, Leipzig 1930 (= Sonderveröffentlichungen der Ostfälischen Familienkundlichen Kommission 5); zu den Studenten dieser Jahre gehörten Böhmen, Mähren, Dänen, Schotten, Schweizer, Franzosen, Siebenbürger, Niederländer, auch ein Livländer und ein Norweger; vgl. Castan, 190.

138 Castan, 27; vgl. ders. zur Bedeutung des „Philippismus“ als melanchthonisch geprägte, vermittelnde und im Hinblick auf das Reformiertentum „vorkonfessionelle“ theologische Position: 28, Anm. 9–12; vgl. Ernst Koch, Der kursächsische Philippismus; in: Schilling, Reformierte Konfessionalisierung, 60–77.

139 Von dem Hochwürdigen Sacrament deß Leibs und Bluots vnseres Herrn Jesu Christi/ Drey Predigten (1550)...; in: Des Hochwürdigen Durchlieuchtigem/ Hochgelobten Fürsten und Herrn/ Herrn Georgen/Fürsten zu Anhalt, .../ Predigten und andere Schriften… Mit einer Vorred Philippi Melanchth(onis), Frankfurt a. M. 1561; vgl. Eberhard Busch, Das Abendmahlsverständnis von Georg III. von Anhalt, MVAL Sonderband 2008, Köthen 2008, 108–116, Anm. 1.

140 Vgl. Jablonowski, Jahre des Übergangs, 106; s. Anm. 112: „Von dem hochwürdigen Sacrament des Leibs und Bluts unsers Herrn Jesu Christi, drei Predigten, die erst gehalten am Palmsonntag 1550 im Dom zu Merseburg; in: Des Hochwirdigen Durchleuchten Hochgebornen Fürsten und Herrn... GEORGEN FÜRSTEN ZU ANHALT ... Predigten und andere Schriften ... Wittenberg 1555, fol. 133ff.

141 Brief Amlings an Fürst Joachim Ernst vom August 1582; LAO, Gesamtarchiv, Neue Sachordnung Nr. 28, fol. 125^{r}, nach Castan, 62, Anm. 36.

nicht für „Sacramentirer“ und „zwinglische“ gehalten werden dürften[142]. Jedoch scheint Fürst Joachim Ernst die reichspolitischen Bedenken über die Ansichten seines führenden Theologen gestellt zu haben, so dass sich dieser zu fügen hatte, wenn er nicht den offenen Konflikt riskieren und die Unterstützung seines Landesherren verlieren wollte. Am 18. Februar 1585 wurde der fürstliche Kanzler Dr. Friedrich Trauboth aufgrund einer Anschuldigung, dem kurbrandenburgischen Hof gegenüber die anhaltischen Theologen des „Calvinismus“ geziehen zu haben, aus dem Amt entlassen, gefangengesetzt und erst am 17. Juli 1591 aus der Haft entlassen[143]. Am 18. Februar 1585 wurden auch die anhaltischen Superintendenten Wolfgang Amling (Zerbst), Dionysius Dragendorf (Bernburg), Petrus Haring (Köthen) und Johann Brendel (Dessau), an den Dessauer Hof einbestellt und aufgefordert ihre Abendmahlslehre in deutscher Sprache aufzuschreiben und beim Fürsten einzureichen, der dazu auch das Urteil auswärtiger Theologen einholen wolle. Den am 16. April 1585 erneut zur Abgabe einer verbindlichen Erklärung („declaratio“) zur Abendmahlsfrage[144] einbestellten anhaltischen Theologen war dazu ein Gutachten zur Abendmahlslehre aus der Feder ihres Magdeburger Kollegen D. Siegfried Sack zur Stellungnahme vorgelegt worden. 1585 war es auch zur Heirat des verwitweten sächsischen Kurfürsten August mit Agnes Hedwig, einer Tochter von Fürst Joachim Ernst gekommen. In dieser Phase der Wiederannäherung an Kursachsen, in der Agnes Hedwig von ihrem kurfürstlichen Gemahl sogar die Freilassung von Caspar Peucer nach langer Kerkerhaft erbitten konnte und in anderen reichspolitischen Rücksichten muss wohl die Motivation zur Anforderung dieser dann vom Dessauer Superintendenten Brendel verfassten und auch von den anderen anhaltischen Superintendenten am 16. April 1585 unterzeichneten „Declaratio“ gesehen werden, die auf der Basis der „Repetitio Anhaltina“ in vier Artikeln die Lehre vom Hl. Abendmahl in einer der CA und der FC gemäßen Weise darstellte und die dann auch von allen anhaltischen Theologen zu unterschreiben war.[145] Die Abendmahlslehre der „Declaratio“ steht genauso wenig im theologischen Widerspruch zu der in der CA, in der Apologie, in Luthers Katechismen und in den Schmalkaldischen Artikeln formulierten wie die in der „Repetitio Anhaltina“ niedergelegten. Eine sprachliche und inhaltliche Nähe zum Heidelberger Katechismus, was ja ein Indiz für den angeblichen „Calvinismus“ der Anhalter gewesen wäre, ist nicht zu erkennen. Der „Declaratio“

142 So Amling, fol. 126^{v}, nach Castan, 63, Anm. 37.

143 Vgl. Jablonowski, ebd., 106, Anm. 114; s. a. LHASA. DE, Z 44, Abt. Dessau A 9 e Nr. 2.

144 „Anhaltisches Bekenntnis vom Hl. Abendmahl“ (mit Absage an die Irrtümer der „Sakramentierer“), Jablonowski, ebd., 106f.

145 Vgl. Allihn, 88f; Beckmann, VI, 125ff, vgl. dazu auch Jablonowski, ebd., Schubring, 36. Sie wurde im Jahre 1586 als „Anhaltisches Bekenntnis vom Heiligen Abendmahl“ auch gedruckt und unter dem Titel: „Kurze runde und einfältige Bekenntniss vom heiligen Abendmahl, wie dasselbige vermöge der Einsetzung wir bis anhero mit einfältigem Herzen verstanden und geglaubt, und bis an unser Ende bei dieser Bekenntniss einfältiglich verharren und bleiben wollen“, von der Witwe des Fürsten Joachim Ernst Eleonore von Württemberg nach ihrer Heirat mit dem bewusst lutherischen Landgrafen Georg I. (1567–1596) von Hessen-Darmstadt (vgl. Rudersdorf, 151f) im Jahre 1596 zusammen mit den „Sacra poemata“ von Johann Ernst in Darmstadt erneut in den Druck gegeben; vgl. Schubring, 36.

war eine „Instruction an sämmtliche Pfarrherren“ des Fürsten Joachim Ernst vom 11. Mai 1585 gefolgt, die von sämtlichen Pfarrern, Diakonen, Kirchen- und Schuldienern des Landes[146] zu unterschreiben war und auch von seinen Söhnen Johann Georg (!) und Christian unterzeichnet wurde, in welcher er aufs Strengste in der Lehre vom Hl. Abendmahl bei der in der „Declaratio“ dargelegten „apostolischen Lehre“, gemäß der CA, Luthers Katechismen, der Schmalkaldischen Artikel und der Schriften Georg III. zu bleiben verlangte.[147]

5. Der Beginn der Regierung von Fürst Johann Georg I. von Anhalt 1586 und der Streit um die Abschaffung des Exorzismus ab 1590

Fürst Joachim Ernst starb im Jahre 1586. Er hinterließ die Söhne: Johann Georg I. (1567–1618; zukünftige Linie Anhalt-Dessau), Christian I. (1568–1630; zukünftige Linie Anhalt-Bernburg), August (1575–1653; zukünftige Linie Anhalt-Plötzkau), Rudolf (1576–1621; zukünftige Linie Anhalt-Zerbst), Ludwig (1579–1650; zukünftige Linie Anhalt-Köthen), Bernhard VIII. (1571–1596) und Johann Ernst (1578–1606), von denen Johann Georg I. als der älteste Sohn das Fürstentum Anhalt bis zur Mündigkeit seiner Brüder im Jahre 1603 allein regierte. Johann Georg I. war theologisch interessiert, umfassend gebildet und hatte sich schon in jungen Jahren auch mit verschiedenen Katechismen (!) vertraut gemacht.[148] Schon im Jahre 1586 war die Lehrverpflichtung der Pfarrer auf den Text der „Declaratio“ ohne weitere Erklärung aufgehoben worden.[149] In der Visitationsordnung von 1587 versicherte er ausdrücklich, an der CA festhalten zu wollen, hob aber auch die Bedeutung der Schriften Melanchthons für die Lehre hervor.[150] Die kostspielige Hofhaltung des Vaters hatte seiner Regierung eine enorme Schuldenlast hinterlassen.[151] Er war deshalb in besonderer Weise auf das

---

146 Vgl. Schubring, 35.

147 Vgl. Allihn, 88f; Schubring, 36; Fürst Joachim Ernst erklärte die Absicht der „Instruction“ u. a. mit den Worten: „Damit demnach also eine klare einhellige gleichförmige Confession in Unsern Landen bleiben, und uf Unserer herzliche junge Herrschaft, und deroselbigen Unterthanen bestendiglich fortgepflanzet, und auf dero nachkommen gerreichet möge …“; zitiert nach Castan, 68; vgl. Superintendentur-Archiv Zerbst, Abt.1, Nr. 3. Fürst Joachim Ernst selbst unterschrieb die „Declaratio“ am 4.7.1585, vgl. Schubring, ebd.

148 Vgl. Castan, 69.

149 So Allihn, 92; vgl. Schubring, 36.

150 Vgl. Castan, 69; In einem Brief Johann Georg I. vom 21.9.1588 (vgl. Castan, 71; Superintendentur-Archiv Zerbst, Abt. 1, Nr. 3, fol. 261^{r}–26^{r}) werden die anhaltischen Geistlichen ermahnt, die Schriften Luthers, Melanchthons und Fürst Georg III. mit den Untertanen fleissig zu lesen, sowie Luthers Kl. Katechismus nach Text und Inhalt (! H. K.) in den Kirchen und Schulen fleissig zu „treiben“ und ihn mindestens zweimal im Jahr in jeder Kirche zur Gänze zu predigen.

151 Vgl. Jablonowski, Jahre des Übergangs, 90f; es soll sich um rd. 700.000 tlr. gehandelt haben; vgl. auch Jablonowski, Einfluß, 154.

finanzielle Entgegenkommen der Landstände angewiesen. Der Landtag des Jahres 1589 brachte ein Übereinkommen des Fürsten mit den Ständen hinsichtlich der Schuldentilgung[152], wobei Johann Georg I. diesen ausdrücklich zusicherte, „Sie bey der rechten wahren Religion, Lehre, Bekenntnis und Verständniß der Augsburgischen Confession ... die in den Anhalt. Kirchen und Schulen gelehret und getrieben worden, auch den gewöhnlich hergebrachten KirchenGebräuchen und Ceremonien bleiben, und keine irrige Lehre, oder ein Widriges in dis Fürstenthum einschieben und einführen [zu] lassen".[153] Diese strikte Festlegung ist auffallend und könnte eine Reaktion auf Besorgnisse der Stände hinsichtlich vom Fürsten etwa beabsichtigter religionspolitischer Veränderungen sein. Im Jahre 1586 war auch der strikt an der FC orientierte Kurfürst August von Sachsen wenige Wochen nach dem Tode seiner auch in religionspolitischen Fragen einflussreichen Gattin Anna von Dänemark gestorben. Unter seinem von 1586–1591 regierenden Sohn Christian I. (1560–1591) vollzog sich in den Jahren 1587/88 eine Hinwendung der kurfürstlich-sächsischen Religions- und Bildungspolitik zum Reformiertentum[154], die den Druck aus Kursachsen auf Anhalt zur Anpassung an die lutherische Konfessionalität nach Geist und Buchstaben der Konkordienformel spürbar verringerte und auch den Freiraum für eigene religionspolitischen Überlegungen am Dessauer Hof vergrößerte. In den Jahren 1587/88 wurden vier Wittenberger Professuren mit Theologen reformiert-philippistischer Prägung besetzt. „Die Wittenberger knüpften an die Tradition des Philippismus an, als sie eine Vermittlung zwischen lutherischer und calvinistischer Theologie anstrebten"[155], so dass auch M. Wolfgang Amling (Zerbst) für eine Professur an der Wittenberger Fakultät im Gespräch war.[156] 1588 verbot Kurfürst Christian per Mandat das streittheologische „Schelten und Lästern von den Kanzeln".[157] Im Jahr 1590 wurde der Gebrauch des Exorzismus als „päpstisches Greuel" verboten und Ende Januar 1591 ließ Kurfürst Christian seine Tochter Dorothea ohne Exorzismus taufen.[158] Die lutherischen Landstände in Kursachsen leisteten anders als die Universitäten und Städte im Interesse ihrer Patronatsrechte Widerstand, mehrere widersetzliche Pfarrer wurden abgesetzt, einige auch inhaftiert.[159] Nach dem Tode von Kurfürst Christian I. 1591 wurde die lutherische Orthodoxie in Kursachsen wieder maßgebend und auch der Druck auf Anhalt, insbesondere aus der nun wieder streng an der FC ausgerichteten Wittenberger Theologischen Fakultät nahm wieder zu.

---

152 Vgl. Castan, 70.

153 Zitat nach ebd., Anm. 69; vgl. Codex Anhaltinus minor oder die vornehmsten Landtags-, Deputations- und Landrechnung-Tags-Abschiede, auch Theilungs-, Seniorats- und andere Recesse des Fürstenthums Anhalt de Anno 1547 bis 1727 sampt nöthigsten Beylagen. Bei müßigen Stunden in guter Ordnung zusammengetragen Anno 1727.– Leipzig 1864, 22.

154 Vgl. Karl-Heinz Blaschke, Religion und Politik in Kursachsen 1586–1591, in: Schilling (Hg.), Reformierte Konfessionalisierung, 79–97, bes. 86ff.

155 Blaschke, ebd., 87.

156 Vgl. Castan, 73.

157 Vgl. Blaschke, 88.

158 Ebd. Inwieweit hier eine gegenseitige Beinflussung von Kursachsen und Anhalt vorliegt, müsste noch untersucht werden.

159 Vgl. Blaschke, 88f.

Viele der nach 1591 aus Kursachsen vertriebenen reformierten Theologen fanden im kirchlichen Dienst Anhalts Aufnahme und übten hier auch einen entsprechenden Einfluss auf die weitere konfessionelle Entwicklung aus.[160].

Die entscheidende Wende in der Religionspolitik von Johann Georg I. von Anhalt hat sich aus seiner persönlichen Entwicklung und aus Vorgängen am Dessauer Hof ergeben. Sein Bruder Christian I. trat in kurpfälzische Dienste, wurde 1595 kurpfälzischer Statthalter im oberpfälzischen Amberg und stieg zu einem der einflussreichsten politischen Berater des pfälzischen Kurfürsten Friedrichs IV. und der reformierten Konfessionspartei im Reich überhaupt auf. Hieraus ergaben sich mit Sicherheit auch Anstöße für das theologische und kirchenpolitische Denken seiner Brüder am Dessauer Hof, auf das auch Caspar Peucer insbesondere in den Jahren 1588–1600 Einfluss nahm.[161] Noch im auch von seinem Bruder Christian I. ratifizierten „Abschied" des 1589 von Johann Georg im Einverständnis mit den Vormündern seiner anderen Brüder Kurfürst Johann Georg von Brandenburg und Joachim Friedrich von Brandenburg, Administrator des Erzstiftes Magdeburg zur Regelung der drängenden Schuldenlast des Hauses Anhalt nach Dessau einberufenen anhaltischen Landtages hatte er der „getreuen Landschaft ... gnädiglich versprochen und zugesaget, Sie bey der rechten wahren Religion, Lehre, Bekänntniß und Verständniß der Augsburgischen Confession, wie bey unsers Herrn Vaters löblich Gedencken, Leben und Regierung die in den Anhalt. Kirchen und Schulen gelehret und getrieben worden, auch den gewöhnlich hergebrachte KirchenGebräuchen und Ceremonien bleiben, und keine irrige falsche Lehre, oder ein Wiedriges in dis Fürstenthum einschieben und einführen zu lassen; Wie Wir dann auch gleich bald die vorgehabte geistliche Visitation mit der Chur- und Fürstlichen Vormunden Rath und Zuthun [!, H. K.] ins Werck stellen, und eine richtige [!, H. K.] ConsistorialOrdnung begreifen laßen wollen"[162]. Die Vertreter der Vormünder aus Kurbrandenburg und dem Erzstift Magdeburg für die noch minderjährigen Brüder Ludwig, Rudolf, August, Bernhard und Johann Ernst hatten wohl auf die Durchführung einer Visitation und die Einführung einer Konsistorialordnung bestanden, um Anhalt auf eine lutherische KO festzulegen. Die Fürsten von Anhalt ihrerseits sahen sich wohl auch im Hinblick auf ihre prekäre finanzielle Lage genötigt, den mit kaiserlicher Autorität eingesetzten Vormündern und den für die Regelung des Finanzwesens benötigten Ständen nicht gleich „ins Angesicht zu widerstehen".

Der nächste Schritt auf dem eigenständigen religionspolitischen Weg Anhalts nach dem Nichtbeitritt zum Konkordienwerk war die Abschaffung des Exorzismus (und der Abrenuntiation) in der Taufhandlung auf fürstliche Anordnung im Jahre 1589.[163] Zur Begründung berief sich Fürst Johann Georg I. dabei auf das

160 Vgl. Castan, 74.

161 Vgl. Castan, 75; Teile des Briefwechsels zwischen Johann Georg I. und Peucer aus den Jahren 1588–1600 bei Beckmann, Acessiones, 128–162.

162 Vgl. Codex anhaltinus minor, 22f. Auch sollte die von Joachim Ernst erlassene „Polizey- und Landesordnung" „... abermahls mit Rath der Churf. und Fürstl. Vormunden und unserer Landschafft" revidiert und verbessert werden, Codex Anhaltinus minor, 23.

163 Der Exorzismus wurde u. a. in der Kurpfalz, in Straßburg, Hessen, Schwaben und Württemberg schon nicht mehr gebraucht, Kursachsen (nach 1591), Kurbrandenburg und

ihm als Reichsstand nach dem Frankfurter Rezess von 1558 und nach der Beschlussfassung des Naumburger Fürstentages von 1561 zustehende Recht, in den „Mitteldingen“ („Adiaphora“) bei der Neuordnung des kirchlichen Lebens nach eigenem Ermessen handeln zu können.[164] Am Sonntag Okuli des Jahres 1589 ließ Fürst Johann Georg I. seine älteste Tochter in der Dessauer Schloß- und Stadtkirche St. Marien in Gegenwart der Kurfürsten von Sachsen (Christian I.) und Brandenburg vom Superintendenten und Hofprediger Johann Brendel[165] ohne Exorzismus taufen, ohne dass dies bei den Anwesenden nach dem Zeugnis von Caspar Peucer Anstoß erregt hätte.[166] Bei der Taufe seiner zweiten Tochter im Jahre 1590 hielt es der Fürst ebenso. Seit Judika 1589 wurde der Exorzismus in der Schloss- und Stadtkirche St. Marien zu Dessau generell weggelassen. Im Sommer 1589 erbat sich der Superintendent von Bernburg die fürstliche Genehmigung, es in seiner Diözese ebenso halten zu dürfen. Noch im gleichen Jahr wurde der Exorzismus auch in der Diözese Köthen abgeschafft. Fürst Johann Georg ließ dann im Jahre 1590 ein eigenes anhaltisches „Taufbüchlein“[167] im Range einer fürstlichen Verordnung veröffentlichen und in dessen Anhang eine ausführliche (vielleicht von Amling verfasste) theologische Begründung aufnehmen, nach der es um die Abschaffung eines nicht in Gottes Wort gegründeten Missbrauches gehe und man sich dabei in voller Übereinstimmung mit Lehre und Bekenntnis einer reformatorischen Kirche gemäß dem Zeugnis der Heiligen Schrift und dem „corpus doctrinae“ Philipp Melanchthons (!) wisse.[168] Der Exorzismus sei über den Charakter eines Adiaphorons hinaus eine „fluchwürdige Abgötterei“ und ein Rest „papistischen Sauerteigs“ und „um des christlichen Gewissens willen abzuschaffen.“[169] Der Exorzismus verkleinere „Christi Verdienst und die Kraft des Sakraments“, da sich dabei im Bewusstsein der Gemeindeglieder das Kreuzschlagen zur Abwehr des Teufels vor das Verdienst Christi am Kreuz und seine Überwindung des Bösen dränge.[170] Von Menschen gemachte und eingesetzte Zeremonien könnten aber nicht mehr zu den „Adiaphora“ („Mitteldingen“) gerechnet werden, wenn fälschlicherweise Heilserwartungen mit ihnen verbunden würden, die sie nicht erfüllen könnten. Darum dürfe der Exorzismus, den die Papisten mit der Erwar-

---

Braunschweig hielten aber mit Verweis auf Luthers Taufbüchlein mit Nachdruck an ihm fest; vgl. Allihn, 20f, 92ff; Schubring, 50.

164 Luther und Melanchthon hatten (ebenso wie Fürst Georg III.) den Exorzismus als menschliche Satzung angesehen, ihn aber zur Vermeidung von Irritationen und auch zur Erinnerung an die gefährliche Macht des Teufels beibehalten; vgl. Schubring, 50f.

165 Johann Brendel (1544–1619), seit 1578 Superintendent und Hofprediger, vgl. Graf, Anhaltisches Pfarrerbuch, 226.

166 Vgl. Schubring, 54. Es ist möglich, dass Kurfürst Christian I. dieses Erlebnis für seine eigene Entscheidung gegen den Exorzismus im Jahre 1591 als Anregung gedient hat.

167 Vgl. Allihn, 93f, Anm., nach Luthers „Taufbüchlein“, aber *ohne* Austreibungsformel und Kreuzbezeichnung, jedoch *mit* Absage an den Teufel (Abrenuntiation), vgl. Schubring, 56.

168 Vgl. Allihn, 22.

169 Zitat nach Allihn, 93; vgl. Schubring, 54ff, insb. 56–63. Damit war er also kein Adiaphoron mehr; s. das Weitere!

170 Vgl. Schubring, 59. Hierin könnte man evtl. eine reformierte Argumentation entdecken, die sich aber nicht als solche zu erkennen gibt.

tung der Befreiung von der Macht des Bösen verbunden hätten, in einer evangelischen Kirche nicht beibehalten werden, sondern müsse abgeschafft werden. Zur Bestimmung der Taufe als Sakrament wird ausgeführt, dass die Sakamente (anders als „Mirakel“ wie der Exorzismus) „Siegel, Zeichen, Zeugnisse, Pfänder und Zusagen“ seien, „in welchen auch die Kinder der Christen eingeschlossen sind“[171]. Sie seien „Mysterien, die nur durchs Licht der Gnade aus dem Wort erkannt werden können“[172]. In der theologischen Begründung zur Abschaffung des Exorzismus in Anhalt lässt sich m. E. noch kein Anschluss an die Tauf- und Sakramentenlehre des Heidelberger Katechismus erkennen.[173] Dem Rat ihrer lutherischen Kritiker, dass sie doch mit ihrem Vorhaben warten sollten, „bis grosse Herren anfangen“ (!; H. K.)[174], begegneten die Anhalter mit dem Hinweis, dass Gott auch „viel durch verachtete Werkzeuge“ tue[175]. Dem Vorwurf, dass die Abschaffung des Exorzismus „calvinisch“ sei, antworteten die Verfasser des anhaltischen Taufbüchleins, dass die Calvinisten „wohl verfolgt, aber keiner Irrlehre überwiesen“ seien, sie wollten sich „aber nach keinem Menschen nennen“[176]. Damit wurde der Calvinismus-Vorwurf im Jahr 1590 m. W. zum ersten Mal von anhaltischer Seite nicht durch ein Bekenntnis zur Theologie Luthers, Melanchthons und Fürst Georgs III. sondern durch die schlichte Bemerkung abgewehrt, man könne in dieser theologischen Verortung nichts Verwerfliches sehen, wenn man auch den „Parteinamen“ ablehne und weiter zur eigenen Denkart und Sache stehen wolle. Mit dem Taufbüchlein und der in ihm enthaltenen theologischen Begründung für die Abschaffung des Exorzismus sollten wohl auch die im Lande, insbesondere in der Ritterschaft aufgekommenen und am 19. Dezember 1589 auf dem landständischen Konvent in Nienburg mit Verweis auf frühere fürstliche Zusagen und bisherige Landtagsabschiede zum Ausdruck gebrachten Besorgnisse[177] über die wohl als irritierend „unlutherisch“ empfundenen und tief in die vertraute Ordnung des geistlichen Lebens der Gemeinden eingrei-

171 Zitat ebd.

172 Zitat ebd. In CA IX De baptismo heißt es von der Taufe, „daß sie notig sei, und daß dadurch Gnad angeboten werde“, vgl. Bekenntnisschriften, 63,1f, und in XIII De usu sacramentorum wird vom „Gebrauch der Sakramente“ gelehrt, „... daß die Sakrament eingesetzt sind nicht allein darum, daß sie Zeichen seien, ... sondern daß es Zeichen und Zeugnus seien gottlichs Willens gegen uns, unseren Glauben dadurch zu erwekken und zu stärken ...“, vgl. ebd., 68,2ff.

173 Nach dem Heidelberger Katechismus von 1563 (Frage 66) sind die Sakramente „sichtbare heilige warzeichen und Sigill, von Gott darzu eingesetzt, daß er uns durch den brauch derselben, die verheissung des Evangelions desto besser zuverstehen gebe ...“, in Frage 73 heißt es von Gottes Handeln in der Taufe, „... dz er uns durch diß Göttlich pfand und warzeichen wil versichern, dz wir so warhafftig von unsern sünden geistlich gewaschen sind, als wir mit dem leiblichen wasser gewaschen werden...“: Luther sagt im Großen Katechismus zur Taufe (Bekenntnisschriften, 704,10ff), „... daß wir die Taufe nicht lassen ein bloß ledig Zeichen sein, wie die Schwärmer träumen“.

174 Zitat nach Schubring, 62.

175 Ebd. Dem Einwurf, dass auch Melanchthon (!) den Siebenbürgern zur Beibehaltung des Exorzismus geraten habe, antworteten die Anhalter, dass damals die evangelische Kirche neu gewesen sei, nun aber 70 Jahre alt sei; vgl. Schubring, ebd.

176 Ebd.

177 Vgl. Allihn, ebd.; Schubring, ebd., 55f.

fenden obrigkeitlichen Maßnahmen gedämpft werden.[178] Zudem hatte es geheißen, dass alle, die „dem Edikt des weisen, milden christlichen Fürsten nicht gehorchen wollten, für Widersetzliche gegen Gott und Menschenbefehl“ erklärt würden und ungehorsame Geistliche mit Amtsentsetzung bedroht sein würden.[179] Und es gab durchaus auch Widerstand von anhaltischen Pfarrern aus Glaubens- und Gewissensgründen gegen die von der Obrigkeit befohlene Abschaffung des Exorzismus.[180] Zu ihnen gehörte auch der Pfarrer von Badeborn, Johann Arndt, der sich zuvor schon mehrfach zur Theologie des Konkordienwerkes bekannt hatte[181]. Arndt wurde darauf nach Dessau bestellt und empfing dort seine Amtsenthebung. Er fand aber binnen weniger Tage schon Aufnahme und Anstellung im einige Kilometer von Badeborn entfernten lutherischen Reichsstift Quedlinburg.

An diesen Vorgängen wird deutlich, wie groß die durch den kirchenregimentlichen Eingriff in die kirchliche Lebensordnung verursachte Unruhe gerade in der Pfarrerschaft war. Die Argumentation der führenden anhaltischen Theologen im Streit um die Konkordienformel *gegen* systematisch-theologische Neuerungen (gegen *ubiquitas* und *communicatio idiomatum realis)* und *für* das Festhalten an der „orthodoxen“ reformatorischen (immer noch gesamtkirchlich orientierten) in Melanchthons prägnanter dogmatischer Begrifflichkeit (CA, Apologie und corpus doctrinae) gefassten Lehre und an der an Freiheit und Bewahrung zugleich orientierten Gottesdienst- und Lebensordnung des Fürsten Georg hatte auch den einfacheren Gemütern in der Pfarrerschaft und den theologisch-humanistisch Gebildeten in Adel und städtischer Bürgerschaft eingeleuchtet. Kaum zehn Jahre später sollte es um die strikte Trennung von gemeinkirchlichen, nun als „papistisch“ deklarierten liturgischen Traditionen, um eine deutliche Distanzierung von den großen lutherischen Nachbarn und um die Einführung von aus Gottes Wort neu bestimmten Orientierungen für Leben und wohl auch für die Lehre gehen. Denn das hatten sie ja im Zeitalter der nachreformatorischen Theologischen Streitigkeiten gelernt: Es kam auf jedes Wort, auf jeden Begriff nicht nur in der Lehre son-

---

178 Vgl. zu den „Adiaphora“ die in der „Repetitio Anhaltina“ vertretene Ansicht, die eine offenere und gemäßigtere Haltung auch gegenüber dem Exorzismus und seinen Verteidigern im Lande nahegelegt hätte.

179 Zitat nach Schubring, 55.

180 Die Pfarrer der Ämter Coswig, Groß-Alsleben, Stift Gernrode und Ballenstedt hatten den Gehorsam verweigert und mussten vor den mit der Vollmacht zur Amtsentsetzung ausgestatteten fürstlichen Kommissaren Rede und Antwort stehen. Die meisten unterwarfen sich darauf, einige verließen auch Amt und Land. Vgl. Schubring, 63ff, dort auch weitere Beispiele für das rigide Vorgehen der anhaltischen Obrigkeit.

181 In seiner letzten schriftlichen Erklärung gegenüber den fürstlichen Kommissaren vom 10.9.1590 führte er aus: Da schon die *orthodoxi patres* den Exorzismus zur Taufe geordnet und damit eine *universalis* ceremonia *totius orthodoxae ecclesiae ex mente et vero sensu Scripturae* und keineswegs nur eine *impia ceremonia* begründet hätten, sehe er sich im Gewissen gebunden, könne der fürstlichen Anordnung nicht nachkommen und stelle seinem „gnädigen Fürsten und Herrn“ untertänig anheim, „nach gnädigem Gefallen“ mit ihm „zu handeln“. Zitat nach Schubring, 64.

dern in deren Konsequenz auch auf jede Handlung im öffentlichen Gottesdienst an.[182]

Es bleibt natürlich die auch von den inner- und außeranhaltischen Befürwortern der Beibehaltung des Exorzismus gestellte Frage, warum die Organisatoren seiner Abschaffung am Dessauer Hof und unter den anhaltischen Theologen beim Zeugnis evangelischer Freiheit mit solcher Stringenz und mit dem Einsatz obrigkeitlicher Gewalt vorgingen und seine Beibehaltung auch um dieser Freiheit willen nicht dulden wollten, obwohl doch die biblischen Zeugnisse, die CA (Artikel XV) mit ihrer Apologie, sowie die Schriften Luthers, Melanchthons und Georgs III. nicht ausdrücklich gegen ihn standen. Ging es für den Dessauer Hof und den jugendlichen Fürsten Johann Georg I. um die innere Festigung einer „konfessionellen Territorialstaatlichkeit" Anhalts auch gegenüber den Landständen? Oder war dies schon der Versuch, sich den reformierten Territorien im Reich (vor allem Kurpfalz) anzunähern, wo die Einführung des Reformiertentums „meist mit der Abschaffung der Exorzismusformel bei der Taufe begonnen"[183] hatte? Es war wohl eine Mischung aus allen diesen Intentionen, die die Entwicklung vorantrieb. War Wolfgang Amling wirklich, wie in der konfessionell-polemischen Literatur des 19. Jahrhunderts mehrfach behauptet[184], der „calvinisch" gesonnene „spiritus rector" dieser Entwicklung? Ich kann das nicht so sehen, denn beim Melanchthonianer Amling lassen sich auch zu dieser Zeit keine Belege für eine erklärte reformierte Konfessionalität finden. Fürst Georg I. blieb jedenfalls wohl auch zur Befestigung seiner kirchenregimentlichen Autorität und zur Wahrung von „Einhelligkeit und Gleichförmigkeit" in Lehre und Gottesdienstordnung bei seiner Neuerung in der Taufliturgie, aber man ahnte, dass sich weiteres ergeben und ereignen würde. Nach dem stets auch politisch gefärbten Streit über das Konkordienwerk und dem Ärger über die wohl so nicht erwartete anhaltische Widerborstigkeit hatte die Entscheidung des Dessauer Hofes für die

182 Der Landschaftsausschuss zu Nienburg hatte unter seinen „gravamina" gegenüber dem Fürsten auch moniert, „daß das hiebevorn angeordnete VisitationsWerck noch niemahls zum Stande gebracht, daß Sie auch vermöge des Landtags Abschieds [1589] bey der rechten wahren Religion und alten [!; H. K.] Ceremonien erhalten, dasjenige, was wieder Gottes Wort eingeführet werden möchte, abgeschafft, und bey der einmahl angenommenen Augsburgischen Confession geruhiglich gelaßen..." werden möge; vgl. Codex Anhaltinus minor, 44. – Am 5.3.1590 hatten sich der große und kleine Landtagsausschuss in Gegenwart auch der Gesandten der Vormünder (Kanzler von Berlin und Halle) vor dem Fürsten in Dessau versammelt und ihre Einwände gegen die Abschaffung des Exorzismus erneut vorgetragen, die von Johann Georg I. aber zurückgewiesen wurden (vgl. Schubring, 55). Einige lutherische Standesherrn berieten die Lage auch auf einer Zusammenkunft außerhalb Anhalts und verschafften sich Gutachten auswärtiger Theologen. Darauf beschied der Fürst sie an den Dessauer Hof und stellte sie wegen ihres Festhaltens am Exorzismus zur Rede. Er forderte sie auch auf, ihre Patronatsgeistlichen nicht zu seiner Beibehaltung und zum Ungehorsam gegen den Landesherrn zu drängen (vgl. Schubring, 66). Es gab aber auch Adelsherren (z. B. einen Herrn von Werder/Cörmigk; vgl. Schubring, ebd.), die für die Abschaffung des Exorzismus eintraten und dies auch von ihren Untertanen erzwingen wollten.

183 Vgl. Castan, 74.

184 Vgl. z. B. Schubring gegen Allihn.

Abschaffung des Exorzismus wieder eine willkommene Gelegenheit geboten, das Fürstentum und seine renitenten Theologen um Wolfgang Amling zur religionspolitischen Konformität zu mahnen. Der Administrator des Erzbistums Magdeburg, Joachim Friedrich von Brandenburg, zu dieser Zeit zusammen mit dem Kurfürsten von Sachsen Vormund der noch unmündigen Brüder Fürst Johann Georg I. warnte den Dessauer Hof in einem Brief[185] vor Leuten, die mit der Abschaffung des Exorzismus zugleich den „Calvinismus" in Land und Kirchen heimlich einzuführen suchten, woraus allerlei „Ungelegenheiten" entstehen könnten[186]. Fürst Johann Georg antwortete schon am Tage des Empfangs am 12. November 1591. Er danke für die Ermahnung, freue sich aber über die Abschaffung des Exorzismus und wolle in Zukunft darauf achten, „dass alle Ceremonien nach der Augsb. Confession" gehalten würden[187]. Was in Anhalt geschah, spielte sich bei seiner offenen Mittellage immer wie auf dem Tablett ab. Umso wichtiger war es für die reichspolitische Stellung Anhalts, dass der junge Landesherr wiederholt sein Festhalten an der „Confessio Augustana" versicherte. Dabei wurde immer deutlicher, dass Anhalt auf seinem eigenen religions- und kirchenpolitischen Weg weitergehen würde, selbst wenn die Angriffe streitlustiger lutherischer Theologen auch aus der unmittelbaren Nachbarschaft sich wieder mehrten. Der Pfarrer Adam Crato aus Calbe/Saale veröffentlichte 1590 eine Schrift mit der Absicht, das „christl. Taufbüchlein Dr.Martin Luthers" zu retten, die „neuen Schwärmer", „Propheten" und „Amlingiten" in Anhalt zu widerlegen und mit dem Vorwurf, dass sich die im anhaltischen Taufbüchlein vertretene Tauflehre „fein accomodire" zum „sacramentischen Heidelbergischen Catechismo in der Pfalz, der da sagt ad quaest. 76 [= 78!; H. K.]: Wie das Wasser nicht wird in Blut verwandelt, also ist's nur ein Zeichen und Pfand ..."[188]. Ihm antwortete die 1590 bei Bonaventura Schmidt in Zerbst gedruckte und wohl von Amling verfasste[189] „Protestatio der anhaltischen Kirchendiener gegen das untheologische Lästern des Pfarrers zu Calbe". In Bezug auf die von den führenden anhaltischen Theologen mit Amling an der Spitze vertretene Sakramentslehre heißt es hier in einem gewissen Unterschied zur „Repetitio Anhaltina" und näher zum Heidelberger Katechismus, dass bei den Sakramenten die „äusserliche Ceremonie von der innerlichen Kraft, die

185 Aus Wolmirstedt v. 8.11.1591, vgl. Schubring, 66.

186 Vgl. Allihn, 22; Schubring, ebd.; s. a. Beckmann, VI, S.133ff.

187 Vgl. Schubring, 67. Sogar der Bischof von Halberstadt erinnerte sich an seine früheren Zuständigkeiten und sein altes Visitationsrecht und suchte die Abschaffung des Exorzismus zu verhindern (vgl. Allihn, ebd.), indem er z. B. dem Pfarrer von Frohse, Christoph Hirsch ausdrücklich verbot (vgl. Schubring, ebd.), den Exorzismus bei der Taufe wegzulassen. Der berief sich nun gegenüber seinem Landesherrn auf sein Gewissen und das bischöfliche Verbot (!) und bat, ihm den Weitergebrauch des Exorzismus zu gestatten. Worauf dieser erklärte, dass dem Halberstädter Bischof in Anhalt kein *ius prohibendi* (mehr) zustehe und er seinerseits von seinem Pfarrer Gehorsam verlange, den er „aber hier nicht erhalten hat"; vgl. Schubring, ebd.

188 Zitat nach Allihn, 95.

189 Vgl. Schubring, 69; Crato hatte wohl auch die Vermutung geäussert, dass der im Kurfürstentum Sachsen als „Kryptocalvinist" lange Jahre eingekerkerte und erst 1586 nach Anhalt entlassene Schwiegersohn Melanchthons, Caspar Peucer (s. o.) die Abschaffung des Exorzismus in Anhalt angestiftet habe (vgl. Schubring, 70), was Amling aber bestritt.

der Sohn Gottes durch den Heiligen Geist wirkt“[190] unterschieden werde. Die Taufe werde auch von den Anhaltern ein „Bad der Wiedergeburt“ genannt[191], aber sie bezögen dies nur auf die „innerliche Taufe“. Die äusserliche Taufe sei ein „Wasserbad“, die innerliche „eine Besprengung mit Christi Blut“[192]. In dieser Unterscheidung von „äußerlichem Wasserbad“ und „innerer Taufe“ durch die im Glauben vom Heiligen Geist gewirkte Verbindung mit dem Sühnetod Christi am Kreuz begegnet uns (m. E. erstmalig) ein direkter und wörtlicher Bezug zum Heidelberger Katechismus.[193] Bei Luther heißt es in den Schmalkaldischen Artikeln dagegen über die Taufe als einheitlichen Akt, dass sie „Gottes Wort im Wasser“[194] sei. In der Streitschrift Cratos wird m. W. der Heidelberger Katechismus das erste Mal ausdrücklich und zu Recht mit der Theologie Amlings und der Anhalter in eine direkte Verbindung gebracht, allerdings von einem Gegner und Kritiker aus der unmittelbaren Nachbarschaft. Auch der Braunschweigische Superintendent Polykarp Leyser (Protokollant beim Herzberger Kolloquium) meldete sich mit der Schrift „Rath und Bedenken wegen der Abschaffung der Exorzismus bei der Taufe im Fürstenthum Anhalt, gestellt auf Ansuchen etlicher Fürnehmer von Adel in Anhalt. Alles zur Rettung des christlichen Taufbüchleins Dr. Martin Luthers, den 10. August 1590“[195] und dem Vorwurf, der Satan habe sich im „löblichen Fürstentum Anhalt“ unterstanden, „die reine wahrhaftige Lehre der Augsburgischen Confession in etlichen Artikeln zu verfälschen“[196], unterstützt vom gesamten Braunschweiger Ministerium zu Wort. Die Gründe, welche die Anhalter zur Abschaffung des Exorzismus in ihrem Taufbüchlein angeführt hätten, seien „calvinisch“ und die Zukunft werde erweisen, „dass die Abschaffung ein Vorspiel und Anfang ist, ihre Kirchen dem leidigen Calvinismus zu verrathen“. In Anhalt sei die Sache ohne Mitwirkung der Gemeinden nur „von 2 – 3 Personen ausgegangen, die zur lutherischen Lehre keine Lust mehr hatten,

190 Zitat nach Schubring, 70; vgl. Frage 65 im Heidelberger Katechismus von 1563: „Dieweil denn allein der glaub uns Christi, und aller seiner wolthaten („beneficia“ bei Melanchthon; H. K.) theilhafftig macht, woher kompt solcher glaube? Antwort. Der heilig Geist würckt denselben in unserm hertzen ..., durch die predig des heiligen Evangelions, und befestiget den durch den brauch der heiligen Sacramenten ...“

191 Vgl. Schubring, 70; vgl. Luthers Kl. Katechismus, Bekenntnisschriften, 516,22f und Gr. Katechismus, ebd., 696,15, Heidelberger Katechismus von 1563, Antwort zu Frage 71, unsere Ausgabe, 192.

192 Vgl. Schubring, ebd.

193 Dort heißt es unter Frage 69 (vgl. ebd., 192): „Wie wirstu im heiligen Tauff erinnert und versichert, daß das einige opffer Christi am Creutz dir zu gut komme? Antwort. Also: daß Christus diß eusserlich wasserbad eingesetzt, und darbey verheissen hat, daß ich so gewiß mit seinem blut und geist, von ... allen meinen sünden gewaschen sey, so gewiß ich eusserlich mit dem wasser, ... gewaschen bin“; vgl. Frage 73, ebd., 193: „Warumb nennet denn der heilige Geist den Tauff das bad der widergeburt, und die abwaschung der sünden? Antwort. Gott redet also nit one grosse ursach: Nemlich ..., dz er uns durch diß Göttlich pfand und warzeichen wil versichern, dz wir so wahrhafftig von unsern sünden geistlich gewaschen sind, als wir mit dem leiblichen wasser gewaschen werden...“

194 Vgl. Bekenntnisschriften, 449,16.31 und 516,15f.

195 Titel zitiert nach Schubring, 72, 2. Auflage 1591 in Gera erschienen.

196 Zitat nach Allihn, 94; zu Leyser s. o.; vgl. Schubring, ebd.

sondern theils heimlich, theils öffentlich dem Calvinismus geneigt waren. Da hat man den Exorzismus als eine greuliche Gotteslästerung verboten."[197]

6. Die obrigkeitliche Durchsetzung einer reformierten kirchlichen Lebensordnung in Anhalt im Jahr 1596 und erste Annäherungen an den Heidelberger Katechismus

Amling war im Exorzismusstreit keine Antwort schuldig geblieben, war dabei aber auf den lutherischen Vorwurf der Nähe zum Heidelberger Katechismus m.W. nicht eingegangen, wohl aber auf den des „Calvinismus", hatte bei der Ablehnung des Exorzismus betont, dass diese sich aus der alleinigen Bindung an das Wort Gottes und aus der Befreiung durch das Evangelium aus dem „Schlamme des Papsttumes" nach dem Vorbild „unseres lieben Vaters Doctor Luther seliger" schlüssig ergebe und gesagt: „Also verwerfen wir den Exorcismus nicht um des Calvini willen, sondern dieweil Calvinus in der Schrift stehet und er [der Exorzismus] an ihm selber unrecht und wider Christi Stiftung ist"[198]. Das von Amling mit den anderen philippistischen Theologen Anhalts beratene landesherrliche Kirchenregiment blieb bei seiner gegenüber den lutherischen Nachbarterritorien eigenständigen religionspolitischen Linie.

Im Jahre 1595 erfolgte die Eheschließungen von Fürst Christian I. mit der Gräfin Anna von Bentheim[199]. Die endgültige Hinwendung Johann Georgs I. von Anhalt zur reformierten Konfession und damit zur Lehre des Heidelberger Katechismus fand ihren öffentlichen Ausdruck mit seiner Eheschließung am 31. 8.1595 mit Dorothea, der Tochter des reformierten Pfalzgrafen Johann Casimir in Heidelberg. Beide Ehefrauen brachten Glaubenshaltung und Lebensart ihrer reformierten Höfe und gewiss auch den Heidelberger Katechismus mit nach Anhalt. In erster Ehe war Fürst Johann Georg mit Dorothea Gräfin von Mansfeld aus der lutherischen Nachbarschaft verheiratet gewesen, die aber schon 1594 verstorben war. Aus dieser Ehe stammten fünf, aus der zweiten Ehe elf Kinder. Töchter Johann Georgs heirateten an die reformierten Höfe von Hessen, Bentheim und Liegnitz-Brieg. Johann Georg I. war auch ein mit der europäischen Politik vertrauter, weltläufiger Mann, der mit Elisabeth I. von England, Heinrich

197 Zitat nach Schubring, 74. In seinem offensichtlichen Bemühen, die inneranhaltische lutherische Opposition zu stärken, äußerte Superintendent Dr. Leyser sogar die Auffassung, dass Gehorsamsverweigerung gegen die Anordnungen des anhaltischen landesherrlichen Kirchenregiments in diesem Konflikt nicht als Widerspenstigkeit gegen die (gottgewollte) Obrigkeit zu betrachten sei (vgl. Schubring, 74), da diese den ganzen Vorgang ohne Rücksicht auf Wahrheit und Frieden angefangen habe.

198 Zitat nach Allihn, 95; vgl. zur weiteren Entwicklung in Anhalt: Ulla Jablonowski, Einfluß des Calvinismus, 149–163.

199 Vgl. ebd., 153.

IV. von Frankreich und Christian von Dänemark korrespondierte.[200] Zu seinen wichtigen Ratgebern auch in religionspolitischen Fragen gehörte bis zu dessen Tod im Jahre 1602 sein umfassend gebildeter und auch theologisch belesener Leibarzt und Rat Caspar Peucer. Dieser pflegte intensive Verbindungen zu reformierten Höfen und Hochschulen im Reich und in Westeuropa.[201] Die philippistischen Superintendenten Amling und Brendel sowie der philippistische Rektor der anhaltischen Landeshochschule „Gymnasium Illustre" in Zerbst Bersmann gehörten auch zu den Beratern in Religionssachen. Hinzu kam noch der hoch angesehene juristische Rat und Kanzler am Dessauer Hof Laurentius Biedermann, Nachfolger des Kanzlers Trauboth unter Fürst Joachim Ernst.[202] Fürst Christian I. war seit 1595 als kurfüstlich-pfälzischer Statthalter in der Oberpfalz mit Sitz in Amberg (s. o.) in besonders enger Weise mit dem unter den reformierten Höfen des Reiches und Europas vor dem Beginn des 30jährigen Krieges einflussreichen Heidelberger Hof, seiner pfälzisch-reformierten Kultur und auch seinen reichs- und außenpolitischen Ambitionen verbunden.[203] Zuvor hatte Christian I. im Jahre 1591 in Frankreich ein deutsches Hilfscorps zur Unterstützung der bedrängten Hugenotten kommandiert und sich damit in der reformierten Welt viel Ansehen erworben.[204] Von 1596–1598 hat Fürst Christian I. von Anhalt dann als Statthalter der Oberpfalz die Einführung der reformierten Konfession nach rheinpfälzischem Modell einschließlich der Annahme des Heidelberger Katechismus mit Geschick vorangetrieben und großenteils durchgesetzt.[205] Die Verwaltung und das Schulwesen wurden unter seiner Leitung reorganisiert, gute Juristen zu Räten bestellt, reformierte Administratoren an die Spitze der Oberpfälzer Stifte berufen und schließlich im Jahre 1605 die kurpfälzische Landes- und Hofgerichtsordnung übernommen.[206] Die reformierten Höfe von Amberg und Heidelberg wurden so auch für die philippistisch-lutherischen Landstände attraktiv, zumal Christian selbst aus einem philippistisch geprägten Milieu kam und kursächsisch-philippistische Emigranten in der Oberpfalz aufnahm.[207] Man geht sicher nicht fehl, im oberpfälzischen Regierungshandeln von Fürst Christian I. auch so etwas wie eine Anregung für die zunächst „radikal-philippistischen" und dann konfessi-

200 Vgl. Schubring, 79.

201 Von Peucer sind Teile seines Briefwechsels mit Tycho Brahe erhalten, vgl. Jablonowski, Einfluß, 150, Anm. 7.

202 Biedermann führte auch die Verhandlungen zur Amtsentsetzung von den Gehorsam verweigernden Pfarrern im Streit um die Abschaffung des Exorzismus und sorgte später für den Zuzug von reformierten Pfarrern z. B. aus der Pfalz, aus Frankreich und aus Franken, so Schubring, 82.

203 „Dazu gehörte das als vertrauensvoll beschriebene Verhältnis zu König Heinrich IV. von Frankreich (reg. 1589–1610). Von Amberg aus zog er die Fäden zu den westeuropäischen Calvinisten ..."; vgl. Lück, Calvinismus und reformiertes Bekenntnis, 58; Jablonowski, Einfluß, 153.

204 Vgl. Press, Calvinismus und Territorialstaat, 125.

205 vgl. J. F. Gerhard Goeters, Genesis, Formen und Hauptthemen des reformierten Bekenntnisses in Deutschland; in: Schilling (Hg.), Reformierte Konfessionalisierung, 46; Press, 117f.

206 Vgl. ebd., 118.

207 Vgl. ebd., 119.

onell-reformierten Bestrebungen des Dessauer Hofes unter seinem älteren Bruder Johann Georg I. im mitteldeutschen Anhalt zu sehen.

Am 2. März 1596 erließ Fürst Johann Georg für sich und seine Brüder nach einem vorausgegangenen Gutachten der anhaltischen Theologen[208] 28 Artikel[209], die von den Geistlichen Anhalts bei Strafe der Ausweisung und des Verlustes ihrer Pfarrstelle zu unterzeichnen waren. Darin wurde gleich in Art. 1 in der Diktion des HK die Ubiquitätslehre abgelehnt, wenn man formulierte, dass man „im Glauben gen Himmel steigen und allda den Leib Christi ergreifen"[210] müsse. Weiter heißt es dann in Art. 2, der „Catechismus Lutheri" solle in den anhaltischen Kirchen abgeschafft und „der unser" (d. h. ein anderer) zur Bildung der Jugend herangezogen werden (Art. 3), die steinernen Altäre in den Kirchen, weil „geweyhet" sollten abgebrochen (Art. 4) und durch hölzerne Tische ersetzt (Art. 5), beim Abendmahl in Streifen geschnittenes Brot und der Kelch den Kommunikanten in die Hand (nicht mehr an den Mund) gegeben (Art. 6), Kelche aus Edelmetall abgeschafft und „zu Hofe" gebracht (Art. 7) und durch hölzerne Becher ersetzt werden (Art. 8). Alle „Götzen-Bilder, Cruzifix, Tafeln und Gemälde, weil sie abgöttisch, Jüdisch, Heidnisch und Papistisch seyn", sollten aus den Kirchen entfernt (gemäß Frage 98 im HK), die liturgischen Gewänder nicht mehr gebraucht (Art. 11), Kerzen nicht mehr entzündet (Art. 12), die Einsetzungsworte beim Abendmahl und das Kollektengebet nicht mehr gesungen, sondern gelesen (Artt. 13 u. 18), die Liturgen hinter dem Abendmahlstisch, der Gemeinde zugewandt stehen (Art. 17), das Knien beim Abendmahlsempfang unterlassen (Art. 15), die ausgebreiteten Hände und Kreuzzeichen beim Segen weggelassen (Art. 16), die Privatbeichte und die Privatkommunion aufgegeben (Artt. 19 u. 21), die Taufsteine in den Kirchen, weil „geweyhet" sollten abgebrochen und nur noch aus dem Becken getauft (Art. 23) werden. In Art. 24 wurde angeordnet, das bei der Zählung der zehn Gebote (vgl. Frage 92 des HK) das Bilderverbot mit der Verheißung als 2. und das Gebot der Namensheiligung als 3. Gebot genannt und das 9. und 10. Gebot (nach Luthers Zählung) in eines „zusammengesetzt" werden sollten. Nach Art. 25 sollten alle Epitaphien, „daran Cruzifix oder Bilder" in den Kirchen nicht mehr „gelitten"[211] werden. Hier haben wir m. E. eine klare Rezeption der Theologie und an einigen Stellen auch der Diktion des zu dieser Zeit schon im Reich weit verbreiteten und auch in Anhalt am Hofe und in Theologenkreisen sicher schon gebrauchten HK. Die Nähe der anhaltischen 28 Artikel zu reformierten („calvinischen") kirchlichen Lebensordnungen liegt auf der Hand, hatte doch Calvin selbst schon im Jahre 1556 als Kennzeichen einer „erneuerten

---

208 „Bericht und Lehre göttlichen Wortes, was von den Ceremonien und äußerlichen [!] Kirchengebräuchen zu halten sei", worin aber von der „Abschaffung" von Luthers Katechismus noch keine Rede gewesen war.

209 Die Artikel sind abgedruckt bei Allihn, 23ff; vgl. auch Beckmann, V, 217; Jablonowski, Einfluß, 153.

210 Vgl. dort Frage 76: „... durch den heiligen Geist ... mit seinem gebenedeyten leib je mehr und mehr vereiniget werden ...: daß wir, obgleich er im himmel ..., und wir auff erden sind: dennoch fleisch von seinem fleisch, und bein von seinem bein sind ..." Vgl. auch Allihn, 23.

211 In der Antwort zu Frage 98 im HK heißt es „geduldet".

Kirche“ genannt: 1. Abschaffung der Nottaufe, 2. Abschaffung des Krankenabendmahls (vgl. Art. 21), 3. Abschaffung der Privatbeichte (vgl. Art. 19), 4. Zählung des Bilderverbotes als 2. Gebot (vgl. Art. 24) und 5. Abschaffung der Perikopen [212]. Fürst Johann Georg ließ im Land eine Abkündigung von den Kanzeln verlesen, in der wohl zur Vereitelung möglichen Widerstands eine Änderung von Lehre und Bekenntnis in Anhalt durch die 28 Artikel bestritten wurde.[213] Es gehe allein um die schriftgemäße Veränderung der vom Papst zur Einführung seiner Abgötterei eingeführten Gebotszählung während „sonsten gar nichts oder gar wenig in Euren 5 Hauptstücken geändert wird.“[214] Im Grunde kam es dem Fürsten auf eine konsequente Weiterführung der Reformation aus eigener, am Wort Gottes geprüfter Einsicht an, von Luther und Melanchthon war dabei keine Rede. Der Fürst und seine Brüder hätten sich bei ihrem rigorosen Vorgehen in der Frage von Gottesdienstordnung, kirchlicher Sitte und spirituellem Leben auch nicht mehr auf den in diesen Fragen sehr vorsichtigen, traditionsorientierten und irenischen Georg III. und auch nicht auf ihren Vater Joachim Ernst berufen können. Hier war ein anderer, neuer Geist spürbar, der dem Zug der Zeit zu immer stärkerer konfessioneller Abgrenzung folgte und sowohl von Einflüssen aus der rheinpfälzischen und oberpfälzischen Religionspolitik als auch vom Bemühen um Widerstand gegen den weiterhin aus Kursachsen und cum grano salis auch aus Kurbrandenburg spürbaren reichs- und religionspolitischen Anpassungsdruck bestimmt war.

Am 10. Oktober 1596 empfingen Fürst Johann Georg und sein Bruder August (1575–1653, Begründer der Linie Anhalt-Plötzkau) in der Schloss- und Stadtkirche St. Marien zu Dessau das Abendmahl nach dem in den 28 Artikeln angeordneten Ritus.[215] 1596 kam es in Bernburg zur Ausräumung der „papistischen“ Bilder und Symbole aus den Kirchen.[216] In den meisten Orten Anhalts kamen die angeordneten Maßnahmen wohl erst in der zweiten Hälfte bis Ende des Jahres

---

212 Vgl. Mahlmann, Melanchthon als Vorläufer, 188. Am 15.1.1567 hatte es unter der Herrschaft von Kurfürst Friedrich III. in der Oberpfalz übrigens schon ein fürstliches „Zeremonialmandat“ mit folgenden Bestimmungen gegeben: 1. Abschaffung der Meßgewänder, 2. Einsetzungsworte beim Hl. Abendmahl „versus populum“ gesprochen, 3. Abschaffung des Exorzismus, 4. Zählung der Gebote nach biblischer Ordnung, 5. Abschaffung der lateinischen Gesänge, 6. Entfernung allen „Götzenwerkes“ aus den Kirchen, vgl. Johannes B. Götz: Die erste Einführung des Calvinismus in der Oberpfalz 1559–1576, Münster 1933 (Reformationsgeschichtliche Studien und Texte 60); Koch, 67; Goeters, 48.

213 Es gehe, hieß es in der Abkündigung (vgl. Allihn, 25; anders Schubring, 85) keineswegs um eine Änderung der „Lehre göttlichen Worts“ wie sie „im Alten und Neuen Testament, Augsburgischer Confession und im Katechismus Lutheri verfasst gehabt und noch behalten“ und auch in Zukunft werde daran weder „ein Titel, geschweige denn ein Mehreres“ geändert. Das „Haus Anhalt“ war nach der kostspieligen Hofhaltung von Fürst Joachim Ernst hochverschuldet und auf das Entgegenkommen der Landstände angewiesen; vgl. Jablonowski, Einfluß, 153f.

214 Zitat nach Schubring, ebd.; Allihn, 96.

215 Vgl. Jablonowski, 153; Lück, 8.

216 Nach Lück, 58; dort als „Bildersturm“ bezeichnet.

1596 zur Ausführung, in Wörlitz erst am 4. Adventssonntag[217]. Im selben Jahr 1596 hatte auch Fürst Christian I. in seiner Residenz Bernburg das hl. Abendmahl nach biblischem Vorbild mit zwölf Kommunikanten gemeinsam und nach dem Ritus der 28 Artikel empfangen. In den Gemeindegottesdiensten gab es trotz Abschaffung der traditionellen liturgischen Gesänge weiter den gemeinsamen Gesang, nun hauptsächlich aus dem Psalter von Andreas Lobwasser (1515–1585), der wohl im Zusammenhang mit der Gottesdienstreform nach pfälzischem Vorbild in den Jahren 1596 bis 1606 in ganz Anhalt eingeführt wurde. Es kam dabei zu Protesten und Widerstand im Lande[218]. Etwa 20 bis 30 Pfarrer widersetzten sich der Obrigkeit und mussten Amt und Land verlassen.[219] „Allein 1597 musste Amling in Zerbst 25 Ordinationen für verwaiste Pfarrstellen vornehmen."[220]. Auch viele Gemeindeglieder verließen um ihrer Glaubensüberzeugung willen das Land oder gingen zum Empfang des Abendmahles über die Landesgrenze zu einem lutherischen Pastor. Dieser später von der anhaltischen Obrigkeit oft untersagte Brauch hielt sich lange Zeit.[221] Die Folgen des rigorosen Vorgehens des anhaltischen landesherrlichen Kirchenregiments beim „von oben" durchgesetzten Konfessionswechsel waren in den Kirchen und Gemeinden Anhalts lange spürbar. Sieben Vertreter des Adels und fünf Vertreter der Städte Anhalts[222] reichten schon 1596 eine in 12 Punkten gegen die landesherrlichen Maßnahmen eine protestierende „Erinnerungsschrift"[223] beim Dessauer Hof ein, welche nach meinem Eindruck theologische Argumente der lutherischen Kritiker aufnahm[224] und auf die der Fürst dann mit der „Verantwortung" vom 2. März 1597, einer von Amling verfassten, 140 Seiten starken Verteidigungsschrift einging.[225] Der Fürst

217 Vgl. Schubring, 83.

218 Vgl. Castan, 257f. In Wörbzig bei Köthen hatte die dortige Edelfrau, bevor die Dienstleute des Fürsten die Relikte des „Papismus" aus der Kirchen räumen konnten, sich mit den Frauen des Dorfes in der Kirche eingeschlossen und gedroht, sich mit ihnen eher durch eine unter dem Altar versteckte Pulverladung in die Luft zu sprengen als dem fürstlichen Befehl zu gehorchen, sodass die Vertreter der Obrigkeit unverrichteter Dinge wieder abziehen mussten und das Dorf bis zur Union im 19. Jahrhundert „lutherisch" blieb; vgl. Schubring, 95.

219 Nach Schubring, 96 „ein Fünftel des ganzen Lehrstandes", z. B. der Propst und zwei andere Prediger von Wörlitz.

220 Jablonowski, Einfluß, 158.

221 Vgl. Allihn, 27.

222 An der Spitze der Landeshauptmann Christoph von Hoym, 1578 fürstlich-anhaltischer Kommissar beim Herzberger Kolloqium, sowie der Hofmarschall Tobias von Mücheln, fünf weitere Adlige, die vier Bürgermeister der anhaltischen Hauptstädte und der Synikus; vgl. Schubring, 85f.

223 Vgl. Allihn, 26f; 97.

224 Z. B. dass die Taufe nicht mehr als „Bad der Wiedergeburt" sondern unlutherisch als bloße Predigt, Siegel und Zeichen verstanden würde und dass man beim Abendmahl die (ungesegneten) Elemente bald nur noch für „schlecht" [= schlicht] Brot und Wein halten würde; vgl. Schubring, 86.

225 Amling führte darin zwischen der Tauftheologie Luthers und der des Heidelberger Katechismus vermittelnd (!) aus: Er „bekenne mit allen Rechtgläubigen, daß die hl. Taufe ein Bad der Wiedergeburt [vgl. Luthers Kl. Kat. IV,3] ... ist, jedoch mit zugethaner Erklärung, daß die hl. Taufe sei nach Art der Sakramente ein hl. Wahrzeichen, unbetrügliches

(bzw. Amling) betonte in seiner Antwort auf Punkt 3 der Eingabe dabei ausdrücklich, dass im Vergleich zum Zustand der Kirche unter Joachim Ernst „in der Lehre [also in der Zugehörigkeit zur CA] nichts geändert" worden sei[226], jedoch seien in den Zeremonien der päpstliche Missbrauch und alte Sauerteig nun abgeschafft. Nach 80 Jahre sehe man klarer als zu Luthers Zeit und müsse „jetzt weiter fortschreiten" [227]. In den Punkten 6, 7 und 8 ihrer Schrift hatten die Stände auch vor Unfrieden im Inland und vor Streit mit dem Ausland gewarnt und ihrer Besorgnis Ausdruck verliehen, „daß die Benachbarten nicht würden ihr Gesinde ... in Anhalt dienen lassen". Der Fürst verwies wiederum auf das ihm im Abschied von Frankfurt und beim Fürstentag in Naumburg zugestandene Recht, die Zeremonien „dem Worte Gottes und guter Ordnung gemäss"[228] zu reformieren. In der Abendmahlslehre blieben Fürst Johann Georg I. und Amling bei der Position der 28 „Reformationsartikel" von 1596.[229] Wir können darin Entsprechungen zur Abendmahlsauffassung des Heidelberger Katechismus feststellen, wobei von „offizieller Seite" wohl auch aus reichspolitischen Rücksichten weiterhin das Festhalten Anhalts an der Theologie Luthers, Melanchthons und v. a. der CA erklärt wurde. Der schon 1586 aufgehobenen „Declaratio" war eine Lehrverpflichtung gefolgt, die auch noch dem „Catalogus Ordinandorum" für das Jahr 1597 beigefügt war und lautete: „Ich bezeuge durch Handschlag, daß ich die reine unverfälschte Lehre, so in der Hl. Schrift, in den drei Symbolis, in der Augsb. Confession, in den Schriften Luthers und des Fürsten Georg von Anhalt begriffen ist, mit heiligem Eifer treiben und bei ihr ... beständig verharren will."[230] Bemerkenswerterweise ist hier weder von Melanchthons Schriften noch vom HK die Rede. Zum Bekenntnisstand und zur Kirchenordnung Anhalts zu dieser Zeit sagt Joachim Castan zu Recht: „Mag auch in der Kirche der reformierte Ritus eingeführt worden sein – eine Übernahme des Heidelberger Katechismus, eine Änderung der Kirchenverfassung und damit die eigentliche Rezeption des Calvinismus war damit noch nicht verbunden. Anhalt verharrte in seinem Schwebezustand

Siegel [HK zu Fr. 66] und göttliches Mittel, dadurch die Abwaschung der Sünden, so da geschieht durch das Blut Jesu Christi, sammt der geistlichen Wiedergeburt und Erneuerung, welche der hl. Geist wirket... läuft auch nicht zuwider, ein Bad der Wiedergeburt und ein Siegel und Zeichen der Wiedergeburt zu sein, sondern eine Rede erkläret die andere" (!); zitiert nach Allihn, 97; vgl. Schubring, 87ff.

226 Vgl. Allihn, ebd.

227 Nach Schubring, 88.

228 Ebd., 92.

229 Gegen den Vorwurf, dass nach Wegfall der Konsekration es nun geschehen werde, dass man die ungesegneten Elemente nur noch „für schlicht Brot und Wein" halte (s.o. Anm. 224) wird gesagt, dass die Heilige Schrift von keiner Segnung der Elemente wisse, wohl aber von der Danksagung für das ganze Erlösungswerk Christi und vom Gedächtnis seines Todes, „dadurch dieses Brot und dieser Wein geheiligt", nicht in seiner Natur geändert, aber „zu einem neuen heiligen Brauch verordnet" (vgl. HK Frage 78) werde. Die Gläubigen nähmen darum Christi Leib und Blut nicht „leiblich" und „mündlich", sondern „geistlich" zu sich. Das Brot müsse gebrochen werden, denn Christi Leib sei am Kreuze gebrochen worden (vgl. Allihn, 99) und der Wein solle nach Markus 14 deshalb erst nach der Segnung in den Kelch gegossen werden (vgl. Schubring, 91).

230 Zitat nach Allihn, 125f, dort auch der lateinische Originaltext.

zwischen Philippismus und Reformiertentum. Der Weg in den Calvinismus schien sich immer deutlicher abzuzeichnen – objektiv gesehen war aber zu diesem Zeitpunkt dieser Status noch nicht erreicht."[231] Zur gleichen Zeit betrieb Christian I. von Anhalt in der Oberpfalz die Veränderung der Kirchenordnung nach reformiertem Vorbild und war dabei auf so großen Widerstand der dortigen Stände gestoßen, dass er seinen Bruder Johann Georg vor allzu großer Eile in Anhalt in diesen Fragen warnte, ihn aber zugleich mit Unterstützung des kurpfälzischen Hofpredigers Pitiscus ermutigte, die Weiterführung des Reformationswerkes nicht aufzugeben.[232] Die anhaltischen Ereignisse erregten bei den Nachbarn einiges Aufsehen. Sie gaben sich z. T. auch als Fürsprecher des inneranhaltischen Widerstandes und versuchten fortwährend sich einzumischen. Dass die führenden Theologen in Anhalt mit Amling an der Spitze alle „Calvinisten" seien, galt unter den Theologen der benachbarten lutherischen Territorien wie Kursachsen, Kurbrandenburg, Magdeburg und Braunschweig längst als ausgemacht. So sah sich auch die nahe Wittenberger Theologische Fakultät im Jahre 1597 zu einer Stellungnahme gegen „die unerhörten Neuerungen der Amlingiten" in Anhalt mit der Schrift „Nothwendige Antwort" herausgefordert.[233] Darauf verteidigten auch die Theologen der reformierten Hochschule Amberg in der (Ober-) Pfalz in den Jahren 1597, 1598 und 1600 die Anhalter Theologen[234] gegen die Angriffe der Wittenberger Fakultät und suchten ihnen und den anhaltischen Fürsten bei der Begründung ihrer Maßnahmen beizustehen, wobei die Anhalter sich selbst wohl immer noch nicht als „Calvinisten" im konfessionellen Sinne verstanden, sondern auf ihrem eigenen Wege bleiben wollten. So mahnten die Amberger ihre Wittenberger Kollegen: „Es ist unmöglich, daß unsere ... Sachen in der Länge bestehen können, wo wir nicht bald miteinander Frieden machen. In Summa, der Papst hat Luthern und Calvinum einen so lieb als den andern, und könnte er diesen Tag alle beide vertilgen, er würde nicht bis morgen warten."[235] Fürst Johann Georg hatte wohl schon 1596 die Absicht gehabt, die kurpfälzische Agende

231 Vgl. Castan, 77.
232 Belege ebd., 81f.
233 Vgl. Allihn, 26; Schubring, 97.
234 Vgl. Allihn, 94 u. 99, Anm.. Die Wittenberger schrieben ihrerseits 1598 eine „Abfertigung", der die Amberger im selben Jahr wiederum mit einer „Antwort" begegneten und ihren Streit mit der Wittenberger Fakultät schließlich im Jahre 1600 mit einem „Augenscheinlichen Beweis" beendeten, dass den Wittenbergern keine wirklich schlagkräftigen Argumente gegen die anhaltischen Maßnahmen zur Verfügung stünden. Zum Streit Schubring, 97.
235 Zitat nach Allihn, 100, Anm. Dass diese auf Frieden zwischen den evangelischen Religionsparteien orientierte Haltung auch in Anhalt und speziell am Zerbster Gymnasium Illustre durchaus Widerhall fand, lässt sich aus dem dortigen Erscheinen einer Schrift im Jahre 1595 schließen, welche „die Frage stellte und bejahte, ob nicht angesichts der päpstlichen Tyrannei die evangelischen Kirchen miteinander in nähere Verbindung treten müßten und könnten"; so Gustav Adolf Benrath, „Irenik und Zweite Reformation", in: Schilling (Hg.), Reformierte Konfessionalisierung, 351f; Der Titel der von Benrath n. M. Lipenius zitierten Schrift lautet: „De Quaestione illa: An hoc Tempore grassantis Tyrannidos Pontificae, Syncretismus et Coito fieri inter Ecclesias Evangelicas de Coena Domini dissidentes, debeat aut possit?", Servestae (= Zerbst, H. K.) 1595.

und den HK als nächsten Schritt in Anhalt „pure“ einzuführen und auch die konsultierten pfälzischen Theologen hatten dazu geraten, aber die anhaltischen (philippistischen) Theologen am Zerbster Gymnasium Illustre mit Wolfgang Amling an der Spitze brachten dagegen immer wieder Einwendungen vor, so dass dieser Schritt zunächst noch unterblieb.[236] Amling hat dann ab 1597 zusammen mit einer Kommission[237] im fürstlichen Auftrag eine neue, anhaltische KO mit Katechismus erarbeitet, die sowohl der bisherigen lutherisch-melanchthonischen („philippistischen“) Prägung Anhalts als auch den kurpfälzischen im HK fixierten theologischen Positionen gerecht zu werden suchte. Von einer direkten Übernahme der Kurpfälzer KO und des HK war nicht die Rede. Der anhaltische Entwurf wurde dann einigen pfälzischen Theologen zur Begutachtung zugesandt, die ihn aber gerade in seiner Vermittlungsabsicht als „ein zusammengeflicktes und zusammengeraspeltes Werk“[238] ablehnten. Man könne „Lutherum und Calvinum nimmermehr vereinigen“. Man möge „sich doch auch in Anhalt mit den Gallicanis et Helveticis in doctrina et ceremoniis conformiter vergleichen“[239] und sich aus solcher „Conformität nicht ausschliessen“, wie dies doch auch in der Pfalz nicht geschehen sei. Die Anhalter stünden bei der Weiterverfolgung ihres eigenen Weges in der Gefahr, „novam sectam“ zu „intendieren“.

In seiner „Intruction“ zum fertiggestellten Entwurf der Kirchenordnung empfahl der Fürst dann wohl auch im Hinblick auf die Kritik aus der Pfalz, so vorzugehen „wie es in den anderen Ecclesys reformatis sonderlich der Heidelbergischen, undt nun mehr auch in der Oberpfälzischen Kirche gehalten wird, undt es im Catechismo befinden“[240], sagte aber auch, dass er „in Unserem Fürstenthumb keinen newen Catechismum einschieben“ wolle, sondern „die alten einfeltigen Leute bey ihrem alten Catechismo [Luthers] sollte bleiben laßen“, die Jugend aber „in dem Heidelbergischem Catechismo, welcher bei der Bibel, so … zu Heydelberg und Neustadt an der Hardt unterschiedlich gedruckt …“ unterweisen und ihn „so wol auch zu Mittags am Sontage in den predigten“ erklären solle. Die anhaltische Kirchenordnungskommission ging auf die fürstlichen Empfehlungen nicht ein, sondern überreichte ihren endgültig fertiggestellten Entwurf dem Fürsten am 18. Dezember 1599.[241] Bei der Übergabe unterstrichen die Mitglieder Amling, Zerbst, Brendel, Theodor Fabricius, Georg Krüger[242], Caspar Ulrich[243] und Prorektor Johann Theopoldus, ihre philippistische Haltung mit den Worten: „So erfordert Unser Christliches Gewissen, die höchste notturfft so wohl die

236 Vgl. Allihn, 100.
237 Amling, Brendel, Polus, Krüger, Ulrich u. Curt von Börstel als Rat, vgl. Allihn, 101; Castan, 82; Jablonowski, Einfluß, 153f.
238 Der Katechismus ist abgedruckt bei Wilhelm Schubert, Christenlehre nach Luther und Melanchthon, Dessau 1860.
239 Vgl. Castan, 85.
240 „De Intruction der Kirchenagend“ an Wolfgang Amling, Johannes Brendel und Caspar Ulrich; LAO, Gesamtarchiv, Neue Sachordnung, Nr. 32, fol. 18, vgl. Castan, 82f;
241 Vgl. ebd., 83.
242 Krüger war 1591 als Feldprediger mit Christian I. nach Frankreich gezogen, vgl. Graf, Pfarrerbuch, 325.
243 Ulrich war 1591 ebenfalls Feldprediger bei Christian I. in Frankreich, vgl. Graf, ebd., 451.

christliche liebe, den Catechismum Lutheri, negst dem Examine und Corpore doctrinae Philippi, darauff auch die Agenda weiset, sonderlich in diesem Lande Kirchen und Schulen zu behalten und bestens vleisigers zu treiben“[244]. Der „Heidelbergensis Catechismus“ sei zwar „vor sich ein sehr heilsames, nützliches büchlein“, jedoch „dieser landen Kirche nicht bequem“. Luthers Katechismus, könne „ungleich mehr“ erbauen, wenn man ihn in einigen Punkten, z. B. bei den Geboten und in der Sakramentenlehre zusätzlich „aus Gottes Wort, so wol Lutheri und Philippi Lehrschriften wol ergentzet und schrifftmeßig ercleret“[245]. Damit war auch die bisherige theologische („philippistische“) Position und der katechetische Ansatz Amlings und der anhaltischen Theologen ziemlich genau beschrieben. Der eigene anhaltische Katechismus folgte in Diktion und Struktur den 5 Hauptstücken von Luthers KK, denn nach Ansicht der anhaltischen Theologen war „das Idioma“ des Heidelberger Katechismus nicht „für das Sachsenvolk“ und sein „methodus“ nicht „historica“. Und man solle das „populum“ auch nicht vor den Kopf stoßen, so dass es seine Kinder von der Schule fernhalte[246]. Wenn der HK durchaus auch der studierenden Jugend und den gelehrten Hausvätern als ein „vornehmes Lehrbuch“ mit empfohlen werde[247], so werde doch hiermit für den Gebrauch im Volks- und Schulunterricht ein eigener, Luthers Katechismus schriftgemäß ergänzender und den anhaltischen Verhältnissen angepasster Katechismus, „eadem cum orthodoxa ecclesia doctrina consueta hic methodo“ vorgelegt. Und die anhaltischen Theologen mahnen: „Undt weil in aedificatione Ecclesia niemals überall in allen provintzen einerley Catechetica forma ist canonisiert worden, undt solches heutigen tags Zweybrück, Hessen, Hanau usw. oberserviret, undt sich der Christlichen libertet disfals gebrauchet, und hierinnen solche libertas Christiana jedem Ort vorbehalten, auch mehr auff die bequeme Erbauung der armen Christenheit, und des einfeltigen großen Hauffens, als auff einige Menschen, oder einige personen [!; H. K.], zu sehen.“[248] Bei näherer Betrachtung zeigt sich, dass der anhaltische Katechismus in seiner theologischen Systematik und in seiner Sakramentslehre einerseits dem Heidelberger Katechismus an mehreren Stellen nahesteht[249], andererseits auch Luthers KK folgt mit Zusätzen aus

---

244 Zitat nach Castan, ebd.; s. a. LAO Gesamtarchiv, Neue Sachordnung Nr. 27, fol. 26v–40; Abschrift in: Superintendentur-Archiv Zerbst, Abt. VIII, 2 Nr. 1, fol. 349–377; hier 360.

245 Castan, ebd., Anm. 141; s. a. LAO, Gesamtarchiv, ebd., hier fol. 30s bzw. fol. 354.

246 Vgl. Allihn, 101; Castan, 83. In der Erklärung der anhaltischen führenden Theologen vom 18.12.1599 heißt es dazu: „Es ist auch das idioma nicht von diso Sachsen Volck: der methodus ist nicht historica, viel weniger dienet er bey unseren Zuhörern zur praxi. ... So sind die kurtze erklerung Lutheri der hohen Gebote, glaubensarticuln, so wol der sieben Bitten, so rund, clar, und tröstlich: das sie anderlich nicht verbeßert, Sonderlich, dieselbe, sie mehrenteils mit den Worten der H. Bibel verfaßet, und übereinstimmen. ... Es würde auch ... aus dem Heydelbergischen Catechismo das arme Volck wider irre gemacht, undt heftig turbiret werden.“ Zitat nach Castan, 83; s. a. LAO, fol. 31 bzw. Abschrift, fol. 356.

247 Vgl. Allihn, 102; Castan, ebd.

248 Zitat nach Castan, 83; s. a., LAO, fol. 32; bzw. Abschrift, fol. 360.

249 So Allihn, 102f; vgl. Schubert, Christenlehre nach Luther und Melanchthon, Dessau 1860. In sprachlicher Überarbeitung ist der anhaltische Katechismus abgedruckt bei Allihn, Anhang.

Melanchthons Loci und seinem Examen Ordinandorum[250], so dass das kritische Urteil der Theologen aus Amberg und Heidelberg aus reformierter Sicht verständlich ist. Die Kirchenordnung von 1599 wurde mit dem darin enthaltenen Katechismus vom Fürsten Johann Georg I. wohl angenommen, jedoch nicht in Druck gegeben, sondern in Abschriften den Superintendenturen in Zerbst, Dessau, Köthen und Bernburg zugestellt[251]. Das Interesse der anhaltischen Fürsten an der Einführung der kurpfälzischen KO und des HK in Anhalt blieb unverändert groß. Am Dessauer Hof lebte und glaubte man wohl auch schon nach reformierter Weise.[252] Wenn das Fürstentum Anhalt sich enger an die Kurpfalz anlehnen wollte, musste es sich noch weiter auch bei der Gestaltung des kirchlichen Lebens in den Gemeinden und nicht nur bei Hofe in Richtung der pfälzischen KO und des in ihr verankerten HK bewegen. Dies geschah dann auch in den nächsten Jahren, wenn sich auch das in engster Nachbarschaft zu dem im obersächsischen Reichskreis tonangebenden Kursachsen gelegene Anhalt (wie auch Kurpfalz) sich niemals von der CA abgewandt hat und sich selbst rechtlich weiter zu den „Augsburgischen Konfessionsverwandten" zählte.

7. Die Rezeption des HK durch die anhaltischen Fürsten in den Jahren 1603/1606 und die Übernahme der pfälzischen KO

Nachdem alle Brüder von Fürst Johann Georg die Volljährigkeit erlangt hatten, kam es 1603/1606 nach anhaltischer Tradition zu einer weiteren Aufteilung des Territoriums. Es entstanden (s. o.) die Fürstentümer Anhalt-Dessau, -Zerbst, -Köthen, -Bernburg und (1611 für wenige Jahrzehnte) -Plötzkau, wobei der „ältestregierende Fürst zu Anhalt" als „Senior" und primus inter pares das gesamte Land gegenüber Kaiser und Reich zu vertreten hatte. Ursprünglich hatten die Brüder Johann Georg, Christian, August, Rudolf, Johann Ernst und Ludwig schon im Jahre 1598 die Absicht[253], die Landesteilung „uff Johannis Baptistae des herzunahmeden 99 ten Jahres" vorzunehmen, mussten diese aber wegen der schwierigen Finanzsituation mit Schulden in Höhe von 191.450 Reichstalern auf das Jahr 1603 verschieben. Bis dahin sollte Johann Georg das Land Anhalt weiter

250 Vgl. Allihn, 48f; Castan, 84.

251 Nach Allihn, 28; 100f. Eine Abschrift ist mit den Randbemerkungen Amlings im Superintendentur-Archiv Zerbst unter Sig. Nr. 14 erhalten; vgl. auch Jablonowski, Einfluß, 153, Anm. 14 sowie Castan, 83, Anm. 127.

252 Der im jugendlichen Alter verstorbenen Prinzessin Amalie Juliane wurde nachgerühmt, dass sie „den lieben christlichen Katechismus, als er in … der edlen Pfalz aus Gottes wahrem Wort getrieben wird ... Wort zu Wort aufgesagt habe und hinzugefügt: Wir aber, liebe Christen, sollen hieraus lernen, daß die Lehre, so dies fürstliche Fräulein in ihrem Katechismo gelernet, bekannt und darauf abgeschieden, zu welcher sich auch die Kirchen dieses hochlöblichen Fürstenthums bekennen [!, H. K.] unzweifelhaft Gottes Wort ist ...", zitiert nach Allihn, 108.

253 Vgl. Landtagsabschied von 1598; in: „Codex Anhaltinus minor, 51ff.

allein regieren. Im Landtagsabschied von 1598 hieß es zu religionspolitischen Fragen von Seiten der fürstlichen Brüder: „Und nachdem etzl. von der Ritterschaft gebethen, Sie bey der rechten wahren Christl. Religion zulaßen, und in ihren Gewißen nicht zubeschwehren, auch in ihrem *Jure Patronatus* keinen Einhalt zuthun, Wir aber Uns dieses Puncts halber gegen Sie mündlich also erklähret, daß wir verhoffen, Sie damit content und zufrieden seyn; weil Sie aber Bey uns weiter angehalten, daßelbe dem Abschiede mit zu inserieren; So haben Wir solches gnädig gewilliget, und thun hiermit diese Erklährung, Sie in ihrem Gewißen nicht zubestricken, auch bey der rechten wahren Religion in den Schrifften des alten und neuen Testaments verfaßet, dann auch bey der Augsburg. Confession und deren Apologie allerwege zulaßen, zu schützen und zu handhaben, und mit keiner solchen Lehre Sie zu beschweren, noch in ihrem *Jure Patronatus* Einhalt zuthun, doch an unserm *jure supremae inspectionis* hiermit keineswegs ichtwas begeben“[254]. Im Landtagsabschied vom 22. Juni 1603 heißt es dann, dass die Fürsten „auch mit allen Fleiß dahin trachten wollen, daß Männiglich ohne Ansehen der Persohn die heilsahme Justitz gleichmäßig und unverzüglich mitgetheilet, auch der angebrachten Gravaminibus zur Gebühr abgeholfen werde. Inmaßen wir dann in Religions und Gewißens Sachen Inhalts des vorigen ao. 1598 aufgerichteten Landtags Abschiedes des Fürstl. Anerbietens bleiben, daß wir Niemanden in seinem Gewißen zwingen oder beunruhigen, weniger den Praedicanten gestatten wollen, Jemanden hierunter zu lästern, oder zu schmähen, hiergegen aber gäntzlich gegenwärtig seyn, daß ernannte Unsere getreuen Unterthanen auch Uns in Unserem Gewißen u. tragenden Fürstl. Ambte und Obrigkeit keine Unruhe, Ziel oder maße vorschreiben, oder Unß zufügen werden“[255]. Die von den Fürsten gewollte Konfessionssveränderung wurde von ihnen demnach auch als eigene Gewissenssache angesehen, bei der sie sich nicht durch Polemik oder Vorhaltungen beirren lassen würden. Der am 30. Juni 1603 in Dessau zwischen den Brüdern Johann Georg, Christian, August, Rudolf und Ludwig über die Teilung Anhalts geschlossenen Vertrag enthielt keine Bestimmungen über Religionsangelegenheiten[256], ebenso wie der am 18. Mai 1606 zu Dessau zwischen den Brüdern geschlossene Ausführungsvertrag[257].

In einer gemeinsamen Erklärung vom 7. August 1606 betonten die Fürsten dann, dass zum Zwecke der „Continuierung des Reformationswerkes“ in Kirchen und Schulen weiter eine „uniformitas orthodoxae doctrinae et religionis“ anzustreben sei und sich die Superintendenten und alle Pastoren im gesamten Fürstentum mit dem Ziel einer „uniformitas doctrinae et ceremoniarum“ an die „churfürstlich pfälzische Kirchenagende“ zu halten hätten. In den Hauptstädten sollten

254 Ebd., 56.
255 Vgl. ebd., 60.
256 Vgl. ebd., 61–67.
257 Vgl. ebd., 67–70. Es müsste noch untersucht werden, inwieweit diese Landesteilung der nach dem Tode von Landgraf Philipp I. im Jahre 1567 vorgenommenen hessischen Regelung entspricht mit Seniorat, einem gemeinsamen Landtag, einer gemeinsamen Hochschule, dem Willen zu einer gemeinsamen Kirchenpolitik und den vier neuen Residenzen in Kassel, Marburg, Darmstadt und Rheinfels, vgl. Rudersdorf, Lutherische Erneuerung, 143f.

zur „Unterweisung und Katechisation“ der „große pfälzische“ in den Kirchen und Schulen und in den Dörfern der „kleine Heidelbergische Katechismus gelehret“ und „mit Fleiß getrieben werden“[258]. In der Erklärung der Fürsten Johann Georg I., Christian I., Rudolf und Ludwig I. hieß es dazu: „Damit wir auch wegen der einträchtigen reinen Lehre einerley Ceremonien in unseren Kirchen und Schulen haben; so wollen wir uns so möglichen denjenigen Kirchen-Gebräuchen im Catechismo so in der Chur-Pfälzischen Kirche gewöhnlich [= HK], bequemen, und nach gehaltenen brüderlichen Rath, aufs foerderlichste publizieren“[259]. Bei der Übertragung der Herrschaft Anhalt-Plötzkau an Fürst August im Jahre 1611 wurde im entsprechenden Vertrag festgelegt, dass es „bei dieser Land-Kirchen-Reformation ... ohne alle Änderung gelassen“ werden solle.[260] Diese Anordnungen wurden von den Fürsten später mehrfach bestätigt und zu ihrer Durchsetzung jährliche Kirchen- und Schulinspektionen durch die Superintendenten und dafür abgeordnete fürstliche Räte festgesetzt. Damit waren die reformierte Konfession und der HK für die kirchliche Lebensordnung im gesamten Fürstentums Anhalt durch fürstliche Verordnung endgültig in Geltung gesetzt worden.

Eine zwangsweise Überführung des Gymnasium Illustre und seines philippistischen Lehrkörpers zum reformierten Bekenntnis hat es nicht gegeben[261], wenn auch der HK zur „offiziellen“ Grundlage der religiösen Unterweisung in den anhaltischen Schulen geworden war. Noch im Jahre 1608 verhandelte der Zerbster Superintendent und Professor Caspar Ulrich mit Fürst Rudolf über die Einführung des HK und der Pfälzischen Agende am Gymnasium Illustre[262] mit dem Verweis auf den auch von ihm im Jahre 1599 vorgelegten Entwurf für eine neue KO für Anhalt und lehnte dabei mit den damaligen Argumenten wiederum die Einführung des HK als allgemeingültige Bekenntnisgrundlage ab[263]. Im Jahre 1607 hatte der Bernburger Superintendent M. Theodor Fabricius jun.[264] zum Verhältnis zwischen der pfälzischen und anhaltischen Kirche in sehr ähnlicher Weise wie die führenden anhaltischen Theologen in ihrem Gutachten von 1599 mit einiger Besorgnis mit Blick auf die lutherische Nachbarschaft Anhalts geschrieben: „Die anhaltische Kirche habe im Kampf gegen die falsche Lehre von der Allenthalbenheit des Fleisches Christi etliche Riten und Gebräuche gebessert, auch andere eingeführt, und sei also zu einer Reformation durch Gottes Gnade gekommen. Sollte man nun wiederum eine Veränderung vornehmen, *so würde*

---

258 Zitat nach Allihn, 28f; vgl. Castan, 86; 93; vgl. Beckmann, III, 73–86; vgl. Samuel Lentz, Becmannus Enucleatus, Suppletus et Continuatus, Oder: Historisch-Genealogische Fürstellung des Hochfürstlichen Hauses Anhalt Und der davon abstammenden Marggrafen zu Brandenburg, Herzoge zu Sachsen und Sachsen-Lauenburg, Cöthen 1757, 389–392.

259 Zitat nach Castan, 93; vgl. Lentz, 387, ganze Erklärung dort 386–388.

260 Zitat nach Allihn, 29.

261 Vgl. Castan, 89.

262 Ebd. 97.

263 Ebd., 98.

264 Sohn des 1545–1570 in Zerbst amtierenden Superintendenten D. theol. Theodor Fabricius; Fabricius jun., 1549 in Zerbst geboren, amtierte seit 1578 an St. Bartolomäi zu Zerbst als Diakonus und von 1599–1611 an St. Marien zu Bernburg als Superintendent. Er war „ein streitbarer Vorkämpfer des Philippismus in Anhalt“, vgl. Graf, Pfarrerbuch, 244.

das Crucifige aufs neue über die Anhaltische Kirchen angehen“[265]. Die Landeshochschule „Gymnasium Illustre“ war in der Zeit der Konfessionsveränderung keine kämpferische Stütze für die reformiert-konfessionelle Religionspolitik, die von den 4 anhaltischen Fürstenhöfen gegen starke und hinhaltende Widerstände in ihren Territorien mit Entschiedenheit weiter betrieben wurde.[266]

Am 19. März 1611 bestätigten die anhaltischen Fürsten die gemeinsam am 7. August 1606 erlassenen Bestimmungen zu Fragen der kirchlichen Lebensordnung und zum Schulwesen[267] und damit auch die Rezeption und Geltung des HK in Anhalt. Im Landtagsabschied vom 2. Mai 1611 wurde von den Fürsten aber in Richtung des immer noch der reformierten Konfessionalisierung widerstrebenden Adels erklärt: „die von Adell und ihre Unterthanen und andere Stände in ihrem Gewißen nicht zu zwingen, zu verunruhigen durch die Unsrigen es zugestatten, vielmehr sie in Religions und dergleichen Sachen, die ihnen zu hoch und von Jedermann sobald nicht zu begreiffen, zu übereilen, sondern mit denselben gnädig Geduld zuhaben, hingegen aber Uns hinwiederum aber versehen wollen, Sie auch Uns in Unsern Christlich Fürstlichen Ambt und Gewissen kein Ziel noch Maaß zugeben begehren werden; Und da auch Ihre Pastoren so sonsten in Lehr und Leben unsträfflich wegen Gebrauchs aber des Heiligen Abendmahls und BrodtBrechens [!] sich noch nicht allerdings bequemen könnten, derowegen nicht zu removieren [entlassen; H. K.]. Jedoch sich alles unchristlichen ärgerlichen Schmähens und calumniirens zu enthalten, und in aller Christlichen Bescheidenheit und moderation sich zubefleissigen schuldig seyn sollen“[268].

Auch im Jahre 1611 war es immer noch nicht geklärt, ob und wie der HK als Bekenntnisgrundlage am Zerbster Gymnasium Illustre, immerhin *der* theologischen Ausbildungsstätte des Landes, einzuführen sei. Die Fürstliche „Gymnasialkommission“ gab am 12. März 1611 in einem Schreiben an den Landrat und Oberhauptmann Curt von Börstell dazu den „typisch anhaltischen“ Rat: „Daß man Heidelbergensem Catechismum also einfüre, damit [aber die] Scholae Melanchthoniana und aureus libellus Examinis Philippi [!], nicht aus der Schulen

---

265 Zitat nach Jablonowski, Einfluß, 156; LHAO Abt. Köthen C 5 b Nr. 11 fol.85.

266 Vgl. Castan, 93. Ein wirklich vertrauensvolles Verhältnis hatte sich zwischen Wolfgang Amling und den Fürsten bei der Verschiedenheit ihrer Intentionen beim „Reformationswerk“ nicht mehr einstellen wollen. Er starb am 18.5.1606 in Zerbst. Nachfolger in seinen akademischen Ämtern wurde zunächst der gleichfalls aus Franken stammende Schwiegersohn des einflussreichen Zerbster Superintendenten Caspar Ulrich (geb. 27.2.1558 wie Amling in Münnerstadt/Franken, Superintendent seit 1608) M. Johann Theopold (27.7.1563 – 15.4.1626, vgl. Graf, Pfarrerbuch, 445), dessen Spezialgebiet in der systematisch-theologischen Lehre bezeichnenderweise die „Loci“ Philipp Melanchthons waren.

267 Im Seniorats-Rezess vom 15.4.1635, Pkt. 10 erneut bestätigt, vgl. Codex Anhaltinus minor, 109f.

268 Von den Fürsten am 5.5.1611 unterzeichnet, vgl. Codex Anhaltinus minor, 79; vgl. Allihn, 29. Auf diesem Landtag übernahm die Landschaft alle fürstlichen Schulden in der für die damaligen Zeiten gewaltigen Höhe von insgesamt 460.000 Talern, behielt sich aber bis auf wenige Ausnahmen nun selbst das Recht zur Steuererhebung vor, ebenso wie auf dem Landtag von Dessau im Jahre 1652, bei dem die insbesondere durch den 30jährigen Krieg weiter auf 500.000 Taler angeschwollene Schuldenlast auf die vier Herrschaftsgebiete aufgeteilt wurde.

kommt. Wie dem in fundatione Gymnasy geordnet, daß die Loci Communes und das Examen Philippi publicé allhir sollen gelesen werden“[269]. Der HK *und* Melanchthons Theologie sollten nebeneinander gelesen, konfessionelles Reformiertentum und die so zäh verteidigte eigene philippistische Lehrtradition sollten an der anhaltischen Landeshochschule miteinander auskommen. Nach einem Gutachten zum philosophischen Lehrprogramm des Gymnasium Illustre aus dem Jahr 1611 wurde dort weiter ein „christlicher Humanismus in der Tradition Melanchthons“ gelehrt[270]. Die von auswärts früh des „Calvinismus“ geziehene Landeshochschule Anhalts behielt noch bis in das erste Jahrzehnt des 17. Jahrhunderts ihre philippistische Prägung. Erst mit dem Rektoratswechsel von Gregor Bersmann zu Marcus Wendelin[271] im Jahre 1611 erhielt sie ein konfessionell-reformiertes Profil. Nun galt der HK[272] als die allein maßgebende Bekenntnisschrift auch für den akademischen Lehrbetrieb und für die religiöse Unterweisung an der dem Gymnasium Illustre vorgeordneten Lateinschule[273]. Die philippistische Prägung trat dann bald zurück[274].

Von den Professoren sei an dieser Stelle noch Martin Füssel[275] erwähnt, der 1612 auf Empfehlung des Heidelberger Hofpredigers Abraham Scultetus (1566–1624) von den anhaltischen Fürsten zum Zerbster Superintendenten und Professor am Gymnasium Illustre als Nachfolger von Caspar Ulrich berufen wurde.[276] Kurfürst Johann Sigismund von Brandenburg ließ sich am 25. Dezember 1613 in der Berliner Domkirche vom eigens dazu nach Berlin gerufenen Zerbster Superintendenten und Theologieprofessor nach entsprechender Vorbereitung das Hl. Abendmahl nach reformiertem Ritus (auf „Zerbster Weise“) reichen und trat damit öffentlich zur reformierten Kirche über. Im Oktober 1614 wurde Füssel vom Kurfürsten zum Hofprediger und Kirchenrat berufen und von Scultetus als Prediger der Berliner Domgemeinde eingeführt. Er vertrat in Berlin und Brandenburg einen Luther und das Reformiertentum vermittelnden konfessionellen Standpunkt.[277] Die Vorgänge um den Konfessionswechsel des brandenburgischen

---

269 Zitat nach Castan, 98; vgl. LAO, Abt. Bernburg B 2 c, Nr. 13, fol. 77f; hier 78[v].

270 Vgl. Castan, 226, Anm. 29.

271 Geb. 1584 in Sandhausen bei Heidelberg, 1607 Magister der Universität Heidelberg, traf in Genf mit den anhaltischen Prinzen Johann Casimir, Christian und Friedrich Moritz zusammen, begleitete diese durch Frankreich, wirkte dann als Prinzenerzieher und 40 Jahre als Rektor der anhaltischen Landeshochschule. Er galt im 17. Jh. vor allem durch seine systematisch-theologischen Veröffentlichungen, z.B. das Systema maius bzw. die Collatio doctrinae christianae Reformatorum et Lutheranorum (in Kassel erschienen) als einer der führenden Theologen der deutschen reformierten Kirchen. Er starb am 7.8.1652 in Zerbst. Vgl. Allihn, 35f; Castan, 112f.

272 Gegen den Einspruch der fürstlichen Gymnasialkommission vom 13.7.1612, vgl. Castan, 100, auch Anm. 209.

273 Vgl. ebd., 100.

274 Ebd., 99.

275 Geb. 23.11.1571 in Görlitz, gest. 13.9.1626 in Berlin, studierte in Zerbst (?), 1612 in Zerbst ordiniert, 1592–1610 Pfarrer in Claden, 1610 als „Kryptocalvinist“ für die Pfarrstelle in Freiberg/Schlesien abgelehnt.

276 Vgl. Castan, 102ff.

277 Nach Castan, 105.

Kurfürsten hoben natürlich auch das Ansehen des anhaltischen Fürstenhauses und der Zerbster Landeshochschule in der reformierten Konfessionsfamilie überhaupt und stärkten auch die für die Stellung Anhalts gegenüber seinen lutherischen Nachbarn wichtigen politischen Verbindungen zu Kurbrandenburg. In Anhalt blieb es bei der konfessionellen Geltung von HK und pfälzischer Agende, bei gleichzeitiger reichsrechtlicher Bindung an die CA und Apologie. Es blieb auch bei der Beibehaltung des ursprünglich gemäß der Wittenberger Reformation eingeführten Superintendentenamtes. Die konfessionspolitischen Regelungen aus den Jahren 1606 und 1611 wurden von den anhaltischen Fürsten im Senioratsrezess vom 15. April 1635[278] und – nach den Landtagen der Jahre 1624, 1628 und nun ohne Anhalt-Zerbst – im Jahre 1652 erneut bestätigt[279]. Dieser Kurs mag „von außen gesehen" konfessionell immer noch nicht klar genug gewesen sein, denn Anhalt wurde zwar auch von der „reformierten Welt" zur reformierten Konfessionsfamilie gerechnet, aber 1618 nicht zur Dordrechter Synode eingeladen. Deren Canones wurden in Anhalt m. W. auch nicht offiziell rezipiert und erst 1666 vom Köthener Superintendenten Daniel Sachse privat publiziert[280].

Die Beziehungen Anhalts zur Kurpfalz und zur reformierten Konfessionsfamilie vertieften und bewährten sich in der Notzeit des 30jährigen Krieges. So traten 45 aus der rekatholisierten Oberpfalz vertriebene reformierte Geistliche in den Dienst Anhalts, nachdem allein im für Anhalt katastrophalen Kriegs- und Pestjahr 1626 56 anhaltische Pfarrer[281] umgekommen waren[282]. Die im Jahre 1640 in Danzig, Wesel, Holland, Frankreich, England und der in Schweiz für die bedrängten Pfarr- und Kirchendiener im verwüsteten und entvölkerten Anhalt veranstaltete Kollekte erbrachte die hohe Summe von über 2500 Thalern. Damit konnten auch die Lehrer am arg beschädigten Zerbster Gymnasium unterstützt werden[283], nachdem Rektor Wendelin darum gebeten hatte, in diesen Zeiten der äußersten Not „diesen Hort für die Reformierten nicht untergehen zu lassen."[284]

---

278 Vgl. Hermann Schulze (Hg.), Die Hausgesetze der regierenden deutschen Fürstenhäuser, Bd. I., Jena 1862, 35–43; nach Michael Rohrschneider, Das politische Wirken Johann Georgs II. Von Anhalt-Dessau, in: Werner Freitag/Michael Hecht (Hgg.), Die Fürsten von Anhalt, 187–201, hier 189, Anm. 13.

279 Vgl. Jan Brademann, Reformierte Konfessionalisierung oder konfessionelle Koexistenz?; in: Mitteilungen des Vereins für Anhaltische Landeskunde (21), Sonderband, Köthen 2012, 168.

280 Die anders als im HK in den Bekenntnissen der Schweizer Reformation im „Consensus Geneviensis" und in der „Formula consensus ecclesiae Helvetiorum reformatae." sehr dezidiert formulierte Lehre von der Prädestination ist in Anhalt offiziell nie angenommen und gelehrt worden; vgl. Allihn, 123.

281 Bei 137 Pfarrstellen, nach Graf, Pfarrerbuch, 12.

282 Vgl. Rudolf Joppen, Art. Anhalt, in: TRE 2 (1978), 734–743, hier 737.

283 Vgl. Castan, 132.

284 Ebd., 129.

8. Die einzelnen anhaltischen Teilfürstentümer und ihr Umgang mit dem HK seit seiner offizieller Rezeption im Jahre 1606

Am 31. Oktober 1606 hatte Fürst Ludwig I. von Anhalt-Köthen die Schwester der Gemahlin seines Bruders Christian I. (Fürst von Anhalt-Bernburg) die Gräfin Amoena Amalia von Bentheim geheiratet. Damit war der reformierte Einfluss auch auf Anhalt-Köthen weiter gestärkt worden.

„Die Jahre 1606 bis 1611 waren für die Herausbildung und Organisation des Staates [Anhalt-Köthen] im modernen Sinne entscheidend, und es wurde deutlich, wie die [reformierte] Konfession als Instrument der Staatsbildung eingesetzt wurde. ... Zentrum der Macht war der Hof in Köthen. Die Hofordnung von 1606 betonte das Prinzip Ordnung: *Alles, was in der christlichen Ordenunge geführt,* (wird) *vor beharrlich, und alles, was in der Unordenunge gelassen, zum Untergange jedes Regimentes von Gottseligen, Weisen und Verständigen erachtet.* Vorbilder für die Hofverwaltung weisen nach Kassel und Amberg.“[285] Ludwig I. hatte 1606 für Anhalt-Köthen eine Kirchen- und Kanzleiordnung[286] erlassen, in der die Geltung von Pfälzer KO und HK ausdrücklich bestätigt wurde. In § 7 der Kirchen-und Kanzleiordnung von 1606 hieß es: „Es soll auch die Katechisatio nicht allein fleißig in den Dorfschulen und Kirchen angestellt und insonderheit darinnen der kleine heidelberger Katechismus, methodo Lutheri zusammengetragen neben den 20 quaestionibus und Psalmen getrieben ... in den Städten aber der große heidelberger Katechismus behalten werden.“[287] Die Kirchenordnung sollte entsprechend den gesamtanhaltischen Bestimmungen von 1606 auch die „uniformitas orthodoxae doctrinae“ und die Gleichförmigkeit der Zeremonien in der Feier der Gottesdienste und Sakramente „auf der Grundlage des Heidelberger Katechismus und der Pfälzer Agende“ sicherstellen[288]. In der 1633 verfassten und 1643 gedruckten Köthener Agende, welche 1669 vom Köthener Superintendenten M. Daniel Sachse (1596–1669) überarbeitet und 1699 neu herausgegeben wur-

---

285 Jablonowski, Einfluß, 160, s. a. 156; vgl. Lück, Calvinismus und reformiertes Bekenntnis, 60; LHAO Abt. Köthen A 12 Nr. 5 fol.1

286 Vgl. Günther Hoppe, Zur anhaltischen Behördengeschichte im frühen 17. Jahrhundert und zum „persönlichen Regiment“ des Fürsten Ludwig von Anhalt-Köthen in der Frühzeit seiner Regierung; in: Mitteilungen des Vereins für Anhaltische Landeskunde 4 (1995), 113; 119; 142; Jablonowski, Einfluß, 156 u.159f; Lück, ebd.

287 Zitat nach G. Heine, Die Katechismusfrage in Anhalt, Köthen 1890, 25f.

288 Vgl. Jablonowski, ebd. Fürst Ludwig I. von Anhalt-Köthen hat für die deutsche Kultur- und Geistesgeschichte besondere Bedeutung durch die Mitbegründung und beständige Förderung der über den protestantischen Konfessionen stehenden (das konfessionelle streng-lutherische Sachsen-Weimar war mit tonangebend, H. K.) „Fruchtbringenden Gesellschaft“ erlangt, die in Weimar am 24.8.1617 im Jahr des auch im reformierten Anhalt feierlich begangenen Luther-und Reformationsjubiläums gegründet wurde; vgl. Georg Schmidt, Die Fürsten von Anhalt. Reformierte Konfessionalisierung und überkonfessionelle Einheitsbestrebungen?, in: Werner Freitag/Michael Hecht (Hgg.), Die Fürsten von Anhalt, 2. Aufl., Halle 2009, 173–186, hier 178ff.

de[289], war die reformierte Konfession nach pfälzischem Vorbild selbstverständlich maßgebend. Nach dieser Agende verpflichteten sich die zu ordinierenden Pfarramtskandidaten, dass sie zur Erbauung, Lehre und Pflege der Gemeinde die „fünf Hauptstücke unserer christlichen Lehre wie dieselbe in unserem Katechismus [= HK] erklärt sein... treiben“[290] zu wollen, worauf in Punkt 4 zugleich die Verpflichtung auf die CA und Apologie und das Versprechen folgten, „keine neue, irrige Opinion, so der heiligen Schrift zuwider und von der reformierten Kirche verworfen“[291] einzuführen. Die Tauf- und Abendmahlsformulare der Köthener Agende von 1633 bzw. 1669 folgten inhaltlich der Lehre des Heidelberger Katechismus, ebenso das Beichtformular, welches an den wörtlich übernommenen Überschriften der drei Hauptstücke des HK[292] entlangging. Anhalt-Köthen war zu dieser Zeit, wohl auch in seinem Gemeindeleben, eine reformierte deutsche Landes- und Staatskirche, allerdings mit einer Minderheit von Gemeindegliedern lutherischen Bekenntnisses, was auch in Gesamt-Anhalt, außer in Anhalt-Zerbst, wo nach 1650 genau umgekehrte Verhältnisse herrschten, weiter der Fall war.[293] Die Kanzlei- und Landesordnungen aus dem Jahre 1606 hatten den Abendmahlsempfang bei auswärtigen lutherischen Pfarrern ausdrücklich untersagt und den „Excurrenten“ den Besuch des (reformierten) Gottesdienstes in der eigenen Parochie zur Pflicht gemacht. Aber die Sache ließ sich doch nicht verhindern, waren doch Anhalts Grenzen nirgendwo sonderlich weit entfernt und im Laufe der Zeit der Zeit lernte es die fürstliche Obrigkeit auch, sich im Sinne des Landtagsabschiedes von 1611 damit abzufinden.[294] Der in den Jahren 1626 und 1635 das Land in großen Teilen verwüstende 30jährige Krieg, die offizielle Rückwendung zur lutherischen Konfession 1642/44 in Anhalt-Zerbst und der Westfälische Friede von 1648 lehrten die anhaltische Bevölkerung mit den oft von Haus zu Haus, von Dorf zu Dorf, und Kirche zu Kirche verschiedenen Konfessionen zu leben.[295] Nach dem von der nach dem Tode ihres Gatten Emmanuel Leberecht zur Regentin von Anhalt-Köthen eingesetzten Fürstin Gisela Agnes auf den guten Rat des reformierten brandenburgisch-preußischen Hofes hin erlasse-

289 Vgl. dazu Allihn, 30f; Daniel Sachse hatte in Marburg, Heidelberg und Leiden/Niederlande studiert, war Pfarrer in Reupzig, Hofprediger in Bernburg und seit 1632 Superintendent in Köthen. Er veröffentlichte durch gedruckte Polemiken des Superintendenten Dürr gegen die Abendmahlslehre des Heidelberger Katechismus aus dem inzwischen wieder lutherisch gewordenen Anhalt-Zerbst herausgefordert im Jahre 1651 in Köthen seinen „Nothwendigen und treuherzigen Unterricht an die reformierten Gemeinden in Anhalt“ und danach 1655 eine Streitschrift gegen die lutherische Ubiquitätslehre („Scrutinium ubiquitatis etc. zum zweiten Unterricht an die anhaltischen Kirchen“); vgl. Allihn, 109.

290 Zitat nach ebd., 104.

291 Ebd.

292 Also: Von des Menschen Elend – Von des Menschen Erlösung – Von der Dankbarkeit.

293 Lutherische Kirchspiele blieben unter lutherischen Patronen in Anhalt-Köthen: Groß-Badegast (von Wulffen), Görzig (von dem Werder), Schortewitz (de Witscher) und Wörbzig (von Belzig), vgl. Jablonowski, Einfluß, 157.

294 Jablonowski, ebd.

295 Vgl. zum Miteinander der protestantischen Konfessionen in Anhalt nach 1606 Jan Brademann, Reformierte Konfessionalisierung, 159–192; hier: 162ff.

nen Rezess vom 3. Oktober 1708 sollten „... die Kinder der lutherischen Eltern nicht gegen der Eltern Willen zum reformierten Catechismus [= HK] und umgekehrt angehalten werden. Damit auch aller fernere Streit, was vor Bücher die lutherischen Kinder in der reformierten, und diese in der lutherischen Schule brauchen, vermieden bleibe, so sollen sothane Kinder zum Buchstabieren und Lesen den Psalter oder das Evangelienbuch, so ohne dem beiderseits Evangelische [!] angenommen, gebrauchen". Es stehe den Eltern frei, ihre Kinder zum reformierten oder lutherischen Katechismusunterricht „zu dem nächstgelegenen Fürstl. Anhalt. Pfarrer ihrer Confession etliche Monat, ehe sie zur Communion gehen" zu senden.[296] Seit dem Jahre 1783 galt in Anhalt-Köthen dann der landesherrlich eingeführte reformierte Katechismus des Daniel Heinrich Hering als offizielles Unterrichtsbuch[297].

Fürst Christian I. hatte am 27. Januar 1607 für Anhalt-Bernburg eine Landespolizeiordnung auch zum Kirchen- und Schulwesen erlassen.[298] Danach sollte „Die Catechismus Lehre mit allem Fleiß in den Schulen, als der kleine Heidelberger Catechismus Methodo Lutheri zusammen getragen, neben den zwantzig quaestionibus getrieben ... werden".[299] Und an anderer Stelle der Landespolizeiordnung vom Jahre 1607 hieß es zu den Gottesdiensten und Sakramentsfeiern ganz im Sinne der 28 Artikel von 1596: „Alle Ceremonien, so von Gott nicht geboten noch gestiftet, sollen neben allen Götzenbildern in den Kirchen abgeschafft ... werden."[300] Am 19. Oktober 1616 (1620 bestätigt) folgte eine weitaus umfangreichere fürstliche Verordnung[301], in der die Pfälzer Agende (mit dem HK) ausdrücklich eingeführt und eine dann kaum verwirklichte Presbyterialverfassung für die Gemeinden vorgesehen war.[302] Nach dieser Agende verpflichteten sich die zu ordinierenden Pfarramtskandidaten, dass sie zur Erbauung, Lehre und Pflege der Gemeinde die „fünf Hauptstücke unserer christlichen Lehre wie die-

296 Zitat nach Allihn, 153f, vgl. a. 106. In Anhalt – Köthen hatten sich zu Ende des 18. Jahrhunderts die lutherischen Parochien (mit entsprechenden Pastoren) in Köthen (1 Kirche), Groß-Badegast (4 Dörfer und 3 Kirchen), Schortewitz (4 Dörfer und 2 Kirchen), Görzig und Wispitz halten können.

297 Vgl. Ernst Teichmüller, Die evangelische Landeskirche im Herzogthum Anhalt, Dessau 1905, 27f.

298 Vgl. Lück, 61.

299 Ebd.

300 Zitat ebd.

301 An Superintendent Reinhardt von Bernburg, vgl. Graf, Pfarrerbuch, 388f.

302 Vgl. Allihn, 31; Nach der kirchlichen Presbyterialverfassung sollten in den Stadtvierteln und Dörfern Älteste und Vorsteher gewählt und dann vom Fürsten zur Ausübung der Kirchenzucht (mittels Aufsicht, Strafvermahnungen und Lehre der Gemeindeglieder) bestellt werden. Sie hatten sich mit den Pfarrern alle zwei oder vier Wochen nach dem Gottesdienst zu Beratungen zu treffen, auch über die Amtsführung der Geistlichen. Die Ältesten aller Gemeinden sollten mit den Geistlichen, den Schulmeistern, den „Kirchenvätern", fürstlichen Räten und Oberhauptleuten zweimal im Jahr unter der Leitung des „Inspectors" (Superintendenten) zu „Conventen" im Harz und im Bernburger Land zusammenkommen. Über den Presbyterien und Conventen sollte dann ein „Consistorium", gebildet aus dem Inspector, einem fürstlichen Rat (Jurist), einem Bernburger Pfarrer und einem Sekretär, stehen.

selbe in dem Heidelbergischen Katechismus erklärt sein ... treiben“[303] zu wollen, worauf wie in Anhalt-Köthen in Punkt 4 die Verpflichtung auf die CA und Apologie und das Versprechen folgten, „keine neue, irrige Opinion, so der heiligen Schrift zuwider und von der reformierten Kirche verworfen“[304] einzuführen. Nach der Katechismuspredigt am Sonntagnachmittag über den „churpfälzischen Katechismo“ sollte die Unterweisung der Kinder, der Jugendlichen und des Gesindes erfolgen, auch sollte diese Kinderlehre auf den kurpfälzisch-heidelbergischen Katechismus und die daselbst gebräuchlichen 150 Fragen gerichtet, hingegen die bisher eingerichtete Kinderlehre (wohl nach Luthers Katechismus, H. K.) abgeschafft und nicht mehr gestattet werden.[305] Auf den Rat des nun auch in Anhalt-Bernburg als Landeshauptmann und als Amtshauptmann in Warmsdorf tätigen Curt von Börstel wurden die Pfarrer „reihum“ ins fürstliche Hoflager einbestellt, wo sie über einen vorgegebenen Bibeltext zu predigen hatten und auch examiniert wurden, „einige wurden (danach) vom Dienst suspendiert und als ‚halsstarrig‘ nicht wieder angenommen“.[306] Eine eigene Bernburger, auch nach dem Vorbild der kurpfälzischen erarbeitete Agende kam erst 1717 (2. Aufl. 1738) heraus.[307] Im Ordinationsformular der Agende von 1717 hieß es, dass die künftigen Anhalt-Bernburger Prediger „das Wort Gottes ... allein predigen, einfältig, deutlich und nach der Ähnlichkeit des Glaubens erklären, auch die fünf Hauptstücke unserer christlichen Religion, wie dieselbe in dem heidelbergischen Katechismo erklärt sind, bei Jungen und Alten fleißig treiben ...“[308]. Von der Bindung an die CA und die Apologie war 1717 nicht mehr die Rede. Auch in Anhalt-Bernburg gab es also seit 1606 eine konfessionell-reformierte Landes- und Staatskirche. 1728 erschien in Bernburg ein fürstlich privilegiertes neues (auf der Grundlage des Gesangbuches von 1719) gestaltetes Gesangbuch für Anhalt-Bernburg, welches neben den reformierten Lobwasserschen Psalmen auch Lieder von Luther und Neander enthielt. Im Anhang waren der HK und die Tauf- und Abendmahlsformulare aus der nach der kurpfälzischen gearbeiteten Bernburger Agende von 1717 (Neuaufl. 1745) abgedruckt.[309] 1784 erschien der HK unter dem Titel „Neue

303 Zitat nach Allihn, 104.

304 Ebd.

305 Der HK umfasst nur 129 Fragen, es muss also eine eigene Katechese mit 150 Fragen (durch weitere Zergliederung) vorgelegen haben. Auch Tauf- und Abendmahlsformular folgten der Lehre des HK, ebenso das Beichtformular, welches wie in Anhalt-Köthen an den wörtlich übernommenen Überschriften der drei Teile des HK (Von des Menschen Elend – Von des Menschen Erlösung – Von der Dankbarkeit) folgte.

306 Vgl. Jablonowski, Einfluß, 157.

307 „Gebethe und andere Kirchen-Dienste für die Prediger des Fürstenthums Anhalt, Bernburgischen Antheils“. Diese Agende enthielt interessanterweise je ein Formular für die in der reformierten Kirche sonst nicht üblichen „Noth-Tauffe“ und das Krankenabendmahl, wohl ein Zeichen für den anhaltenden Einfluss des lutherischen Gemeindelebens in der Nachbarschaft.

308 Zitat nach Adolf Zahn, Das gute Recht des reformirten Bekenntnisses und des Heidelberger Katechismus in Anhalt. mit zwei Beilagen, Elberfeld 1866, 72; nach Jablonowski, Einfluß, 25, wurde dies Formular von Curt von Börstel persönlich entworfen; vgl. LHAO Abt. Köthen A 9 a Nr. 89 Bd. I fol. 168ff.

309 Vgl. Zahn, 71.

vermehrte und verbesserte Zergliederung des Heidelbergischen Katechismi – für die lernbegierige Schuljugend, von Wilhelm Mohs, Reinstedt."[310] 1787 wurde unter Fürst Friedrich Albrecht (1735–1796) eine vom Bernburger Superintendenten Ernst Ludwig Pauli[311] besorgte Neubearbeitung des 1740 vom reformierten Hof- und Domprediger zu Halle/Saale Georg Jakob Pauli herausgegebenen „Heidelbergischen Katechismus in Sätzen mit Beweisen gebracht, nebst einigen vorläufigen Grundwahrheiten der christlichen Religion" für die Schulen in Anhalt-Bernburg veröffentlicht. Der Heidelberger Katechismus war in Anhalt-Bernburg weiter im Gebrauch, wurde aber nun in eine mehr kind- und jugendgemäße Form gebracht.[312] 1774 hatte Superintendent Pauli auch ein neues Gesangbuch mit fürstlicher Genehmigung für Anhalt-Bernburg herausgegeben (Neuaufl. 1776), in welchem der HK nicht mehr abgedruckt war.

Die rechtlich-offizielle Geltung des HK und der kurpfälzischen KO für Anhalt-Zerbst war nach der auch von Fürst Rudolf (1576–1621) im Jahre 1606 geschlossenen Vereinbarung gegeben. Aber dessen von seiner Mutter Magdalena von Oldenburg (1585–1657) im Bekenntnis zum Luthertum erzogener Sohn Johann IV. (1621–1667)[313] vollzog schon mit seinem Regierungsantritt 1642 in der Hof- und Stiftskirche St. Bartholomäi gegen die Einwände der anderen anhaltischen Fürsten den Übergang zur lutherischen Konfession und nahm 1644 auch für das gesamte Fürstentum Anhalt-Zerbst die FC als Bekenntnisschrift an.[314] Der seit 1648 amtierende lutherische Superintendent D. Johann Dürr (1613–1689)[315] ließ 1651 mit fürstlicher Erlaubnis eine von ihm bearbeitete Version von Luthers KK in den Schulen wieder einführen „mit Aufhebung des Heidelberger Catechismi".[316] 1652 wurden in Anhalt-Zerbst die Schriften Georg III. nach der deutschen Ausgabe von 1577 auch „jeder Kirche als symbolisches Buch übergeben".[317] Die anderen anhaltischen Fürsten wandten gegen den Konfessionswechsel des Territoriums Anhalt-Zerbst zum Luthertum u. a. ein, dass es in der Stadt Zerbst nur 170 Bürger lutherischen, aber 600 reformierten Bekenntnisses

310 In 6. Auflage war er dann schließlich in ganz Anhalt verbreitet, vgl. Zahn, 44.

311 1716–1783, vgl. Graf, Pfarrerbuch, 375. Unter Fürst Friedrich-Albrecht (1735–1796) von Anhalt-Bernburg wurde den lutherischen Untertanen die volle Duldung ihrer Religionsausübung gewährt, viele Zuwanderer und auch Hofleute waren lutherisch, die Verstorbenen begrub man nun auf einem gemeinsamen Kirchhof, vgl. Zahn, 73.

312 vgl. G. Heine, Die Katechismusfrage in Anhalt, Köthen 1890, 43.

313 Vgl. Castan, 134ff.

314 Er berief sich dabei auf sein „Territorial-Souveränitätsrecht", rief die Reichsstände „Augsburger Confession" auf dem Friedenskongress in Münster bzw. Osnabrück um Beistand an und erklärte, dass es sich um keine „Neuerung", sondern um die „Wiederherstellung des ursprünglichen Bekenntnisses" in Anhalt handele, zitiert nach Allihn, 38.

315 Vgl. Graf, Pfarrerbuch, 237; Beckmann, I, 244; Castan, 135. Dürr agitierte zusammen mit seinem Fürsten auch (letztlich erfolglos) gegen das Weiterbestehen des reformierten „Gymnasium Illustre" in Zerbst, das als solches nicht unter den Schutz des Religionsfriedens von 1555 falle (vgl. Castan, 138f). Diese Angriffe verloren aber durch die konfessionelle Bestandsschutzregel für Hochschulen und Akademien in Artikel VII des Westfälischen Friedens von 1648 bald ihre Wirkung, vgl. Castan, 139.

316 Vgl. Beckmann, III, 244; zitiert nach Castan, 142, Anm. 411.

317 Vgl. Castan, ebd.

(ohne Hausgenossen und Gesinde) gebe, dass es unbillig sei, die Stadkirche St. Nicolai lutherisch zu machen, während den Lutheranern doch die St. Bartholomäi-Kirche ohnehin schon zur Verfügung stehe, dass Fürst Johann bei seinem Regierungsantritt gelobt habe, die Privilegien der Untertanen darunter vor allem die „libertas religionis et exercitii" zu schützen und baten die reformierten Reichsstände um Unterstützung, insbesondere den reformierten Kurfürsten von Brandenburg. In einem Schreiben der anhaltischen Fürsten vom 31 Mai 1666 [318] wandten sie sich auch dagegen, dass die Nichtverwendung von Luthers Katechismus in Anhalts Kirchen und Schulen als „Absprung von der Augsburger Confession ausgedeutet" werde, denn „der „Heidelberger Katechismus dazu wir uns bekennen, ist zuvörderst Gottes Wort, wie auch der Augsburger Confession nicht weniger gemäß".[319] Der Anlehnung an die Kurpfalz vom Ende des 16. bis Mitte des 17. Jahrhunderts war für Anhalt die Orientierung an Kurbrandenburg gefolgt, dessen Herrscherhaus 1613 selbst die reformierte Konfession angenommen hatte. Die Verbindungen in Konfessionsfragen wurden immer enger, insbesondere zur reformierten Geistlichkeit Berlins und zu den Theologischen Fakultäten in Frankfurt/Oder und später in Halle. Die auf gegenseitige religiöse Duldung ausgerichtete brandenburgisch-preußische Konfessionspolitik entsprach der des „Hauses Anhalt". In einem nach dem Konfessionswechsel in Anhalt-Zerbst und auch mit Blick auf die ihm folgenden vermögensrechtlichen Streitigkeiten von den anhaltischen Fürsten Johann Georg II. (1627–1693) von Anhalt-Dessau (als Vormund auch für den minderjährigen Emmanuel Lebrecht von Anhalt-Köthen [1671–1704]), Viktor Amadeus (1634–1718) von Anhalt-Bernburg, und Wilhelm (1643–1709) von Anhalt-Harzgerode im Jahre 1675 auf Anfrage der Bürgermeister und Räte der Städte Bernburg, Köthen und Dessau (diese in Vollmacht für die kleineren anhaltischen Städte) gemeinsam erlassenen „Freiheitsprivileg" war den Städten Anhalts mit ausdrücklichem Bezug auf den Landtagsrezess von 1611 „das Exercitium der Evangelisch reformierten Religion" mit allen dafür bestimmten „Intraden und Beneficien" auch für die askanischen Nachfahren und Erben zugesichert worden, „daß ungeachtet aller sich bei unserm Fürstlichen Hause künfftig begebender Mutationen obgedachter Religion Exercitium in den Kirchen und Schulen der Städte, worinnen es jetzo getrieben wirdt zu Ewigen Zeiten getrieben werden solle"[320]. Der HK wurde im Zusammenhang mit dem „Exercitium der Reformierten Religion in den Kirchen und Schulen" (anders als 1606 und 1611) zwar nicht ausdrücklich genannt, wurde aber beim zugesicherten freien „Excercitium" der „Evangelisch reformierten Religion" als selbstverständlich vorausgesetzt. Falls ein Fürst zu Anhalt „eine andere Religion" annehme, sollte dennoch „das Exercitium der Reformierten Religion" in den Kirchen und Schulen „allein getrieben und kein Mengewerk eingeführt" werden und die Einkünfte ihnen erhalten bleiben. Obwohl der Westfälische Frieden von 1648 den zwei protestantischen und der römisch-katholischen Konfession im ganzen Reich völlige politische und kirchliche Rechtsgleichheit zugesichert hatte, war es Fürst

318 Vgl. Allihn, 42.
319 Ebd.
320 Zitat nach Allihn, S.46, s. a. 47.

Johann doch gelungen, Anhalt-Zerbst zu einem konfessionell lutherischen Fürstentum mit einem lutherischen Superintendenten und einer lutherischen Pfarrerschaft zu machen, bei Duldung der wenigen Reformierten, die im Lande geblieben waren (viele wechselten nach Brandenburg) und sich zum Gottesdienst weiter in der Stadt-Kirche St. Nicolai sammelten, die gemäß dem von Kurfürst Friedrich Wilhelm von Brandenburg vermittelten Vergleich im „Zerbster Kirchenstreit" von 1679 und dem anschließenden Religionsrezess der anhaltischen Fürsten vom 27. September1679[321] mit ihrer Pfarrerschaft reformiert blieb. Alle anhaltischen Fürsten, auch Fürst Karl Wilhelm (1652–1718) von Anhalt-Zerbst hatten diesem Vergleich von 1679 und dem von den Kurfürsten von Sachsen und Brandenburg, dem Herzog von Braunschweig-Wolfenbüttel und dem Landgrafen von Hessen-Kassel garantierten „Religionsrezeß" ausdrücklich zugestimmt, worin allen reformierten und lutherischen anhaltischen Untertanen freie Religionsausübung zugesichert, den lutherischen Untertanen das exercitium religionis privatum, der Besuch lutherischer Gottesdienste und der Empfang des Krankenabendmahls durch auswärtige Pastoren zugestanden[322], sowie den Untertanen „reformierter Religion" insbesondere „gleichmäßige Protection und landesväterliche Fürsorge" versprochen worden war[323]. Kurfürst Friedrich Wilhelm von Brandenburg hatte mit Datum vom 5. April 1680 dann noch eine besondere Garantieerklärung für den Zerbster Religionsrezess abgegeben.[324] In einer Beilage[325] zum Landtagsabschied vom Jahre 1687 wurde ein für alle anhaltischen Territorien und beide evangelischen Konfessionen gemeinsames Verfahren für die „Bestellung der

---

321 „Kirchen-Receß oder Vergleich zwischen denen Evangelisch Reformieret und Lutherischen in der Stadt Zerbst Ao. 1679 Der Religion halber getroffen" vom 27.9.1679; in: Codex Anhaltinus minor, 175–183. Vgl. Hans Saring, Der Große Kurfürst und der Zerbster Kirchenstreit, in: Jahrbuch für Brandenburgische Kirchengeschichte, 33. Jg., Berlin 1938, 43–69. Für die Lutheraner wurde dann an der Ostseite von St. Nicolai noch zusätzlich (mit 12 000 Reichstalern von den Reformierten unterstützt, vgl. Landtagsabschied 1687, Codex Anhaltinus minor, 197) die stattliche St. Trinitatiskirche errichtet.

322 Durch Beilage zum Landtagsabschied 1687, Pkt. 4 ausdrücklich bestätigt, vgl. Codex Anhaltinus minor, 203.

323 Zitat nach Allihn, 41. Vgl. Brademann, 169. Es war Fürst Karl-Wilhelm von Anhalt-Zerbst, der im Jahre 1674 die lutherische (!) Herrschaft Jever angetreten hatte, nachdem schon sein verstorbener Vater Johann als Regent von Jever eingesetzt worden war und seine Mutter Magdalene von Oldenburg (1585–1657) als Schwester des letzten Grafen von Jever Anton Günther seit dem Tode ihres Mannes im Jahre 1667 dort die Regentschaft innehatte (vgl. Antje Sander, Das Jeverland in Anhalt-Zerbster Zeit [1667–1793], in: Die Fürsten von Anhalt, 235–247; hier: 235 u. 242f). Der Zusammenhang mit der lutherischen Herrschaft Jever mag mit ein Grund für die Zähigkeit gewesen sein, mit der sich Magdalene und ihr Sohn Johann für das Luthertum eingesetzt und Anhalt-Zerbst wieder zum konfessionellen Luthertum gemäß der FC zurückgeführt hatten.

324 Vgl. Codex Anhaltinus minor, 183f.

325 Lit. N. v. 25.7.1687, Pkt. 5, vgl. Codex Anhaltinus minor, 203. Die Predigtamtskandidaten beider Konfessionen sollten vom jeweiligen Patron zunächst nominiert, vom zuständigen Superintendenten examiniert, dann vom Landesherrn als „Episcopus" nach abgelegter Probepredigt approbiert, vom Patron berufen, vom Landesherrn bestätigt und schließlich vom zuständigen reformierten oder lutherischen Superintendenten nach „christlichen Gewohnheit" ordiniert und eingeführt werden.

Prediger" festgelegt. Im 18. Jahrhundert pflegte die weiter reformierte Zerbster Landeshochschule „Gymnasium Illustre" enge Beziehungen zur reformierten Hochschule in Hanau[326], besaß aber kaum mehr eine überregionale Bedeutung. Nach dem Aussterben der askanischen Linie Anhalt-Zerbst im Jahre 1793 wurde sie von Fürst Friedrich Franz von Anhalt-Dessau im Jahre 1798 nach 216 jährigem Bestehen aufgelöst.

Eine sehr ähnliche Entwicklung wie in Anhalt-Köthen und in Anhalt-Bernburg sehen wir auch im Fürstentum Anhalt-Dessau. Der Gebrauch des HK ist wohl auch hier ab 1606 als gesichert anzunehmen[327], wenn auch die Pfälzer Agende nachweislich erst ab 1635 eingeführt wurde[328]. Eine eigene Kirchenagende für Anhalt-Dessau wurde hier erst Anfang des 18. Jahrhunderts herausgegeben, war aber nichts anderes als ein Auszug aus der Pfälzer Agende.[329] Im selben Zeitraum gab der seit 1691 in Dessau amtierende Superintendent Johann Konrad Womrath[330] für Anhalt-Dessau dann einen nach dem Heidelberger gearbeiteten Kinderkatechismus[331] heraus. Seit der Heirat von Johann Georg II. (1627–1693) von Anhalt-Dessau mit Henriette Catharina von Oranien-Nassau im Jahre 1659 im friesischen Groningen[332] – sein Vater Johann Kasimir (1596–1660) war mit Agnes, der Tochter des reformierten Landgrafen Moritz von Hessen verheiratet – wurden für Anhalt-Dessau ausgesprochen fruchtbare, Verbindungen zu dem weltoffenen reformierten Herrscherhaus der Niederlande geschaffen, die auch das reformierte Staatskirchentum in Anhalt-Dessau stärkten. Durch diese Heirat war Johann Georg II. zum Schwager von Friedrich Wilhelm von Brandenburg, dem „Großen Kurfürsten" geworden, der ihn zuvor zum Statthalter der Mark Brandenburg bestellt hatte.[333] Er hatte seine Herrschaft über Anhalt-Dessau im Jahre 1660

---

326 Vgl. Castan, 144f.

327 So Zahn, Das gute Recht, 30f.

328 Fürst Johann Georg II. von Anhalt-Dessau erklärte zusammen mit den reformierten Fürsten Friedrich, Leberecht, Emmanuel und Victor Amadeus allerdings in einem Schreiben vom 31.5.1666 gegenüber dem 1642/44 zur lutherischen Konfession gewechselten Fürsten Johann von Anhalt-Zerbst, „daß „Lutheri Catechismus nicht mehr in unseren Kirchen und Schulen getrieben und erklärt wird, sondern der Heidelbergische, denn dieser ist zuvörderst Gottes Wort und auch der Augspurgischen Confession gemäß"; zit. nach Zahn, 31.

329 Vgl. Allihn, 31; Zahn, ebd.

330 Geb. am 26.10.1645 in der Pfalz und gest. am 9.9.1714 in Dessau, vgl. Graf, Pfarrerbuch, 472.

331 Vgl. G. Heine, Katechismusfrage, 43.

332 Vgl. Katharina Bechler, Heirats-, Kirchen- und Machtpolitik, Dynastische Familiengeflechte im Zeitalter der Konfessionalisierung, in: Reiss/Witt (Hg.), Calvinismus, 122–128; hier: 127; dieselbe, Schloss und Park Oraniembaum. Eine oranische „Filiation" in Anhalt; in: Freitag/ Hecht (Hg.), Die Fürsten von Anhalt, 217–234; hier: 218f; vgl. Lück, Calvinismus und reformiertes Bekenntnis, 63. Henriette Catharina hat nach dem Tode ihres Gatten 1693 in Dessau ein Waisenhaus gestiftet, in dem die Kinder u. a. „frühe aufstehen sollten, kniend beten, eine Frage aus dem Heidelberger Katechismo hersagen, in dem Kämmerlein gestraft und in dem Gartenplatz belustigt werden sollten"; zitiert nach Zahn, 35.

333 Vgl. Michael Rohrschneider, Möglichkeiten und Grenzen politischer Selbstbehauptung mindermächtiger Reichsstände im 17. Jahrhundert: Das politische Wirken Johann Georgs

angetreten, amtierte seit 1670 als „ältestregierender Fürst“ als Senior des Hauses Anhalt und gewann insbesondere durch seine Anlehnung an Kurbrandenburg und seine Loyalität gegenüber Kaiser und Reich bei aller Begrenztheit seiner Möglichkeiten auch reichspolitische Bedeutung[334]. Dies wirkte sich natürlich auch auf die Gestaltung des kirchlichen Lebens in Anhalt-Dessau, z. B. durch die Intensivierung der Kontakte zur reformierten Universität Frankfurt/Oder und auf die Entwicklung der Residenzstadt Dessau positiv aus. Michael Rohrschneider spricht in diesem Zusammenhang von einem (reformierten) „dynastisch-konfessionellen Beziehungsnetz“, zu dem Anhalt-Dessau nun gehörte[335]. Am Dessauer Hof trat Herzog Heinrich von Sachsen-Weißenfels als Inhaber der Herrschaft Barby an der Elbe am 30. Dezember 1688 vor seiner Heirat mit einer Prinzessin von Anhalt-Dessau von der lutherischen zur reformierten Konfession über, ein zu damaliger Zeit vielbeachteter Vorgang.[336] Der Sohn Johann Georgs II., Leopold I. (1676–1747), der „alte Dessauer“ ließ in Dessau den Bau der lutherischen St. Johannis-Kirche 1702 vollenden mit dem Bemerken, dass die lutherischen Einwohner (!) Dessaus dann auch „eine gute Anzahl considerabler und bemittelter lutherischer Familien herbeibringen“[337] sollten. Sie sollten sich auch „freundlich, friedlich und unärgerlich benehmen“ und mit den Reformierten ein „christbrüderliches Vernehmen“... „cultiviren“[338]. Auch die lutherischen Predigtamtskandidaten sollten vom reformierten Ministerium examiniert und ordiniert werden. An der Stellung der reformierten Staatskirche und an der offiziellen Geltung des HK hatte sich in Anhalt-Dessau unter Leopold I., seinem Sohn Leopold II. Maximilian (1700–1751) und seinem Enkel Leopold III. Friedrich Franz (1758–1817) im Laufe des 18. Jahrhunderts kaum etwas geändert, ebensowenig wie unter dem Kirchenregiment der reformierten Landesherren in Köthen und Bernburg. Auch in Anhalt-Dessau galten weiter die alten reformierten Agenden und der HK, welcher vollständig oder gekürzt auch in den 1728 und 1766 eingeführten Gesangbüchern abgedruckt war. Auf seinen Gebrauch wie auf den der reformierten Kirchenordnung wurden die Geistlichen von Anhalt-Dessau bei der Ordination verpflichtet. Aufklärung und Rationalismus ließen aber die traditionellen konfessionellen Bindungen und Normen bei Aristokraten und Bürgern sowohl auf lutherischer als auch reformierter Seite zunehmend zugunsten

---

II. von Anhalt-Dessau, in: Werner Freitag/Michael Hecht (Hg.), Die Fürsten von Anhalt, 187–201; hier: 188f.

334 Ebd., 189.

335 Ebd., 191.

336 In seinem öffentlich abgelegten Glaubensbekenntnis erklärt er bemerkenswerterweise unter Punkt 3 über das im HK Gelehrte hinaus: „Wir glauben dasjenige, so die reformierte Kirche auf der Synode zu Dordrecht von der Gnade Gottes und Prädestination [!; H.K.] nach der Richtschnur der heiligen Schrift einhellig gelehrt und beschlossen“; zitiert nach Zahn, 34.

337 Zitat nach Allihn, 51.

338 Zitat nach Zahn, 38. 1721 hatte Fürst Leopold I. möglicherweise aus einem Affekt gegen den ihm als preussischen Standortkommandanten von Halle wegen der brutalen Behandlung der Soldaten kritisch begegnenden Pietismus unter der Führung von August Hermann Franke den Gesang lutherischer Kirchenlieder statt der reformierten Lobwasserschen Psalmen in den öffentlichen Gottesdiensten von Anhalt-Dessau verboten.

einer allgemeinchristlichen, humanen Bildung und Kultur zurücktreten. Das lutherische Fürstentum Anhalt-Zerbst war nach dem Tod des kinderlosen Fürsten Friedrich August im Jahre 1793 zwischen den anderen reformierten anhaltischen Fürstentümern unter Wahrung seines Bekenntnisstandes aufgeteilt worden, so dass das Verhältnis der Bekenntnisse zueinander für die Fürsten in Anhalt und die Geistlichen in der Zeit des Rationalismus wohl zum Anlass wurde, über einen Zusammenschluss der protestantischen Konfessionen unter einem landesherrlichen Kirchenregiment neu nachzudenken, wobei mehr Fragen der Kirchenorganisation und des kirchlichen Lebens und weniger die Fragen einer klärenden Lehrauseinandersetzung im Vordergrund standen. 1778 erschien noch einmal der HK unter dem Titel „Katechismus oder kurzer Unterricht Christlicher Lehre vor die angehende Jugend in denen Christlichen Reformierten Schulen des Fürstenthums Anhalt“[339]. Unter der Regierung von Fürst Friedrich Franz erschienen in Anhalt-Dessau mehrere Bearbeitungen des HK, auch ein Kinderkatechismus nach dessen Systematik, sowie ein Auszug aus der alten an der kurpfälzischen des 16. Jahrhunderts ausgerichteten Dessauer Agende unter dem Titel „Handlung des heiligen Abendmahles wie selbige vor, bei und nach dem Gebrauch der heiligen Communion in der wahren und nach Gottes Wort reformierten Kirchen der hochfürstlichen Anhaltischen Residenz Dessau gebräuchlich ist“[340]. Fürst Leopold III. Friedrich Franz von Anhalt-Dessau war es in über 50 jähriger Regierungszeit (1758–1817) gelungen, aus seinem Ländchen einen Musterstaat der Aufklärung von geradezu europäischer Geltung zu formen. Verbindungen nach England, in die Schweiz und nach Italien, zum Weimarer und Berliner Hof, wurden gepflegt und mancherlei politische und künstlerische Anregungen aufgenommen und ausgetauscht, eine intensive Kultur der Freundschaft unter den Gebildeten gelebt, Bildung und Schulwesen reformiert und gefördert, konfessionelle Bezüge oder Rücksichten spielten dabei kaum eine Rolle.[341] 1786 brachte der Dessauer Superintendent Ludwig de Marees[342] einen Katechismus für Anhalt-Dessau unter dem Titel: „Kurzer Unterricht im Christentum für Kinder beider Evangelischer Konfessionen in den Herzoglich Anhalt-Dessauischen Schulen“ heraus, der in Form und Inhalt von einem allgemein christlichen Standpunkt aus für Schüler beider Konfessionen gleichermaßen annehmbar sein sollte, in den gravierenden konfessionellen Unterschieden, z. B. bei der Zählung der Gebote, dem Anfang des Vaterunsers oder bei der Sakramentslehre jeweils die verschiedenen Formulierungen aus Luthers KK und aus dem HK nacheinander aufführte und einen pole-

339 Vgl. Zahn, 44.

340 Zitat nach Allihn, 54.

341 Vgl. Zahn, 42. Im Jahre 1808 sollte sein 50jähriges Thronjubiläum in Anhalt-Dessau gefeiert werden, aber der Fürst verweigerte seine Teilnahme mit dem Hinweis, dass er damit auch den Tod seines Vaters Leopold II. Maximilian (1700–1751) feiern würde. Schließlich feierte man mit seiner Zustimmung ein großes Volksfest anlässlich der Herausgabe eines neuen für Reformierte und Lutheraner gemeinsamen Gesangbuches in Zerbst.

342 1717–1802, vgl. Graf, 345.

mischen Bezug aufeinander ausdrücklich untersagte.[343] Zur selben Zeit ging von Brandenburg-Preußen im Zusammenhang mit dem Reformationsjubiläum 1817 vom wirkmächtigen Berliner, zuvor in Halle lehrenden Theologen Friedrich Schleiermacher mit guten theologischen Argumenten unterstützt[344], ein starker Impuls zum Abschluss einer Union zwischen den beiden protestantischen Konfessionen aus. Der reformierte, aus Tecklenburg stammende[345] herzoglich anhalt-bernburgische Superintendent, erster Konsistorialrat und Oberprediger an der Schlosskirche St. Ägidien zu Bernburg D. Friedrich Adolph Krummacher hatte in seiner 1820 in Bernburg erschienenen und bei Andreas Füchsel in Zerbst gedruckten 24 seitigen Schrift „Ueber die Wiedervereinigung der beyden Confessionen in der Evangelischen Kirche. Eine Schrift zur ernstlichen Beherzigung für alle christlichen Bewohner des Herzogthums Anhalt-Bernburg" die Vereinigung der beiden protestantischen Konfessionen zu einer Evangelischen Kirche auf der Grundlage des gemeinsamen Evangeliums nicht nur für naheliegend, sondern auch im Sinne der Reformatoren Luther, Zwingli (!) und Melanchthon für wünschenswert und angesichts des friedlichen Miteinanders in Anhalt, aber auch im Hinblick auf die in vielem doch weiter schmerzliche Trennung für nützlich und im Hinblick auf die praktische Durchführung auch im Rahmen einer der ursprünglichen Einsetzung Jesu Christi gemäßen Abendmahlsfeier für geboten erklärt[346]. Die Lehren beider protestantischen Konfessionen seien nicht als kirchentrennend anzusehen. Vom landesherrlichen Kirchenregiment mit Nachdruck gefördert, kam es mit weitgehender Zustimmung der reformierten und lutherischen Geistlichkeit in Anhalt-Bernburg 1820 und in Anhalt-Dessau 1827 nach Bernburger Vorbild zum Abschluss einer auf die einheitliche Liturgie von Gottesdienst[347] und Feier des Abendmahls[348] gegründeten Union in einer einheitlichen „evangelisch-christliche Kirche" bei in den Gemeinden respektierten reformierten oder lutherischen Bekenntnisständen und Rücksichtnahme auf den

343 Vgl. Heine, Katechismusfrage, 45, Anm. Ende des 18. Jahrhunderts gab es in Anhalt-Dessau folgende Pfarrgemeinden lutherischen Bekenntnisses: St. Johannis Dessau, Rehsen, Lausigk, Libbesdorf (Sandersleben), in Anhalt-Zerbst waren es alle bis auf St. Nikolai in Zerbst, in Anhalt-Köthen: St. Agnus zu Köthen, Groß-Paschleben, Wörbzig, Görzig, Schortewitz und Gröbzig und in Anhalt-Bernburg: Hecklingen, Rathmannsdorf, Hohenerxleben, Wispitz, Roda, Mühlingen, Schloßkirche zu Nienburg sowie im Bereich Ballenstedt: Frose, Groß- und Kleinalsleben mit Alikendorf; nach Christoph Schröter: Die konfessionelle Entwicklung Anhalts seit der Reformation, in: Margit Scholz (Hg.), Die andere Reformation – Johannes Calvin und die Reformierten in Mitteldeutschland, Schriften des Vereins für Kirchengeschichte der Kirchenprovinz Sachsen, Sonderband 1, Magdeburg 2010, 29-35; hier: 33.

344 Vgl. Schleiermacher, Werke, Erste Abt. Bd. V, Berlin 1846, 157; 237ff.

345 Vgl. Graf, Pfarrerbuch, 325.

346 Friedrich Adolph Krummacher, „Ueber die Wiedervereinigung ...", Zerbst 1820, 16ff; 22. Unbefriedigt von der weniger biblisch-theologischen und mehr rationalistischen Begründung der dann vollzogenen Union ging Krummacher 1824 nach Bremen an die St. Ansgari-Kirche, vgl. Schröter, Konfessionelle Entwicklung, 33; Graf, Pfarrerbuch, 325.

347 Der Gottesdienst mit Kreuz und Kerzen auf dem Altar und das Vaterunser.

348 Die Abendmahlsfeier mit gebrochenem in die Hand gereichtem „feinen Weizenbrot und Einsetzungsworten nach Mt 26 bzw. Lk 22.

Wunsch von Gemeindegliedern, je nach bisherigem Bekenntnis und Ritus auch das Abendmahl gereicht zu bekommen[349]. Für die anhalt-dessauische Landeskirche war in der Unionsurkunde (Pkt. 5) die Herausgabe von „neuer Agende, Gesangbuch und Katechismus“ vorgesehen. Tatsächlich sind ein neues Gesangbuch in Dessau 1830 und in Bernburg 1832, ein neuer (nicht mehr am Heidelberger ausgerichteter) Katechismus in Bernburg 1830 und in Dessau 1831 sowie eine neue (nicht mehr an der kurpfälzischen ausgerichtete) Agende 1835 in Dessau erschienen. Katechismen und Agende konnten sich in der Gemeindepraxis nicht vollständig durchsetzen, nicht zuletzt wegen der bald beklagten rationalistischen Ausrichtung und spirituellen Flachheit. Die Pfarrerschaft versorgte sich mehr und mehr selbst auf dem Büchermarkt und sammelte Anregungen auch aus anderen unierten Landeskirchen. Dabei fanden die Preußische und die Badische Kirche (weniger die linksrheinisch „Pfälzische“ Kirche Rheinbaierns) ein besonderes Interesse. Deutlich wurde, dass in der Praxis lutherische Formen des kirchlichen Lebens, der Katechismuslehre und des Gottesdienstes immer mehr in den Vordergrund traten und vom Kirchenregiment gebilligt, wenn nicht gar gefördert wurden. In Anhalt-Köthen wurden die reformierten Geistlichen zu dieser Zeit auf die CA und die Apologie verpflichtet „und hingewiesen [!] auf die [reformierte] Kirchenordnung von 1699.[350] 1856 hatte Herzog Leopold Friedrich für das vereinigte Herzogtum Anhalt-Dessau-Köthen eine landesherrliche Verordnung erlassen, nach der ein für das Pfarramt zu ordinierender Theologe sich zu verpflichten hatte, „daß er nach den in Anhalt zur rechtlichen Geltung gekommenen, evangelischen Bekenntnisschriften, namentlich der Augsburgischen Confession und deren Apologie sich treulich richten wolle“.[351] Während in § 4 der Verordnung bestimmt wurde, dass ein für eine lutherische Gemeinde berufener Predigtamtskandidat zusätzlich noch auf die Schmalkaldischen Artikel und die beiden Katechis-

349 Eine für das kirchliche Leben und das Miteinander der protestantischen Konfessionen und für die Vorgeschichte der Union nicht nur in Anhalt-Dessau bedeutsame Einrichtung war die 1786 mit fürstlicher Erlaubnis vom Schweizer Theologen und Hofprediger Dr. Johann Kaspar Häfeli (1754–1811) gegründete „Pastoralgesellschaft“, eine überkonfessionelle Vereinigung der anhalt-dessauischen Pfarrerschaft zur gemeinsamen wissenschaftlich-theologischen Fortbildung, vgl. Carl Friedrich Arndt, Geschichte der Anhalt-Dessauischen Pastoralgesellschaft, Dessau 1830; Zahn, 41f; Carl Friedrich Arndt berichtet in seiner „Geschichte der Anhalt-Dessauischen Pastoralgesellschaft“ über den Vollzug der wohl wesentlich von der Pfarrerschaft geforderten und getragenen Unionschluss von 1827 in Anhalt-Dessau: „Den 16ten Mai wird die vorbereitete Union der bisherigen lutherischen und reformierten Kirche öffentlich angenommen und durch gemeinschaftliche Communion des Hofes, sämmtlicher Geistlichen des Landes und einer großen Anzahl Theilnehmer ausgesprochen.“, Vgl. Arndt, 74 ; s. a. AKZ 1827, Nr. 129.

350 Nach G. Schubring, Die Einführung der reformierten Confession in Anhalt, Leipzig 1848, 133. In Anhalt-Köthen war unter dem Kirchenregiment des am 24.10.1825 zur römisch-katholischen Kirche übergetretenen Herzogs Ferdinand zwar eine Synode der Geistlichen am 16.6.1828 zur Beratung einer Union kurz vor seinem Tode im Jahre 1830 zusammengetreten, die auch die Annahme eines nach dem Bernburger und Dessauer Vorbild abgefassten Unionsstatuts mehrheitlich beschlossen hatte, das aber vom neuen (reformierten) Herzog Heinrich dann abgelehnt wurde. Dieser starb 1847 ohne männlichen Nachkommen, woraufhin Anhalt Köthen mit Anhalt-Dessau zusammengeschlossen wurde.

351 Zitat nach Allihn, 60.

men Luthers zu verpflichten sei, wurden für die reformierten Predigtamtskandidaten weder der HK noch eine andere dezidiert reformierte Lehrgrundlage genannt. Dagegen protestierte die gesamte reformierte Pfarrerschaft von Anhalt-Köthen, verbunden mit dem ausdrücklichen Ersuchen an das landesherrliche Kirchenregiment, einen dann für den Schul- und Konfirmandenunterricht verbindlichen eigenen reformierten Katechismus herauszugeben. Sie erhielten die offizielle Antwort, dass die Weglassung des HK „absichtslos“ geschehen sei und dieser nach wie vor seine „volle Geltung für die reformierte Kirche des Cöthen'schen Landestheils“[352] habe. „Der Wunsch des Landesherrn sei übrigens, daß auch Cöthen der Union zugeführt werde“[353]. Die reformierte Geistlichkeit in Anhalt-Köthen protestierte im Jahre 1861 auch gegen den ihr zur Stellungnahme zugegangenen Entwurf für einen von einer konsistorialen Kommission für Anhalt-Dessau-Köthen nach dem Vorbild des (recht „lutherischen“) badischen Unionskatechismus[354] erarbeiteten anhaltischen unierten Landeskatechismus und bat erneut um Herausgabe eines eigenen reformierten Katechismus „ad modum des Heidelberger“[355], worauf der Entwurf wieder zurückgezogen wurde. Sie schloss sich 1872 zu einer „freien reformierten Conferenz“[356] zusammen, die neben dem seit 1830 bestehenden und beide Konfessionen umfassenden „Cöthenschen Predigerverein“ wirkte. Mit Datum vom 6. Februar 1875[357] erließ Herzog Friedrich I. (1831–1904) für das Gesamtherzogtum Anhalt eine „Evangelische Kirchengemeinde- und Synodalordnung“. In der Einleitung des Gesetzestextes hieß es, dass eine außerordentliche Landessynode über die in den „Allgemeinen Bestimmungen“ der Ordnung (Art.1,4) in Aussicht genommene „einheitliche Gestaltung der evangelischen Landeskirche“ und die mit ihrer erhofften Annahme „sich vollziehenden Lehrunion“ (!) der noch konfessionell getrennten, „aber durch ihre Geschichte sowie durch die tatsächlichen Zustände auf völlige Vereinigung hingewiesenen Kirchenkörper“ zu beschließen habe. In Artikel 1 der Ordnung wird als Lehr- und Bekenntnisgrundlage für die „einheitliche evangelische Landeskirche

---

352 Ebd., 61.

353 Ebd.. Nach der Volkszählung vom 3.12.1864 lebten in den vormaligen Herzogtümern (seit 1793 mit den jeweiligen Zerbster Anteilen) Anhalt-Dessau, Köthen und Bernburg zusammen 193.04 Einwohner, davon waren 139.748 evangelisch-unierter Konfession (in Anhalt-Dessau: 71.847; Anhalt-Köthen: 10.428; Bernburg: 57.473), 20.497 lutherischer Konfession (Anhalt-Dessau: 1.844; Anhalt-Köthen: 17.885; Anhalt-Bernburg: 768), 27.134 reformierter Konfession (Anhalt-Dessau: 1.001; Anhalt-Köthen: 25.442; Anhalt-Bernburg: 691), 3.311 Katholiken (Anhalt-Dessau: 800; Anhalt-Köthen: 1.482; Anhalt-Bernburg: 1.029), 2.302 Juden (Anhalt-Dessau 1.131; Anhalt-Köthen: 446; Anhalt-Bernburg: 725) und 54 Konfessionslose (= „Dissidenten“).

354 Vgl. Zahn, 53. Diese Charakterisierung ist kaum haltbar. Gültig in Baden war damals der sog. Ullmannsche Katechismus (1855), der – erarbeitet von dem reformiert erzogenen Prälaten Carl Ullmann – abgesehen von der Abendmahlslehre die gesamte Tradition des KK *und* des HK verarbeitete. Vgl. dazu Johannes Ehmann, Die badischen Unionskatechismen, Stuttgart 2013, § 24.

355 Vgl. Allihn, ebd.

356 Ebd.

357 Gesetz Nr. 372, vgl. P. Müller, Zusammenstellung der die evangelische Landeskirche des Herzogtums betreffenden Gesetze und Konsistorialverfügungen, Dessau 1904, 1ff.

Anhalts" angegeben: Das Wort Gottes, „wie solches in der heiligen Schrift geoffenbart und in den drei ökumenischen Symbolen, in der Augsburgischen Konfession und der Apologie Melanchthons bezeugt ist".[358] Bei der Einberufung (durch Höchsten Erlass – Gesetz Nr. 430 – v. 24.7.1876) der außerordentlichen Landessynode (= „Vorsynode") reagierte der Landesherr auf die durch Formulierungen in den „Allgemeinen Bestimmungen" bezüglich einer angestrebten (möglicherweise auch oktroyierten) „Lehrunion" besonders bei den Reformierten in Anhalt-Köthen, aber auch über Anhalts Grenzen hinaus (!) ausgelöste konfessionelle Unruhe mit der Bestimmung, dass von den Beratungen der außerordentlichen Landessynode „Fragen über Bekenntnisstand und Lehre der Kirche ... ausgeschlossen" sein sollten.[359] Zur Lehr- und Bekenntnisgrundlage wurde in Artikel 1 der „Allgemeinen Bestimmungen" nur gesagt: „Der Bekenntnisstand innerhalb der Landeskirche wird durch dieses Verfassungsgesetz nicht berührt."[360] Mit der von Herzog Friedrich als „Landesherr und oberstem Träger des Kirchenregiments" nach Auseinandersetzungen über das für die Landessynode vorgesehene Zahlenverhältnis von „Laien" und Geistlichen ohne Zustimmung des Landtages als „Kirchliche Ordnung" mit Gesetz Nr. 509 v. 14. Dezember 1878 erlassenen „Synodalordnung" wollte der Herzog gemäß der Einleitung nun „ohne Verzug" die in „fast allen deutschen Ländern bestehenden und als heilsam erkannten synodalen Einrichtungen" einführen und auch weiter die „Vereinigung der noch getrennt bestehenden Konfessionen" anstreben, aber es blieb nach § 1 dabei, dass der „Bekenntnisstand innerhalb der Landeskirche ... nicht berührt" werde[361] und nach § 14, 3 durften die agendarischen Ordnungen in den einzelnen Gemeinden der Landeskirche durch landeskirchliche Gesetzgebung nur mit Zustimmung der Gemeindeorgane verändert werden, die auch „ein Widerspruchsrecht" gegen die „obligatorische Einführung" von „Katechismuserklärungen, Religionsbüchern und Gesangbüchern" hätten.[362] Auf Antrag und mit Zustimmung des Landtages erließ Herzog Friedrich das Gesetz Nr. 515 vom 24. März 1879 zur Synodalordnung, welches das Verhältnis von Staat und Landeskirche noch genauer bestimmte, die oben wiedergegebenen Regelungen zum Bekenntnisstand aber nicht veränderte.[363] In Anhalt existierten zur Zeit der Einführung der Synodalordnung immer noch als kirchenregimentlich eingeführte, aber durchaus nicht in gleicher Weise im Gebrauch befindliche Katechismen: Luthers KK, der HK, der Dessauer Landeskatechismus von 1831, der Katechismus von Snell, der sog. „kleine Hering" (für Kinder beider Bekenntnisse) sowie das „Spruchbuch"(mit nach systematisch-theologischen Gesichtspunkten geordneten Bibelsprüchen). Das aber am weitesten verbreitete und auch von reformierten Lehrern gebrauchte Unterrichtsbuch war zu dieser Zeit schon Luthers KK, trotz aller reformierter Bemühungen

358 Vgl. Müller, ebd., 2.
359 Ebd., 31f.
360 Ebd., 31.
361 Ebd., 17.
362 Ebd., 22.
363 Ebd., 25–27.

um den HK oder um die offizielle Einführung eines neuen, den Anforderungen der Gegenwart entsprechenden reformierten Katechismus[364].

Dem Heidelberger war es wohl nicht gelungen, sich so tief in die Volksfrömmigkeit „einzubetten" wie dies bei Luthers Katechismus nun der Fall war und bei Luthers Bibelübersetzung durch die Jahrhunderte schon gewesen war. Sicher spielte das „idioma", die Sprache dabei auch eine Rolle, so wie dies die Zerbster Professoren schon Ende des 16. Jahrhunderts bemerkt hatten. Gustav Heine ging in seinem 1890 in Köthen gedruckten Vortrag „Die Katechismusfrage in Anhalt"[365] freilich davon aus, dass der Heidelberger „noch bis in die neuere Zeit von mehreren Geistlichen im Unterricht verwendet" worden sei.

Das landesherrliche Kirchenregiment im Herzogtum Anhalt verfolgte das Ziel der noch ausstehenden „Vollendung der Union" beharrlich weiter[366]. So hatte die erste ordentliche, am 7. Januar 1880 in Dessau zusammentretende und für Anhalt-Köthen noch nach Konfessionen getrennt gewählte anhaltische Landessynode auch über ein „Kirchengesetz die Vollziehung der Union im früher Köthenschen Landestheil betreffend"[367] zu entscheiden. In der Begründung für den vom Konsistorium vorgelegten Entwurf[368] wurde an die Einführung der Union in Anhalt-Bernburg 1820 und in Anhalt-Dessau 1827 „nach dem Vorgange der Preußischen Landeskirche", sowie an den Versuch in Anhalt-Köthen 1828 erinnert, der aber nicht an der „mangelnden Bereitwilligkeit der Gemeinden oder der Reformierten und Lutherischen Geistlichen" sondern an den „bekannten Zeitumständen" gescheitert sei. Beide Konfessionen stünden in Anhalt „von Anfang an auf wesentlich derselben Bekenntnißgrundlage", nämlich der „reinen Lehre der heiligen Schrift Alten und Neuen Testaments, wie dieselbe in den drei Hauptsymbolen der Christenheit und ferner in der Augsburgischen Konfession und deren Apologie"[369] enthalten sei. Das „konstituierende Prinzip"[370] der anhaltischen Union sei

---

364 Vgl. Allihn, 155.

365 Vgl. G. Heine, Die Katechismusfrage, 22.

366 Ihm ging es in Kontinuität zu den Bestrebungen Endes 16. und Anfang des 17. Jahrhunderts darum, das dynastisch zwar wieder vereinigte, aber territorial und infrastrukturell immer noch recht uneinheitliche, vom „allzu großen" Nachbarn Preußen (im Bewusstsein von Pfarrerschaft und Kirchenvolk stets gegenwärtig) und seit Anfang des 19. Jahrhunderts fast vollständig (bis auf 16 km Grenze zu Braunschweig) umgebene „Land in der Mitte", auch kirchlich und konfessionell weiter zu konsolidieren.

367 Vgl. Amtliche Protokolle der ersten ordentlichen Landessynode für das Herzogthum Anhalt 1880, Beilage zum Anhaltischen Staatsanzeiger, Dessau 1880.

368 Vgl. Protokolle, 5–9.

369 Zitat nach ebd., 5. Auch nachdem „die Lutherische Kirche Anhalts am Ende des 16. Jahrhunderts zur Reformierten Kirchenform übergeführt" worden sei, habe man an der genannten „Bekenntnißgrundlage stets ausdrücklich festgehalten" (ebd.). So sei 1630 zum 100. Jubiläum der Augsburgischen Konfession die „Übereinstimmung der Anhaltischen Kirche mit diesem Bekenntniß von allen Kanzeln erklärt" und 1647 von den reformierten Fürsten im Streit mit Johann von Anhalt-Zerbst gegenüber den protestantischen Gesandtschaften beim Westfälischen Friedenskongress bekräftigt worden, dass „sie und ihre Vorfahren sich zur Augsburgischen Konfession ... und zu derselben Wiederholung ohne Unterschied bekannt" hätten. Sie seien „dabei auch vor und nach der Landestheilung unverrückt verblieben, daß, ob zwar in Ceremonien etwas Aenderung vorgegangen, den-

„nichts anderes als die allgemeine Erkenntnis, daß die verschiedenen berechtigten Kirchenlehren, Kultus- oder sonstigen Lebensformen ... in einer einheitlichen evangelischen Kirche neben einander Raum haben ... weil eine sehr bedeutsame gemeinsame Bekenntnißgrundlage vorhanden ist."[371]

Nach lebhaften Diskussionen, einigem Widerstand der Reformierten, die sich auch auf das „Freiheitsprivileg" von 1675 beriefen und der Zusicherung, dass das Kirchenregiment nicht daran dächte, weder die lutherische, noch die reformierte Kirche in ihrer „berechtigten" Eigenart „aufzulösen", aber der gegenwärtige „zerklüftete und zerrissene Zustand" die einzelnen Religionskörperschaften „gegeneinander" treibe[372], wurde das Unionsgesetz am 20. Januar 1880 von der Landessynode einstimmig beschlossen, am 29. vom Herzog „verordnet"[373] und die Union damit auch in Anhalt-Köthen eingeführt, ohne dass der HK damit außer Geltung gesetzt oder ausdrücklich durch einen anderen Katechismus ersetzt worden wäre[374].

Es ist bis heute bei dem damals bestätigten Konsens-Charakter der anhaltischen Union geblieben und der Einfluss des HK auf Lehre und Leben der heutigen anhaltischen Kirche lässt sich nur noch schwer erweisen. Schließlich wurde dann auf dem Wege zu einer möglichst „einigen" wenn auch nicht „einheitlichen", unierten „evangelisch-christlichen" Landeskirche unter dem einen landesherrlichen Kirchenregiment der KK Luthers als das maßgebende „Religionslehrbuch für die evangelische Landeskirche" gesetzlich[375] in Anhalt eingeführt. Im Gesetz vom 24. Februar 1892 wurde der HK gar nicht mehr erwähnt. Er spielte auch in der Konfirmandenunterweisung von Gemeinden[376] mit einem bis in die Zeit nach dem 2. Weltkrieg durchgehaltenen Bewusstsein von einer eigenen

---

noch im Hauptwerk und Doctrinalibus nichts geändert worden, cfr. Moser's Anhaltisches Staatsrecht, Kap.9,30, Seite 156 und 157", ebd., 6.

370 Ebd., 7.

371 Ebd.

372 So Staatsminister v. Krosigk, ebd., 21.

373 Vgl. P. Müller, Zusammenstellung, 27f.

374 In § 2 des Kirchengesetzes zur Union vom 29.1.1880 wurde zur Lehr- und Bekenntnisverpflichtung der Geistlichen bei ihrer Ordination gesagt: „Die ordinatorische Verpflichtung der Geistlichen und Predigtamtskandidaten erfolgt in Zukunft für den ganzen Bereich der evangelischen Landeskirche nach folgender Verpflichtungsformel: Ich gelobe an Eides Statt, daß ich das Wort Gottes, alten und neuen Testamentes, ohne menschliche Zusätze lauter und unverfälscht lehren und mich hierin nach den drei ökumenischen Symbolen, der Augsburgischen Konfession und deren Apologie treulich richten will". Damit war der Bekenntnisstand der unierten Landeskirche (entsprechend dem zum Ende des 16. Jahrhundert geltenden) ohne Bezug auf den Heidelberger Katechismus beschrieben; vgl. Heine, Die Katechismusfrage in Anhalt, 20. Dann folgte in § 2 des Unionsgesetzes noch der Zusatz: „In denjenigen Gemeinden, in welchen noch andere als die in der Verpflichtungsformel genannten Bekenntnisschriften zu Recht bestehen, wird an der Berechtigung zum Gebrauch derselben nichts geändert".

375 Mit dem vom Herzog Friedrich I. „unter Zustimmung der Landessynode" verordneten „Kirchengesetz Nr. 862 vom 24.2.1892, die Einführung eines Katechismus für die Anhaltische evangelische Landeskirche betreffend". Vgl. Müller, Zusammenstellung, 29f.

376 Wie z. B. in der Kirchengemeinde St. Jakob zu Köthen.

„reformierten Prägung“ m. W. keine Rolle.[377] In der Zeit des Kirchenkampfes, als sich von der anhaltischen Pfarrerschaft ca. ein Drittel zur „Bekennenden Kirche“ und ein Drittel zu den „Deutschen Christen“ hielten, gab es in den theologischen Auseinandersetzungen um das kirchliche Bekenntnis kaum eine negative oder positive Bezugnahme auf den HK als eine in Anhalt rezipierte Lehr- und Bekenntnisschrift. Es ging um das Verständnis und um die Geltung des Evangeliums nach der Heiligen Schrift überhaupt, hier und da um Luthers KK und die CA, aber mehr noch um die Barmer Theologische Erklärung. Der langjährige Vorsitzende des BK-Bruderrates in Anhalt Lic. Martin Müller[378], hat 1948 in einem Gutachten für den Anhaltischen Landeskirchentag[379], als es um die Zugehörigkeit Anhalts zu den Konfessions-Konventen in der EKD-Synode ging, ausgeführt, dass die Landeskirche seit der Reformation im 16. Jahrhundert auch nach dem „reformierten Gepräge“ in der Zeit nach 1606 und nach der 1880 vollendeten Union durch ein „mildes, melanchthonisch gefärbtes Luthertum“ bestimmt gewesen sei und deshalb zum unierten Konvent der EKD gehöre. Dies wurde vom Landeskirchentag durch Beschluss vom 1. Dezember 1948 bestätigt. Die Evangelische Landeskirche Anhalts ist 1960 der Evangelischen Kirche der Union (EKU „altpreußische Union“) beigetreten und gehört heute zur Union Evangelischer Kirchen in der EKD (UEK). Ihre Predigtamtskandidaten werden ausschließlich auf die „reformatorischen Bekenntnisschriften“ ordiniert.

377 In der nach der Revolution von 1918, dem Ende der Monarchie, des landesherrlichen Kirchenregimentes und der Staatskirche von der frei gewählten verfassunggebenden Kirchenversammlung Anhalts beschlossene „Verfassung der Evangelischen Landeskirche Anhalts vom 14.8.1920 bekennt sich die Landeskirche nach § 2 im Bemühen um die Wahrung der damals durchaus gefährdet erscheinenden kirchlichen Einheit zwischen „freien“ und „positiven“ Protestanten und zur Vermeidung neuerlichen Streites zwischen den protestantischen Konfessionen ohne Bezug auf altkirchliche und reformatorische Bekenntnisse „zu dem Evangelium von der freien Gnade Gottes in Jesus Christus unserem Herrn, dem Heiland und Erlöser der Welt, niedergelegt in der heiligen Schrift, von neuem und erschlossen in der [! H. K.] Reformation, im Glauben ergriffen durch den heiligen Geist“.

378 Dr. theol. Martin Müller, 1903–1989; vgl. Graf, Pfarrerbuch, 362, nach 1945 Mitglied des Landeskirchenrates und seit 1961 auch Kirchenpräsident der Landeskirche.

379 Vgl. Bekenntnisstand der Evangelischen Landeskirche Anhalts, Gutachten, erstattet dem Anhaltischen Landeskirchentag am 30.11.1948 durch Kirchenrat Lic. Martin Müller, im LKA Dessau.

5. „Gedrängt, aber nicht übermocht – bekämpft, doch nicht überwunden“: der Heidelberger Katechismus im Wirken Karl Otto Thelemanns (1828–1898)

Johannes Ehmann (Heidelberg)

1. Vorbemerkung

„ ‚Sie haben mich oft gedrängt von meiner Jugend auf, so sage Israel, sie haben mich oft gedrängt von meiner Jugend auf, – aber sie haben mich nicht übermocht!‘ (Psalm 129.)‘ So darf mit Israel der alte ‚Heidelberger‘, dieser gesegnete Diener am Wort in unserer reformierten Kirche, triumphiren im Rückblick auf seine dreihundertjährige Geschichte.“

Mit diesem Zitat und seiner impliziten Deutung beginnt das Vorwort zur Jubiläumsausgabe des Heidelberger Katechismus „Zur dreihundertjährigen Gedächtnißfeier“, die der damalige Präses der Reformierten Synode in Bayern, Karl Otto Thelemann 1863 in Erlangen herausgegeben hat.[1] Auf ihn und sein Werk soll als Beitrag zur bayerischen Rezeptionsgeschichte in diesem Vortrag eingegangen werden. Damit verbunden sind freilich auch Bezugnahmen auf die Pfalz und auch auf Baden. Das ist vor allem, aber nicht, nur biographisch bedingt.

Zuvor sind Vorbemerkungen hilfreich, ja für eine auf Bayern bezogene Darstellung evangelischer Geschichte schlicht und einfach nötig, die bez. auch der lutherischen Entwicklung ausgreift. Ich beschränke mich auf die Schilderung der Ergebnisse.

1 Der Heidelberger Katechismus. Mit einem Anhang: Haustafel, Hausgebete und Geschichte des Katechismus und seiner Verfasser. Zur dreihundertjährigen Gedächtnißfeier im Auftrag der Reformirten Synode in Bayern herausgegeben von Karl Otto Thelemann, Pfarrer der deutsch-reformirten Gemeinde zu Erlangen und z. Präses der Synode. Erlangen, 1863. Bekanntestes Werk Thelemanns ist die Handreichung zum Heidelberger Katechismus. Für Prediger, Lehrer und Gemeindeglieder. Von Otto Thelemann, V.D.M., Konsistorialrat in Detmold, 1. Aufl. Detmold 1888, 2. erw. Aufl. Detmold 1892, 3. (unv.) Auflage Detmold 1903 (viele Nachdrucke).

2. Bayern

Eine Wirkungsgeschichte des Heidelberger Katechismus (HK) im altbayerischen Territorium bis zum 30jährigen Krieg hat nicht stattgefunden. Es ist sattsam bekannt, dass das Herzogtum zu den stabilsten altgläubigen Reichsständen gehörte.

Ebenso ist eine Wirkungsgeschichte des HK in den nach dem 30jährigen Krieg bayerischen, vormals pfälzischen Gebieten nicht zu beobachten, allenfalls negativ die Abwanderung unbeugsamer Reformierter aus der Oberpfalz, die auch als Territorium des Druckes (Amberg) des Heidelberger Katechismus ausscheidet. Die in der rheinischen Kurpfalz erfolgreiche Einführung scheiterte in der Oberpfalz am Widerstand der dortigen Landstände; endgültig dann mit der Rekatholisierung nach 1625 und dem Übergang des Territoriums an Bayern. Die reformierte Entwicklung blieb marginal.[2]

Eine Darstellung der komplizierten Kirchengeschichte der Reformierten im heutigen Bayern ist nicht beabsichtigt.[3] Es sei nur in Erinnerung gerufen, dass die nachhaltigeren reformierten Strömungen im Allgäu (Herbishofen und [Bad] Gröningen) sowie in Franken sich unterschiedlichen Faktoren verdanken. Zu nennen wäre die Konfessionspolitik der Pappenheimer im Allgäu und die Zuwan-

---

2 Dies gilt mit und trotz der Bemerkung Wolfgang Sommers: „Während der calvinischen Herrschaft in der Kuroberpfalz war der ‚Heidelberger Katechismus' eingeführt worden. Offenbar hat er in den Gemeinden nur wenig Resonanz gefunden." Vgl. Wolfgang Sommer, Theologie und Frömmigkeit; in: Gerhard Müller, Horst Weigelt und Wolfgang Zorn (Hgg.), Handbuch der Geschichte der Evangelischen Kirche in Bayern. Erster Band: Von den Anfängen des Christentums bis zum Ende des 20. Jahrhunderts, St. Ottilien 2002, 419–456; 427.

3 Karl Eduard Haas, Die Evangelisch-Reformierte Kirche in Bayern. Ihr Wesen und ihre Geschichte, Neustadt/Aisch 1982; Alasdair I.C. Heron, Die Evangelisch-Reformierte Kirche in Bayern; in: Gerhard Müller, Horst Weigelt und Wolfgang Zorn (Hgg.), Handbuch der Geschichte der Evangelischen Kirche in Bayern. Zweiter Band 1800–2000, St. Ottilien 2000, 575–585. Wenig ergiebig zum Thema ist: Thomas Kothmann, Evangelischer Religionsunterricht in Bayern. Ideen- und wirkungsgeschichtliche Aspekte im Spannungsfeld von Staat und Kirche. Band I 19. Jahrhundert, Neuendettelsau 2006. Die methodischen Erwägungen zur Begrenzung des Themas (dort, 22) verschärfen eher die Problematik der lutherischen Verengung, als dass sie entlastend wirken könnten. Die pädagogischen Bemühungen der Reformierten werden nicht gewürdigt, Thelemann taucht erst gar nicht auf. Immerhin hätte man gerade von Georg Friedrich Seilers Werk einen Bogen zur reformierten Katechetik schlagen können. Denn Ottfried Jordahn, Georg Friedrich Seilers Beitrag zur Praktischen Theologie der kirchlichen Aufklärung, Nürnberg 1970 (Einzelarbeiten aus der Kirchengeschichte Bayerns 2), verweist (dort, 17), auf die reformierte Fassung des „Biblische(n) Katechismus Seilers, in der der Kleine Katechismus Luthers durch den (offenbar gekürzten) Heidelberger Katechismus ersetzt wurde: Der kleine Heidelberger und biblische Katechismus, für Gemeinden der evangelisch-reformierten Kirche. Herausgegeben von Johann Wilhelm Abegg (1768–1806), Erlangen, in der Bibelanstalt 1795. Johann Wilhelm Abegg war der Bruder des bekannteren (zuletzt) Heidelberger Kirchenrats Johann Friedrich Abegg (1765–1840); zu beiden s. u. Für die folgende Übersicht beziehe ich mich vor allem und ohne weitere Nachweise auf Heron.

derung nach Franken aus den Niederlanden und der Oberpfalz im 17., und aus Frankreich (Hugenotten) seit dem 16., und der Kurpfalz im 18. Jahrhundert. Gerade letztere sind ganz wichtig, denn sie schufen eine offenbar heute weitgehend verschollene pfälzisch-französisch-fränkische-reformierte Gemengelage, welche französischstämmige fränkische Reformierte in der Pfalz wirksam werden ließ und pfälzische Unierte reformierter Prägung nach Franken führte. Illustres Beispiel für das erste ist Heinrich August Ebrard (1818–1888), für das zweite eben Karl Otto Thelemann, der freilich unter Ausnahme Haas' in keiner Gesamtdarstellung bayerisch-evangelischer Kirchengeschichte Erwähnung findet[4].

Auch die reformierte fränkische Kirchengeschichte ist hier nicht nachzuzeichnen. Erwähnung verdient freilich das dem Wirtschaftsstandort Nürnberg verdankte Reformiertentum der Reichstadt, das sich allerdings in den Vorort Wöhrd zurückziehen musste bzw. im (brandenburg-)ansbachischen Stein ansiedelte. Die Siedlungsprivilege der Markgrafen von Ansbach und Bayreuth führten schließlich zu den größten reformiert-fränkischen Gemeinden in Bayreuth, Erlangen, Schwabach und Wilhelmsdorf (eingegangen 1926). Der pfälzischen Arbeitsmigration im 19. Jahrhundert ist die Gründung der reformierten Gemeinde in Marienheim bei Neuburg gefolgt. Dies – geschehen 1848 – ist deshalb von besonderer Bedeutung, da die pfälzischen Arbeiter (soweit evangelisch), die zur Trockenlegung des Donaumoos gewonnen wurden, eigentlich ja schon Angehörige einer unierten Kirche (seit 1818) waren.

Kirchenverfassungsgeschichtlich spielten die Reformierten des rechtsrheinischen Bayern (also ohne die heutige Pfalz – Rheinbayern oder bayerische Pfalz) keine Rolle. Die Zugeständnisse eines reformierten Rates in der staatlichen Kirchenadministration galten eher der Befriedigung der (linksrheinischen) Pfälzer und deren Ansprüchen als der Integration der schwäbischen oder Fränkischen Reformierten.

Entscheidend für die Würdigung Thelemanns ist nun die Entwicklung in den 1830er und 40-Jahren. Kirchlich-konfessionell gesehen ist dies die Zeit der starken Lutheranisierung des bayerischen Protestantismus durch die Verbindung von Luthertum und Erweckung, für die der seit 1823 in Nürnberg lebende und 1827 nach Erlangen berufene Anhaltiner Karl v. Raumer (1783–1765) stehen mag.[5] Raumer war Mineralogieprofessor, also kein Fachtheologe, hatte freilich im Kontakt mit der Nürnberger „Dependance" der Basler Christentumsgesellschaft 1823 eine Erweckung erfahren und begegnete nun in Erlangen einer ganz anderen Strömung der Erweckung unter Einfluss Schellings, v.a. aber Johann *Christian Kraffts* (1784–1845), seines Zeichens reformiertem Pfarrer und a. o. Professor für reformierte Theologie[6].

Raumer und Krafft waren persönlich verbunden: erweckte Frömmigkeit; eine dezidierte Erfahrungstheologie war ihnen eigen (wie der späteren „Erlanger Theologie" überhaupt). In der *konfessionellen* Bindung waren sie unterschieden.

4 Vgl. Karl Eduard Haas, 265 (mit unvollständiger Bibliographie).

5 Vgl. Horst Weigelt, Erweckungsbewegung und konfessionelles Luthertum im 19. Jahrhundert. Untersucht an Karl v. Raumer, Stuttgart 1968 (Arbeiten zur Theologie II/10).

6 Vgl. Haas, 238f.

Denn Raumer fand um 1830 Anschluss an den seit 1817 wirkenden, um lutherische Orthodoxie bemühten Kreis von Theologen, der sich von 1825–1838 des „Homiletisch-liturgischen Correspondenzblatt(es)“ als lutherisch-konfessionellen Kampforgans bediente. Somit gehörte dem konfessionellen Luthertum ein Erweckter an, „dessen Ururgroßvater, Georg v. Raumer, 1625/26 um seines reformierten Bekenntnisses willen seine oberpfälzische Heimat verlassen hatte und der mütterlicherseits aus dem Hugenottengeschlecht der des Marées stammte.“[7]

Steht in dieser Übersicht also v. Raumer für die Entwicklung des erweckten lutherischen Konfessionalismus als Vorstufe zur sog. Erlanger Theologie, so für die erweckte reformierte Konfessionalsierung der schon genannte Zeitgenosse Raumers: der ursprünglich rheinische Theologe Christian Krafft[8]. Über die freundliche Kolportage hinaus, Krafft habe ständig einen Heidelberger Katechismus mit sich getragen[9], kann mit Karl Eduard Haas[10] der reformiert-erweckte Krafft als Wiederentdecker einer Katechese des Heidelbergers betrachtet werden. Kraffts Tod 1845 markiert nun den Beginn einer neuen Selbstbehauptung des fränkischen und damit neubayerischen Reformiertentums.

Dazu gehörten 1847 die Bewilligung des reformierten Lehrstuhls an der Erlanger Universität, 1848 die Genehmigung eines Generalkonvents der rechtsrheinisch-Reformierten und 1856 die Erlaubnis der Einberufung ordentlicher Synoden, die von den fränkischen Gemeinden und Marienheim beschickt wurden (erst seit 1874 auch von den Allgäuer Gemeinden). Zu den ersten Aufgaben zählte die Synode die 1858 fassbaren Versuche, den Heidelberger Katechismus als allgemeines Unterrichtsbuch wieder einzuführen und beschloss einen gekürzten Katechismus.

Festzuhalten ist damit zunächst:

1. Es dürfte eine Besonderheit der bayerischen Kirchengeschichte darstellen, dass die erweckliche *Gleichförmigkeit* der frömmigkeits- und theologiegeschichtlichen Orientierung und die konfessionell-kirchliche Entscheidung in Bayern *auseinandertraten.*

2. Die nach Vorarbeiten Kraffts (1847 war ein aus seinem Geiste geschaffenes, reformatorisch-antrationalistisches Gesangbuch für Nürnberg und Erlangen erschienen) erfolgte Wiederentdeckung des Heidelberger Katechismus als Grundlage des kirchlichen Unterrichts war mehr als eine katechetisches Regular, sondern Bekenntnisorientierung *als* Neugründung der reformierten Kirche.

3. Die genannte Errichtung des reformierten Lehrstuhls in Erlangen und die Wirksamkeit des in Speyer 1860 gescheiterten August Ebrard, der die Pfalz 1861 verließ, waren willkommene Flankierungen dieser Neugründung.

4. Diese (einstweilen noch) fränkisch-reformierte Kirche bzw. ihre Gemeinden besaßen nunmehr ein Gesangbuch (2. Aufl. 1853), eine schlichteste Form des

---

7 Vgl. Weigelt, Raumer, 66f; Zitat 67.

8 Vgl. Wilhelm H. Neuser, Pietismus und Erweckungsbewegung – der bayrische Erweckungstheologe Christian Krafft (1784–1845); in: Pietismus und Neuzeit 3 (1976), Bielefeld 1977, 126–141.

9 Vgl. K. Goebel, RE^3 11, 59f.

10 Haas, 46f.

Gottesdienstes (Lied/Gebet/Predigt/Gebet/Lied/Abkündigungen/Segen), und eine Synode (natürlich unter staatskirchlichen Vorgaben). Mehr braucht die reformierte Kirche eigentlich nicht – es sei denn

5. einen Katechismus als Bekenntnisgrundlage in Aufnahme des erweckten Konfessionalismus. Bisher hatte man seit 1858 den gekürzten Heidelberger Katechismus als Unterrichtsbuch, und auch in den Haushalten als Andachtsbuch (wenngleich in verschiedenen Ausgaben).[11]

6. Der somit erreichte historische Ort der jetzt zu beschreibenden Tätigkeit Thelemanns ist somit die bei frömmigkeitsgeschichtlichem *Gleichklang* mit dem Luthertum vollzogene *Abgrenzung* und *Neuformierung* der reformierten Kirche im neubayerischen Staat.

3. Karl Otto (August) Thelemann (1828–1898)

a) der Pfälzer Protestant konservativen Zuschnitts[12]

Thelemann ist am 20. März 1828 in Hornbach (Pfalz) als Sohn des katholischen Apothekers Carl Philipp Thelemann und der aus Landau gebürtigen protestantischen Babette Ranser geboren worden. Ältere Darstellungen berichten von einer nicht näher spezifizierten und dokumentierten „schweren Jugend- und ernsten Studienzeit".[13] Ob damit Glaubenszweifel und -kämpfe gemeint sind, ist nicht zu klären. Thelemann studierte von 1846–50 in Erlangen und Halle. 1854 – wahrscheinlich hat er im selben Jahr Karoline Arnold geheiratet – wurde er Pfarrer in Iggelheim und unterrichtete zugleich am dortigen Lehrerseminar. 1857 wurde er Mitherausgeber der pfälzischen Kirchenzeitung, der „Evangelisch(n) Blätter". Somit sind seine katechetischen und publizistischen Interessen früh nachweisbar. Seine theologische Prägung wird indes im Winnweiler Kirchenstreit deutlich. 1860 hatte Thelemann die Pfarrei Winnweiler bezogen. Infolge eines in Abwesenheit des Pfarrers vollzogenen Beschlusses des Presbyteriums auf der Basis einer Volksabstimmung (!) forderte die konservative wie rationalistisch (!) geprägte Gemeinde die Beibehaltung bzw. Wiedereinführung des gewohnten rationalistischen Gesangbuchs. Auf den Protest des Pfarrers hin verfügte das königlich-bayerische Dekanat die Verbindlichkeit des Presbyterialbeschlusses. Damit war für Thelemann der *status confessionis* gegeben bzw. der *status protestationis*. Mit Berufung auf den 19. April 1529 (Speyer Protestation!) erklärte

---

11 Vgl. dazu wieder Haas, 46f.

12 Thomas Bergholz, Der Konsistorialrat Otto Thelemann. Der Vater der modernen Volksschule in Lippe; in: Mathias Gaschott und Jochen Roth (Hg.), Vestigia. Aufsätze zur Kirchen- und Landesgeschichte zwischen Rhein und Mosel. FS Bonkhoff, Saarbrücken 2003, 2005–218 (Lit.); darin (210–218): Anonymus, Otto Thelemann – eine Lebensbeschreibung (nach 1900), künftig zitiert ALB. Zur Geschichte der Haßlocher Str. 6. in (heute: Böhl-) Iggelheim: http://www.kreativhaush6.de/historie .

13 ALB, 205ff. Danach und nach Haas, 264f, auch das Weitere ohne Einzelbelege.

er, nicht gegen sein Gewissen und gegen den im neuen Gesangbuch manifesten Bekenntnisstand handeln und ferner auch in Winnweiler keinen Gottesdienst mehr unter diesen Umständen feiern zu können. Die Legalität des Majoritätsprinzips werde durch Bekenntnis und Gewissen außer Kraft gesetzt.

Damit war Thelemann in der Pfalz nicht mehr haltbar und wechselte im August 1861 nach Erlangen an die deutsch-reformierte Gemeinde. Trotz des pfälzischen Eklats hat Thelemann sich ein gutes Gedächtnis an die Pfalz bewahrt – wie auch seine pfälzische Mundart, was in der Detmolder Zeit die Schüler noch belustigen sollte (s.u.).

Diese pfälzische Verbundenheit ist auch für uns von Interesse, da – quasi al Abschiedsgeschenk an seine Heimat – 1862 eine Sammlung erschien: Die „Erzählungen aus der Pfalz“.[14] Es handelt sich um eine Sammlung historisch-historistischer und vor allem erwecklicher, teils humoristisch und mundartlich geprägter, Erzählungen, in denen das Frömmigkeitsgut Verarbeitung fand, das offenbar Thelemann selbst getragen hat: Choräle, Gebete und – der Heidelberger Katechismus. Die geschilderten Verhältnisse scheinen ein direkter Spiegel des Dorfes Iggelheim[15] zu sein, wenn in der ersten Erzählung vom Dorfe Ugelheim und seinem kurpfälzischen Jagdhof die Rede ist. (Es ist heute noch vorhanden, diente zwischenzeitlich als katholische Kirche und heute als Leichenhalle.)

Zwei Kostproben seien gegeben, aus der anrührenden Vorsehungsgeschichte „Die Sternbuben“: Christel, ein Sohn (!) blutarmer Leute, wird vom Vater zur gehörten Predigt des Pfarrers über die Armut Christi examiniert. *Vater! – Was mein Sohn? – Was ist dann (= pfälzisch: denn) das eigentlich, daß wir sollen durch Christi Armuth reich werden? – Ja, das geht zunächst wohl auf den geistlichen Reichthum, wie's auch in dem Liedvers heißt:*

Er ist auf Erden kommen arm,
Daß er unser Sich erbarm,
Und in dem Himmel mache reich
Und seinen lieben Engeln gleich.
Hallelujah. [!, nicht: Kyrieleis]

Seine Armuth besteht eben darin, daß Er all' Seine Herrlichkeit, die Er beim Vater hatte, abgelegt hat, und hat unser armes Fleisch und Blut angenommen, ja Knechtsgestalt. (Phil 2) *Dann hat Er uns durch Sein armes Leben durch Sein bitter Leiden und Sterben die Reichthümer des Himmelreichs: Vergebung der Sünden, Gerechtigkeit und ewiges Leben erworben. So hab' ich's wenigstens vor Zeiten* (!) *aus dem alten Heidelberger gelernt in der Frage: Was verstehest du unter dem Wörtlein gelitten?* [= HK 37]

Väterliche Katechese als Examen des gehörten Wortes Gottes mit dem Anknüpfungs- und Zielpunkt Heidelberger Katechismus, das war die Welt, die Thelemann vielleicht tatsächlich in seiner Jugend selbst (noch) so erfahren hatte,

14 Stuttgart 1862.
15 Heute: Böhl-Iggelheim. Vgl. auch Thelemann, Iggelheim. Seine Geschichte und sein Jubelfest, Westheim 1856.

und die er dann im Katechismusunterricht in Lippe auch katechetisch streng verfocht.

Die zweite Kostprobe aus der gleichen Erzählung[16]. Heimatliebe und Kirchenkritik finden hier zusammen. Thelemann lobt den Pfälzer Wein und die Schönheit seiner Heimat, aber er tut dies in expliziter Anknüpfung mit dem Weinberglied Jeremias (Kapp. 25 und 48). *Gehört nicht auch unsere schöne Pfalz sammt dem Westrich zu diesem Weinberg? Hat nicht der HErr des Weinbergs ... an unserem Pfälzervolk gethan, was Er an Israel gethan in Kanaan? Nennt es sein Ländchen nicht selbst, und das nicht ganz mit Unrecht, „das gelobte Land"? Vor mehr denn tausend Jahren hat der HErr die süße Rebe des Evangeliums hereingepflanzt, hat das Land umgegraben in den vielen Kriegen, die darüber hingezogen, hat es von allerlei Steinen gereinigt in der Reformation, hat den schützenden Thurm kirchlicher und bürgerlicher Ordnung gegründet und bisher erhalten trotz aller Stürme. Und nun spricht der HErr: „Was sollte man doch mehr thun an meinem Weinberge...?"*

Es fällt nicht schwer, daraus die Konsequenzen zu ziehen, was zu tun sei bei dem Weinberg, der nur Härlinge bringt: Wiederaufrichtung des Reformatorischen Bekenntnisses, Wiederaufrichtung kirchlicher und bürgerlicher Ordnung in politisch konservativer Orientierung. Am Ende seines Lebens wird Thelemann neben seinem theologischen Schrifttum publizistisch gegen die Jesuiten und gegen die Sozialdemokratie tätig sein[17].

Damit wenden wir uns – entgegen der Chronologie noch vor der fränkischen Wirkungsperiode – bereits der Zeit in Detmold zu.

b) die lippische Zeit

Nach nur drei jähriger Wirkungszeit wechselte Thelemann von Erlangen nach Detmold als Schul- und Konsistorialrat. In den 70er-Jahren gründete er als Mitglied der Konservativen Partei wiederum eine (nun politische) Wochenzeitung, das „Lippische Volksblatt".[18] Kirche, Schule, Publizistik tauchen also auch an dieser dritten Wirkungsstätte erneut als Handlungsfelder auf.

Thelemann wechselte nach Lippe, da er nach dem Tode des lippischen Schulrates Begmann 1863 den Jubiläumsvortrag zum 300. Katechismusjubiläum in Detmold so überzeugend darbot, dass man ihm die Nachfolge des Schulrats antrug. Für ihn dürfte die Stelle lukrativ geworden sein, da die Familie Thelemanns eine stattliche Kinderschar (elf!) umfasste. Von Verwerfungen in *Erlangen*, die einen Wechsel erzwungen hätten, ist nichts bekannt, wenngleich die anonyme Lebensbeschreibung eines ehemaligen Schülers und später selbst Lehrers um die Jahrhundertwende Thelemann freundlich, aber doch auch als einen beschrieb, mit dem offensichtlich nicht gut Kirschenessen war. Dieser Anonymus hat den Konsistorialrat nicht nur als beherrschende Figur der lippischen Kirchenpolitik, sondern auch als herrische Natur gezeichnet, die auf Kinder und Lehrer einschüch-

---

16 Vgl. 53f.

17 Otto Thelemann, Der Jesuitenorden nach seiner Geschichte und seinen Grundsätzen. Ein Vortrag in Herford am 6. März 1873 gehalten, 2. Aufl. Detmold 1873; Die Socialdemokratie nach ihrem Ursprung und ihrem Wesen, Detmold 1877.

18 ALB, 217.

ternd wirkte – und vielleicht auch sollte. Da saß er vor uns (heißt es von einer Schulinspektion), *und unsere Augen hefteten sich auf den fremden Mann mit dem rabenschwarzen Barte um das ... magere Gesicht, der zunächst die beschlagene große Brille putzte, mit der Hand über die lang im Nacken hängenden dunklen Haare strich und dann im scharfen Befehlston* [zum Lehrer] *sagte: „Fangen Sie an!" Ein Choral leitete die Prüfung ein. Wir hatten kaum eine Strophe gesungen, dann erfolgte laut das Kommando „Halt!", und nun setzte der Revisor mit mächtiger Stimme ein und sang den Choral im schnellen Tempo zu Ende, während wir Schüler verschüchtert schwiegen. „Behandeln Sie die Katechismusfrage 21* [*Was ist wahrer Glaube?*]*!" war die nächste Aufforderung an den Lehrer. Der Katechismustext wurde mit vielen Bibelsprüchen belegt und auswendig hergesagt. ... Nun folgten Biblische Geschichten. Die Besprechung übernahm Thelemann* [selbst], *wobei wir mehr auf seine uns ungewohnte pfälzische Aussprache als auf den Sinn der Worte achteten. ... Nun noch eine Reihe von Kirchenliedern mit all den vielen Versen. Auch sie wurden nur so aus dem Gedächtnis geschüttet. ... Von nun an war alles Herrische und Harte gewichen und seine väterliche Herzlichkeit gab uns Mut und Vertrauen.*[19]

Über seine Tätigkeit in Detmold ließe sich noch Weiteres erzählen, was freilich das gebotene Zeitmaß sprengen würde. Nur zwei Hinweise seien gegeben, da diese sich kaum nur auf die Detmolder Tätigkeit beziehen und auch seine in Detmold 1888 erschienene Handreichung zum Heideberger Katechismus dürfte wohl kaum erst im Lippischen entstanden sein. So sah Thelemann in der Volksschule, die nach seinem Willen übrigens keine weiblichen Lehrkräfte kannte, „das Instrument zur Erziehung eines sittlich … religiösen Volkes mit vaterländischer Gesinnung, ordentlicher Lebensführung und praktischer Tüchtigkeit."[20] Die religiöse Grundierung war ihm dazu der Heidelberger Katechismus. In den Worten des Anonymus: *Der Heidelberger Katechismus mit seiner abstrakten Dogmatik war Thelemanns Steckenpferd. Wenn die Katechese gelang, war viel gewonnen, wenn sie mißriet oder eine Deutung enthielt, die nicht kirchlich sanctioniert war, konnte er sehr ungnädig sein. ... Um einen sicheren Weg durch die reformierte Dogmatik zu zeigen, verfaßte Thelemann die ... „Handreichung...", die zwar in theologischen Kreisen begrüßt worden ist, sich aber für den Schulgebrauch als wenig geeignet erwiesen hat.*[21]

Keine Frage! Aus heutiger Sicht handelt es sich um ein gelehrtes und theologisch orthodoxes Werk, gespickt mit Bibelzitaten und Affirmationen, wohl auch und gerade für Volksschullehrer viel zu schwierig – von der theologischen Tendenz des Ganzen einmal abgesehen. Die Sprödigkeit des Werkes traf sich mit der Härte seines Charakters. Noch einmal der Biograph: *Thelemann war Calvinist im theologischen Denken wie im praktischen Leben. Seine ernste calvinistische Lebensauffassung erschwerte ihm das Verständnis für ... jugendlichen Schwung und Übermut, für das Bedürfnis der Jugend nach Freiheit und Lebenslust.*

19 ALB 211.
20 Ebd., 213.
21 Ebd., 216.

Verhaßt waren ihm alle kleinen Freuden, die nach Leichtsinn oder Zeitvertreib aussahen wie Kartenspiel, Tanz, Kegelschieben und dergleichen.[22]

In Detmold ist Thelemann am 17. Januar 1898 im 70. Lebensjahr gestorben.

c) die fränkische Wirksamkeit

Schon in Erlangen war Thelemann sowohl pastoral, zugleich aber auch als Schulrat und publizistisch tätig gewesen. 1862–77 war er, also auch noch in der lippischen Zeit, Schriftleiter der 1851 gegründeten Reformierten Kirchenzeitung. Begonnen hat er damit in Erlangen.

Es wäre nun viel zu einfach, wenn man vermuten würde, ein überzeugter Reformierter und katechetisch glühender Verehrer des Heidelberger Katechismus habe sich in Erlangen in ein gemachtes Nest gesetzt, dem er alsbald wieder entflohen wäre. Ein Blick auf seine Amtsvorgänger macht vielmehr deutlich, dass die neukonfessionelle Richtung und Begründung der reformierten Kirche keineswegs in der fränkischen reformierten Kirche angelegt war. Im Gegenteil – erst die geschilderte Wirksamkeit Kraffts schuf die Voraussetzungen, dass Thelemann im Grunde das vollenden konnte, was erst seit ca. 20 Jahren langsam gewachsen war, nämlich die bekenntnismäßige Grundierung einer Kirche auf einem als Bekenntnis verstandenen Lehrbuch – eben dem Heidelberger Katechismus.

Es dürfte sinnvoll sein, ein paar Namen von Amtsvorgängern des 19. Jahrhunderts nennen (die deutsch-reformierte Gemeinde bestand ja seit 1693): 1794–1803 wirkte in Erlangen Johann Wilhelm Abegg (1768–1806), Bruder des reformierten Pfarrers, Inspektors, Heidelberger Kirchenrats und Professors Johann Friedrich Abegg (1765–1840), dessen Grabstein noch heute an der Peterskirche, der Heidelberger Universitätskirche, steht. Der Erlanger Abegg ist deshalb von größter Bedeutung, weil in seinem Wirken zur *Abschaffung* des Heidelbergs (1794) und Einführung der rationalistischen Pfälzer Agende überhaupt aktenkundig wird, dass der Heidelberger Katechismus bis in die 90er-Jahre in einer, wenn auch unklaren Geltung gewesen ist.

Die Brüder Abegg dürften in ihrer *pädagogischen* Ablehnung des Heidelberger Katechismus als Bekenntnis übereingestimmt haben, wenngleich der Heidelberger Abegg zugleich eine emotionale Wertschätzung des Buches kannte.[23] Sein positiver Eindruck bei einer Reise nach in Königsberg[24] führte übrigens dazu, dass – weil er selbst nicht wollte – der Erlanger Bruder dann in Königsberg bis zu seinem frühen Tod als Konsistorialrat wirkte.

Dieser Johann Wilhelm Abegg war es, der an die Stelle des Heidelberger Katechismus den bekannten lutherischen Katechismus Seilers einführte[25] – in reformierter Fassung, dem er – wie Haas etwas despektierlich formuliert – „ein paar reformierte Spezifika beifügte“ und den Haas als „rationalistisch“ bestimmt[26]. So einfach ist es wahrscheinlich nun doch nicht. Aber leider ist der in Erlangen 1794

22 Ebd., 213.

23 Vgl. Johannes Ehmann, Die badischen Unionskatechismen. Vorgeschichte und Geschichte vom 16. bis 20. Jahrhundert, Stuttgart 2013 (VBKRG 3), 166.

24 Vgl. Johann Friedrich Abegg, Reisetagebuch von 1798, hg. von Walter und Jolanda Abegg, Frankfurt a. Main 1976.

25 Vgl. dazu wieder Jordahn (wie Anm. 3).

26 Vgl. Haas, 137 u. Jordahn, 17.

gedruckte „reformierte“ Seiler derzeit nicht auffindbar. Sollte diese Tradition zumindest in Erlangen weitergeführt worden sein, dann wäre sie es gewesen, welche die Synode vorläufig 1858 und unter dem Präsidium Thelemanns endgültig 1863 beseitigt hat.

Zu nennen ist auch Johann Philipp Le Pique aus Alzey (1776–1815, Erlangen 1803–1806, † als Mannheimer Pfarrer), von dem Haas berichtet, er habe Kontakte zu Tieck, Hölderlin und Jean Paul gepflegt.[27] Bei ihm muss es sich um den Vater Christoph Le Piques handeln († 1846), Sekretariatsgehilfe der badischen Unionssynode (1821)[28].

Schließlich Johann Philipp Karbach (1780–1830), der 1806–1816 in Erlangen wirkte. Karbach war Pfälzer, nach seiner Rückkehr an die Mannheimer Konkordienkirche im Jahre 1816 dann ebenfalls einer der Sekretäre der badischen Unionssynode[29]. Zu seinen Schwiegersöhnen gehörten so unterschiedliche Leute wie der Liberale Friedrich Daniel Bassermann und Adolf v. Harleß, der konfessionelle Lutheraners, letzteres offenbar eine familienpolitische Folge der Erlanger Tätigkeit.

Diese drei genannten, Abegg, Le Pique und Karbach, sind keinesfalls als reformierte Konfessionalisten anzusehen.

Der Erlanger theologische Umschwung in der Pfarrerschaft trat erst ein mit dem von 1817 bis 1845 währenden Wirken des oben genannten Christian Krafft; ihm folgte 1846–57 sein gleichgesinnter Schwiegersohn Karl Goebel (1808–81), vier Jahre später dann (1861–63) eben Otto Thelemann. Trifft nun die obige Skizzierung des Lebens Thelemanns und der fränkischen Geschichte zu, dann lässt sich abschließend festhalten.

1. Thelemann traf in Erlangen das an, was er in der Pfalz vermisst hatte: ein konfessionelles reformiertes Milieu, das sich anschickte, die reformierte Kirche im altreformierten Geist neu zu beleben – im Gleichklang mit der lutherischen Erweckung und zugleich in Abgrenzung gegen die lutherische Kirche Bayerns.

2. Sein spezifischer Beitrag setzte quasi den Schlussstein der Entwicklung, die mit dem Katechismusjubiläum von 1863 zusammenfiel, nämlich die Herausgabe und normative Setzung eines *textus receptus* des Heidelbergers Katechismus, der bis zu der Neuausgabe durch E. F. Karl Müller[30] Bestand hatte. Die reformierte Kirche Bayerns war somit Bekenntniskirche nach der Maßgabe eines erweckten Konfessionalismus.

3. Thelemanns Geschichte des Heidelbergers in der „Handreichung“ (1888) ist nichts anderes als die erweiterte Fassung der historischen Beigabe zum Katechismus von 1863, aus dem der Titel dieses Vortrags entnommen ist. Der Kämpfer trug keine Skrupel, den Heidelberger Katechismus selbst zum *Subjekt* des Bekennens und deshalb auch des Martyriums sowohl der pfälzischen wie auch

---

27 Haas, ebd.

28 Vgl. Ernst-Otto Braasch, Die Mitglieder der Generalsynode von 1821. Biographien; in: 150 Jahre Vereinigte Evangelische Landeskirche in Baden 1821. 1971, hg. von Hermann Erbacher, Karlsruhe 1971, 730.

29 Vgl. ebd., 728f.

30 Vgl. BSRK, hg. von E. F. Karl Müller, Leipzig 1903, 682–719.

der kirchlichen Geschichte zu machen – ausgeliefert den katholischen Häschern, den französischen Eroberern, den rationalistischen Widersachern und egalisierenden Unionsfreunden in der Pfalz.

Vollständig heißt es im Anhang zur „Handreichung“: *Man hat ihn* [den HK] *von anfang* (sic) *an oft gedrängt von links und rechts; man hat ihn durch Büttel fahen und gefangen legen, man hat ihn verbrennen lassen; man hat ihn sogar im eignen Hause verdrängt durch politische Reunionen und kirchliche Unionen* (!)*; man hat alles über ihn vermocht, aber man hat ihn selbst damit nicht übermocht, so wenig als die Konfessoren und Märtyrer unserer Kirche, denen er mit Recht beizuzählen ist. Noch steht er fest und ritterlich in ungeschwächter Kraft und ungetrübtem Glanze auf dem Plan, unsrer Väter und unser Panier; denn seine Kraft ist die Kraft des Wortes Gottes, aus dem er geboren, sein Glanz kommt von dem Lichte des Geistes Gottes, der ihn durchdringt. Oft gestoßen, doch unumgestoßen, viel geschmähet und doch in Ehren, so mag's auch ferner mit ihm gehen und stehen!*[31]

Das war der Kairos des Schaffens und Wirkens des Otto Thelemann. Der Heidelberger Katechismus war 1863 in Bayern nicht nur Orientierung *in* der Kirche, sondern wieder Lehr- und Bekenntnisgrundlage *der* Kirche geworden, so wie einst 1563 in seiner pfälzischen Heimat.

31 Hier zitiert nach der Handreichung, 511.

6. Heidelberger Einflüsse auf Brandenburg*

Eike Wolgast (Heidelberg)

Seit Joachim II. von Brandenburg 1539 das evangelische Bekenntnis angenommen hatte, war das Land einem strikten Luthertum verpflichtet.[1] Allerdings waren wegen der persönlichen Vorlieben Joachims II. und aus volkspädagogischen Erwägungen zahlreiche Zeremonien, Bräuche und gottesdienstliche Abläufe aus dem vorherigen Kirchenwesen weitergeführt worden, insbesondere am Berliner Dom und am Domstift. Erst Joachim Friedrich (1598–1608), der Enkel Joachims II., hatte im Einvernehmen mit der Domgeistlichkeit die Elevation der Hostie, den Gebrauch von Monstranzen und die Abhaltung von Prozessionen abgeschafft. Politisch waren die brandenburgischen Kurfürsten in der zweiten Hälfte des 16. Jahrhunderts Kursachsen und dessen habsburgtreuer Reichsorientierung gefolgt, ohne ein eigenes Profil zu entwickeln. Erst die Aussicht auf zwei Erbfälle, der Erwerb Preußens (1618 realisiert) und vor allem die Anwartschaft auf das Herzogtum Jülich-Kleve-Berg (1614 teilrealisiert), veranlassten Joachim Friedrich, die traditionelle Politik der Anlehnung an Habsburg und Sachsen zu korrigieren, nicht zuletzt, weil beide Dynastien zu den Mitbewerbern um das Jülicher Erbe gehörten. Der Kurfürst suchte stattdessen nach Bundesgenossen im Westen, insbesondere bei der Kurpfalz und bei den Niederlanden, ohne sich an deren konfessioneller Ausrichtung zu stören. Joachim Friedrich blieb aber Lutheraner, auch wenn er die starre Antihaltung zu den Reformierten aufgab, um die Position der evangelischen Partei im Reich gegenüber den aktiv gegenreformatorischen Reichsständen zu verbessern. Für ihn waren die konfessionellen Gegensätze nicht so stark ausgeprägt wie für die orthodoxen Lutheraner. Er berief reformierte Räte, wie Adam Gans zu Putlitz und Fabian Burggraf zu Dohna, beide zuvor in Pfälzer Diensten tätig gewesen, in seinen Geheimen Rat und legte auch der Absprache seines Sohnes, des Kurprinzen Johann Sigismund, mit Kurfürst Friedrich IV. von der Pfalz über eine Eheverbindung zwischen deren Kindern kein Hindernis in den Weg.

---

* Eine erweiterte und mit detaillierten Nachweisen versehene Textfassung erscheint unter dem Titel „Der Übertritt des Kurfürsten Johann Sigismund zum Calvinismus im Jahre 1613 und seine innenpolitischen Folgen" im Jahrbuch für Berlin-Brandenburgische Kirchengeschichte (voraussichtlich Jg. 2014). Darauf sei allgemein verwiesen; im Folgenden werden nur die nötigsten Literaturangaben gemacht und die Zitate nachgewiesen.

1 Zur Reformation in Brandenburg vgl. zusammenfassend Johannes Schultze, Die Mark Brandenburg. 3. Aufl. Berlin 2004; zur Reformation in der Kurpfalz vgl. Eike Wolgast, Reformierte Konfession und Politik im 16. Jahrhundert. Studien zur Geschichte der Kurpfalz im Reformationszeitalter, Heidelberg 1998.

Alarmiert durch die Versuche zu einer zweiten Reformation in Kursachsen unter Christian I., hatte Kurfürst Johann Georg (1571–1598) 1593 seinen 21-jährigen Enkel Johann Sigismund eidlich auf das orthodoxe Luthertum verpflichten lassen, wie es sich mit den Lehrgrundlagen von Bibel, altkirchlichen Bekenntnissen, Confessio Augustana Invariata und Apologie, Schmalkaldischen Artikeln, Großem und Kleinem Katechismus sowie der Konkordienformel definierte. Nach seinem Regierungsantritt 1608 sicherte auch Johann Sigismund (1608–1619) den Landständen bei der Bestätigung ihrer Privilegien die Aufrechterhaltung des lutherischen Konfessionsstandes zu.

Dennoch wechselte Johann Sigismund Ende 1613 das Bekenntnis, indem er am ersten Weihnachtstag öffentlich das Abendmahl nach reformiertem Ritus empfing. Zelebranten waren der aus Anhalt ausgeliehene Zerbster Superintendent Martin Füssel und der brandenburgische Hofprediger Salomon Finck, der seinerseits erst vor Kurzem zum reformierten Bekenntnis gewechselt war. Als Johann Sigismund im März 1614 seine konfessionelle Entscheidung in einem umfangreichen Schreiben an die Landstände verteidigte, erklärte er, er sei der reformierten Lehre von der Person Christi, vom Abendmahlsverständnis und von der Prädestination „allbereit vor 8 Jahren und länger zugethan".[2] Diese Angabe führt auf das Jahr 1605/1606 – und damit auf die Beziehungen zur Kurpfalz und zu Heidelberg. Johann Sigismunds Vertrauter, der reformierte Otto Heinrich von Bylandt, Herr zu Rheydt, Repräsentant der klevischen Stände, hatte 1604 in Heidelberg über die *causa* Jülich verhandelt und dabei auch für die schon erwähnte Heiratsverbindung zwischen brandenburgischen Hohenzollern und pfälzischen Wittelsbachern geworben; im Februar 1605 schlossen die Räte des Kurprinzen Johann Sigismund und des Pfälzer Kurfürsten Friedrichs IV. einen Vertrag, der auch die Heiratsabrede zwischen Georg Wilhelm, dem damals zehnjährigen ältesten Sohn des Kurprinzen, und der jüngsten Tochter Friedrichs IV., Elisabeth Charlotte (acht Jahre), enthielt. Im April 1605 gingen Kurpfalz und Kurbrandenburg einen Vertrag mit den Niederlanden ein, um die Brandenburger Ansprüche auf das Jülicher Erbe abzusichern. Gegen Ende des Jahres 1605 kam dann der brandenburgische Kurprinz selbst nach Heidelberg, zum ersten und, soweit zu sehen, einzigen Male. Er hielt sich hier von Anfang Dezember 1605 bis etwa 10. Januar 1606 auf. Der äußere Ertrag der Reise war mager: Der Versuch, die Braut des Sohnes auszutauschen (die mittlere Tochter Katharina Sophie statt Elisabeth Charlotte), misslang ebenso wie das Bemühen, die von der Pfalz zu vergebenden Lehen im Jülicher Gebiet auf Brandenburg übertragen zu lassen.

Das gute Einvernehmen hat darunter nicht gelitten, denn Johann Sigismund knüpfte in Heidelberg außer zu Friedrich IV. zu dessen Frau Louise Juliane von Oranien sowie zu den Heidelberger Theologen David Pareus, Bartholomäus Pitiscus und Abraham Scultetus, deren Predigten er hörte, gute Beziehungen an. Während seines Aufenthalts hat sich der Kurprinz offensichtlich dem reformier-

2 Vgl. die Quellenzusammenstellung „Initia reformationis Marchicae, Das ist Etliche denckwürdige Schrifften und andere Acten, So bey angehender Christlichen Reformation in der Churf. Marck Brandenburg … hin und wider ergangen und gewechselt worden." o.O. 1615, S. 45.

ten Bekenntnis zugewandt. Um diese Tendenz zu verstärken, schickte Friedrich IV. auf Rat seiner einstigen Erzieher und jetzigen Berater Otto von Grünrade und Dr. Michael Loefenius Johann Sigismund nach dessen Abreise über Christian von Anhalt „die fragstück und beantwortungen, vermittelt dern wir in unser waren christlichen religion unterrichtet worden“.[3] Er hatte Johann Sigismund den Text schon in Heidelberg überreichen wollen, die Abschrift war jedoch nicht rechtzeitig fertig geworden. Der Text ist leider nicht bekannt, so interessant er auch außer für Johann Sigismunds Meinungsbildung für Friedrich IV. selbst wäre, der zu Lebzeiten seines Vaters, des lutherischen Kurfürsten Ludwig VI., in dessen Konfession erzogen worden war und erst mit neun Jahren unter dem reformierten Kuradministrator Johann Casimir konfessionell neu orientiert wurde. Friedrich IV. ließ Johann Sigismund bitten, er möge ihm nach Lektüre schreiben, wie ihm „das Büchlein“ gefallen habe. Eine solche Reaktion ist zwar nicht überliefert, sie muss – der späteren Selbstaussage Johann Sigismunds zufolge – aber positiv gewesen sein. Öffentliche Demonstrationen seines in Heidelberg initiierten Bekenntniswechsels vermied Johann Sigismund in den folgenden Jahren; dennoch galt er 1609 dem reformierten Fürsten Johann Georg von Anhalt als „beides, der religion sowol [als] dem gemeinen wesen sehr wol affectionirt und zugethan“.[4] Bis Ende 1613 blieb er jedoch Klandestincalvinist.

In Brandenburg hatten vor Johann Sigismund bereits drei Angehörige der Dynastie öffentlich den Schritt zum reformierten Bekenntnis getan: seine Brüder Johann Georg von Jägerndorf (1577–1624) und Ernst (1583–1613) sowie der Kurprinz Georg Wilhelm (geb.1595, reg. 1619–1640). Zweimal übte Heidelberg dabei den entscheidenden Einfluss aus. Markgraf Ernst, den Johann Sigismund 1609 als Statthalter an den Niederrhein geschickt hatte, nahm 1610 an einer vom Heidelberger Theologieprofessor und Hofprediger Scultetus in Düsseldorf gehaltenen reformierten Abendmahlsfeier teil und bestellte 1611 einen Reformierten zu seinem Hofprediger. Johann Georg von Jägerndorf, der 1613 als kurfürstlicher Statthalter die politischen Geschäfte in Brandenburg führte, während sich der Kurfürst in Preußen aufhielt, bekannte sich im September 1613 gegenüber dem lutherischen Domprediger Simon Gödicke zum Reformiertentum. Der Kurprinz Georg Wilhelm hatte neben einem Lutheraner auch einen reformierten Erzieher gehabt und besuchte, nachdem er 1612 als Nachfolger des Markgrafen Ernst die Statthalterschaft am Niederrhein übernommen hatte, reformierte Gottesdienste. Angeblich hatte er auf der Reise nach Wesel seinen Konfessionswechsel in Heidelberg vollzogen. Seinem Vater gratulierte er im Januar 1614 aus Düsseldorf zum Abendmahlsempfang nach reformierter Form als „rechte Christliche tapffere Resolution, sonder Zweifel aus Gottes sonderbarer Schickung“.[5]

---

3 Briefe und Acten zur Geschichte des Dreißigjährigen Krieges Bd. 1. München 1870, S. 486 Anm. 1.

4 Briefe (wie Anm. 3) Bd. 2. München 1874, S. 532 (Johann Georg von Anhalt an seinen Bruder Christian, 30. Dez. 1609).

5 Fortgesetzte Sammlung von Alten und Neuen Theologischen Sachen … Jg. 1746, S. 339–341 (19. Jan. 1614 aus Düsseldorf).

Dagegen blieb die Ehefrau Johann Sigismunds, Anna von Preußen, Erbtochter dort und in Jülich-Kleve-Berg, ein verlässlicher Rückhalt für die brandenburgischen Lutheraner. Sie war – im Gegensatz zu Johann Sigismund, der, wie viele deutsche Fürsten seiner Generation, dem Trunk ergeben war und seiner Jagdleidenschaft frönte – eine tatkräftige und energisch agierende Frau, auch wenn sie den Übertritt ihres Mannes nicht verhindern konnte oder wollte. Die landständische und kirchliche Opposition gegen die Zweite Reformation unterstützte sie dagegen mit aller Macht und bildete daher den Nukleus des Widerstands gegen alle Heidelberger Einwirkungen auf die kirchliche Entwicklung in Brandenburg. Gleichwohl war die reformierte Durchdringung der obersten Verwaltungsbehörde 1613 schon weit fortgeschritten. Von den neun Mitgliedern des 1604 nach sächsischem und pfälzischem Vorbild eingerichteten Geheimen Rates bekannte sich nur noch einer zum Luthertum, während die anderen der neuen Lehre zuneigten oder offen reformiert waren.

Die konfessionelle Krise in Brandenburg brach aus, als sich der lutherische Hofprediger Simon Gödicke am 27. Juli 1613 beim Statthalter Johann Georg über die Verletzung seiner Diözesanrechte beschwerte, da Markgraf Ernst einen ausländischen Pfarrer, nämlich Martin Füssel, habe kommen lassen, um bei ihm das Abendmahl zu nehmen, „und zwar auß einem verdächtigen Orth, nemblich auß dem Fürstenthumb Anhalt, da sich vor etlich und zwantzig Jaren die Sacramentschwermerey am ersten angesponnen“.[6] Der Vorgang stärkte in Gödickes Augen den „schweren Argwohn und Verdacht des leidigen Calvinismi“. Die ausführliche Erwiderung Markgraf Johann Georgs vom 8. September 1613 war von Simon Ulrich Pistoris, Mitglied des Geheimen Rates, aufgesetzt worden. Sie verteidigte die Entscheidung des – unterdessen verstorbenen – Markgrafen Ernst, der sich in seiner Jülicher Zeit der reformierten Religion zugewandt habe, und verteidigte außerdem das Reformiertentum, ohne sich auf einen Referenztext, etwa den Heidelberger Katechismus, zu berufen. Entgegen Gödickes Beschuldigung war Anhalt für Johann Georg nicht verdächtig, sondern vertrat dieselbe Lehre, „die in der Churpfaltz, in Hessen und sonst hin und wider in vielen Graff-, Herrschafften und Reichsstätten in Teutschland gelehret wird, die auch in Franckreich, Engelland, Niderland, Ungern, Polen und allen andern reformirten Kirchen beständig herkommen“. Johann Georg ging ausführlich auf die Lehrdifferenzen zwischen Reformierten und Lutheranern ein und unterstrich, dass sich die Reformierten ausschließlich an Gottes Wort orientierten und „alle menschliche respectus und praejudicia hindan setzen“.[7]

Die Berufung Füssels aus Zerbst zu Predigt und Abendmahlsgottesdienst war Johann Georg zufolge mit „vorwissen und außdrücklichem consens“ des Kurfürsten erfolgt. Dennoch war dieser bei dem gottesdienstlichen Akt im Berliner Schloss nicht anwesend, sondern ließ Füssel zu einer Predigt nach Chorin kommen. Zwar gewann Füssel dort den Eindruck: „Der churfürst meinets mit ganzem

6 Initia (vgl. Anm. 2), S. 8.
7 Ebd., S. 10–31.

ernst"[8], gleichwohl hielt sich Johann Sigismund den ganzen Sommer und Herbst hindurch die Letztoption offen. Möglicherweise hing das Zögern mit dem Reichstag zusammen, der von April bis Oktober 1613 in Regensburg abgehalten wurde und auf dem Kaiser Matthias die *causa* Jülich entscheiden wollte. In dieser Situation war ein offizieller Konfessionswechsel vermutlich wenig hilfreich und machte auch eine Einigung mit Sachsen und Pfalz-Neuburg schwieriger. Genaueres über Entscheidungsabläufe und Einwirkungen auf den leicht bestimmbaren Kurfürsten ist aber nicht bekannt.

Erst am 5. Dezember 1613 – nach der Rückkehr von einem mehrmonatigen Aufenthalt in Preußen – war die Entscheidung gefallen, als Johann Sigismund den Geheimen Rat Abraham zu Dohna beauftragte, in Zerbst eine erneute Beurlaubung Füssels zu erwirken, um in der Mark das Abendmahl nach reformiertem Ritus zu feiern und um „Christi volkommene ordnung wider ein[zu]führen, des babsts zerstummelungen und uberrest vollend ab[zu]schaffen".[9] Am 12. Dezember lud der Kurfürst Adlige, von denen er gehört hatte, dass sie „nicht weniger als wir die warheit erkant und bekant" hätten, ein, am Weihnachtstag im Dom zu Cölln an der Abendmahlsfeier teilzunehmen – hier erscheint erstmals das Datum des öffentlichen Bekenntnisakts. Johann Sigismund sah es als seine obrigkeitliche Pflicht an, die „allerhand ungereimbte und in Gottes wort ungegrundete dogmata und opiniones" zu beseitigen, Gottes reines Wort predigen und die Sakramente wie zur Zeit der Apostel und wie „in der reformirten evangelischen kirchen breuchlichen" austeilen zu lassen. Zugleich versicherte er den Eingeladenen, deren Zahl nicht bekannt ist, niemanden zu nötigen, den der Geist nicht treibe.[10]

Am 18. Dezember versammelte Johann Sigismund die Berlin-Cöllner Geistlichen und ließ ihnen in Gegenwart seiner Räte durch Vizekanzler Pruckmann seinen Entschluss mitteilen, zu Weihnachten das Abendmahl nach reformiertem Verständnis zu empfangen. Er versicherte, keinen Anspruch auf die Herrschaft über die Gewissen seiner Untertanen zu erheben, und verzichtete damit von vornherein darauf, das *ius reformandi* auszuüben und das ganze Land zum Konfessionswechsel zu zwingen. Er verlangte aber umgekehrt dasselbe Recht der Gewissensentscheidung für sich. Die Geistlichen akzeptierten das Angebot der Gewissensfreiheit, verwiesen aber durch Gödicke auf die früheren Reverse des Kurfürsten mit der Verpflichtung auf das Luthertum. Demgegenüber stellte Pruckmann die Prioritäten fest: Vor Gott gelten keine Reverse; auch Joachim II. hat seinem altgläubigen Vater versprochen, bei der bisherigen Religion zu bleiben, und hat dennoch, nachdem er zu besseren Einsichten gekommen war, die Reformation im Land eingeführt. Nach einem Vorbereitungsgottesdienst am 24. Dezember fand die erste öffentliche reformierte Abendmahlsfeier der Kurmark am ersten Weihnachtstag 1613 im Dom statt.

---

8 Anton Chroust, Aktenstücke zur brandenburgischen Geschichte unter Kurfürst Johann Sigismund, in: Forschungen zur Brandenburgischen und Preußischen Geschichte (künftig: FBPG) Bd. 9 (1897), S. 15 (Bericht Füssels, 30. Juli 1613).

9 Ebd., S. 15f.

10 Ebd., S. 17f.

In der Forschung sind immer wieder die Gründe und der Zeitpunkt des Konfessionswechsels diskutiert worden. Angesichts der Parallele zu Wolfgang Wilhelm von Pfalz-Neuburg, der eindeutig aus politischen Motiven im Oktober 1613 zum Katholizismus konvertierte, sind zumeist politische Gründe auch für Johann Sigismund vermutet worden. Dennoch ist die griffige Erklärung zu simpel: Neuburg versichert sich in der *causa* Jülich der katholischen Mächte, Brandenburg sucht die Hilfe der reformierten Internationale. Außenpolitische Gründe lassen sich für Brandenburg kaum geltend machen, denn mit den Niederlanden gab es bereits seit 1605 Vertragsbeziehungen zum Schutz der Jülicher Ansprüche. Auch die guten brandenburgischen Verbindungen zur Kurpfalz bestanden unabhängig vom Bekenntniswechsel. Innenpolitisch waren aus dem Bekenntnis zum Reformiertentum erst recht keine Vorteile zu ziehen, vielmehr stand eine dramatische Zuspitzung aller Probleme zwischen Fürst und Ständen in Brandenburg und eine Erschwerung der Erbfolge in Preußen zu befürchten. Die kurmärkischen Stände verdeutlichten ihre ablehnende Haltung zu einer Calvinisierung von Dynastie und Land bereits prophylaktisch am 8. Dezember 1613 in einer schriftlichen Eingabe; der Faktor preußisches Erbe musste ganz neu bewertet werden, da die dortigen Stände schon bisher so strikt lutherisch orientiert waren, dass sie reformierte Standesgenossen wie die Dohna von allen Staatsstellungen ausgeschlossen hatten und gegen einen calvinistischen Erben jederzeit den polnischen König in Stellung bringen konnten.

Es bleibt daher nur, die persönliche Glaubensüberzeugung als ausschlaggebendes Motiv zu akzeptieren. In seiner Antwort an den Ständeausschuss vom 28. März 1614 resümierte Johann Sigismund längere Ausführungen über seine religiösen Vorstellungen: „Dieses ist also unser Glaube und Confession von den strittigen Relgionsarticuln, deren wir allbereit vor 8. Jahren und länger zugethan gewest, die wir auß den brunnen Israelis [Ps. 68,27] ohne einiges menschen zuthun oder persuasion (wie wir dessen Gott zum zeugen anruffen) geschöpft und die wir, damit wir ruhe in unserm Gewissen hetten, öffentlich zubekennen gezwungen worden, dabey wir auch biß an unser Ende standhafftig zuverharren und frölich und getrost für dem Richterstul Christi zu erscheinen gedencken.“ Die „Ruhe in unserem Gewissen“ wird als Schlüssel für die Entscheidung zum öffentlichen Bekenntniswechsel zu gelten haben. Sehr ausführlich ging Johann Sigismund gegenüber dem Ständeausschuss auf seine religiösen Vorstellungen ein. Inhaltlich wiederholte er dabei im Wesentlichen, was sein Bruder Johann Georg bereits im September 1613 Gödicke erwidert hatte.[11] Zu drei Kontroverspunkten erläuterte er seinen Standpunkt:

1) Christologie: Ablehnung von Ubiquität, *communicatio idiomatum* und *unio hypostatica*;

2) Abendmahl: Verwerfung der katholischen Überbleibsel Oblate, *manducatio oralis* und *manducatio impiorum*; stattdessen *fractio panis* und Selbstkommunion – nur dies entspricht dem Gebot Christi. „So lassen wir euch nun selbst richten, ob wir etwas ungöttliches oder was unchristliches an dem begangen, das wir uns in den verwichenen Weynachten zum Tisch des Herren gefunden und daselbst das

11 Vgl. o. Anm. 7.

Brot gebrochen, genommen, gessen und mit Dancksagung zur Vergebung unserer sünden empfangen haben;"

3) Prädestination: Die Wahl liegt bei Gott von Ewigkeit und von Anfang der Welt; dennoch soll die Prädestination nicht rational ausgedeutet werden: „Darumb lassen wir nun die geheimnuß gottes geheimnuß bleiben."

Zum Praktischen übergehend, versicherte der Kurfürst, die Gewissen der Untertanen nicht zwingen zu wollen, verlangte von ihnen aber auch, seinen eigenen Glauben unangetastet zu lassen. Er verteidigte die CA *Variata*, lehnte die Konkordienformel als Instrument der Spaltung ab und brandmarkte ihren Hauptverfasser Jakob Andreae als „ehrgeitzigen Pfaff", der „einen *primatum* und Lutherisch Papstumb über die Kirch und Gemein Gottes" habe aufrichten wollen. Luther wurde als ein „außerwehltes Rüstzeug Gottes" gewürdigt, der aber doch noch „sehr tieff in der Finsternuß deß Papsthumbs gesteckt", vor allem in der Abendmahlslehre.[12]

Der Inhalt des Schreibens an die Stände, das auch im Druck erschien, wurde in einem umfangreichen Text wiederholt, den Martin Füssel verfasste und der als *Confessio fidei Ioannis Sigismundi* oder *Confessio Marchica* 1614 publiziert wurde.[13] Als sein Ziel proklamierte Johann Sigismund hier, dass in seinem Land, „was noch etwa von papistischer Superstition oder anderer menschlicher ungebotener Devotion in Kirchen und Schulen übrig geblieben, im Folgenden allmählich abgetan und alles nach der Richtschnur göttlichen Wortes und der apostolischen ersten Kirche, so viel immer möglich und von Nöten, angestellt werde". In allen „Religionspunkten" bekannte sich der Kurfürst „zu den reformierten evangelischen Kirchen …, als welche sich auf Gottes Wort allein fundieren und alle menschlichen *Traditiones*, soviel möglich, abgeschafft haben". Neben den im Schreiben an die Stände behandelten drei Kontroverspunkten wurde jetzt zusätzlich der Exorzismus bei der Taufe erörtert. Erneut ließ der Kurfürst versprechen, auf Gewissenszwang zu verzichten, hoffte aber, dass Gott die Untertanen „mit dem Liecht der unfehlbaren Warheit beseligen und erleuchten wölle" – implizit ein Affront für die Lutheraner, denen unterstellt wurde, nur halb oder gar nicht erleuchtet zu sein. Abschließend ließ er anordnen, dass die nicht oder wenig Unterrichteten nicht die „*orthodoxos* et *reformatos*, die man auß lauterm Haß und Neid" als Calvinisten beschimpft, lästern oder schmähen dürften. Jeder wird aufgefordert, selbst in der Heiligen Schrift „mit fleiß (zu) forschen" und das Urteil Gott anheimzugeben.

Trotz seiner Zusagen an die Lutheraner versuchte Johann Sigismund 1614/15 durchaus, seinem neuen Bekenntnis in Brandenburg Geltung zu verschaffen. Hierbei holte er sich Hilfe aus Heidelberg. Auf Gewissenszwang und damit auf die Exekution des landesherrlichen *ius reformandi* zu verzichten, wie er mehrfach erklärte, bedeutete für Johann Sigismund und seine Berater nicht, alles beim Alten zu belassen. Stattdessen setzte er auf Belehrung und Information sowie auf

---

12 Initia (vgl. Anm. 2), S. 39–48.

13 Vgl. ebd., S. 55–66; Wolfgang Gericke (Hg.), Glaubenszeugnisse und Konfessionspolitik der brandenburgischen Herrscher bis zur Preußischen Union 1540–1815, Bielefeld 1977, S. 123–131.

geeignete Personalpolitik. Den ersten und entscheidenden Schritt in diese Richtung stellte das *Mandatum de non calumniando* vom 24. Februar 1614 dar.[14] Schon während der Unterredung mit dem hauptstädtischen Klerus im Dezember 1613 hatte Johann Sigismund Kanzelpolemik verboten, das Mandat richtete sich nun an alle brandenburgischen Geistlichen. Zur Legitimation für seine Anordnung berief er sich vor allem auf sein obrigkeitliches Wächteramt nicht nur über die zweite, sondern auch über die erste Tafel des Dekalogs. Die Geistlichen sollten „das Wort Gottes lauter und rein auß den Prophetischen und Apostolischen Schrifften, denen vier Hauptsymbolis, der Augspurgischen verbesserten Confession und derselben Apologia ohn alle Verfälschung, auch ohne etlicher müssigen, vorwitzigen und hoffertigen Theologen … selbst erdichtete Glossen und newe Lehrformulen“ – gemeint waren natürlich Andreae und die Konkordienformel – vortragen. Gegen diese mit der CA *Variata* deutlich reformiert definierte Lehrgrundlage zu polemisieren, wurde verboten; ebenso verboten wurde „alles schelten und lestern anderer Kirchen“ innerhalb und außerhalb des Reiches; sie durften auch „mit keinem Sectirischen Nahmen“ ausgerufen werden. Zuwiderhandlung wurde mit der Strafe der Entlassung bedroht.

Bereits drei Tage vor dem Schmähverbotsmandat hatten der Statthalter Markgraf Johann Georg und der Geheime Rat zwölf Punkte benannt, die ihnen für eine Verbreitung des Reformiertentums in Brandenburg wichtig erschienen. Zur Unterstützung dieses Prozesses erbat Johann Sigismund auf Rat Abrahams zu Dohna von Friedrich V. von der Pfalz die Entsendung des Heidelberger Hofpredigers Abraham Scultetus. In der Tat wurde Scultetus auf drei Monate beurlaubt und erhielt danach eine Verlängerung um nochmals drei Monate, so dass er von April bis Oktober 1614 in Berlin tätig war.[15] Der Kurfürst und sein Bruder empfingen den Heidelberger Theologen freundlich; selbst die Kurfürstin reichte ihm, wie er nach Anhalt berichtete, „hilari vultu“ die rechte Hand, „quod hucusque nulli ministro fecerat“, und unterhielt sich bei Tisch mit ihm.[16] Die Prediger griffen ihn dagegen – auf Veranlassung Annas, wie er vermutete – sofort scharf an, ohne dass er sich jedoch davon beeindrucken ließ. Zwei Tage nach seiner Ankunft in Berlin hielt er zu Ostern im Dom eine Abendmahlsfeier, bei der es, wie ein Augenzeuge berichtete, „gantz und gar auf die Heydelbergische Weise“ zuging, also die Pfälzer Liturgie benutzt wurde.[17]

Scultetus’ Votum zu den Punkten des Geheimen Rates stellte sich als ein „Organisationsentwurf für das Werk der Einführung des reformierten Kirchentums und Bekenntnisses in der Mark Brandenburg“ dar.[18] In Punkt 1 des Rätegutachtens war vorgeschlagen worden, der Kurfürst solle zuerst alle Disharmonie im

14 Vgl. Initia (vgl. Anm. 2), S. 51–55; Gericke, Glaubenszeugnisse (wie Anm.13), S. 132–136.

15 Vgl. Karl Pahncke, Abraham Scultetus in Berlin, in: FBPG Bd. 23 (1910), S. 357–375; Gustav Adolf Benrath (Hg.), Die Selbstbiographie des Heidelberger Theologen und Hofpredigers Abraham Scultetus (1566–1624), (VVKGB 24), Karlsruhe 1966, S. 69–71.

16 Sammlung (wie Anm. 5), S. 337–339 (Scultetus an Johann Georg von Anhalt, o.D.).

17 Ebd., S. 348 (Abraham zu Dohna an Johann Georg von Anhalt, o.D.)

18 Pahncke, Scultetus (wie Anm. 15), S. 369. Die Stellungnahme von Scultetus zu den Punkten des Geheimen Rates vgl. ebd., S. 365–369.

eigenen Haus beseitigen und seine Frau überzeugen, das reformierte Bekenntnis anzunehmen oder sich wenigstens still zu verhalten. Scultetus empfahl stattdessen ein allgemeines Gebet gegen „die allzu hitzigen Eiferer wider die Wahrheit" mit der Bitte, ihren unzeitigen Eifer fahren zu lassen. Zu Punkt 2, der die Heranziehung auswärtiger Theologen wie Füssel aus Anhalt oder Urban Pierius aus Herborn vorschlug, forderte Scultetus, möglichst rasch einen einheimischen reformierten Predigerstand, vor allem in der Residenzstadt, zu schaffen, um die Nachrede zu widerlegen, die brandenburgischen Reformierten hätten nur fremde Prediger. Im dritten Punkt stimmte er den Räten zu: Es ist wichtig, im Lande Kirchen und Schulen mit reformierten Amtsträgern zu besetzen. Dazu machte er vier praktische Vorschläge:

a) Eingehende Unterrichtung der Landprediger „von dem Zweck und Ursachen der Reformation", damit viele gewonnen oder doch wenigstens veranlasst würden, „unsere Schriften zu lesen" und darüber nachzudenken;

b) Visitation der Fürstenschule in Joachimsthal und Einführung des Heidelberger Katechismus dort;

c) Entsendung begabter junger Leute zum Studium der Theologie nach Heidelberg;

d) Besetzung vakanter Professorenstellen an der Universität Frankfurt durch den Geheimen Rat.

Anders als die Räte (Punkt 4) erhob Scultetus Bedenken gegen die Einrichtung eines Kirchenrates als Leitungsgremium nach Pfälzer Vorbild. Er schlug stattdessen vor, einen Ausschuss aus Geistlichen und politischen Räten zu bilden, der wöchentlich dreimal tagte und das Reformationswerk durch Besprechungen mit den Landpfarrern vorantreiben sollte. Die Publikation eines Glaubensbekenntnisses (Punkt 5) hielt er für unerlässlich; fraglich war ihm, ob es von den Predigern oder im Namen des Kurfürsten ergehen sollte. Über die Frage eines Religionsgesprächs (Punkt 6, im Rätegutachten nicht eigens gezählt) hatte Scultetus „viel Nachdenkens gehabt", erinnerte er sich doch an vergebliche frühere Unternehmungen dieser Art, wie etwa das Maulbronner Religionsgespräch zwischen Pfälzer und Württemberger Theologen 1564. Aber vielleicht war es doch „nit ohn nutz", wenn die Lutheraner genötigt wurden, ihre Vorstellungen von *manducatio oralis*, Exorzismus, Beibehaltung der Bilder und der „Papstmessgeräthe" beim Abendmahl, Oblate, Kirchengesang in unbekannter (gemeint war: lateinischer) Sprache und Verstümmelung des Dekalogs (durch Weglassen des Bilderverbots) aus Gottes Wort zu verteidigen. Das *Mandatum de non calumniando* (Punkt 7) lobte Scultetus, verlangte aber, seine Durchsetzung stärker zu kontrollieren und die Amtleute und die geistlichen Inspektoren anzuhalten, Übertreter zu ermahnen und solche, die trotz Ermahnung nicht gehorchten, den zuständigen Behörden zu melden. Die Zensur und Aufsicht über die Druckereien im Lande (Punkt 8) sollte der Ausschuss von Theologen und Räten ausüben, um antireformierte Literatur unterdrücken zu können. Den Räten stimmte Scultetus in der Forderung nach Abschaffung des Exorzismus bei der Taufe zu (Punkt 9). Zur Frage Abendgebet in der Hofkapelle und Festsetzung einer gewissen Ordnung für die Predigten (Punkt 10) erklärte Scultetus es zur Voraussetzung für alle Regelungen, dass der Kurfürst „einen gewissen tempel alß die thumkirch alhie" habe, in dem er seinen Gottesdienst, Abendmahl und Taufe nach Gottes Wort verrichten lassen könne. Dies war für ihn die Voraussetzung für „den rechten Anfang der reformation". Zuvor müsse allerdings der Dom von allem Götzenwerk gesäubert werden. Ein Alternat der Predigten zwischen Lutheranern und Reformierten, das die Räte angeregt hatten, verunklärte nach seiner Überzeugung nur die Situation. Da der Dom zugleich Pfarrkirche war, musste der Kurfürst jedoch nach Scultetus' Rat vor der Purifizierung die ganze Bürgerschaft von Cölln oder wenigstens den Rat und die Honoratioren in die Kanzlei zitieren und ihnen erläutern, warum er entschlossen sei, diese Kirche „vor sich zu behalten". Eine Kirchenordnung mit Agenden (Punkt 11) sollte erst nach der Purifizierung publiziert werden; sie sollte dann aber nicht nur für den Dom Gültigkeit haben, sondern auch für „alle anderen Kirchen des Landes, nachdem sie zu uns getreten". Dem Vorschlag der Räte folgte Scultetus bei der Abschaffung der Marienfesttage und des „gantz abscheulichen festum corporis Christi" (Punkt 12). Zuletzt (Punkt 13) ging Scultetus nochmals auf die Visitation der Fürstenschule Joachimsthal und auf die Auswahl der Stipendiaten ein – beides war am besten dem Kollegium der zum Reformationswerk Deputierten zu überlassen.

Die Bedenken von Scultetus blieben insofern unberücksichtigt, als im Juli 1614 nach Pfälzer Muster als oberste kirchliche Behörde ein Kirchenrat aus je vier reformierten Theologen und Juristen gebildet wurde, der das landesherrliche Kirchenregiment wahrnehmen sollte. Als Aufgabe wurde ihm gestellt, allem zuvorzukommen, „was den Lauf unserer wahren Religion verhindern möchte", und dafür zu sorgen, dass Pfarrer- und Lehrerstellen möglichst mit Personen „reiner Lehre" besetzt wurden, wozu die beste Möglichkeit bei den Pfarreien bestand, über die der Kurfürst das Patronat besaß.[19] Der Kirchenrat sollte das bis dahin maßgebende, von Lutheranern besetzte Konsistorium ausschalten; das Konsistorium weigerte sich jedoch – mit Rückhalt an der Kurfürstin –, Anweisungen des neuen Gremiums zu befolgen.

Scultetus predigte in Berlin „das Evangelium ... nach meinem Vermögen", wie er in seiner Autobiographie schrieb.[20] In zwei Schriften verteidigte er die konfessionellen Veränderungen gegen Angriffe des sächsischen Hofpredigers Matthias Hoë von Hoënegg und versuchte auf einer Reise in seine schlesische Heimat im August 1614, Glaubensgenossen als Geistliche für Brandenburg zu gewinnen, da sich die einheimischen Pfarrer dem Reformiertentum verschlossen. Im September 1614 visitierte er im Beisein des Kurfürsten die 1608 gegründete Fürstenschule Joachimsthal; sie wurde in eine reformierte Anstalt umgewandelt: Der religiösen Unterweisung lag künftig der Heidelberger Katechismus zugrunde, alle Amtsträger und Bediensteten der Schule mussten sich durch Unterschrift auf die *Confessio Sigismundi* verpflichten. Die Folge war jedoch nur ein weitgehender Boykott der Einrichtung durch die lutherische Bevölkerung.

Zur Überwindung der Gegensätze wollte der Kurfürst, wie vom Geheimen Rat empfohlen und von Scultetus nicht abgelehnt, ein Religionsgespräch zwischen

---

19 Vgl. Bodo Nischan, Prince, People, and Confession. The Second Reformation in Brandenburg. Philadelphia 1994, S. 121–123.

20 Benrath, Selbstbiographie (wie Anm. 15), S. 69.

lutherischen und reformierten Theologen veranstalten, offenbar in der Erwartung, die Lutheraner von der Höherwertigkeit der reformierten Lehrmeinungen überzeugen zu können. Zunächst sollten nur die lutherischen Geistlichen von Berlin-Cölln daran teilnehmen, auf deren Verlangen wurden jedoch alle Superintendenten der Kurmark einbezogen. Die von den Lutheranern befragten Theologen der Universität Wittenberg rieten, sich nicht auf ein so zweckloses Unternehmen einzulassen, sondern den Kurfürsten zu bitten, darauf zu verzichten, da sie „schon so lange nicht mehr mit akademischen Sitten vertraut" seien, dass sie von vornherein im Nachteil wären. Schließlich wurde das Colloquium trotz der Bitte um Vertagung, die auch der Ständeausschuss unterstützte, auf den 3. Oktober 1614 angesetzt, da Scultetus in die Pfalz zurückkehren musste. Zu einer Diskussion kam es jedoch wegen der Verweigerungshaltung der Lutheraner nicht; diese versprachen stattdessen, sich nach dem Februar-Mandat zu richten und auf Polemik gegen die Reformierten zu verzichten. Vor seiner Rückkehr nach Heidelberg ordinierte Scultetus in einem Abschiedsgottesdienst in Berlin am 9. Oktober 1614 auf kurfürstlichen Befehl Martin Füssel und dessen Schwiegersohn Karl Sachsse als Prediger am Dom.

Die Zweite Reformation in Brandenburg scheiterte. Dieses Scheitern war durch Faktoren bedingt, auf die von der Pfalz aus kein Einfluss geübt werden konnte. Ein Vergleich Pfalz – Brandenburg kann aber zur Antwort auf die Frage beitragen, warum in Berlin misslang, was in Heidelberg erfolgreich war. Als Kurfürst Friedrich III. 1560/61 begann, die reformierte Theologie und ihre zeremonialen Ausprägungen in der Pfalz einzuführen, waren erst wenige Jahre vergangen, seit Ottheinrich 1556 das Luthertum zur Landesreligion gemacht hatte – vorher herrschte in der Pfalz jahrzehntelang eine informelle Multikonfessionalität.[21] In Brandenburg stieß Kurfürst Johann Sigismund dagegen auf eine Konfession, die bereits fast ein Dreivierteljahrhundert im Land verwurzelt war. Das zweite, ebenso wichtige Unterscheidungsmoment war, dass in der Kurpfalz Landstände fehlten, die als organisierte Träger der kirchlichen Opposition fungieren konnten; genau dies geschah in Brandenburg, wo die Stände seit 1572 als Gegenleistung für die Übernahme von Schulden vom Landesfürsten die Garantie des konfessionellen Status quo erreicht hatten, ihm damit das *ius reformationis* aus der Hand nahmen und sich statt seiner als Hüter der Religionsverfassung des Landes etablierten. Da auch Johann Sigismund zur jeweils befristeten Steuererhebung auf die Bewilligung durch die Landstände angewiesen war, konnten diese die Bedingungen diktieren. Die Kapitulation des Kurfürsten vor dem konfessionellen Willen der Stände erfolgte im Revers vom 5. Februar 1615, in dem Johann Sigismund zum wiederholten Mal versprach, dass „jeder im Lande, der da will, bei des Herren Lutheri Lehre und ungeänderten Augsburgischen Konfession, wie die anno 1530 Kaiser Karl V. übergeben, auch bei dem Konkordienbuch verbleiben soll".[22] Zugleich verzichtete – und das war der entscheidende Punkt – der Kurfürst darauf, in Pfarreien, die seinem Patronat unterstanden, reformierte Pre-

21 Vgl. Wolgast, Konfession (wie Anm. 1), S. 38–51.

22 Melle Klinkenborg (Hg.), Das Archiv der brandenburgischen Provinzialverwaltung Bd. 1 Strausberg [1920], S. 444.

diger einzusetzen. Lediglich das Personal an der Universität Frankfurt/Oder und an der Fürstenschule Joachimsthal blieb im Revers unerwähnt; dies eröffnete Möglichkeiten für reformierte Anstellungen. Konsequenterweise wurde 1618 der reformierte Kirchenrat aufgelöst.

Auch wenn mit 1615 letztlich entschieden war, dass der Calvinismus in Brandenburg „eine Hof- und Beamtenreligion“[23] blieb, versuchte Johann Sigismund wenige Monate nach seinem Februar-Revers, Scultetus erneut für Brandenburg zu gewinnen, entweder auf Dauer oder für eine bestimmte Zeit, damit er hier missionierend wirken könne. Scultetus wie Kurfürst Friedrich V. lehnten jedoch ab, Scultetus sah die Lage in Berlin als wenig hoffnungsvoll an: „quam tristia quae Berolino!“ Gleichwohl forderte er Johann Georg von Anhalt im Mai 1615 auf, auf den Statthalter Johann Georg einzuwirken, „ut tam sanctum opus urgeat, ne in ipsa herba spes plenae reformationis praecidatur“.[24]

Wenige Jahre später hatten sich durch die politisch-militärischen Ereignisse die Verhältnisse zwischen Brandenburg und Kurpfalz umgekehrt. Auf der Flucht aus Böhmen hielt sich Scultetus 1621 „eine Zeitlang“[25], jedenfalls im August 1621, in Berlin auf; Kurfürst Georg Wilhelm bot ihm eine Professur in Frankfurt an, Scultetus strebte jedoch nach Heidelberg zurück. Nach der Besetzung der Kurpfalz stellte die Universität Heidelberg den Lehrbetrieb ein – reformierte Studierwillige aus Polen-Litauen, Siebenbürgen, aus Nord- und Westdeutschland zogen jetzt nach Frankfurt/Oder in das „zweite Heidelberg“, das sich als „Ostbastion des Calvinismus“[26] profilierte.

23 Ulrich Stutz, Kurfürst Johann Sigismund von Brandenburg und das Reformationsrecht, in: Sitzungsberichte der Preußischen Akademie der Wissenschaften Philosophisch-historische Klasse Jg. 1922, S. 37.

24 Pahncke, Scultetus (wie Anm. 15), S. 375.

25 Benrath, Selbstbiographie (wie Anm. 15), S. 92.

26 Günter Mühlpfordt, Die Oder-Universität 1506–1811, in: Die Oder-Universität Frankfurt. Beiträge zu ihrer Geschichte. Weimar 1983, S. 48.

7. „In Einigkeit des wahren Glaubens.“ Der Heidelberger Katechismus als Medium der Etablierung und Konsolidierung der Evangelisch-reformierten Kirche der Provinz Hannover[1]

Hans-Georg Ulrichs (Heidelberg)

Für Martin Heimbucher – 2013!

Einleitung

Landeskirchengrenzen zeugen von Geschichte oder von Gegenwart. Einige Landeskirchen, die seltsam zugeschnitten anmuten, spiegeln die territorialen Verhältnisse nach dem Wiener Kongress wider. Bundesländergrenzen müssen wie im Fall der rheinischen Kirche und von Nordrhein-Westfalen keine Kirchengrenzen sein. Andere Kirchentümer, wie die Evangelische Kirche in Hessen-Nassau, sind nach dem Zweiten Weltkrieg entstanden und vereinen ältere, ehemals voneinander unabhängige Gebiete; und manche sind nun wie die Evangelische Kirche in Mitteldeutschland oder die Nordkirche Ergebnisse neuester Notwendigkeiten. Bei allen Unterschieden ist doch gemeinsam, dass eine wie auch immer zu bestimmende Region als maßgebliche Größe der Kirchenbildung zu Grunde lag.

In ganz Germanien? Nein! Einige von unbeugsamen Reformierten bevölkerte Regionen wurden 1882 im heutigen Niedersachsen zu einer Landeskirche zusammengefügt. Nicht Region, sondern Konfession ließ sie einig und eins werden, wenngleich innerhalb eines Territoriums; eine Länder übergreifende Institution, wie sie mit der Integration etwa der reformierten Gemeinden von Braunschweig und Bückeburg angestrebt wurde, konnte nicht realisiert werden. Allerdings, so konstatierte der frühere Doyen der niedersächsischen Kirchengeschichtsschreibung Hans-Walter Krumwiede (1921–2007), zeigte sich im Königreich Hannover nach Einverleibung nicht-lutherischer Gebiete in Folge des Wiener Kongresses

1 Als gebürtiger Niedersachse und Kirchenhistoriker mit reformiertem Schwerpunkt war ich, trotz meines Berufsumfeldes Heidelberg, eingeladen, die Gesellschaft für niedersächsische Kirchengeschichte mit einem Vortrag auf dieser Tagung zu vertreten. – Ich danke Hans Otte (Hannover) für mancherlei in den zurückliegenden Jahren. Und: Wie bei früheren Arbeiten profitierte ich auch diesmal dankbar von der stets freundlichen und kompetenten Unterstützung durch Bärbel Alles vom landeskirchlichen Archiv in Leer.

und dem Ausbleiben von landesweiten Unionsbestrebungen ein „allmähliche[r] Übergang vom Staatskirchentum mit einer Landesreligion zum paritätischen Staatskirchenrecht."[2] Erst nach Jahrzehnten konfessioneller Lobbyarbeit wurde die reformierte Landeskirche landesherrlich sanktioniert und erst durch Jahrzehnte hindurch wuchs tatsächlich zusammen, was zusammen gehörte. Dieses Gebilde verstand sich als Bekenntniskirche – und wir wundern uns im Nachhinein, dass ihr Bekenntnisstand nicht bei der Landeskirchengründung 1882, sondern erst durch eine Verfassungsreform 1970 tatsächlich und eindeutig geklärt wurde. Eine Konfessionskirche war fast ein Jahrhundert lang ohne geklärten Bekenntnisstand – besser ist das reformierte Unbehagen, kodifizierte Konfessionen könnten Kirche gründend sein, kaum zu demonstrieren.

Bei all dem spielt der Heidelberger Katechismus die herausragende Rolle – sowohl in der Geschichte der Kirchenverfassung als auch im „richtigen Leben" der Kirche. Im Jubiläumsjahr 2013 pflegt man sehr höflich, wohlwollend und wertschätzend über ihn und über seine Tradenten zu sprechen. Die Geschichte des Heidelbergers wird als Erfolgsgeschichte geschrieben. Das fühlt sich für Reformierte äußerst angenehm an. Allerdings werden die folgenden Ausführungen zeigen, dass mit einiger Wahrscheinlichkeit die gegenwärtigen „mainstream-Reformierten" sich nicht wirklich gerne vollständig mit früheren Propagandisten des Heidelberger Katechismus identifizierten. Fügen wir der im Schwange stehenden Geschichtslust nun also ein wenig Geschichtslast bei.

1. Konfessionelle Sammlung mit dem Heidelberger nach der Mitte des 19. Jahrhunderts

a) Kontexte: „Schutz und Hort unter dem milden Scepter des glorreichen evangelischen Guelphenhauses"

Im 450. Jubeljahr existiert reformierter Protestantismus in Deutschland nicht ohne den Heidelberger als Bekenntnisgrundlage. Das war beim ersten historisch bedeutenden Jubiläum 1863[3] noch anders. Damals war diese Bekenntnisschrift wohl anerkannt, aber eben nicht als einzige Möglichkeit, den reformierten Glauben zu formatieren.[4] Eine Bekenntnispluralität musste jedoch einer Kirchwerdung im

2 Vgl. Hans-Walter Krumwiede, Kirchengeschichte Niedersachsens, Band 2: Vom Deutschen Bund 1815 bis zur Gründung der Evangelischen Kirche in Deutschland 1948, Göttingen 1996, 282. „Für die hannoversche Staatsraison war nicht die unionistische Staatskirche das Gebot der Stunde, sondern Friede unter den Konfessionen." Ebd., 284.

3 Vgl. Detlef Metz, Das 300. Jubiläum des Heidelberger Katechismus in Deutschland im Jahr 1863, in: JbWKG 108 (2012), 199–222.

4 Wir sprechen hier nur von den deutschen Territorien. Andere reformierte Länder bzw. Kirchen wie etwa in Frankreich, England oder Schottland hatten andere Bekenntnisschriften, in den Niederlanden galten neben dem – allerdings dort sehr belangreichen – Heidel-

Wege stehen, die nicht oder nicht ausschließlich auf die Gegebenheit eines Territoriums beruhte. Das ging nun gut einher mit einem erwecklich-konservativen Pendelausschlag, mit dem nicht zuletzt jüngere Reformierte sich zur Mitte des 19. Jahrhunderts einigen sich der Aufklärung verpflichteten Lehrbüchern[5] den Garaus zu machen anschickten. Aber ähnlich wie in Lippe, wo es im Katechismusstreit auch zwei Anläufe brauchte, um den Heidelberger zu restaurieren[6], wurde in der Mitte der 50er Jahre des 19. Jahrhunderts in Ostfriesland der seit 1824/1825 etablierte *Kurze Unterricht in der christlichen Religionslehre* von Helias Meder (1761–1825) nicht sogleich verdrängt, sondern zunächst noch neben dem autochthonen Emder Katechismus (1554) und dem Heidelberger weiter benutzt[7], und wurde in der Grafschaft Bentheim der 1809 erschienene moderate *Kurze Entwurf zum Unterricht im Christentum* von Mauritz Philipp Katerberg (1733–1815)[8] zwar im Laufe der Jahrzehnte für nicht gänzlich befriedigend gehalten, aber doch mindestens bis in die 90er Jahre im kirchlich verantworteten Unterricht verwandt.[9]

Die Bekenntnispluralität musste überwunden werden, wenn man das Reformiertentum im Königreich Hannover stärken, ja durch eine Kirchengründung langfristig sichern wollte. Das wussten auch die Kreise, die hinter der so genannten *Lingener Denkschrift* von 1857 standen.[10] Nicht nur räumlich waren die Reformierten getrennt, sondern auch organisatorisch: Die Reformierten in Ostfriesland unterstanden einem lutherisch dominierten Konsistorium in Aurich[11], in Bentheim bestand der reformierte Oberkirchenrat fort, die Unterweser-Gemeinden unterstanden dem lutherischen Konsistorium in Stade, die Reformierten in Lingen wurden beaufsichtigt vom lutherischen Konsistorium in Osnabrück und die Plesse-Gemeinden vom lutherischen Konsistorium in Hannover.[12] Schließlich gab es noch die wenigen Gemeinden der Niedersächsischen Konföderation, von

berger innerhalb der „drie formulieren“ auch noch die Confessio Belgica und die Dordrechter Lehrregeln, und in der Schweiz herrschte *de facto* oder gar *de iure* Bekenntnisfreiheit.

5 Gelegentlich waren solche Regionalkatechismen nicht tatsächlich „aufgeklärt“, sondern nur in einem vernünftigen Maße zeitgemäß, aber vor ein oder zwei Generationen entstanden – das genügte dafür, von den jungen Konservativen mit dem pejorativ gemeinten Epitheton „aufgeklärt“ oder „rationalistisch“ versehen zu werden.

6 Vgl. den Aufsatz von Gesine von Kloeden in diesem Band (Fürstentum Lippe); außerdem die Ausführungen von Johannes Ehmann (Thelemann) in diesem Band.

7 Vgl. Hans-Georg Ulrichs, Volkstheologie, oder: Von der Freiheit anders zu denken. Der Unterricht in der christlichen Religion bei Helias Meder (1761–1825) (Studien zur Kirchengeschichte Niedersachsens 42), Göttingen 2009, 506–518.

8 Vgl. Ulrichs, ebd., 425–432.

9 In der Grafschaft Bentheim, später dann auch in Ostfriesland, ist natürlich die besondere Situation der Abspaltung der Altreformierten zu berücksichtigen; seit 1838 gründeten sich kleine altreformierte Gemeinden, die stark von der niederländischen „afscheiding“ von 1834 unter der Führung von Hendrik de Cock abhängig waren.

10 Zum Folgenden vgl. Ulrichs, Volkstheologie, 519f. Vgl. auch Anm. 20.

11 Dort gab es zwar einen reformierten Konsistorialrat / Generalsuperintendenten, aber insgesamt konnten sich die Reformierten nicht mit einem Konsistorium anfreunden – zumal nicht die stolzen Emder Reformierten mit einer Behörde im beschaulich-lutherischen Aurich.

12 Vgl. Krumwiede, Kirchengeschichte Niedersachsens II, 337.

denen vier zum Königreich gehörten; sie sind im Wesentlichen hugenottischen Ursprungs. Anders als in zahlreichen deutschen Territorien nach dem Wiener Kongress verzichtete man in Hannover auf eine Union und setzte vielmehr auf ein gedeihliches Mit- oder wenigstens Nebeneinander der Konfessionen. Die im Königreich verstreuten Reformierten hielten es für ihr Glück, dass „sie alle einen gemeinsamen Schutz und Hort unter dem milden Scepter des glorreichen evangelischen Guelphenhauses gefunden haben."[13]

Reformierte im Königreich Hannover standen nicht allein mit ihrem Einigungsbestrebungen. Am Rande der Evangelischen Kirchentage sammelten sich ab 1850 reformierte Vertreter, ab 1851 erschien dann die Reformierte Kirchenzeitung. Diese Unternehmungen gehören zwar in die Vorgeschichte des Reformierten Bundes, bilden aber den weiteren konfessionellen Kontext, zumal es personelle Überschneidungen gab. Auch andernorts gab es zur Mitte des 19. Jahrhunderts ein Ringen um den Bekenntnisstand.

b) Die Lingener Denkschrift 1857: „Das Band der Lehreinheit"

Nachdem die Kirche im Königreich Hannover mit dem Staatsgrundgesetz 1833 und dem Gesetz über Kirchen- und Schulvorstände 1848 an Selbstständigkeit gewonnen hatte, hatte es seit 1849 Gespräche über eine – auch: reformierte – Vorsynode gegeben; am Horizont tauchte so etwas wie eine Hannoversche Union *sui generis* auf, die aber in den Konsistorien auf wenig Gegenliebe stieß, obwohl oder gerade weil die beiden evangelischen Konfessionen durchaus passabel nebeneinander existierten. Die durchaus weit gediehenen Verfassungspläne verliefen sich jedoch staatlicherseits[14], so dass die Reformierten selber aktiv werden mussten.[15] Im Sommer 1849 hatte eine erste reformierte Konferenz in Bremen stattgefunden[16], von 1855 bis 1870 tagte nahezu jährlich die „Allgemeine Konferenz der Prediger und Kandidaten reformierter Konfession im Königreich Hannover" in Lingen. Besonders bedeutsam wurde die 1855 angeregte, dann 1856 in

13 So die Lingener Denkschrift von 1857 (bibliographische Angaben in Anm. 19), 13.

14 Vgl. Gerhard Nordholt, Die Entstehung der „Evangelisch-reformirten Kirche der Provinz Hannover", in: Elwin Lomberg u.a. (Bearbb.), Die Evangelisch-reformierte Kirche in Nordwestdeutschland. Beiträge zu ihrer Geschichte und Gegenwart, Weener 1982, 91–157; 104–113. Im Jahr 1852 gab es einen Thronwechsel von Ernst August zu Georg V.

15 Vgl. auch Ernst Kochs/Diddo Wiarda, Erbe und Auftrag. 450 Jahre Coetus der evangelisch-reformierten Prediger und Predigerinnen Ostfrieslands, Leer 1994 (der Beitrag Kochs, ursprünglich 1943 zum Coetusjubiläum entstanden, kursierte viele Jahre als Typoskript und Kopie u. d. T.: Vier Jahrhunderte Coetus der reformierten Prediger Ostfrieslands. Ein Querschnitt durch die reformierte Kirche Ostfrieslands und ein Beitrag zur Verfassungsgeschichte der reformierten Kirche), 74f.

16 Vgl. Nordholt, Entstehung, 118f., nach: Theodor Hugues, Die reformirte Kirche im Königreiche Hannover, in: RKZ 1 (1851), 189f. und 193f.

Lingen zusammengetretene Konferenz.[17] Auf ihr wurden vorbereitete Grundsätze eines möglichen Zusammenschlusses der reformierten Gemeinden der verschiedenen Gebiete innerhalb des Königreiche Hannover derart zielgerichtet erörtert[18], dass schließlich 1857 die wirkmächtige *Lingener Denkschrift*[19] herausgegeben werden konnte.

Mit dem avisierten Ziel war die Frage gestellt, was diese Gebiete zusammenhielte und was als „Normallehre“ Geltung beanspruchen könne. Auch die Lingener Konferenz ist ein Beispiel für die damals neue konfessionelle Theologie.[20] Sie polemisierte gegen „den religiösen Indifferentismus, der alle Gebiete des Staats und der Kirche fast ein halbes Jahrhundert beherrschte“ (5), mithin gegen die Aufklärung und namentlich gegen den „Rationalismus“ (59; 74), und zeigte sich erfreut darüber, dass „das confessionelle Bewusstsein wieder erwacht“ (59, vgl. a. 69) sei. Konfessionalismus wurde als modern, Rationalismus dagegen als gestrig dargestellt und von vielen der Akteure wohl auch tatsächlich so verstanden. Ge-

17 Aus Ostfriesland kamen 34 Teilnehmer, 7 aus Bentheim, 4 aus Lingen, 2 von der Unterweser, je ein Prediger kam aus der Plesse und von den Konföderationsgemeinden, vgl. Nordholt, Entstehung, 121.

18 Im Folgenden wird die Denkschrift wiedergegeben. Vgl. den Abdruck des Konferenz-Programms in Nordholt, Entstehung, Abb. 51 und 52. Von den vier in Lingen 1856 gehaltenen Vorträgen, veröffentlicht in der Reformierten Kirchenzeitung, sind separat publiziert worden: Zwei Referate, gehalten auf der reformierten Predigerkonferenz zu Lingen am 8. Juli 1856, Erlangen 1856 (Jan van Buiren, Über die Aufstellung von Grundsätzen und Angabe gemeinsamer Maaßregeln zur eventuellen Aufrechterhaltung der Rechte, Freiheiten und Institutionen der reformirten Kirche im Königreich Hannover, 1–23; N.N. Koppelmann, Über Angabe der Mittel, wodurch das Presbyterialsystem in seiner Verbindung mit den Synodaleinrichtungen den Gemeinden den möglichst größten Nutzen bringen kann, 23–30). Zu van Buiren s. u.; Koppelmann war Pastor in Schüttorf.

19 Vgl.: Denkschrift zur Orientirung über die Zustände, Hoffnungen und Bedürfnisse der reformirten Kirche im Königreich Hannover dem Hohen Königlichen Ministerio der geistlichen Angelegenheiten von dem Comitee der Conferenz reformirter Geistlicher aus diesem Königreiche unterthänigst überreicht, Lingen 1857. Unterzeichnet ist der Text von Dr. Theodor Hugues (Celle), Superintendent Christian Johann Trip (Leer), P. Engelbert Crigee (Schüttorf) und P. Hermann Albert Hesse (Emden); damit waren also das große Ostfriesland zweifach (oder vertrat Hesse Emden bzw. den Coetus?), Bentheim und die Konföderation vertreten; auch die beiden Referenten von 1856 Jan van Buiren und Johann Koppelmann stammten aus Ostfriesland bzw. Bentheim, die beiden anderen P. Wiarda aus Ostfriesland sowie Superintendent Albert Louis van Nes aus Bovenden (Plesse), dem vorbereitenden Comité gehörte auch der Lingener Superintendent Christian Gottlieb Jüngst an, so dass nur die Unterweser-Gemeinden nicht direkt in Erscheinung traten. Als Hauptverfasser der Denkschrift gilt Theodor Hugues (1803–1878), der auch bei der Gründung des Reformierten Bundes eine nicht unerhebliche Rolle spielen sollte, vgl. zu ihm Andreas Flick, „Auf Widerspruch waren wir gefaßt ...“ Leben und Werk des reformierten Erweckungstheologen Theodor Hugues (Geschichtsblätter der Deutschen Hugenotten-Gesellschaft e.V. 38 / Celler Beiträge zur Landes- und Kulturgeschichte 33), Bad Karlshafen/Celle 2004, v.a. 230–241: Die *Lingener Konferenz*. – Zur *Denkschrift* vgl. auch Nordholt, Entstehung, 115–129; Krumwiede, Kirchengeschichte Niedersachsens II, 338–340.

20 Neben dieser ideellen Motivlage und den historisch-politischen Kontexten gab es noch andere Ermöglichungsbedingungen: Die Denkschrift nannte ausdrücklich „die Schienenwege“, mit der die entlegenen Gebiete des Königreiches leichter vereinigt werden könnten, ebd. 3.

genüber einer lutherischen Obrigkeit gab man sich betont geschwisterlich, beklagte aber die immer wieder einmal auftretenden lutherischen Feindseligkeiten gegenüber den Reformierten[21] und die Gefahr, von den Lutheranern absorbiert zu werden (5f.; 8; 52).

„Ohne Zweifel bietet die reformirte Kirche dieses Königreiches ein gar eigenthümliches Bild grosser Verschiedenartigkeit der äusserlichen Gestaltung, sowohl des Gemeindelebens als auch der Verfassungsformen dar." (4) In einem Überblick über die reformierten Gebiete des Königreichs, über „ihre Begründung, ihre Geschichte, ihren gegenwärtigen Zustand" (16), stellte die *Denkschrift* eine wie auch immer exakter zu fassende Präferenz für die synodal-presbyteriale Ordnung – diese oft „gehemmt" durch staatliche Eingriffe oder durch eigene Laxheit im Umgang mit ihr, zumal häufiger das Laienelement gefehlt habe – sowie eine gewisse Variabilität der Lehre fest, was sich im Gebrauch von Bekenntnisschriften und Katechismen niederschlägt.[22] Doch überall fände sich der Heidelberger, so dass man in ihm „das Band der Lehreinheit" zu sehen habe, dass

21 „Seit vor 14 Jahren einer der hervorragenden Stimmführer der lutherischen Kirche in unserm Lande unsere reformirte Kirche darstellte als ‚ein Conglomerat von Secten, diesseits und jenseits des Weltmeeres, welche diesen Namen führen', und keine Zurückweisung solcher Behauptung von lutherischer Seite stattfand, musste es wohl als ausgemacht erscheinen, dass mit solchen Brüdern keine Union zu schliessen sei, ohne sich selbst aufzugeben" (8). In der lutherischen Kirche sei ein „oft schroff hervortretende[n] Confessionalismus" festzustellen (45). „[W]oran es gewiss zu Zeiten nicht fehlt", seien „unfreundliche oder wohl gar feindliche Berührungen" mit „andern Confessionsverwandten" (77).

22 So wurden (1) reformierte Pfarrer in Ostfriesland bei sonstiger Bekenntnisfreiheit auch auf die CA verpflichtet, in Emden und Ostfriesland galt der Emder Katechismus, außerhalb Emdens auch der Heidelberger, aktuell galten auf Empfehlung des Coetus 1856 der Emder Katechismus, der Heidelberger sowie das Unterrichtsbuch von Helias Meder (25f.). (2) In der Grafschaft Bentheim mussten die Pfarrer neben den eigenen „12 Artikeln" von 1613 (BSKORK, Nr. 41, 833f.) den Heidelberger anerkennen (34), allerdings trat dann als Lehrbuch noch der Katerberger Katechismus von 1809 dazu (40, zu Katerberg s.o.); als Grundlage für die Sonntagnachmittagsgottesdienste galt jedoch der Heidelberger (40f.). (3) In der Niedergrafschaft Lingen wurde der Heidelberger im Konfirmandenunterricht gebraucht, der *Kurze Unterricht* von Daniel Heinrich Hering (1722–1807; Schöndorf 1778, [11]1856) und der *Biblische Catechismus* von Friedrich August Junker (1753–1816; Halle 1787, [19]1834) in der Schule (49). (4) In den Gemeinden der Plesse, die bis 1815 hessisch waren, galt als Lehrgrundlage die CA sowie Luthers Kleiner Katechismus (54) bzw. später der Hessische Katechismus, der auch aktuell gelte; „allmählig [wurde] neben ihm der Heidelberger Katechismus eingeführt" (55) – der 1816 eingeführte lutherische Hannoversche Landeskatechismus (1790) wurde 1856 „definitiv beseitigt" (56). (5) Die Unterweser-Gemeinden gehörten zur reformierten Kirche in Bremen, wo seit 1601 der Heidelberger als Lehrbuch belegt ist und er auch neben der CA zur Verpflichtungsformel der Pfarrer gehört (61, vgl. a. 66), wenngleich hier und da auch der Hannoversche oder Luthers Kleiner Katechismus benutzt werde (66). Der dortige Predigerverein der reformierten Pfarrer wurde 1853 als quasi-Kirchenleitung anerkannt (67f.) – er sollte sich um den Heidelberger noch sehr verdient machen. (6) Trotz der hugenottischen Herkunft und der Geltung französischer Lehrzeugnisse waren jedenfalls in den deutschen Gemeinden der Niedersächsischen Conföderation der Heidelberger nicht ausgeschlossen (73). In diesem disparaten Gebilde, das sich über drei Staaten erstreckte (Hannover, Braunschweig, Schaumburg), konnte aber „keine Uebereinstimmung der Liturgie, des Katechismus, des Gesangbuches gewonnen werden" (75).

die „Reformierten mit den Glaubensgenossen in den andern Provinzen verknüpft“.[23] Aus der Geltung unterschiedlich gefasster Bekenntnisstände und mehrerer Unterrichtsbücher in den einzelnen Gebieten schlussfolgerte man in Lingen also nicht, dass dieser plurale Zustand erhaltenswert sei, sondern betonte quasi den kleinsten gemeinsamen Nenner, nämlich presbyterial-synodal als Form und den Heidelberger als Inhalt und erhob entsprechend die Forderung nach weiterer und endlicher Herausstellung des allen gemeinsamen Buches – angeblich ohne einer Uniformität das Wort zu reden (vgl. 82) sowie einem diesen Gemeinden gemeinsamen Gebilde in Form einer reformierten Landeskirche.

Die *Denkschrift*, wie auch schon die ersten Konferenz-Tagesordnungen[24], zielte darauf ab, den Heidelberger nicht nur als das allgemein-reformierte Symbol und als das die fünf Gebiete und die Konföderationsgemeinden verbindende Band zu erweisen, sondern in ihm – wie auch in der synodal-presbyterialen Ausrichtung – die Grundlage für die Vereinigung der Gemeinden zu einer reformierten Landeskirche im Königreich Hannover zu sehen (vgl. 80). Denn irgendwann müsse das gemeinsame Bekennen auch eine institutionelle Form finden, wie die Kirchenstrategen in Lingen weiter argumentierten. War man also bislang zusammengehalten von einer „Lehrübereinstimmung“ durch den Heidelberger sowie „dem gemeinschaftlichen Unterthanenverhältniss zu dem Königshause von Hannover“, so sei nun noch „ein[…] gemeinsame[s] Verfassungsleben“ (77) erforderlich, zumal es vor zwei Extremen schützt: zum einen vor „hierarchischen Gelüsten“ und zum anderen vor „independentistischen Gelüsten“ (78) – beides konnte einem protestantisch-obrigkeitlichen Staat natürlich nicht gefallen!

c) Kirchenrechtlich-kirchenpolitische Resonanzen: „Vorbildlich wirken […] auf das Verhalten der ganzen reformierten Kirche Deutschlands“

Aber spielte sich dies nicht alles in einem abgelegenen Winkel der deutschen Länder ab, jedenfalls was die große Mehrheit der betreffenden 113 Gemeinden an der niederländischen Grenze anlangt? Dass hier über die Territorialgrenzen hinweg möglicherweise Wegweisendes betrieben wurde, ahnten zwei weithin bekannte kirchenpolitische Akteure, die durch ihre Beiträge in weit verbreiteten theologischen Magazinen der *Lingener Denkschrift* zu einer breiten Aufmerksamkeit verhalfen.

Karl Heinrich Sack (1789–1875)[25], seinerzeit Oberkonsistorialrat in Magdeburg, rezensierte die *Denkschrift* geradezu enthusiastisch. Sie sei „eine still-

23 Ebd., 26 (für Ostfriesland); vgl. nahezu identische oder ähnliche Formulierungen 41 (für Bentheim), 50 (für Lingen), 57 (für die Plesse), 69 (für Unterweser).

24 Vgl. Nordholt, Entstehung, 120.

25 Zu diesem dritten wichtigen Sack vgl. Mark Pockrandt, Die Bedeutung von Karl Heinrich Sack (1789–1875) und Friedrich Samuel Gottfried Sack (1738–1817) für die Union, in: Jürgen Kampmann (Hg.), Preußische Union: Ursprünge, Wirkung und Ausgang. Einblicke in vier Jahrhunderte evangelischer Kirchen- und Konfessionsgeschichte (Unio und Confessio 27), Bielefeld 2011, 97–109; 98–102.

schweigende Zurechtweisung derer, welche Hoffnungen wie die vom allmählichen Sich-Verlieren, vom Bestimmtsein zur unvermerkten Ueberleitung oder nahen Rückkehr in die lutherische Kirche und dgl. allzu sanguinisch bei sich Raum gegeben haben."[26] Nicht zuletzt gegen „die sogenannte lutherische Strömung" könne die Gründung einer reformierten Landeskirche in Hannover „vorbildlich wirken […] auf das Verhalten der ganzen reformierten Kirche Deutschlands" (187), frohlockte Sack, eine Ablehnung der Lingener Vorschläge führe dagegen zu einer „Unzufriedenheit, die zuletzt über die Grenzen der kleinen reformirten Gebiete hinausgehen würde." (187) „Zwar gelitten haben [diese reformierten Gemeinden im jetzigen Königreich Hannover], gehemmt, beschädigt worden sind sie, aber es ist noch ein gesunder Kern des Glaubens und der Lehre da. Der Heidelbergische Katechismus, ihr unschätzbares gemeinsames Band, bejaht ihnen in gesalbter Weise" die Inhalte des christlichen Glaubens.[27] Sack spitzte die kirchenpolitischen Konsequenzen zu: „Wir sagen *nicht* in dem Tone einer nur zu viel repristinirenden Entschiedenheit: entweder lutherisch oder reformiert, sondern wir sagen: entweder eine frei von beiden Seiten gewollte und weise geleitete positiv-evangelische Union, oder eine gerechte Anerkennung und Rechtsgewährung für beide Seiten, wozu denn auch das Recht der Reformirten gehört, sich so lange der Union zu versagen, als sie nicht (was auch die Denkschrift richtig bemerkt) für vollkommen ebenbürtig von Seiten der anderen Partei anerkannt werden." (190) Die Länder mit Unionen wie Preußen, Baden und Pfalz möchten fortfahren mit einem guten ausgleichenden Miteinander beider Traditionen, „so haben reformirte Gemeinden von einer solchen Union nichts zu fürchten" (191).

Ganz anders sah dies der lutherische Kirchenjurist Otto Mejer (1818–1893), der dem Neuluthertum Theodor Kliefoths juristischen und publizistischen Flankenschutz bot. In einem fulminanten Gegengutachten[28], das auch die Sack'sche Rezension erwähnt und also möglicherweise von dort motiviert sein könnte, bot Mejer ein Meisterstück konfessioneller Polemik. Sie verbarg sich unter einer vorgeblich weitgehenden Würdigung und unter ausführlichen historischen Be-

26 Denkschrift […], angezeigt von Dr. K[arl] H[einrich] Sack, in: Deutsche Zeitschrift für christliche Wissenschaft und christliches Leben (begründet durch Dr. Jul[ius] Müller, Dr. Aug[ust] Neander, Dr. K[arl] I[mmanuel] Nitzsch), 8 (1857, Nr. 24. vom 13. Juni 1857, 187–191; 187.

27 Diese so positive Beurteilung des Heidelbergers ist insofern bemerkenswert, als dass K. H. Sack in früheren Jahren ein eigenes Lehrbuch vorgelegt hatte: ders., Katechismus der christlichen Lehre. Für die Jugend evangelischer Gemeinen, Bonn [2]1834, [3]1850.

28 Reformirte Zustände und Bestrebungen im Königreich Hannover. Auf Anlaß einer Denkschrift des Comité der Conferenz reformirter Geistlicher aus diesem Königreiche erörtert von Dr. Otto Mejer, in: Kirchliche Zeitschrift [1854–1859, hg. von Theodor Kliefoth und Otto Mejer] 4 (1857), dann auch als mehr als 130seitiger Separatdruck erschienen (Leipzig o.J.), wonach im Folgenden zitiert wird; zu dieser Kritik Mejers vgl. auch Kochs/Wiarda, Erbe und Auftrag, 75. Zu Mejers staatskirchenrechtlichen und konfessionspolitischen Positionierungen vgl. Gerhard Besier, Preußische Kirchenpolitik in der Bismarckära. Die Diskussion in Staat und Evangelischer Kirche um eine Neuordnung der kirchlichen Verhältnisse Preußens zwischen 1866 und 1872 (Veröffentlichungen der Historischen Kommission zu Berlin 49), Berlin u.a. 1980, 94–98.

schreibungen, mit denen Mejer vor allem die „einseitig[e] und ungenau[e]“ (81) Schilderung der ostfriesischen Verhältnisse in der *Denkschrift* richtig stellen wollte.[29] „Althannover“ sei historisch lutherisch, die reformierten Gebiete seien im Wesentlichen erst 1815 hinzugekommen. Die reformierten Gebiete seien unabhängig voneinander; Ostfriesland, Bentheim und Lingen „[wiesen] bloß den Einen verwandtschaftlichen Zug des niederländischen Typus ihres kirchlichen Lebens insgesamt auf“ (6). Diese Charakterisierung war bei Mejer sicher pejorativ gemeint wie auch die Emdens als einer „dem Landesherrn gewöhnlich aufsässige[n] Stadt“ (6), jedenfalls bis 1744, als Ostfriesland seine Selbstständigkeit verlor und an Preußen kam. Der Kirchenjurist konzentrierte sich vor allem auf die Abweisung der Forderung nach einer presbyterial-synodalen und damit unabhängigen Kirche, auch wenn die staatliche Oberaufsicht erhalten bleiben sollte. Auch Reformierte kennten die konsistoriale Form der Kirchenleitung, etwa die Bentheimer. Da auch die Lutheraner eine lutherische Landeskirche wünschten, wäre – eigentlich – eine reformierte Kirchwerdung durchaus zu unterstützen (vgl. 17; 122). Allerdings sah Mejer bei den Reformierten „Kirche“ unterbestimmt, da im presbyterial-synodalen System die Kirche lediglich als „Societät“, nicht jedoch als „Institut“ verstanden werde (19). So etwas führe dann zum „Independentismus“ (21). Insofern seien eben die „Anschauungen vom Wesen der Kirche selbst“ strittig (122). So resümierte Mejer, dass die reformierten „Einheitsbestrebungen nach ihrer materiellen Seite“ zu billigen sei, die auch biblisch nicht geforderte presbyterial-synodale Form aber nicht „wünschenswerth“ und auch reformierterseits nicht selbstverständlich sei (28); außerdem seien auch „die Consistorien [...] von jeher nicht Staats-, sondern Kirchenbehörden gewesen.“ (95) Und schließlich seien die Lehrdifferenzen zwischen den einzelnen reformierten Regionen doch so groß, dass man widersprechen müsse, wenn der Heidelberger, dem Mejer sonst eine „in seiner Art so höchst anerkennenswerthen Trefflichkeit“ zugestand (87), als „Band der Lehreinheit“ bezeichnet werde (86, vgl. a. 118). Mejers Text changierte zwischen deskriptiv, verständnisvoll und irenisch, um dann aber „die Katze aus dem Sack zu lassen“: „Auch ist uns die reformirte Kirche schon jetzt, in ihrer minderen Geschlossenheit in Deutschland, eine Gegnerin gewesen, deren Einfluß auf lutherisches Kirchenleben so vielfach und so kräftig zersetzend gewirkt hat, daß wir nicht wünschen können, sie in diejenigen kirchlichen Einheit und Concentration sich erheben zu sehen, die sie erlangen würde, wenn die Behauptung“ der Lehreinheit durch den Heidelberger „wahr wäre.“ (88) Mejer sah bei den reformierten Bestrebungen auch Gefahren für den Staat und votierte für den Summepiskopat – den die *Denkschrift* gar nicht in Frage gestellt hatte! – und polemisierte gegen „Republik“, „Parlamentarismus“, gegen liberale Parteien und diffamierte die Anhänger des presbyterial-synodalen Systems, mit dem eine

29 Den ostfriesischen Verhältnissen sind die Seiten 30–90 gewidmet. Möglicherweise hat Petrus Georg Bartels seine in diesen Jahren zahlreich entstandenen Arbeiten zur ostfriesischen Kirchengeschichte nicht zuletzt als Antwort auf Mejer verfasst. Mit den historischen und gegenwärtigen Verhältnissen in Bentheim (91–99), Lingen (99–107), Plesse (107–111) und den bremischen Gemeinden an der Unterweser (111–118) beschäftigte sich Mejer eher kurz.

„demokratische[.] *Zersetzung* der Kirche“ (133) drohe: Sie, „die Prediger der Republik in der Kirche“ (134), rechneten doch wohl mit dem Parlamentarismus und einer Lossagung des Staates von der Kirche (129f.). Das ist in der zweiten Hälfte der 50er Jahre des 19. Jahrhunderts durchaus als Versuch zu werten, die konfessionellen Gegner zu kriminalisieren. Dass Mejer „die reformirte Kirche in gewissen Punkten als unsere Gegnerin zu betrachten nicht leugnen“ wollte und dennoch davon sprechen konnte, eines Leibes Glied zu sein (135), ist nicht leicht nachvollziehbar.

Die in der *Denkschrift* von den Reformierten geäußerten Hoffnungen und Bedürfnisse gerieten so in konfessionelle Auseinandersetzungen, die es reichsweit gab. Zaudernde Unionstheologen und lutherische Konfessionalisten hatten wohl beide tatsächlich Angst vor einer reichsweiten reformierten Kirche.[30] Sie galt es zu verhindern. Präzedenzfälle, die eventuell im ganzen Reich hätten Nachahmer finden können, mussten ausgeschlossen werden. Es war schon verquer: Auf den beiden Seiten der Lutheraner und Reformierten wurde eine konfessionelle Renaissance begrüßt, aber man machte sich gegenseitig das Leben schwer.

Mit dem Coetus in Emden schloss sich die größte selbstständige reformierte Interessensvertretung den Intentionen der *Denkschrift* grundsätzlich an, jedoch fand sie keine Resonanz bei der königlichen Regierung.[31] Reformierte trafen sich weiter zu den Konferenzen, betrieben also unentwegt die konfessionelle Lobbyarbeit weiter. Das erwies sich auch als notwendig.

d) Der faktische Gebrauch des Heidelbergers bis zur Landeskirchengründung: „Abänderungen nicht zu wünschen“

Das Katechismusjubiläum 1863 wurde auch von „niedersächsischen“ Reformierten wahrgenommen und betrieben, etwa durch Editionen und Arbeiten von Petrus Georg Bartels[32], Johannes (oder Jan) van Buiren (1814–1870)[33] und anderen. Allerdings konnte man trotz der den Heidelberger propagierenden erwecklichen Neokonservativen nicht von einer unumstrittenen Position des Katechismus sprechen, wie eine Umfrage des Konsistoriums Aurich 1854 ergab; der Coetus trat deshalb für den o.g. Dreierkompromiss für Ostfriesland ein.[34] Im Coetus selbst wurde im Zusammenhang mit dem Jubiläum 1863 darüber nachgedacht,

30 Vgl. Metz, Das 300. Jubiläum des Heidelberger Katechismus, 208: Pläne einer reformierten Nationalsynode. – Die RKZ etwa konnte seinerzeit selbstverständlich von der „Reformirten Kirche in Deutschland“ schreiben, die es derart konstituiert ja gar nicht gab.

31 Vgl. Nordholt, Entstehung, 128f.; Krumwiede, Kirchengeschichte Niedersachsens II, 340; Flick, „Auf Wiederspruch waren wir gefaßt ...“, 239.

32 Petrus Georg Bartels, Kern des Heidelberger Katechismus mit erläuternden Bibelstellen, Aurich 1864. Von Bartels stammen mehrere Ausarbeitungen zur Geschichte und zum praktischen Unterricht mit dem Katechismus.

33 Johannes van Buiren, Der Heidelbergische Katechismus. Im Auszuge mit ausgedruckten Schriftstellen herausgegeben von J. van Buiren, weil. reformierten Pastor in Leer, Barmen [7]1887. – Vgl. Martin Tielke, Art. Johannes van Buiren, in: BLO II, Aurich 1997, 53–54.

34 Vgl. Ulrichs, Volkstheologie, 508–517.

„sich nach einem angemessenen Unterrichtsbuch für die Jugend an Stelle des Heidelbergers umzusehen.“[35] Auch dort war man nicht auf den Heidelberger festgelegt, und erst recht war überhaupt die Stellung von Bekenntnisschriften umstritten.

Eine ähnliche Spannung zwischen der Lingener Denkschrift und den Wünschen vor Ort zeigte auch eine entsprechende Umfrage 1863 in den Grafschafter Gemeinden.[36] In vielen Gemeinden war der Katerberger Katechismus in Schule und Konfirmandenunterricht üblich, während der Katechismuspredigt der Heidelberger zu Grunde lag. An anderen Orten war dieser aber auch schon in den kirchlichen und schulischen Unterricht eingedrungen. Man kann vermuten, dass nicht die örtlichen Presbyterien, sondern die jeweiligen Pfarrer entschieden und durchsetzten, welches Lehrbuch benutzt wurde. Weder wurde der plurale Gebrauch als Makel angesehen noch die verschiedenen Lehrbücher als widersprüchlich wahrgenommen, eine flächendeckende Harmonisierung wurde abgelehnt: „[D]as Kirchenvolk wünscht, daß keine abändernde Bestimmung in dem Bestehenden getroffen werde“, wie der Pfarrer aus Neuenhaus *Nomine Consistorii* erklärte.[37] Oder man kam wie in Schüttorf nicht zu einer eindeutigen Stellungnahme, weil „im Kirchenrath die Meinungen getheilt“ waren, ob eines der Bücher abgeschafft werden solle.[38] Das parallele Auswendiglernen zweier Katechismen benötigte nach den Erfahrungen in Nordhorn 14 bis 18 Monate; diese Praxis war derart etabliert, dass man resümierte: „[S]o kann bei den obwaltenden Verhältnissen die jetzige Praxis nicht wol ohne Störung und Unzufriedenheit aufgehoben werden, und müßen wir deshalb wünschen, daß es bei dem Bestehenden vorerst sein Bewenden behalte.“[39] Auf Grund dieser und weiterer Stellungnahmen stellte der Bentheimer Oberkirchenrat fest, dass „sämtliche Orts-Consistorien Abänderungen nicht zu wünschen erklärt haben.“[40]

Der Heidelberger war also in den reformierten Gemeinden des Königreiches Hannover bekannt und im Gebrauch, aber – wie sowohl die Lingener Denkschrift selbst als auch die genannten Umfragen in Ostfriesland und der Grafschaft Bentheim nahelegen – nicht dominierend, so dass es als etwas zu optimistisch bezeichnet werden muss, wenn die Verfasser der *Denkschrift* suggerierten, in ihm das alle verbindende Moment sehen zu können, dass eine Landeskirchengründung geradezu notwendig erscheinen ließ. Die historisch-politischen Kontexte sprachen

---

35 Zitiert nach Kochs/Wiarda, Erbe und Auftrag, 119.

36 Alle folgenden Angaben nach den Archivalien in LKA Leer Generalia 9.5. Bücher und Schriften / Religionslehrbücher, Heidelberger Katechismus, Nr. 2: Der Gebrauch des Heidelberger Katechismus im Schul- und Konfirmandenunterricht in der Grafschaft Bentheim, Umfrage des Oberkirchenraths nach Katechismus-Gebrauch 1863, 18. März 1863.

37 J. Slingenberg, Brief an Königlicher Oberkirchenrath Bentheim, Neuhaus, 20. April 1863. Weitere Bitten um Beibehaltung des Status quo kamen aus Bentheim (19. April 1863, Pastor Meese) u.a.

38 Koppelmann, Schüttorf, 28. April 1863. Hier hatte man das Problem erkannt, dass „der Übergang von dem *kleinen* Katerberger zum Heidelberger Catechismus für die Kinder ein zu großer Sprung ist“.

39 Pastor Lucassen, Nordhorn, 10. April 1863.

40 Aktennotiz ohne Datum ohne Ort. – Ganz selten werden noch weitere Lehrbücher verwandt, etwa in Ohne Friedrich Adolf Krummacher, Bibel-Katechismus, Essen 1837.

für die Gründung einer reformierten Landeskirche, und sie wäre wohl auch kurz nach der lutherischen Landeskirche, die 1864 sanktioniert wurde[41], gekommen, wenn Hannover als selbstständiger Staat noch länger existiert hätte. Die Geschehnisse des Jahres 1866 haben dies sistiert. Die reformierten Ostfriesen bejubelten damals die „Wiedervereinigung" mit Preußen. Auf die eigene Landeskirche mussten sie dagegen noch anderthalb Dekaden warten. Berlin war weit entfernt, Preußen hatte andere Sorgen.

2. Gründung der Landeskirche 1882 und ihr Bekenntnisstand während des Kaiserreichs

a) Gründung 1881/82: „Der Bekenntnisstand … wird … nicht berührt."

Die Lage der Reformierten in der neuen preußischen Provinz war durchaus prekär. Würde die Kirche in Hannover der preußischen Union inkorporiert, drohte, wie Reformierte fürchteten, der Untergang, bliebe Hannover kirchlich selbstständig, drohte die Majorisierung durch das hannoversche Luthertum.[42] Auch auf Reichsebene machte man sich Sorgen um die niedersächsischen Reformierten, wie zahlreiche Artikel in der RKZ belegen. Dieses Organ wurde von den Protagonisten dazu genutzt, ihre Anliegen kirchenpolitisch reichsweit brisant erscheinen zu lassen. Einige Positionsbestimmungen und Pamphlete erschienen auch selbständig.[43]

---

41 Vgl. Krumwiede, Kirchengeschichte Niedersachsens II, 355–358. Ausführlich: Wolfgang Rädisch, Die Evangelisch-lutherische Landeskirche Hannovers und der preußische Staat 1866–1885 (Veröffentlichungen der Historischen Kommission für Niedersachsen und Bremen 25 / Niedersachsen und Preußen 10) Hildesheim 1972.

42 Zu dieser Phase vgl. Nordholt, Entstehung, 129–136.

43 Zwei publizistische Beispiele, die sich mit der konfessionellen Situation im seit 1866 erweiterten Preußen auseinandersetzen: Friedrich Wilhelm Hassencamp, Das Wesen der reformirten Kirche und die Union, Elberfeld 1867 (gemeinsam mit einem Vortrag von Adolph Zahn gedruckt: Zwei Vorträge, gehalten zu Detmold auf der Conferenz reformirter Theologen und Aeltesten im Juni 1867, 1–58); N.N., Furcht und Hoffnung der reformirten Kirche Deutschlands. Eine Stimme aus ihrer Mitte, Elberfeld 1867 (vgl. Besier, Preußische Kirchenpolitik, 109–111). Der Elberfelder Pfarrer Hassencamp, der zunächst apologetisch bestreitet, „daß unsere reformirte Kirche … ein nicht-deutsches, fremdes Gewächs sei und derselben schon deshalb jede Berechtigung zu nationaler Pflege abgehe" (ebd., 1f.), plädierte auf Grund der friedliebenden und unionistischen Gesinnung des Reformiertentums für einen Verbleib reformierter Gemeinden innerhalb der preußischen Landeskirche, um eine „Isolirung" und ein Hinabsinken „zu einer einseitigen und stagnirenden Secte" zu verhindern (54), gestand jedoch den Reformierten in den neupreußischen Gebieten, namentlich den Hannoveranern, einen anderen Weg zu, weil diese sich nicht aus einer bestehenden Landeskirche erst noch zu lösen hätten (57). Von einer daraus erwachsenen freien reformierten Kirche erhoffte sich Hassencamp eine „Stärkung der Reformierten"; eine „ref[ormierte] Kirche in Deutschland" als eine eigenständige „Kirchenformation" lehnte er

Für die östlichen Provinzen der altpreußischen Union wurde bereits 1873 eine Kirchengemeinde- und Synodalordnung erlassen, während im Westen die vielfach revidierte Rheinisch-Westfälische Kirchenordnung von 1835 galt. Nachdem sowohl die Lingener Konferenz als auch der Coetus in den folgenden Jahren mehrfach bei Regierung und König um die Einberufung einer Vorsynode und die Errichtung einer reformierten Landeskirche mit einer presbyterial-synodalen Verfassung gebeten hatten, wurden die preußischen Behörden Ende der 70er Jahre aktiv, allerdings verhinderten zahlreiche Monita innerhalb des Staatsapparates die rasche Realisierung. 1880 initiierten die Behörden ein klärendes Gespräch „mit sachkundigen Vertrauensmännern aus den betheiligten Kirchenkreisen“ über die noch verbliebenen „Meinungsverschiedenheiten“, bei dem die Weichen gestellt werden konnten.[44] Daraufhin genehmigte der preußische König Wilhelm I. die Einberufung einer Vorsynode am 27./28. November 1881 in Aurich, um die vorliegende Kirchengemeinde- und Synodalordnung für die Reformierten zu beraten. Die Wahl der Delegierten wurde an manchen Orten angefochten, da teils sehr alte Bestimmungen angewandt wurden, was das Stimmrecht anging. Die Gründung der Landeskirche hat offenkundig das Kirchenvolk durchaus bewegt.

In erstaunlicher Freimütigkeit wurde während der außerordentlichen Synode vom 28. November bis zum 12. Dezember 1881 in Aurich in 13 Sitzungen debattiert; zahllose Änderungsanträge standen zur Diskussion.[45] Den Bekenntnisstand der Landeskirche betreffend wurden zwei den unbestimmten § 1 näher erläuternde Anträge eingebracht. Zunächst war der Zusatz beantragt worden „Der seitherige Bekenntnißstand dieser Gemeinde[n] wird durch die vorliegende Ordnung in keiner Weise geändert.“ Nach der Bemerkung des königlichen Kommissars Ministerial-Direktor Friedrich Wilhelm Barkhausen (1831–1903), nachmaliger Präsident des altpreußischen EOK, „der richtige Platz“ „für eine solche Zusicherung“ sei der zu erwartende „Allerhöchste Erlaß“ des Königs, wurde der Antrag zurückgezogen.[46] Ebenso verhinderte der königliche Kommissar den Heidelberger als „Lehrnorm“, wie es der Synodale Döscher, Grundbesitzer von der Unterweser, beantragt hatte: „Grundlage dieser nach Gottes Wort reformirten Kirche ist die heilige Schrift alten und neuen Testaments; Lehrnorm der Heidelberger Kate-

---

freilich ab (ebd.). Der Anonymus der genannten zweiten Schrift sah die Existenz des Reformiertentums durch die sich ausweitenden Unionen bedroht, zumal außerhalb Neupreußens nur sehr wenige reformierte Gemeinden existierten (4). In diesem Kairos müssten nun die Reformierten in den neupreußischen Gebieten einen stellvertretenden Dienst wagen (10) und selbstständig bleiben. Aufgrund der Lingener Denkschrift (14) erhoffte sich der Verfasser „[e]ine selbständige reformirte Kirche Hannovers“ (17). Nach deren Vorbild könnten sich dann auch die Gemeinden weiterer reformierter Gebiete, wie etwa Hessens, zu einer Kirche vereinigen (18), könne doch der Territorialismus nicht allein leitendes Prinzip von Kirchenbildung sein (21).

44 Vgl. Nordholt, Entstehung, 136–144.

45 Bericht über die Verhandlungen der außerordentlichen Synode für die evangelisch-reformirten Gemeinden der Provinz Hannover. Mit Benutzung amtlicher Quellen erstattet von Th. Raydt und H. Dirksen, Aurich 1882.

46 Raydt/Dirksen, Bericht, 56. Antragsteller war der Emder Pastor Otto Zillessen (1842–1907), später Konsistorialrat in Münster. In Emden galten ja drei Lehrbücher (s.o.).

chismus."[47] Barkhausen argumentierte, dass beides „unzweifelhaft" bereits der Fall sei. Allerdings: „Indessen könne eine bezügliche Bestimmung jedenfalls nicht in den vorliegenden Entwurf zu einem Kirchengesetz aufgenommen werden, durch welches erst ein Kirchenkörper organisch verfaßt werden solle. Auch sei die Frage, ob ein organisch verfaßter Kirchenkörper Bestimmungen über das Bekenntnis zu treffen berechtigt sei und eventuell ob dies auf dem Wege der kirchlichen Gesetzgebung oder in welcher anderen Weise geschehen könne, eine außerordentlich schwierige, und werde dieselbe von Autoritäten auf diesem Gebiete in ganz verschiedener Weise entschieden." Dies genügte dem Petenten, der daraufhin seinen Antrag zurückzog.[48]

Eine solche unbestimmte Bekenntnisregelung stand in hannoverscher Tradition: Auch bei der Gründung der lutherischen Landeskirche, seinerzeit noch unter hannoverscher Herrschaft, wurde – wohl im Rückblick auf die erheblichen Katechismus- und Bekenntnisstreitigkeiten bei den Lutheranern – in der Kirchen- und Synodalordnung festgeschrieben: „Die Lehre selbst bildet keinen Gegenstand der Gesetzgebung der Landeskirche."[49]

Nun war der Weg frei. Im „Allerhöchsten Erlaß" vom 12. April 1882 sanktionierte Wilhelm I. die Kirchengemeinde- und Synodalordnung der „Evangelisch-reformirten Kirche der Provinz Hannover". Ausdrücklich hieß es, wie von Barkhausen bereits angekündigt, im königlichen Erlass: „Der Bekenntnisstand der in der evangelisch-reformirten Kirche der Provinz Hannover vereinigten Gemeinden wird durch diese Ordnung, wie Ich ausdrücklich erkläre, nicht berührt, auch eine Änderung derselben damit in keiner Weise beabsichtigt."[50]

Die Reformierten hatten ihre eigene Kirche erhalten, aber anders als von der Lingener Denkschrift gefordert, gab es bestenfalls eine an den Obrigkeitsstaat angepasste synodal-presbyteriale Ordnung. Auch die besonders auf der außerordentlichen Synode 1881 erhobene Forderung nach einer rein reformierten Aufsichtsbehörde[51] konnte nicht durchgesetzt werden; man wurde vielmehr dem Auricher Simultan-Konsistorium unterstellt. Und das vorgeblich alle Gebiete verbindende Lehrdokument, der Heidelberger, blieb im Gründungsdokument und in der Verfassung der neuen Provinzkirche unerwähnt. Dennoch sollte er für das

47 Raydt/Dirksen, Bericht, 56; Die Kirchengesetze der evangelisch-reformirten Kirche der Provinz Hannover nach den Motiven, den einschlägigen Gesetzen und Verordnungen bearbeitet von Ernst Giese, Aurich 1902, 3. Vgl. Krumwiede, Kirchengeschichte Niedersachsens II, 380, Metz, Das 300. Jubiläum des Heidelberger Katechismus, 222, Anm. 104.

48 Raydt/Dirksen, Bericht, 56.

49 Krumwiede, Kirchengeschichte Niedersachsens II, 358.

50 Faksimile in Nordholt, Entstehung, Abb. 55; vgl. auch: Die Kirchengesetze der evangelisch-reformirten Kirche der Provinz Hannover, bearbeitet von Ernst Giese, S. 1. Raydt/Dirksen, Bericht, Anlage E, 123. – Es trifft also nicht zu, wenn in einer landeskirchlichen Jubiläumsbroschüre behauptet wird: „Als gemeinsames Bekenntnis wurde der Heidelberger Katechismus eingeführt." In: 125 Jahre Evangelisch-reformierte Kirche, hg. von Walter Herrenbrück und Hilke Klüver im Auftrag des Moderamens der Gesamtsynode der Evangelisch-reformierten Kirche, Leer 2007, 11.

51 Vgl. die Immediateingabe, in: Raydt/Dirksen, Bericht, Anlage D, 120–122.

Zusammenwachsen der knapp 85000 Glieder in 114 Gemeinden (1882)[52] eine herausragende Rolle spielen.

b) Konfessionalisierungen: „Allgemeine, wenn auch nicht durchweg rechtliche Anerkennung“

Der Heidelberger spielte nämlich gerade auch in anderen reformierten Kontexten eine herausragende Rolle. Zwei Jahre nach der reformierten Landeskirche wurde 1884 der Reformierte Bund gegründet: „De facto, nicht nach der Intention ist der Reformierte Bund eine Komplementärgründung zu der eben entstandenen ersten reformierten Landeskirche auf deutschem Boden, in Hannover.“[53] Der Reformierte Bund hatte anders als reformiert Hannover und auch anders als in der überwiegend reformierten Landeskirche Lippes im § 1 seiner Grundordnung eine klare, substantielle Bekenntnisaussage, indem dort der Heidelberger genannt wurde. Was der kommende führende reformierte Theologe E.F. Karl Müller aus Erlangen in seiner „Symbolik“ über den Heidelberger als Bekenntnisschrift sagen konnte, galt auch von ihm als Unterrichtsbuch: „[U]nter den Bekenntnisschriften erfreut sich von allen der *Heidelberger Katechismus* allgemeiner, wenn auch nicht durchweg rechtlicher Anerkennung.“[54] Heinrich Calaminus (1842–1922), einer der ersten Vordenker des Bundes und dessen zweiter Moderator sowie langjähriger Herausgeber der RKZ, meinte gar: „[D]ie deutsche reformirte Kirche ist aber entstanden, steht und fällt mit dem Heidelberger Katechismus“[55]. Das war zwar konfessionelle Imagination, aber typisch für die zweite Hälfte des 19. Jahrhunderts – und diese wurde wirksam als Motivation, mit dem Heidelberger die Reformierten zu einen.

Dieses gelang auch immer mehr in den Gebieten der reformierten Landeskirche. In Ostfriesland wurden um 1880 Debatten geführt, welche Ausgabe des Katechismus benutzt werden sollte[56], etwa die van Buirensche Ausgabe (s.o.) oder dann später 1889 doch besser eine neu eingerichtete von Stokmann/van der

---

52 Vgl. die statistischen Angaben, in: Raydt/Dirksen, Bericht, Anlage G, 149–152.

53 J.F. Gerhard Goeters, Die Situation der Reformierten im 19. Jahrhundert und die Entstehung der Reformierten Landeskirche Hannovers und des Reformierten Bundes. Vielfalt und Einheitsbestrebungen unter den deutschen Reformierten, in: ders., Beiträge zur Union und zum reformierten Bekenntnis, herausgegeben von Heiner Faulenbach/Wilhelm H. Neuser (Unio und Confessio 25), Bielefeld 2006, 357–374 (zuerst in: RKZ 124 [1983], 130–133; 158–161); 364.

54 Ernst Friedrich Karl Müller, Symbolik. Vergleichende Darstellung der christlichen Hauptkirchen nach ihrem Grundzuge und ihren wesentlichen Lebensäusserungen, Leipzig 1896, 379 (438–442 zum Heidelberger).

55 Heinrich Calaminus, Die Geschichte des Heidelberger Katechismus in Deutschland. Vortrag gehalten am Montag, den 8. Dezember 1884 zu Elberfeld (Vorträge zur Förderung und Belebung des reformirten Bekenntnisses 1), Elberfeld 1885, 3.

56 Vgl. LKA Leer, Generalia 9.5. Bücher und Schriften / Religionslehrbücher, Heidelberger Katechismus, Nr. 3 Der Gebrauch des Heidelberger Katechismus im Schul- und Konfirmandenunterricht in den Gemeinden Ostfrieslands.

Laan.[57] Zu einem wichtigen Umschwung kam es 1888 in Emden, wo mit Beschluss des Kirchenrates zum 1. April 1888 statt des Emder Katechismus der Heidelberger eingeführt wurde, und zwar auch mit der Begründung, dass er in allen anderen reformierten Gemeinden Ostfrieslands gelte.[58] Allerdings wurde er als Unterrichtsbuch eingeführt, nicht jedoch als Bekenntnisschrift. Fortan wurde ausschließlich der Heidelberger in Emden benutzt, aber er war damit noch nicht selbstverständlich; das angenommene Erbe musste man sich noch erst erwerben, um es zu besitzen bzw. benutzen zu können: Der ostfriesische Coetus nahm sich von 1892 bis 1915 – mithin fast ein Vierteljahrhundert! – Zeit, den Heidelberger zu besprechen und ihn auf seine Schriftgemäßheit zu untersuchen![59] Er wurde nun auch in das „Gesangbuch für Kirche, Schule und Haus in den reformirten Gemeinden Ostfrieslands" aufgenommen.[60] Durch das Auricher Konsistorium verbreitet war auch eine „Zusammenstellung" von Heidelberger-Fragen für den praktischen Unterricht als Memorierstoff.[61]

Auch in der Grafschaft Bentheim ging man immer mehr ganz zum Heidelberger über, weil der Katerbergsche Katechismus offenkundig seine Zeit gehabt hatte. Interessant ist, dass zahlreiche Editionen des Heidelbergers benutzt wurden: überregionale, die auch reichsweit anerkannt waren, wie etwa die von Karl Sud-

57 Der Heidelberger Katechismus für Schul- und Katechumenenunterricht, bearbeitet von G. Stokmann und B. van der Laan, hg. von G. H. Stokmann, Emden ^{5}1912 (1879, ^{4}1903). Hier war man bemüht, „dem etwas spröden Stoff des Katechismus" durch Beigabe ausführlicher Bibelzitate und Lieder „Farbe, Wärme und Leben zu verleihen" (VII).

58 Vgl. dazu die entsprechenden Kirchenratsprotokolle (vorhanden in der Johannes a Lasco Bibliothek, Große Kirche Emden); Aktennotiz von A[nton] Si[kken], Wie es in Emden zum Heidelberger Katechismus kam (o.O., o.J.), in: LKA Leer, 9.5. Bücher und Schriften / Religionslehrbücher, Heidelberger Katechismus, Nr. 5. – Übrigens tat christliche Unterweisung offenbar Not: In Rückblicken alter Pastoren aus den 20er Jahren des 20. Jahrhunderts finden sich immer wieder Erinnerungen an Aberglauben und heidnische Praktiken der Landbevölkerung auch noch zur Zeit des Kaiserreiches!

59 Vgl. Diddo Wiarda, Der Coetus im Kaiserreich, in: Eberhard Busch u.a., „... um die Kirche zu bewahren und zu schützen." Beiträge zum Jubiläum des Coetus der evangelisch-reformierten Prediger und Predigerinnen in Ostfriesland 1544–1994, Bovenden 1995, 29–42; 30–33.

60 Gesangbuch für Kirche, Schule und Haus in den reformirten Gemeinden Ostfrieslands. Mit Genehmigung der kirchlichen Behörde herausgegeben von dem Cötus der reformierten Prediger, neunte Auflage, Aurich 1898 (das ist wohl die erste Auflage nach der Landeskirchen-Gründung von 1882); der Heidelberger ebd., 429–464. Neben dem Gesangbuch wurde noch ein entsprechendes Psalmbuch benutzt, Aurich ^{8}1898; dort waren Emder und Heidelberger Katechismus abgedruckt. – Die anderen Gebiete hatten eigene Gesangbücher.

61 Vgl. die Edition von Stokmann/van der Laan (vgl. Anm. 57), IVf.: Zusammenstellung derjenigen Fragen aus dem Heidelberger Katechismus, welche nach den darüber ergangenen Anweisungen des Konsistoriums und der Regierung in Koblenz, der Synoden von Siegen und Tecklenburg, der Regierung zu Magdeburg und des Konsistoriums für Lippe-Detmold für die ihnen unterstellten reformierten Kirchen bzw. Gemeindegruppen als Memorierstoff für die Schulen in wesentlicher Übereinstimmung ausgewählt bzw. ausgeschieden wurde. – In der Grafschaft galt eine andere Auswahlliste, vgl. ebd., VI.

hoff[62], aber auch eigene regionale, wie eine Lingener Ausgabe (gedruckt bei J. Veldmann) oder eine des Predigervereins an der Unterweser.[63]

In der Regel waren dies wenig umstrittene Vorgänge. Aber es gab auch einen intransigenten, nachgerade fanatischen Verfechter des Heidelbergers, der sogar gegen örtliche Mehrheiten seine Ansicht durchzusetzen wusste. Friedrich Wilhelm Cuno (1838–1905), ab 1882 Pfarrer in Spanbeck, ab 1887 (gewählt 1886) in Eddigehausen, war „in konfessioneller Hinsicht eine ausgesprochen kämpferische Natur“[64], wie Gerhard Menk meint; er nennt „die pfarramtliche Tätigkeit Cunos, in der immer wieder der Heidelberger Katechismus als zentrale Kategorie erscheint und eine dementsprechend wichtige Rolle spielte“.[65] Cuno stand „für die sehr starke konservierende, ja jetzt sogar retardierende Tendenz, die die deutsche Spielart des reformierten Glaubens weithin auszeichnete und bestimmte.“[66]

Jedenfalls führten Cunos Bestrebungen 1895 dazu, dass in den Plesse-Gemeinden „der Alleingebrauch des Heidelberger Katechismus fortan frei stehen“ soll[67], so wie er es in seinen Gemeinden praktiziert hatte, während seine Kollegen beim Hessischen Landeskatechismus geblieben waren. Zumeist wird verkürzt behauptet, damit sei der Heidelberger eingeführt und andere Schriften außer Kraft gesetzt worden; richtig ist vielmehr, dass es den Freunden des Heidelberger Katechismus erlaubt war, in ihren Gemeinden ausschließlich diesen zu verwenden und den Hessischen Landeskatechismus zu übergehen. *De facto* wirk-

62 Der Heidelberger Katechismus, nach den ältesten Ausgaben herausgegeben, zum besseren Verständniß zergliedert, durch Schriftstellen, biblische Beispiele und Lieder belegt, mit einer Einleitung, einer Haustafel und einer Uebersicht der Unterscheidungslehren der evangelischen und römischen Kirche versehen, von Karl Sudhoff, 4., verb. und mit einem kirchenhistorischen Anh. verm. Aufl., Kreuznach 1857, Leipzig [11]1901 und weitere Auflagen.

63 Der Heidelberger Katechismus zum Gebrauch in Kirche und Schule, hrsg. von dem Predigerverein der reformierten Gemeinden im vormaligen Herzogtum Bremen, 1893, [3]1908. – Entscheidender Kopf war sicherlich Hermann Müller, ab 1890 Superintendent, der 1903 Generalsuperintendent der reformierten Landeskirche wurde, vgl. Hans-Georg Ulrichs, Art. Müller, Hermann Wilhelm, in: BLO III, Aurich 2001, 304–307.

64 Gerhard Menk, Einleitung, in: ders., Zwischen Kanzel und Katheder. Protestantische Pfarrer- und Professorenprofile zwischen dem 16. und 20. Jahrhundert. Ausgewählte Aufsätze, Marburg 2011, 17–126; 123.

65 Cuno hat sich offenkundig permanent mit dem Heidelberger und seiner Rezeption befasst, vgl. den von ihm herausgegebenen Thesaurus: Der Heidelberger Katechismus erklärt mit den Worten bewährter Lehrer der reformierten Kirche alter und neuer Zeit, nebst allerlei Beigaben, Prag 1897 (erschienen als Beilage der „Evangelisch reformierten Blätter aus Österreich“ 1891–1896).

66 Gerhard Menk, Friedrich Wilhelm Cuno (1838–1904). Pfarrer, Historiker, Glaubenskämpfer. Eine Lebensskizze, in: ders., Zwischen Kanzel und Katheder, 867–888; 868 (zuerst 1986 erschienen). Im LKA Leer liegt die PA mit einem umfangreichen, handschriftlichen Lebenslauf Cunos vor. Vgl. auch die Akte LKA Leer Generalia 9.5. Bücher und Schriften / Religionslehrbücher, Heidelberger Katechismus, Nr. 1: Der Gebrauch des Heidelberger Katechismus in den Gemeinden der Inspektion Bovenden, Voll. I und II.

67 Kirchliches Gesetz- und Verordnungsblatt für die evangelisch-reformirte Kirche der Provinz Hannover 2. Band, Nr. 44, 13. Juli 1895, 189; Die Kirchengesetze der evangelisch-reformirten Kirche der Provinz Hannover, bearbeitet von Ernst Giese, 200.

te diese Erlaubnis dann aber wohl als Durchsetzung des Heidelbergers in allen Plesse-Gemeinden.

Die Option für den Heidelberger konnte aber auch sympathischer als bei Cuno anmuten: Edmund Eichhorn (1857–1920), Pfarrer der reformierten Gemeinde Hannover, profilierte seine aufblühende Gemeinde konfessionell mit dem Katechismus, baute großzügig und sorgte dafür, dass die Gemeinde 1901 die niedersächsische Konföderation verließ und sich der reformierten Landeskirche eingliederte.[68] Hannover spielte fortan, auch finanziell, eine wichtige Rolle innerhalb der Landeskirche.

c) Unterricht und Predigt mit dem Heidelberger: „In der Regel"

Nach dem unaufgeregten Vordringen des Heidelberger Katechismus und den Plesse-Unruhen stellte eine konsistoriale Umfrage aus dem Jahr 1896 dar, wie der faktische Gebrauch landeskirchenweit einzuschätzen war.[69] Mit 18 Fragen wurde der Stand konkret erhoben. Während in Ostfriesland an vielen Orten die Katechismus-Predigt „in der Regel" in Übung stand, jedoch Ausnahmen etwa an Festtagen und in der Passionszeit erwünscht waren, an einigen Orten allerdings auch wegen des fortgeschrittenen Alters des Pfarrers nicht mehr nachmittags gepredigt wurde, und auch der Konfirmandenunterricht im Hinblick auf Dauer und Umfang („Mindestmaß") der Katechismus-Fragen nicht einheitlich geregelt war[70], galt für die Grafschaft Bentheim, dass praktisch überall – in der Grund- und Volksschule, im Konfirmandenunterricht und im Sonntagnachmittagsgottesdienst – der Heidelberger zu Grunde gelegt wurde, ganz überwiegend in der Ausgabe von Karl Sudhoff. Historisch bedingt sind die krassen Ausnahmen Freren und Papenburg, wo aus dem lutherischen Landeskatechismus gelernt wurde; ganz selten wurden noch weitere Büchlein genannt, etwa die „Konfirmandenstunden" von Karl Wilhelm Doll (Karlsruhe 1873).[71] Die Plesse-Gemeinden hatten ja bislang mit Ausnahme der Cuno-Gemeinden Spanbeck und Ediggehausen den Hessischen Landeskatechismus benutzt, stellten sich in den folgenden Jahren aber auch um.

Eine unterdes gewachsene allgemeine Anerkennung spiegelte sich auch in den landeskirchlichen Bemühungen wieder, die man auf das Katechismusjubiläum 1913 verwandte. So heißt es in einer landeskirchlichen Bekanntmachung: „Am 19. Januar 1913 erneuert sich das 350jährige Gedächtnis des Tages, an welchem

68 Vgl. Frauke Geyken, 300 Jahre Evangelisch-reformierte Kirchengemeinde Hannover 1703–2003, Hannover 2003 (zu Eichhorn vgl. 84–106).

69 Bekanntmachung betr. Katechismus- und Confirmandenunterricht, Aurich 29. Januar 1896, Nr. 52, in: LKA Leer, 20.7. Gottesdienst/Verschiedenes, Nr. 20 Predigten über den Heidelberger Katechismus und Katechismusunterricht in den reformierten Gemeinden (ab 1896).

70 So im zusammenfassenden Bericht, 1. Mai 1896, Umfrage in 1. reformierter Inspektion (Ostfriesland), ebd.

71 Vgl. dazu: Johannes Ehmann, Die badischen Unionskatechismen. Vorgeschichte und Geschichte vom 16. bis 20. Jahrhundert (VBKRG 3), Stuttgart 2013, 346–349.

durch Erlaß des Kurfürsten Friedrich III. von der Pfalz der Heidelberger Katechismus zuerst in die reformierte Kirche Deutschlands eingeführt wurde. Derselbe enthält das gemeinsame Bekenntnis aller reformierten Gemeinden unseres Konsistorialbezirks und ist ein Quell reichen Segens für sie geworden. In allen reformierten Gemeinden ist er das Lehrbuch im Konfirmandenunterricht, in den meisten bieten seine Fragen und Antworten auch den Text für die Predigten der Nachmittagsgottesdienste dar. Diese hohe Bedeutung des Buches veranlaßt uns, hiermit anzuordnen, daß im Gottesdienst am Sonntag, dem 19. Januar 1913, seiner Einführung und seines Wertes in festlicher Weise in allen reformierten Gemeinden gedacht werde.“[72] Ob dies nun vor Ort ein ganzer Gottesdienst wurde oder nur ausführlicher Hinweis auf das Jubiläum, ob man in einem Vor- oder gerne auch in einem Nachmittagsgottesdienst feierte, blieb den Gemeinden bzw. dem Eifer des jeweiligen Pfarrer überlassen.

Im Vorfeld des Reformationsjubiläums 1917, das man in der reformierten Landeskirche vor allem dazu benutzen wollte, mit der eigenen reformatorischen Tradition bekannt zu machen[73], fragte das Konsistorium wiederum den Stand des Katechismusgebrauchs ab.[74] Besonders fokussierte man die Katechismus-Predigt, denn sie war auf Grund der nur noch eingeschränkt zu leistenden Dienste während des Ersten Weltkrieges teilweise aufgegeben worden. Es fehlten die zum Kriegsdienst eingezogenen Prediger, so dass die daheimgebliebenen viele Vertretungen zu übernehmen hatten. Die Notwendigkeiten und Bedrängnisse ließen unterschiedliche Varianten entstehen, etwa auch den Versuch, Abendgottesdienste einzuführen. In den Antworten auf die Umfrage wurde öfter die Bitte laut, keine Verfügung zu erlassen, die Nachmittagsgottesdienste (wieder) verpflichtend einzuführen, denn „es ist keinerlei Stimmung dafür, und man glaubt auch nicht, daß sie lebensfähig sein werden.“[75] So setzte sich ein Trend fort, der schon vor dem Ersten Weltkrieg eingesetzt hatte und der sich nach dem Krieg fortsetzen sollte, dass für hinzugekommene gottesdienstliche und lehrhafte Formen wie Andachten, Bibelstunden, Arbeiterverein, Kindergottesdienst u.a. mancherorts auf den Nachmittagsgottesdienst und damit auf die Katechismuspredigt verzichtet wurde.

Man wird nach dem ersten Vierteljahrhundert der reformierten Landeskirche resümieren dürfen: Der sich entwickelnde oder schon herausgestellte Trend innerhalb der deutschen Reformierten zum Heidelberger hat die Latenzphase der

72 Kirchliches Gesetzes- und Verordnungsblatt der reformierten Landeskirche, Bekanntmachung betreffend Gedenkfeier der Einführung des Heidelberger Katechismus, Aurich, den 19. Juli 1912 (handschriftlich in LKA Generalia 9.5.3.), gedruckt dann in: Kirchliches Gesetz- und Verordnungsblatt für die evangelisch-reformierte Kirche der Provinz Hannover 4 (1912), Nr. 31, Aurich, 19.12.1912.

73 Vgl. Hans-Georg Ulrichs, Eine „Gelegenheit, mit den unbekannten Vätern der reformierten Kirche bekannt zu machen“. Das Reformationsjubiläum 1917 in Emden und bei den Reformierten in Deutschland, in: KZG 2 (2014), 114–149.

74 Verfügung bzw. Rundabfrage des Konsistoriums am 12. Mai 1917 betr. Nachmittagsgottesdienste, in: LKA Leer, 20.7.20. Predigten über den Heidelberger Katechismus und Katechismus-Unterricht in den reformierten Gemeinden überhaupt.

75 Kirchborgum, 15. Juni 1917, Abschrift der Kirchenratssitzung, ebd.

Landeskirchen-Gründung mit ermöglicht, wie dann auch der dann folgende Prozess der Landeskirchengründung von der Lingener Konferenz 1856 bis zur Sanktionierung der Landeskirche 1882 mithalf, die Vielfalt der Unterrichtsbücher und Bekenntnisschriften zurück zu drängen und alle(s) unter den Heidelberger zu sammeln – und über diese Gründung hinaus: Der Katechismus verband inhaltlich, was sich räumlich und menschlich noch nicht so nahe stand. Aus kirchenpolitischer Fiktion wurde so nach zwei Generationen doch weitgehende Realität.

3. Die reformierte Landeskirche in der ersten deutschen Demokratie und die faktische Vorherrschaft des Heidelberger Katechismus

Auch wenn dieser Teil der Geschichte der reformierten Landeskirche noch nicht detailliert untersucht worden ist, scheint die Überführung der Institution in die Demokratie relativ problemlos möglich gewesen zu sein. Zwar bedauerte man auch bei den Reformierten das Ende des landesherrlichen Summepiskopats und namentlich das Ende der Hohenzollernherrschaft, aber man ergriff so rasch es die äußeren Umstände zuließen die notwendigen Maßnahmen zur rechtlichen Neuetablierung der Landeskirche. Durch vom Staat genehmigte und vom Konsistorium erlassene Übergangsbestimmungen konnten die alten Führungskräfte weiter agieren. Das gilt für den theologisch vielleicht blassen Generalsuperintendenten Gerhard Coeper (1865–1927)[76]; das gilt aber auch für konsistoriale Juristen wie vor allem Lümko Iderhoff (1856–1931), den Auricher Konsistorialpräsidenten seit 1904.[77] Die 1920 konstituierte Landessynode konnte 1922 einen Verfassungsentwurf beraten und beschließen, der im Mai 1924 veröffentlicht und schließlich am 1. November 1924 von der preußischen Regierung „anerkannt" wurde.[78] Geändert wurde der Name der Kirche in „Evangelisch-reformierte Landeskirche der Provinz Hannover", der Generalsuperintendent hieß für einige Generationen „Landessuperintendent"[79], das Frauenwahlrecht wurde nach kontroversen Diskussionen eingeführt u.a.m. Nicht geändert wurde der Bekenntnisstand der Landeskirche. Vor dem § 1 der neuen Kirchenverfassung hieß es, dass der „Bekenntnisstand unverändert bleibt".[80] Man konnte sich also auch nach gut

76 Vgl. Hans-Georg Ulrichs, Art. Cöper, Gerhard, in: BLO III, Aurich 2001, 93–95.

77 Vgl. Hans-Georg Ulrichs, Art. Iderhoff, Lümko, in: BLO IV, Aurich 2007, 225–227.

78 Vgl. Krumwiede, Kirchengeschichte Niedersachsens II, 423.

79 Aktuell trägt der leitende Geistliche der Evangelisch-reformierten Kirche den Titel „Kirchenpräsident" (seit 2004). Seit dem Jubiläumsjahr des Heidelbergers 2013 ist dies Dr. Martin Heimbucher, der sich als Oberkirchenrat der UEK um dieses Jubiläumsjahr besonders verdient gemacht hat.

80 Vgl. Kirchengesetz über die Verfassung der evangelisch-reformierten Landeskirche der Provinz Hannover, in: Kirchliches Gesetz- und Verordnungsblatt für die evangelisch-reformierte Kirche der Provinz Hannover 5, Nr. 77, 8. Mai 1924, 406–422; 406. – Die spätere Veröffentlichung der neuen Verfassung hing mit der noch ausstehenden Entgegennah-

einer Generation nicht auf eine klarere Formulierung wie 1881/1882 verständigen. Immerhin fand der Heidelberger explizite Erwähnung: Der kirchliche Unterricht, dem örtlichen Kirchenrat zur Beachtung aufgetragen, war innerhalb der Landeskirche nach ihm zu erteilen, wie § 19 bestimmte: „Der kirchliche Unterricht ist auf Grund der heiligen Schrift an der Hand des Heidelberger Katechismus zu erteilen."[81]

Gewiss wird der Heidelberger Katechismus in den 20er Jahren eine besondere Wertschätzung auch innerhalb der reformierten Landeskirche erfahren haben, unter den Theologen und in Publikationen, in den Gemeinden durch Unterricht und Predigt. Besonders zu nennen ist dabei die Gruppe der Kohlbrüggianer, die unter der Bezeichnung „Freunde des Heidelberger Katechismus" firmierten und auch publizistisch aktiv waren; diese waren nicht nur am Niederrhein und im Wuppertal anzutreffen, sondern hatten in Peter Schumacher (1878–1950)[82] und Walter Hollweg (1883–1974)[83] auch in der Grafschaft Bentheim zwei wichtige Repräsentanten.[84] Beide vertraten bei den Verfassungsdiskussionen 1922 durchweg konservative Positionen – etwa gegen das passive Frauenwahlrecht und gegen parlamentarische Äquivalente in der Kirche (die „Masse" sei „der Tod der Kirche") – und Bentheimer Regionalinteressen; beide spielten später im „Kirchenkampf" eine wichtige Rolle: Hollweg als Landessuperintendent (seit 1927), Schumacher als „Vermittler" zwischen Kirchenleitung und Bekenntnisgemeinschaft.

Dass man mit dem Heidelberger weiter zusammenwuchs, zeigte auch die Aufgabe eigener regionaler Ausgaben, die es nahezu in jeder der reformierten Regionen gegeben hatte. Als 1927 eine neue Bentheimer Ausgabe geplant wurde, da die gebräuchlichen Ausgaben von Stokmann und Sudhoff nicht mehr zu haben waren, konnte man diese Pläne aufgeben, nachdem bekannt wurde, dass der Reformierte Bund im Oktober 1927 mit einer Ausgabe auf den Markt kommen würde.[85] Auch im ersten gemeinsamen landeskirchlichen Gesangbuch wurde der

---

me durch den Staat zusammen, der allerdings durch die Inflation 1923 vollauf mit anderen Sorgen befasst war.

81 Ebd., 408. – Eine solche Bestimmung beinhaltete die Kirchengemeinde- und Synodalordnung von 1881/1882 nicht, vgl. Die Kirchengesetze der evangelisch-reformirten Kirche der Provinz Hannover, bearbeitet von Ernst Giese, 30 (§ 17).

82 Vgl. Karl Koch, Art. Schumacher, Peter, in: BBKL XV (1999), 1271–1273.

83 Vgl. Hans-Georg Ulrichs, Art. Hollweg, Walter, in: BBKL XXIII (2004), 668–676; Art. Hollweg, Walter, in: BLO IV, Aurich 2007, 207–211.

84 Vgl. Karl Koch, Kohlbrüggianer in der Grafschaft Bentheim. Eine Studie zur reformierten Kirchengeschichte der Grafschaft Bentheim zwischen 1880 und 1950. Gleichzeitig ein Beitrag zur Geschichte des Kirchenkampfes, in: Emsland/Bentheim. Beiträge zur Geschichte, Band 12, 1996, 355–423.

85 Vgl. die entsprechenden Schreiben in: LKA Leer, 9.5. Bücher und Schriften / Religionslehrbücher, Heidelberger Katechismus, Nr. 2: Grafschaft Bentheim. Das Büchlein erschien dann zwei Jahre später als geplant: Der Heidelberger Katechismus für Kirche, Schule und Haus und in Anlehnung an die ersten Ausgaben von 1563 herausgegeben vom Ref[ormierten] Bunde f[ür] Deutschland, Neukirchen 1929. Die Mitwirkung des Auricher Landessuperintendenten Walter Hollweg wurde im Vorwort eigens vermerkt.

Katechismus aufgenommen.[86] In anderen Regionen wie Lippe und Siegerland blieb man dagegen noch länger bei eigenen Ausgaben.

Wie in der reformierten Landeskirche so genoss der Heidelberger auch in der Lippischen Landeskirche und im Reformierten Bund hohes Ansehen. Der die reformierten Debatten immer stärker prägende Karl Barth (1886–1968) dagegen, seit 1922 Inhaber des Göttinger Lehrstuhls und seit spätestens 1923 in der reformierten Landeskirche präsent, musste erst noch zum Heidelberger Katechismus finden, bis er ihn ab der zweiten Hälfte der 30er Jahre allgemein wertschätzen konnte.[87]

4. Zwischen Bekenntnis und Bekennen: Die Herausforderungen des totalitären Weltanschauungsstaates und der Landeskirchentag 1936

a) Die „intakte" Landeskirche

Komplexe historische Vorgänge wie der Kirchenkampf[88] in einer „intakten" Landeskirche sind in wenigen Sätzen nicht zu beschreiben.[89] Die Kirchenleitung unter Landessuperintendent Walter Hollweg versuchte einen legalistischen Kurs zu steuern, um den Bestand der Kirche und die ordnungsgemäße Kirchenleitung

86 Evangelisch-reformiertes Gesangbuch. Herausgegeben im Jahre 1929 von der evangelisch-reformierten Landeskirche der Provinz Hannover, Frankfurt/Main 1929, Anhang, 60–97; das blieb dann bis zur 6. Auflage 1956 (also unmittelbar vor dem neuen EKG), nach 1946 dann auch mit der Barmer Theologischen Erklärung.

87 Vgl. Hans-Georg Ulrichs, Mit freiem Gewissen glauben und leben. Die rezeptionsgeschichtliche Pluralität und Produktivität des Heidelberger Katechismus, in: Jahrbuch für badische Kirchen- und Religionsgeschichte 7 (2013) 129–167, v. a. cap. 3.3. Karl Barth: Von „fragwürdig" bis „respektvoll"; neuerdings auch: Hanna Reichel, Theologie als Bekenntnis. Karl Barths kontextuelle Lektüre des Heidelberger Katechismus (FSÖTh 149), Göttingen 2015.

88 Es gab nahezu von Anfang an Kritik an diesem Begriff. Spätestens seit dem TRE-Artikel „Nationalsozialismus und Kirchen" von Joachim Mehlhausen (1994) werden andere Begriffe bevorzugt und der „Kirchenkampf"-Begriff als unwissenschaftlich oder Interesse geleitet verstanden. Angesichts des relativierenden Verständnisses, den Alternativbegriffe unterdes transportieren, möchte der Vf. wieder verstärkt zum „Kirchenkampf"-Begriff zurückkehren.

89 Die drei wichtigsten Werke aus drei Generationen sind: Friedrich Middendorff, Der Kirchenkampf in einer reformierten Kirche. Geschichte des Kirchenkampfes während der nationalsozialistischen Zeit innerhalb der Evangelisch-reformierten Kirche in Nordwestdeutschland (damals: Evangelisch-reformierte Landeskirche der Provinz Hannover), AGK 8, Göttingen 1961; Sigrid Lekebusch, Die Reformierten im Kirchenkampf. Das Ringen des Reformierten Bundes, des Coetus reformierter Prediger und der reformierten Landeskirche Hannover um den reformierten Weg in der Reichskirche (SVRKG 113), Köln 1994; Helma Wever, „Wir wären ja sonst stumme Hunde gewesen …" Zur Lage innerhalb der Evangelisch-reformierten Landeskirche der Provinz Hannover in der Zeit des Nationalsozialismus unter besonderer Berücksichtigung der Jahre 1933–1937, Wuppertal 2009.

nicht zu gefährden. Bei Hollweg ist eine größere Nähe zum NS-Staat nicht anzunehmen, auch die Theologie der Deutschen Christen (DC) war ihm sicherlich suspekt; dagegen war der reformierte Kirchenjurist Otto Koopmann immer wieder bereit, den kirchlich und staatlich Mächtigen in Berlin weit entgegen zu kommen.[90] Aufs Ganze gesehen spielten die Deutschen Christen keine Rolle in der Landeskirche[91]; der Sommer 1933 war ein DC-Strohfeuer, nach dem Sportpalastskandal im November 1933 war es zu Massenaustritten gekommen. Schließlich kam es trotz allem zu einem Unvereinbarkeitsbeschluss (s.u.). Eine Bekenntnisgemeinschaft (BG) innerhalb der Landeskirche bildete sich erst im November 1934.

Strittig war, ob das – reformierte – Bekenntnis zu einem aktuellen Bekennen in den kirchlichen Auseinandersetzungen führen musste und ob sich deshalb die Landeskirche der Bekennenden Kirche (BK) anzuschließen habe. Die rechtmäßig zu Stande gekommene Auricher Kirchenleitung ließ sich allerdings ihre Existenz lieber vom unrechtmäßigen Berliner Kirchenregiment garantieren und fand dafür immer wieder synodale Mehrheiten. Das von Karl Barth entworfene *Uelsener Protokoll* vom Dezember 1934 sollte die Kirchenleitung der evangelisch-reformierten Landeskirche auf einen bekenntniskirchlichen Kurs festlegen. Hier wurde Frage 1 des Heidelbergers gemeinsam mit dem Ersten Gebot als Ausgangspunkt des Bekennens genannt.[92] Dass beide reformierten Landeskirchen die Bedeutung und den Rang des Katechismus als Bekenntnisschrift kirchenrechtlich festlegen konnten, sich aber nicht eindeutig auf die Seite der Bekennenden Kirche schlugen, zeigt, dass es eben unterschiedliche Interpretationen nicht nur der jeweiligen kirchenpolitischen Situation, sondern auch der normativen Texte aus der Tradition gab. Die Auricher Kirchenleitung entfernte sich zudem immer weiter vom Reformierten Bund, der seit Anfang Januar 1934 entschieden auf bekenntniskirchlichen Kurs lag. Zwar fanden noch hier und da Gespräche statt, aber Hollweg trat etwa aus dem Moderamen des Bundes aus. Die Bildung des „Arbeitsausschusses der reformierten Kirche Deutschlands“ am 3. Juli 1936 war der praktische Vollzug der bereits eingetretenen Spaltung innerhalb des deutschen Reformiertentums. Auch dies nahmen die BG-Mitglieder in den Kirchenbezirken mit Erschrecken zur Kenntnis und setzten die Bekenntnisfrage mit zahlreichen Eingaben auf die Tagesordnung der kommenden Tagung der Landessynode.

---

90 Vgl. Antje Donker, Art. Koopmann, Otto Heinrich, in: BLO II, Aurich 1997, 213f.

91 Vgl. Paul Weßels, Die Deutschen Christen in Ostfriesland und ihr Kampf um Einfluss in der evangelisch-reformierten Landeskirche der Provinz Hannover, in: Emder Jahrbuch für historische Landeskunde 81 (2001), Aurich 2002, 167–204.

92 Vgl. zum letztlich wirkungslosen „Uelsener Protokoll“ Hans-Georg Ulrichs, „Ihrem reformierten Bekenntnis entsprechend wesentlich notwendig ...“ Vor 60 Jahren schrieb Karl Barth das Uelsener Protokoll, in: RKZ 136 (1995), 82–89; Wever, „Wir wären ja sonst stumme Hunde gewesen ...“, 135–141.

b) Der Landeskirchentag 1936[93]: „Die Berufung auf den Heidelberger ungeheuerlich"?

Die ungeklärte Situation bzw. die Differenzen innerhalb der reformierten Landeskirche mussten zu weiteren Verständigungsversuchen führen. Soweit ersichtlich, hat die Kirchenleitung ein Gespräch mit der Bekenntnisgemeinschaft jedenfalls nicht abgebrochen, sondern blieb offiziell und persönlich für Kommunikation offen. Beispiele dafür sind das *Uelsener Protokoll*, die Kanzelerklärung des Landeskirchenvorstandes (LKV) vom 28. März 1936[94], mit der man eindeutig und mit zahlreichen Belegen aus dem Heidelberger gegen die „Deutsche Glaubensbewegung" Position bezog, sowie der Landeskirchentag vom November 1936 – signifikant dann auch darin, dass der Vorsitzende der BG, Pastor Heinrich Oltmann[95], in den LKV gewählt wurde.

Die Tagesordnung für diese viertägige Synodaltagung, zu der sehr kurzfristig eingeladen wurde (10. November 1936), war umfangreich, da neben ausführlichen Berichten aus der Kirchenleitung zahlreiche Anträge aus den Kirchenbezirken vorlagen: „Der Hauptgegenstand der Tagesordnung werden die Verhandlungen über die augenblickliche kirchliche Lage bilden", wie das Einladungsschreiben vermerkte. Vor allem aus den von der BG geprägten Bezirken Rheiderland, Leer und Bentheim waren Anträge gestellt worden über die Feststellung der Irrlehre der DC und deren Ausschluss von kirchlichen Ämtern, dem Anschluss der Landeskirche an die Reichsbekenntnissynode, die Übernahme von Barmen Januar 1934[96], die Bestätigung des vom LKV bereits am 3. Januar 1935 ratifizierten *Uelsener Protokolls*, die Bekenntnisschule u.a.[97] Vom Kirchenrat Emden kam dagegen ein eher überraschend anmutender Antrag, nämlich den Bekenntnisstand der Landeskirche betreffend (TOP IX.): Der Heidelberger Katechismus solle „für Lehre und Ordnung" in der reformierten Landeskirche „verpflichtend" sein.[98] Auch wenn dieser Antrag schließlich mit großer Mehrheit

---

93 LKA Leer, 68.1 Reformierte Synodalsachen / Generalia, Nr. 30 Achter außerordentlicher Landeskirchentag vom 24.–27. November 1936; dass., Anlage: Handakte D. Hollweg. – Von den Synodaltagungen der 30er und 40er Jahre erschienen keine gedruckten Protokolle, wohl aber Typoskripte, die im landeskirchlichen Archiv lagern. Hier: Verhandlungen des achten außerordentlichen Landeskirchentages der evangelisch-reformierten Landeskirche der Provinz Hannover in der Reformierten Kirche zu Aurich vom 24. bis 27. November 1936 (im Folgenden: Verhandlungen LKT 1936).

94 Kirchliches Gesetz- und Verordnungsblatt 8, Nr. 5, 4. April 1935, 27ff.; Middendorff, Kirchenkampf, Dokument 7, 70–73.

95 Vgl. Paul Weßels, Nicht hoffnungslos, sondern handelnd. Heinrich Oltmann (1892–1937). Ein reformierter Pastor im Kirchenkampf, Wuppertal 2002.

96 Die Landeskirchenleitung verweigerte sich der Bitte, diese Barmer Erklärung allen Synodalen zuzusenden, da der Antrag nicht von ihr käme, sondern vom Kirchenbezirk Leer.

97 Dahinter standen in der Regel konkrete Erfahrungen: die Pfarrwahl von Heinz Otten in Großwolde/Kirchenbezirk Leer; der Schulstreit in Schüttorf/Bentheim u. a.

98 Hier wird man auf den anderen „Streitfall" innerhalb der Landeskirche als Kontext hinweisen müssen, der sich 1935 in Emden bei der Einführung von Pastor Gerhard Brunzema zugetragen hatte: Der nachmalige Vorsitzende von „Kein anderes Evangelium" wollte sich, verkürzt zusammengefasst, nicht von einem DC ins Amt einführen lassen; vgl. Midden-

angenommen wurde, haben sich in der Debatte um ihn nahezu alle anderen Diskussionsgegenstände wiedergefunden.[99]

In ihren Berichten verteidigten Präsident Koopmann und Landessuperintendent Hollweg den bisherigen Kurs der Landeskirche und stellten das Erreichte als Erfolg da. Hollweg spielte der Antrag aus Emden in die Karten, erklärte er doch: „Bekennende Haltung ist nur möglich auf Grund eines klar erkannten Bekenntnisstandes.“ Dass er damit *nicht* etwa die Bekennende Kirche insgesamt und Karl Barth speziell meinte, war auch nicht zu überhören: „Man täusche sich doch nicht darüber, dass z.B. die Begeisterung für einen Mann wie Karl Barth weithin eine rein kirchenpolitische ist.“[100] Das konnte Hollweg sagen, der knapp zwei Jahre zuvor in Uelsen mit Barth zusammen gesessen hatte! Gänzlich unnachgiebig zeigte sich Hollweg aber später in der Debatte gegenüber den DC.

Der einigermaßen harmlos lautende Antrag aus Emden fand zunächst nähere Erklärungen durch den Synodalausschuss und den Kirchenpräsidenten (Vorsitzender der Synode) Erich Riedlin (1867–1945), der selbst Pfarrer in Emden war, und dann die Unterstützung durch Landessuperintendent Hollweg. Er „betont die Notwendigkeit, die Bekenntnisfrage zu regeln, nachdem in den bisherigen Gesetzen stets nur gesagt sei, der Bekenntnisstand bleibe unverändert. In den einzelnen Bezirken der Landeskirche seien verschiedene Bekenntnisse verbindlich“, auch wenn unterdes durch die Verpflichtung, den Konfirmandenunterricht mit dem Heidelberger zu halten, sowie einen Hinweis im Ordinationsgelübde der Katechismus als maßgebliche Orientierung diente.[101]

Während Heinrich Oltmann, ein gänzlich konservativer und pietistischer reformierter Theologe, nur Bedenken äußerte gegen das konkrete Procedere, wie Bekenntnisse Gegenstand der landeskirchlichen Gesetzgebung sein könnten, holte Pastor Gerd Hesse Goeman (1895–1982)[102] von der BG in einer offenkundig vorbereiteten Stellungnahme weit aus: Warum soll der seit Jahrhunderten verwendete, gerade in den letzten Jahren besonders „liebgewordene[.]“ Katechismus nun 1936 „feierlichst ratifiziert werden“ (165)? Wäre dies eine bloße „Platitüde“, dann wäre es allerdings „deplaciert[.]“, nähme man andere anerkannte Bekenntnisse doch auch nicht an. Neben dem Heidelberger gäbe es weitere Bekenntnisse, die wohl mehr „Spuren der Kirche unter dem Kreuz“ zeigten, in der es nicht um Territorien ginge, sondern um die Kirche Jesu Christi (166). Es dürfe aber nicht sein, dass feststehende Symbole eine bekennende Dynamik verhinderten. „Sollte

---

dorff, Kirchenkampf, 22; Wever, „Wir wären ja sonst stumme Hunde gewesen …“, 180–198. Emder Pfarrer 1936 waren Gerhard Brunzema, Hermann Immer, Erich Riedlin und Jan Remmers Weerda.

99 Insofern ist es überraschend, wenn Wever, „Wir wären ja sonst stumme Hunde gewesen …“, 209, nur eben die Annahme des Heidelbergers notiert, nicht aber schildert, wie darum gerungen wurde. Auch insgesamt differieren die Deutungen des LKT 1936 zwischen Wever und dem Vf. nicht unerheblich.

100 Verhandlungen LKT 1936, 87.

101 Verhandlungen LKT 1936, 164.

102 Leider existiert über diesen entschiedenen Vertreter der BK, ab 1927 Pastor in Kirchborgum, von 1936 bis 1959 Superintendent des V. Bezirks, bislang keine Literatur. Seine o.g. Stellungnahme in: Verhandlungen LKT 1936, 165–170.

die Festlegung auf den Heidelberger … etwa bedeuten, daß man ein biblisches Wort zu den Angriffen der Gegenwart vermeiden will, dann wäre ja die Berufung auf den Heidelberger ungeheuerlich und ein Neutralisierungssalz anstatt eines biblischen Wortes, das Salz und Licht bedeutet.“ (167) Aus der Perspektive der BG war klar: „Wir dürfen auch nicht den Schein erwecken, als ob wir durch die Berufung auf den Heidelberger Katechismus das klare, für die Gegenwart notwendige Wort des Bekennens verhindern wollten. Wir haben gelernt, daß wir uns nicht hinter die Bekenntnisse verschanzen können, und daß uns Reformierte eine Anerkennung der reformierten Bekenntnisse und der Wille, für unsere reformierten Gemeinden zu kämpfen, noch nicht zu gemeinsamem Bekennen zusammenführt.“ In eine solche Erklärung dürfe sich also kein „konfessionalistisches Mißverständnis“ einschleichen. Goeman verwies explizit auf das *Uelsener Protokoll* und *Barmen Januar* und *Barmen Mai*. Theologiehistorisch zu verstehende „Unterscheidungslehren“ blieben „metaphysische Spielerei“, und „die Rettung einer reformierten Kirchenordnung, die vielleicht schon irgendwo fertig liegt“ (168), wäre eben bloß „eine kirchenpolitische Angelegenheit“. Es müsse aber darum gehen, mit dem Heidelberger Katechismus und den Bekenntnissen „den Christus zu bezeugen, der heute der Herr ist.“ Innerhalb der BK hätte es weiterführende Erkenntnisse gegeben: „Wir haben es erfahren, daß wir den Heidelberger sachverständiger auslegen als zu einer Zeit, als wir es mit einer gewissen reformierten Begeisterung taten … Wir müssen feststellen, daß die Barmer Erklärung [sc. vom Januar 1934] heute notwendig ist als Deutung unseres Bekenntnisses.“ Diese „Erklärung zu den reformatorischen Bekenntnissen“ sei notwendig, um dem Missverständnis zu wehren, „daß von der Reformationszeit bis zum Jüngsten Gericht nun nichts mehr gesagt zu werden brauchte“ (169); sonst wäre der Katechismus ja zum „Museumsstück“ (S. 170) gemacht. Goeman bat entsprechend darum, „diesen Antrag Emden abzulehnen“, und falls er lediglich eine verfassungsrechtliche Lücke schließen wolle, dann könne man darüber beraten, wenn eine neue Verfassung erarbeitet werden sollte (169).

Offenkundig lag hier eine andere Verhältnisbestimmung von Bekenntnis und Bekennen vor, als etwa Hollweg sie verstand. Die Bekennende Kirche sah die Gefahr, dass mit einem Bekenntnis das Bekennen verhindert werden sollte.[103] Diese Befürchtung wurde bestätigt durch das Votum eines DC-Synodalen: „Herr

---

103 So nochmals in einer Stellungnahme der BG zum LKT 1936 vom 18. Januar 1937, in: Middendorff, Kirchenkampf, Nr. 22, 153–157: „In einer solchen Lage bedeutet ein bloßes Zurückgreifen auf die alten Bekenntnisse für die nach Gottes Wort reformierte Kirche nur ein scheinbares Bekennen, in Wirklichkeit ist es ein Verkennen der gegenwärtigen Anfechtung und damit praktisch eine Scheidung von der Kirche, die in Barmen auf Grund der alten Bekenntnisse tatsächlich bekannt hat. Wie notwendig eine bindende Erklärung über das rechte Verständnis der alten Bekenntnisse ist, beweist überdies die Tatsache, daß alle kirchenzerstörenden Angriffe bis hin zu den radikalsten bisher erfolgt sind unter Berufung auf die alten Bekenntnisse und daß trotz praktischer Gültigkeit des Heidelberger Katechismus bis zum letzten Landeskirchentag (drei Jahre lang!) offenbar keine bekenntnismäßige Dringlichkeit bestanden hat, gegen die DC eine Maßnahme der Kirchenzucht auszuüben.“ Ebd., 155f. – In anderen Kontexten konnte sich die BK dagegen für den Heidelberger als Schibboleth aussprechen, etwa die BK-Kreissynode Siegen 1937, wie Detlef Metz in einem Vortrag in Detmold am 14. September 2013 berichtete.

Pastor Koops erklärt, daß die Deutschen Christen … sich dem Emder Antrag voll und ganz anschlössen. Er selbst habe stets mit Freuden nach dem Heidelberger unterrichtet und auch in der Predigt ihn zu Grunde gelegt."[104] So zeichnete sich also eine große Mehrheit der Positionen der Kirchenleitung, der kirchlichen Mitte und der DC ab, während die BG als Bedenkenträgerin außen vor zu bleiben drohte. Das wiederum wusste Landessuperintendent Hollweg zu verhindern, indem er abschließend darauf verwies, „daß eine etwaige Annahme des Emdener Antrages nicht etwa als Grund für die Ablehnung der Barmer Erklärung anzusehen sei." Hollweg integrierte so die BG in den landeskirchlichen Konsens. Mit einer kleinen Abänderung wird der Antrag dann „fast einstimmig angenommen."[105]

Auch wenn Hollweg hier nicht offen Partei für die BK ergriff, wusste er doch, dass die Frontlinien anderswo verliefen als zwischen Kirchenleitung und BG. In den weiteren Verhandlungen über die Annahme von *Barmen Januar* und dem *Uelsener Protokoll* sprach er sich vehement gegen „die Irrtümer der Deutschen Christen" aus, gegen die, wie die BG forderte, eine kirchenrechtliche Handhabe geschaffen werden müsse. Freilich sah Hollweg bereits im Heidelberger Katechismus ein ausreichendes, gleichsam theologisch-überführendes Instrument, so dass es einer Annahme weiterer Erklärungen nicht bedürfe.[106] Hollweg versuchte, Koops zu veranlassen, seine Verbindungen zu den DC zu lösen, wobei er „Nationalsozialist … ruhig bleiben [könne], das stehe hier durchaus nicht zur Debatte."[107] Nach langer Debatte und Sitzungsunterbrechung stellte der Landeskirchentag dann bei nur 2 Enthaltungen fest, dass „die in den Schriften der Deutschen Christen geäußerten Lehrmeinungen und darum die Zugehörigkeit zu den Deutschen Christen mit dem Bekenntnis unserer Landeskirche unvereinbar" seien. Die erforderlichen Maßnahmen habe der LKV zu treffen.[108] Anschließend wurde das

104 Verhandlungen LKT 1936, 170. – Zu Gerhard Wilhelm Koops (1870–1963), damals Pastor in Borßum (bei Emden) vgl. Weßels, Deutsche Christen, 196–198.

105 Verhandlungen LKT 1936, 171.

106 Vgl. Verhandlungen LKT 1936, 173. So argumentierten im Übrigen auch Oltmann und andere aus den BG-Kontexten. – In regionalen Arbeitsgemeinschaften der BG wurde der Heidelberger studiert; möglicherweise ein bekenntniskirchlicher Reflex auf die Beschlüsse der Landessynode stellt dar: Heinz Otten, Das Bekenntnis der Einheit der Kirche nach dem Heidelberger Katechismus, in: Evangelische Theologie 5 (1938), 223–232. Otten (1909–1942), direkter Barth-Schüler, fand Gehör bei Hollweg. Die Aussagen dieses Aufsatzes sind jedoch derart rein systematisch-theologisch, dass kaum ersichtlich wird, wie diese Katechismusexegese zur Scheidung von den DC beitragen könnte.

107 Verhandlungen LKT 1936, 175. Interessant sind die anzunehmenden Konnotationen einer solchen Aussage: Wenn der andere etwas bleiben könne, bedeutet dies auch, dass Hollweg sich selbst eben nicht als Nationalsozialist bezeichnen würde und offenbar „man" in der Synode auch eher nicht Nationalsozialist war. – Allerdings: Mit einer derart fatalen Unterscheidung von Glauben und Politik scheint es Hollweg dann auch möglich gewesen zu sein, die Godesberger Erklärung sogar in ihrer schlimmeren, ursprünglichen Form mit zu unterzeichnen; in diese vom Reichskirchenminister Hanns Kerrl vorgelegten „Grundsätzen" unterstützten „Kirchenführer" bis hin zu den DC das „völkisch-politische Aufbauwerk des Führers", sahen eine „verantwortungsbewusste Rassenpolitik" als erforderlich an und hielten nationalsozialistische Politik und christlichen Glauben für vereinbar und maßgeblich für die Deutschen.

108 Verhandlungen LKT 1936, 177.

Uelsener Protokoll einstimmig angenommen[109], die Barmer Erklärung vom Januar 1934 dagegen nicht, schließlich wurde der Anschluss der Landeskirche an die BK vor allem mit der Begründung, die Landeskirche könne dann nicht mehr frei genug handeln, etwa was die Reichskirchenausschüsse anlange, mit 26 zu 9 Stimmen abgelehnt.[110] Mit dem Landeskirchentag 1936 entschied sich nicht eine konsistoriale oder gar illegitime Kirchenleitung, sondern eine gewählte Synode für einen inhaltlich zur BK offenen, aber institutionell von ihr unabhängigen Kurs. Auch wenn die BG Abstimmungsniederlagen hinnehmen musste, blieb sie Teil der „intakten" Landeskirche und übernahm in ihr Verantwortung, indem ihr Vorsitzender Heinrich Oltmann in den LKV gewählt wurde. Dagegen stellte man synodal fest, dass die DC keinen Platz in der reformierten Kirche haben können. Im Jahr 1939 wurde Walter Hollweg als Landessuperintendent von der Synode wiedergewählt.

„[E]rst im Kirchenkampf 1936 wird der Heidelberger Katechismus allgemein verbindlich", wie Hans-Walter Krumwiede urteilte.[111] Einerseits trifft dies zu, andererseits darf ein wichtiger Zusatz nicht übersehen werden, den das Typoskript des Synodalprotokolls freilich nicht wiedergibt. Noch am letzten Tag des Jahres informierte der Kirchenjurist Koopmann die Pfarrämter über „Innerkirchliche Angelegenheiten", nämlich über die Beschlüsse der Synode. Nach dem Beschluss über den Bekenntnisstand ist dort notiert: „Dazu wird vermerkt, daß der Bekenntnisstand der Gebiete der Landeskirche, in denen noch weitere Bekenntnisse bindende Kraft haben, durch diese Erklärung natürlich unverändert bleibt."[112] Diese Formulierung findet sich dann als handschriftlicher Vermerk auch im Protokoll der Synode.[113] So wurde der Heidelberger Katechismus also im Kirchenkampf verbindlich eingeführt, aber es hieß zum dritten Mal, dass der althergebrachte Bekenntnisstand der reformierten Landeskirche unberührt bliebe. Eine tatsächlich kirchenrechtliche Funktion zur Zurückweisung der DC innerhalb und außerhalb der Landeskirche sowie eine Zuordnung zur Bekennenden Kirche, wie das auf den Heidelberger zurückgreifende *Uelsener Protokoll* nahegelegt hatte, erhielt der Katechismus in den folgenden Jahren jedoch nicht.

---

109 Ebd.

110 Verhandlungen LKT 1936, 181. Hollweg hatte darum gebeten, „man möge die Last auch nicht zu schwer machen." Ebd., 180.

111 Vgl. Krumwiede, Kirchengeschichte Niedersachsens II, 380.

112 Innerkirchliche Angelegenheiten, Aurich, den 31. Dezember 1936, in: LKA Leer 68.1.30.

113 Verhandlungen LKT 1936, 171. Vermerk vom 2. Februar 1937. Im Kirchlichen Gesetz- und Verordnungsblatt für die evangelisch-reformierte Landeskirche der Provinz Hannover 8, Nr. 26, 26. Januar 1937, 165, heißt es etwas anders: „Dazu wird jedoch ausdrücklich bemerkt, daß die Geltung anderer reformierter Bekenntnisse, soweit sie in einzelnen Teilgebieten der Landeskirche bindende Kraft haben, durch diese Entschließung nicht aufgehoben wird." gez. Horn und Koopmann. Die Vermutung, dass hier der Kirchenjurist in seinem Sinne „nachgebessert" habe, liegt zwar nahe, lässt sich aber nicht belegen, zumal bereits vor den „Innerkirchlichen Mitteilungen" in der RKZ ein ähnlicher Vorbehalt zu lesen war: „Der Bekenntnisstand der Gebiete der Landeskirche, in denen noch weitere Bekenntnisse bindende Kraft haben, bleibt durch diese Erklärung natürlich unverändert." Wiarda, Landeskirchentag der reformierten Landeskirche Hannover, in: RKZ 86 (1936), 411f.; 411.

5. Landeskirchliche Bekenntnisprofilierungen von 1946 bis 1970/1988

Die deutschen Reformierten haben gleich nach Kriegsende den Heidelberger Katechismus propagiert, ihn teils sogar als Bestandteil der von den Amerikanern geforderten *reeducation* kommuniziert. Man konnte dabei nicht zuletzt auf die Bemühungen der Lippischen Landeskirche zurückgreifen, die im Zusammenhang mit dem Reformationsjubiläum 1938 eine Edition veranstaltet hatte, nachdem 1931 der Heidelberger für kirchenrechtlich verbindlich erklärt worden war. In reformiert Hannover trafen nach 1945 frühere Kirchenleitung und frühere Opposition aufeinander, die jedoch darin eins waren: beide wertschätzten den Katechismus außerordentlich. Trotz vehement vorgebrachter Kritik konnte sich Landessuperintendent Walter Hollweg im Amt halten; der unterdes oberste BG-Repräsentant – nachdem Heinrich Oltmann bereits 1937 gestorben war – Friedrich Middendorff wurde auf der ersten Nachkriegssynode (15. bis 17. Oktober 1946 in Leer) am 17. Oktober 1946 zum Kirchenpräsidenten gewählt, Peter Schumacher kam noch hochbetagt in den Landeskirchenvorstand. Der eigentlich starke Mann wurde Walter Herrenbrück (sen.), Pastor zunächst in Tergast, dann in Leer, ehrenamtliches Mitglied des Landeskirchenrates. Herrenbrück war Schüler Karl Barths. Hollweg hat es bei der turnusmäßig anstehenden Wahl zum Landessuperintendenten verpasst, den Weg frei zu geben und unterlag 1951 dem Gegenkandidaten Walter Herrenbrück.

Es ist nicht ganz falsch, wenn gesagt wird, dass die Synode im Oktober 1946 die Barmer Theologische Erklärung angenommen hat.[114] Es gibt allerdings eine Hierarchisierung der angenommenen Bekenntnisschriften. So hieß es nun nach zehn Jahren: „In Weiterführung des Beschlusses, den der 8. außerordentliche Landeskirchentag im November 1936 über den Bekenntnisstand der evangelisch-reformierten Landeskirche der Provinz Hannover gefaßt hat, beschließt der Landeskirchentag: Wir bekennen die ‚Theologische Erklärung zur gegenwärtigen Lage der Deutschen Evangelischen Kirche‘ vom 30. Mai 1934 als eine Erklärung zum rechten Verständnis des Heidelberger Katechismus, die für Lehre und Ordnung in der evangelisch-reformierten Landeskirche der Provinz Hannover verbindlich ist.“ Damit sei bezeugt, dass die Barmer Erklärung „über den geschichtlichen Anlaß ihrer Entstehung hinaus die Evangelische Kirche in Deutschland zu dem Schriftzeugnis von der Alleinherrschaft Jesu Christi ruft und eine Mahnung an die bekenntnisbestimmten Kirchen bleibt, in der Einheit des Glaubens und Bekennens zu verharren, wie sie auf der Bekenntnissynode der Deutschen Evangelischen Kirche Ereignis geworden ist.“ So wurde Barmen zwar als verbindlich erklärt, jedoch als Fortführung, als aktualisierende Exemplifizierung des Heidelbergers verstanden. Mehr und mehr wurde jedoch, nicht allein für die reformierte Landeskirche, sondern für den reformierten Protestantismus in Deutschland nach 1945, Barmen 1934 wichtiger als der Heidelberger Katechismus von 1563.

---

114 Vgl. Berthold Fokken, Von der Kirchengemeinde- und Synodalordnung 1882 zum Loccumer Vertrag 1955, in: Lomberg u.a. (Hgg.), Evangelisch-reformierte Kirche, 325–356; 343; 125 Jahre evangelisch-reformierte Kirche, 12.

Nachdem es mit der Auflösung von Preußen auch keine Provinz Hannover mehr gab und sich das Land Niedersachsen konstituierte, wurde 1949 der Name der Landeskirche in „Evangelisch-reformierte Kirche in Nordwestdeutschland“ geändert. Seit dem gab es zwei größere Verfassungsänderungen, nachdem der Versuch einer „geistlichen“ Kirchenordnung, mit deren Erarbeitung Hollweg und Schumacher beauftragt worden waren, gescheitert war.[115] Nach dem Loccumer Vertrag von 1955[116] gab es die erste Änderung im Jahr 1958. Hier hieß es zum vierten Mal nach 1882, 1922 und 1936, dass der Bekenntnisstand unberührt bleibe: „Die Evangelisch-reformierte Kirche in Nordwestdeutschland, deren Bekenntnisstand unverändert bleibt, gibt sich … diese Verfassung.“[117] Obwohl also auch hier der Heidelberger Katechismus nicht explizit genannt wurde, war er der dominierende Referenztext aus der Tradition. Das zeigte sich vielfältig: Am kirchlichen Unterricht, immer seltener an Katechismuspredigten, vor allem am theologischen Bemühen der führenden Kirchenmänner, wofür neben den historischen Arbeiten Hollwegs die ganz im Barthschen Sinne stehenden Aktualisierungen Walter Herrenbrücks zu nennen wären. Entsprechend wurde auch das Jubiläum 1963[118] langfristig vorbereitet und gefeiert. In diesen Feiern trat der junge Gerhard Nordholt (1920–1994) als konservativer Heidelberger-Exeget auf; er wurde dann 1963 zum Nachfolger Herrenbrücks gewählt.[119]

Um 1970 gab es eine Reihe von rechtlichen Angleichungen an die faktisch gegebene Situation: Die Bentheimer Kirchenordnung (1709) mit ihren „12 Artikeln“ von 1613 wurde offiziell 1971 abgeschafft bzw. bereits 1970 durch „Empfehlungen für das kirchliche Leben“ ersetzt, wo der Heidelberger Katechismus an prominenter Stelle genannt wird.[120] Ebenfalls 1971 trat das „Bovender Modell“ in Kraft, mit dem der neuen konfessionellen Gewichtung der Plesse-Gemeinden Rechnung getragen wurde. Hier entstanden *quasi* gemischt-konfessionelle Ge-

---

115 Vgl. Fokken, Von der Kirchengemeinde- und Synodalordnung, 344–347.

116 Vgl. Fokken, Von der Kirchengemeinde- und Synodalordnung, 351–353; vgl. Konföderation evangelischer Kirchen in Niedersachsen (Hg.), In Freiheit verbunden. 50 Jahre Loccumer Vertrag, Hannover 2005.

117 Kirchengesetz über die Verfassung der Evangelisch-reformierten Kirche in Nordwestdeutschland in der Fassung vom 9. Mai 1958, in: Kirchliches Gesetz- und Verordnungsblatt für die Evangelisch-reformierte Kirche in Nordwestdeutschland 11, Nr. 28, 25. August 1959, 179–196; 179.

118 Vgl. Hans-Georg Ulrichs, Zwischen Bekenntnistreue und verlorener Zeitgenossenschaft. Das Jubiläum „400 Jahre Heidelberger Katechismus“ 1963 als rezeptionsgeschichtlicher Höhe- und Wendepunkt im deutschen Reformiertentum, in: Matthias Freudenberg/J. Marius J. Lange van Ravenswaay (Hgg.), Geschichte und Wirkung des Heidelberger Katechismus. Vorträge der 9. Internationalen Emder Tagung zur Geschichte des reformierten Protestantismus (EBzrP 15), Neukirchen-Vluyn 2013, 185–211.

119 Vgl. Ulrichs, Zwischen Bekenntnistreue und verlorener Zeitgenossenschaft, ebd., 204f, 209; zu Nordholt vgl. Alfred Rauhaus, Art. Nordholt, Gerhard, in: BLO II (1997), 274–276.

120 Vgl. Krumwiede, Kirchengeschichte Niedersachsens II, 283, wohl nach Heinrich Freese, Bezirkskirchenverband VI, in: Lomberg u.a. (Hgg.), Evangelisch-reformierte Kirche, 41–50; 42.

meinden mit reformierten Pfarrämtern.[121] Erst im Herbst 1971 gaben die letzten Gemeinden das Verbot des Frauenstimmrechts auf.[122] Eine Änderung betraf auch den Bekenntnisstand der Landeskirche: Im November 1970 wurden der Heidelberger Katechismus und Barmen als Bekenntnisschriften in Absatz 2 der Kirchenverfassung genannt.[123] Klarheit war auch deshalb vonnöten, weil man – wie beim Loccumer Vertrag – seit 1970 mit den anderen Landeskirchen in Niedersachsen in der Konföderation kooperierte.[124] Zu einer Besinnung auf reformierte Grundwerte in Sachen Kirchenordnung verhalfen auch die Feiern zum Gedenken an die Emder Synode von 1571.[125]

Diese Nennung des Heidelbergers wurde dann bei der zweiten Neufassung bestätigt. Nachdem die reformierten Gemeinden Bayerns zur reformierten Landeskirche gekommen waren, passte nicht nur der Name schlecht. In der gemeinsam beschlossenen Kirchenverfassung vom Juni 1988 sieht sich diese Kirche – in folgender Hierarchie – gegründet auf Jesus Christus nach dem Zeugnis des Alten und Neuen Testaments (1). Wegen der bleibenden Erwählung Israels gehört zum „Wesen und Auftrag der Kirche, Begegnung und Versöhnung mit dem Volk Israel zu suchen.“ (2) „Als Urkunden des Bekenntnisstandes … gelten die altkirchlichen Bekenntnisse …, der Heidelberger Katechismus und die Theologische Erklärung von Barmen vom 31. Mai 1934“, in reformierter Tradition allerdings „vorbehaltlich weiterführender schriftgemäßer Glaubenserkenntnis“ (4).[126]

121 Vgl. Wilhelm Buitkamp, Bezirkskirchenverband IX, in: Lomberg u.a. (Hgg.), Evangelisch-reformierte Kirche, 70–76; 72.

122 Vgl. Winfried Stolz, Die Verfassungsgrundsätze von 1974, in: Lomberg u.a. (Hgg.), Evangelisch-reformierte Kirche, 357–376; 365.

123 Vgl. Stolz, Die Verfassungsgrundsätze von 1974, 359f. – Dies war tatsächlich lediglich eine Angleichung an die gegebene Situation, denn von praktizierten bekenntnisrechtlichen Eigentümlichkeiten in den unterschiedlichen Regionen der reformierten Landeskirche ist nichts bekannt.

124 Vgl. Fokken, Von der Kirchengemeinde- und Synodalordnung, 352.

125 Vgl. Stolz, Die Verfassungsgrundsätze von 1974, 364. Vgl. zu diesem Jubiläum Elwin Lomberg (Bearb.), Emder Synode 1571–1971. Beiträge zur Geschichte und zum 400jährigen Jubiläum, hg. von der Evangelisch-reformierten Kirche in Nordwestdeutschland, Neukirchen-Vluyn 1973.

126 Verfassung der Evangelisch-reformierten Kirche (Synode evangelisch-reformierter Kirchen in Bayern und Nordwestdeutschland) vom 9. Juni 1988, in: Gesetz- und Verordnungsblatt der Evangelisch-reformierten Kirche (Synode evangelisch-reformierter Kirchen in Nordwestdeutschland [und Bayern?]) 16, Nr. 1, 15. August 1988, 1–23; 3: I. Verfassungsgrundsätze, § 1 Grundlegung.

6. Abschluss: „Die Aufgabe, eine dialogfähige reformierte Konfessionalität zu gestalten“ (Martin Heimbucher)

Der gebotene Überblick hat gezeigt, dass der Heidelberger Katechismus in der Geschichte der niedersächsischen Reformierten eine herausragende kirchenpolitische und -praktische Funktion hatte. Es waren nicht selten – aus heutiger Sicht – „Konservative“, die sich auf ihn beriefen: Mitte des 19. Jahrhunderts Neu-Konfessionelle, die hinter der Lingener Denkschrift und anderen Einigungsbestrebungen standen, zu Beginn der Landeskirche Konfessionalisten wie F. W. Cuno, im Zusammenhang mit der Kirchenverfassung von 1922 und in den 20er Jahren Kohlbrüggianer wie P. Schumacher, J. Th. Horn und W. Hollweg, im Zusammenhang mit dem wichtigen Landeskirchentag von 1936 die eher legalistische Kirchenleitung, die „Mittelpartei“ sowie die eigentlich marginalisierten Deutschen Christen, nach 1945 die theologisch gelegentlich als „neo-orthodox“ bezeichneten „Barthianer“. Der Heidelberger Katechismus wirkte, auch ohne eindeutigen Verfassungsrang. Er wirkte nicht zuletzt im kirchlichen Leben und prägte so etwas wie eine „reformierte Mentalität“, auch wenn dies historiographisch schwierig aufzuweisen ist.

Im zurückliegenden Vierteljahrhundert ist die reformierte Landeskirche verstärkt eine das niedersächsische Territorium nach Nord, Ost und Süd weit übergreifende Konfessionskirche geworden.[127] Die angebotene volle synodale Gemeinschaft hat die Evangelisch-altreformierte Kirche in Niedersachsen im Jahr 2009 allerdings nicht angenommen, so dass es hier nicht zu einer „Wiedervereinigung“ von Landes- und Freikirche nach knapp 175 Jahren gekommen ist. Mit der Verfassung von 1988, deren Anfangsbestimmungen auf die Reform von 1970 zurückgehen, ist sie eine auch statuarisch bekenntnisbestimmte Kirche. Ob sie damit überlebensfähiger ist als kleine Territorialkirchen wie etwa die Lippische Landeskirche, prophezeit nicht der Historiker, sondern das wird die Zukunft erweisen. Auch zukünftig wird sicherlich mehr oder minder regelmäßig die Frage nach einer stärker konstitutionalisierten niedersächsischen Konföderation, also nach einer niedersächsischen oder nordwestdeutschen Kirche auftreten. Weniger „Bekenntnis“, sondern nicht zuletzt die gesellschaftlich-ökonomischen Kontexte werden hier wahrscheinlich ausschlaggebend sein. Allerdings fungierte die reformierte Kirche in der zurückliegenden Generation als Sammelbecken reformierter Gemeinden aus ganz Deutschland, weshalb sie seit der Verfassung von 1988 auch nicht mehr den Namen einer „Landes[!]kirche“ führt, wie es seit 1949 in der Verfassung gestanden hatte. Möglicherweise wird sie sich deshalb wie bei ihrer Gründung weiterhin vor allem als bekenntnisbestimmte Kirche erweisen, für die

127 Bereits vorher gehörten mit Lübeck und Stuttgart (1952) Gemeinden außerhalb des niedersächsischen Territoriums zur Landeskirche; Altona, 1923 zur Landeskirche gekommen, war 1976 ausgegliedert worden, um sich der freien reformierten Gemeinde in Hamburg anzuschließen. Diese ist im Übrigen seit 2012 Gemeinde der ErK.

Territorialgrenzen jedenfalls nicht allein konstitutiv sind.[128] Es wird also auch in Zukunft merkwürdig anmuten, auf einer Landkarte des deutschen Protestantismus die Evangelisch-reformierte Kirche eingezeichnet zu sehen. Sie liegt wegen ihrer Geschichte und Gegenwart irgendwie quer.

---

128 Dass eine Bekenntnisorientierung nicht abschottet, sondern in den Dialog führt, hat der neue Kirchenpräsident Martin Heimbucher in seiner „Bewerbungsrede“ vor der Synode am 21. Juni 2013 angemerkt: „Konfessionalismus … ist von gestern. Aber eine dialogfähige reformierte Konfessionalität zu gestalten, das bleibt unsere Aufgabe.“

8. Die Rezeption des Heidelberger Katechismus in hessischen und nassauischen Territorien

Karl Müller (Haiger-Sechshelden)

1. Ursprungsland: Die Kurpfalz

Der am 19. Januar 1563 in Heidelberg erschienene und am 15. November 1563 in die Kurpfälzische Kirchenordnung aufgenommene Heidelberger Katechismus[1] hat von Anfang an einen regelrechten Siegeszug angetreten und ist bis heute in mehr als 40 Sprachen übersetzt worden. Ausgehend von den Niederlanden und vom Niederrhein verbreitete er sich schnell bis Siebenbürgen, Polen und Ungarn[2]. Man muss dabei den Ausruf der Begeisterung im Auge haben, den englische Delegierte bei der Rückkehr von der Synode in Dordrecht 1618/19 nach England taten: „Unsere Brüder auf dem Festland haben ein Büchlein, dessen Blätter nicht mit Tonnen Goldes zu bezahlen sind“[3].

In Rheinhessen, dem nördlichen Teil der reformierten Kurpfalz, der heute kirchlich zur Evangelischen Kirche in Hessen und Nassau zählt, kam der Heidelberger Katechismus recht bald nach 1563 in Gebrauch. Im Jahre 1618 gab es in Rheinhessen 151 evangelische Gemeinden, von denen 107 reformiert waren[4] und das Bekenntnisbuch benutzten. Der Name „reformiert“, auch „calvinisch“ oder „calvinistisch“, war auch in Rheinhessen, also in der nördlichen Kurpfalz, so selbstverständlich geworden, dass man beispielsweise 1621 im lutherischen Wendelsheim vom „Calvinischen Schuhmacher“ vernimmt, und als in diesem Jahr der reformierte Pfarrer Konrad Schardius im gleichen Ort abgesetzt wurde,

1 S. J. F. Gerhard Goeters, Genesis, Formen und Hauptthemen des reformierten Bekenntnisses in Deutschland. Eine Übersicht, in: Heinz Schilling (Hrsg.), Die reformierte Konfessionalisierung in Deutschland – Das Problem der „Zweiten Reformation“. Wissenschaftliches Symposion des Vereins für Reformationsgeschichte 1985 (SVRG, Bd. 195), Gütersloh 1986, 44–59; 48.

2 Wulf Metz, Art. Heidelberger Katechismus I, TRE, Bd.14, Berlin-New York 1985, 582–586; 585.

3 Der Heidelberger Katechismus. Für den Jugendunterricht in evangelischen Gemeinden vereinfachte Ausgabe, hrsg. vom Moderamen des Reformierten Bundes, 11. Aufl. Neukirchen-Vluyn 1961, [5]; Karl Müller, „… nicht mit Tonnen Gold zu bezahlen“. Jubiläum 450 Jahre Heidelberger Katechismus – Festwoche ab dem 17. Januar“, in: Dill-Post, Jg.174, Nr.1, Dillenburg 2. 1. 2013, 16.

4 Wilhelm Diehl, Zur Geschichte der Staatsgehalte der rheinhessischen evangelischen Pfarreien, Darmstadt 1917, 2.

kam es zu dem Plan, einen Pfarrer der „heydelbergischen Confession", d. h. einen Pfarrer von der Konfession des Heidelberger Katechismus zu nominieren[5].

Aber der Heidelberger kam auch zum Gebrauch in den 23 rechtsrheinischen kurpfälzischen reformierten Gemeinden im Odenwald und seiner Umgebung, nämlich in Orten wie z. B. Groß-Umstadt, Lengfeld, Ober-Klingen, Schlierbach, Lindenfels, Waldmichelbach, Affolterbach-, Bensheim und Lampertheim[6]. Auch dieses Gebiet, Starkenburg, zählt heute zur Evangelischen Kirche in Hessen-Nassau (EKHN).

2. Verbreitung im 16. und 17. Jahrhundert

a) Entstehung des Heidelberger Katechismus: Kurpfalz

Kurfürst Friedrich III. von der Pfalz (1559–1576) hatte den eigentlichen Anstoß zur Abfassung des Heidelberger Katechismus gegeben. Der Hauptverfasser wird nach den neueren Forschungsergebnissen Zacharius Ursinus gewesen sein. Eine Redaktionskommission unter dem Vorsitz des Kurfürsten beriet über den geplanten und entworfenen Katechismus, wobei wahrscheinlich die Professoren der Theologischen Fakultät zugegen waren. Vom 13. bis 18. Januar 1563 tagte der Heidelberger Kirchenrat unter dem Vorsitz Friedrichs III. Ein wichtiges Mitglied des reformierten Kirchenrates war der aus Trier stammende Caspar Olevian. Er ist zwar nicht, wie lange Zeit gedacht wurde, Mitverfasser des Katechismus, hat aber bei der Entstehung der Endfassung mitgewirkt. Mit Sicherheit geht die Hinzufügung der Frage 80 zu dem Katechismus und mit großer Wahrscheinlichkeit die Erweiterung der Frage 36 auf ihn zurück[7].

b) Nassau-Dillenburg

Als Friedrich III. im Oktober 1576 starb, setzte unter seinem Sohn und Nachfolger Ludwig VI. (1576–1583) sofort eine Lutheranisierung der Kurpfalz ein. Alle reformierten Professoren, Pfarrer und Lehrer wurden abgesetzt und mussten das Land verlassen, wenn sie sich nicht „akkomodierten", also sich anpassten an das lutherische Bekenntnis. Aber diese Regierungszeit war nur eine kurze Episode.

---

5 Karl Müller, Geschichte von Erbes-Büdesheim (Alzeyer Geschichtsblätter, Sonderheft 16), Alzey 2001, 389.

6 Heinrich Steitz, Geschichte der Evangelischen Kirche in Hessen und Nassau, T.1, Marburg/Lahn 1961, 74.

7 J. F. Gerhard Goeters (Bearb.), Kurpfalz (Die evangelischen Kirchenordnungen des XVI. Jahrhunderts, Bd.14), Tübingen 1969, 42.

Als der Kurfürst Ludwig 1583 starb, kehrte die Kurpfalz unter dem Kuradministrator Johann Casimir wieder zum reformierten Bekenntnis zurück.

Was nun für die abgesetzten und verdrängten Professoren, Pfarrer und Lehrer und gleichzeitig für die gesamte Kurpfalz zunächst schmerzlich war, wirkte sich in anderer Hinsicht segensreich aus. Caspar Olevian war, nach Jürgen Moltmanns Urteil, der größte Schüler Calvins auf deutschem Boden[8] und der geistige Vater der deutschen reformierten Kirchen.[9] Er war praktisch so etwas wie der Motor, durch den das reformierte Bekenntnis in viele Länder weitergetragen wurde. So schreibt Friedrich Wilhelm Cuno: „Diesem unermüdlichen Mann ist es zu verdanken, dass der durch Ludwig VI. in der Kurpfalz gewaltsam aufgehaltene Strom nunmehr in die […] Grafschaften […] geleitet wurde."[10]

Graf Ludwig der Ältere von Wittgenstein (1558–1605) ließ Olevian als Erzieher der Grafensöhne in sein Territorium kommen. 1577 wurde der Reformator in Berleburg Pfarrer und zugleich Hofprediger. Im selben Jahr kamen aus der Kurpfalz vertriebene reformierte Pfarrer im Nassauischen an. Olevian setzt sich sofort für sie ein und schlug vor, den Superintendenten von Dirmstein nach Hadamar, den Superintendenten von Bacharach nach Ebersbach zu setzen, Pfarrer Gilbertus in dessen Nachbarschaft, Pfarrer Engelbertus und Pfarrer Fontius sollten im Kloster Keppel bei Hilchenbach im Siegerland oder in Gnadenthal im Taunus versorgt werden.[11]

Bereits im September 1577 hatte Graf Johann VI. von Nassau-Dillenburg (1559–1606) die Pläne zur Gründung einer reformierten Hohen Schule entwickelt, an denen Olevian von Anfang an beteiligt gewesen ist. Bereits 1577 führte der aus Heidelberg Vertriebene den Heidelberger Katechismus in Berleburg in der Grafschaft Wittgenstein ein, ebenso die von ihm erarbeitete Kirchenordnung der Kurpfalz. Ostern 1578 teilte er erstmals zu Berleburg Brot beim Abendmahl aus[12]. Von dieser Residenz aus entwickelte Olevian eine ausgedehnte Tätigkeit durch Predigten und literarische Arbeit. Er arbeitete den sog. Bauernkatechismus aus. 1578 erschienen die Auslegung des Galaterbriefs, 1579 die des Römerbriefs, 1580 die der Philipper- und Kolosserbriefe und 1581 der „Veste() Grund und Wegweiser", ein Werk, das für die Nassau-Dillenburger Pfarrer angeschafft wurde[13]. 1586 wurde erstmals in Herborn ein für die reformierte Kirche in Nassau-Dillenburg bestimmtes Gesangbuch gedruckt, das nicht nur die Genfer Psalmen enthielt, sondern auch andere Kirchenlieder sowie den Heidelberger Katechismus und Gebete.

Doch die Tätigkeiten Olevians reichten weit über die Grenzen der Grafschaft Wittgenstein hinaus. Graf Johann VI. holte Olevians Rat ein, um die bereits begonnene reformierte Umgestaltung in der Grafschaft Nassau-Dillenburg weiterzuführen. Am 24. April 1581 wurde auf dem Dillenburger Konvent die Kur-

---

8 Jürgen Moltmann, Art. Olevian, EKL 2, Göttingen 1958, Sp. 1688–1689; Sp.1688.

9 Ebd., Sp.1689.

10 Cuno nach Müller, Karl, Caspar Olevian – Reformator aus Leidenschaft. Zum 400. Todestag am 15. März 1987, in: MEKGR Jg. 37/38 (1988/89), 13–138; 70.

11 Müller (s. Anm.10), 67.

12 Ebd., 67f.

13 Ebd., 69.

pfälzische Kirchenordnung eingeführt und der Gebrauch des Heidelberger Katechismus beschlossen, was Olevians Bemühungen zu verdanken ist. Im September 1581 wurden reformierte Schriften allgemein angeschafft und unter den Pfarrern verbreitet[14]. Das älteste Zeugnis über die Beteiligung Olevians an der Ausbreitung des Heidelberger Katechismus verdanken wir Heinrich Alting, dem Heidelberger und Groninger Theologen[15].

Caspar Olevians Hauptwerk institutioneller Art war die Errichtung der Hohen Schule in Herborn im Jahre 1584. Das Gründungsdatum wird der 1. Juni 1584 sein[16]. Zu den hervorragendsten Kräften an dieser kleinen Universität (ohne Promotionsrecht) zählten nach Glawischnig Olevian, Piscator und Althusius[17], während Zeeden zu den Gelehrten von Rang Olevian, Piscator, Pezelius, Vorstius, Althusius, Zepper, Alsted und Heidegger rechnet[18]. Nach Gerhard Menks Urteil gab das „Dreigestirn" Wilhelm Zepper, Johannes Piscator und Caspar Olevian „dem wissenschaftlichen Programm der Johannea […] sein Gepräge"[19]. Durch die Errichtung der Hohen Schule wurde das kleine Herborn europaweiter Anziehungspunkt. Von nahen und fernen Ländern strömten Studenten in die Stadt an der Dill, um Olevian und Piscator zu hören, u. a. aus England, Schottland, Böhmen, Polen, Ungarn, Schweiz und sogar aus dem lutherischen Dänemark[20].

c) Solms-Braunfels und Solms-Hohensolms-Lich

Caspar Olevian ruhte nicht, für die Ausbreitung des reformierten Bekenntnisses in möglichst vielen Territorien zu sorgen. An der Sitzung des Konvents am 5. Mai 1582 in Dillenburg nahm neben Graf Johann VI. und Graf Ludwig dem Älteren von Wittgenstein auch Graf Konrad von Solms-Braunfels teil. Graf Konrad hatte in Straßburg bei Peter Martyr Vermigli studiert und lernte 1568 auf einer Schweiz-Reise Zwinglis Nachfolger Heinrich Bullinger kennen[21]. Er heiratete 1559 Elisabeth von Nassau-Dillenburg, die Schwester Graf Johanns VI. Die

---

14 Ebd., 69f.

15 J. F. Gerhard Goeters, Caspar Olevianus als Theologe, MEKGR Jg. 37/38 (1988/89), 287–344; 299.

16 Müller (s. Anm.10), 74.

17 Rolf Glawischnig, Niederlande, Kalvinismus und Reichsgrafenstand 1559–1584. Nassau-Dillenburg unter Graf Johann VI. (Schriften des Hessischen Landesamtes für geschichtliche Landeskunde, Bd. 36), Marburg 1973, 231.

18 Ernst Walter Zeeden, Das Zeitalter der Glaubenskämpfe 1555–1648 (Handbuch der deutschen Geschichte, Bd. 2/1 dtv-Wissenschaft 4209), 9. Aufl. München o. J. [ca.1984], 166.

19 Gerhard Menk, Die Hohe Schule Herborn im 16. und 17. Jahrhundert, in: Von der Hohen Schule zum Theologischen Seminar Herborn 1584–1984. Festschrift zur 400-Jahrfeier, hrsg. von Joachim Wienecke, Herborn 1984, 22–37; 22.

20 Müller (s. Anm.10), 75.

21 Heinrich Steitz, 1582–1982. Die Einführung des reformierten Bekenntnisses in Oberhessen; in: Unsere Väter – Verantwortung im Glauben. Evangelisch-reformierte Festwoche in Oberhessen 1982, hrsg. von Wilhelm Brandt, Jürgen Enke, Norbert Friebe, Karl Müller, Eberstadt bei Lich 1984, 13–27; 19.

Braunfelser Grafen pflegten seitdem gute Beziehungen zu den Nassauer Grafen[22]. Graf Konrad führte mit Hilfe Olevians und Johann Casimir Otto von Grünrades, dem Hofmeister Graf Johanns VI., in der Grafschaft Solms-Braunfels 1582 das reformierte Bekenntnis ein[23]. Olevian entfaltete eine rege Besuchs-, Predigt- und Lehrtätigkeit bei Pfarrern und Gemeinden bis hin zur Wetterau. Seine Anwesenheit z. B. in Villingen bei Hungen ist verbürgt. Er bereiste von Berleburg aus die Solmser Grafschaft und machte Pfarrer und Gemeinden mit der reformierten Lehre bekannt. Graf Konrad von Solms-Braunfels lud alle politischen Diener und Kirchendiener zur Synode am 7. September 1582 in Hungen ein, auf der der Übergang vom lutherischen zum reformierten Bekenntnis beschlossen wurde[24] und damit auch die Einführung des Heidelberger Katechismus in 16 Gemeinden. Auch bei der Einrichtung der Schulen auf dem Land war der Reformator aktiv beteiligt. Ein gutes Beispiel für die Erfolge Olevians auf diesem Gebiet ist nach Menk die Entwicklung der Grafschaft Solms-Braunfels[25]. Diese Grafschaft ist seit der Einführung des reformierten Bekenntnisses immer reformiert geblieben, abgesehen von Bekenntniswechseln im 30jährigen Krieg. Im Konvent von Hungen wurde 1582 die Solms-Braunfelsische Kirchenordnung als Übergangslösung geschaffen. Bereits in ihr hat der Heidelberger Katechismus seinen festen Ort[26]. Die Solmser Synode vom 26. Juni 1583 führte die Kurpfälzische Kirchenordnung von 1563 mit dem Heidelberger Katechismus ein. Damit war die Solms-Braunfelsische Übergangsregelung außer Kraft gesetzt und die Grafschaft Solms-Braunfels in die Gemeinschaft der nach Gottes Wort reformierten Kirchen aufgenommen[27].

In der Nebenlinie der Grafschaft Solms-Braunfels, der Grafschaft Solms-Hohensolms-Lich, führte Graf Hermann Adolf um 1606 in vier weiteren Gemeinden das reformierte Bekenntnis ein, nämlich in Eberstadt, Ober-Hörgern, Nieder-Weisel und Hausen[28].

---

22 Sabine Arend (Bearb.), Die geteilte Landgrafschaft Hessen 1582–1618. Grafschaften Waldeck, Solms, Erbach und Stolberg-Königstein. Reichsstädte Frankfurt, Friedberg, Gelnhausen und Wetzlar (Die evangelischen Kirchenordnungen des XVI. Jahrhunderts, Bd. 9, Hessen II), Tübingen 2011, 311.

23 Müller (s. Anm. 10), 71.

24 Müller, ebd.; Steitz (s. Anm. 6), 100.

25 Gerhard Menk, Caspar Olevian während der Berleburger und Herborner Zeit (1577–1587), MEKGR Jg. 37/38 (1988/89), 139–204; 194.

26 Heinrich Graffmann, Der Unterricht nach dem Heidelberger Katechismus in seiner klassischen Periode mit besonderem Blick auf das heutige Land Hessen, JHKV, Bd.15 (1964, 47–69; 52; Goeters (s. Anm.1), 49.

27 Steitz (s. Anm. 21), 21.

28 Steitz (s. Anm. 6), 101; Steitz (s. Anm. 21), 20.

d) Hanau-Münzenberg

Graf Johann VI. von Nassau-Dillenburg übte 1580–1596 die Vormundschaft über Graf Philipp Ludwig II. von Hanau-Münzenberg[29]. Er gab sich große Mühe, die Grafschaft für das reformierte Bekenntnis zu gewinnen und darin zu erhalten. Graf Philipp Ludwig II. wurde in Dillenburg erzogen, besuchte die Hohe Schule in Herborn und wurde durch das Studium ein überzeugter Reformierter. 1595 übernahm er die Regierung in Hanau[30]. Johann VI. überließ ihm eine Reihe tüchtiger Prediger, mit deren Hilfe Graf Philipp Ludwig II. das reformierte Bekenntnis durchsetzte. Sein wichtigstes Werk war die mit großer Energie betriebene Gründung einer Hohen Schule in Hanau im Jahre 1607, ein getreues Abbild der Hohen Schule in Herborn. Hanau-Münzenberg bekam vier tüchtige Professoren, Johann Philipp Pareus, Tossanus, Lotichius und Wild. Pareus hat sich Verdienste um den Heidelberger Katechismus erworben; er ist Herausgeber verschiedener Ausgaben des Heidelberger Katechismus geworden[31].

Vor allem entsandte der Nassauer Graf, den Rektor der Hohen Schule Herborn Jodocus Naum, um Graf Philipp Ludwig II. bei der Einführung des reformierten Bekenntnisses zu unterstützen. Naum trat am 11. Oktober 1596 als Superintendent ganz in den Dienst des Hanauer Grafen[32]. Die ersten Orte, die reformiert wurden und den Heidelberger Katechismus gebrauchten, waren Rodheim vor der Höhe, Ober- und Nieder-Eschbach, Holzhausen vor der Höhe, Steinbach im Tal[33], dazu Hanau selbst, Windecken, Nauheim, Dorheim und Rumpenheim am Main[34].

e) Isenburg-Ronneburg-Kelsterbach und Isenburg-Birstein

Graf Wolfgang von Isenburg-Ronneburg-Kelsterbach (1560–1597) hatte Calvins Lehre kennengelernt und bekannte sich seit 1584/85 zu ihr. In dieser Zeit begann er, das Kirchenwesen seines Landes nach reformiertem Verständnis umzugestalten[35]. Graf Wolfgang Ernst I. (1596–1633) führte 1596 in der Grafschaft Isenburg-Birstein und 1601 in der Grafschaft Isenburg-Ronneburg-Büdingen das reformierte Bekenntnis ein[36] und damit auch den Gebrauch des Heidelberger Katechismus. Die Gemeinden Offenbach/Main, Königstätten, Eckhartshausen, Rohrbach, Hitzkirchen, Wenings, Bönstadt, Bruchenbrücken, Büdingen, Assen-

---

29 Steitz (s. Anm. 6), 97.

30 Graffmann (s. Anm. 25), 53 („1596"); Sabine Arend, Reformierte Allianzen. Die Nassau-Dillenburger Almosenordnung von 1589 im konfessionspolitischen Beziehungsgefüge, in: Nassauische Annalen, Bd. 124, Wiesbaden 2013, 111–156; 130f. 134.

31 Ebd., 54.

32 Sabine Arend (Bearb.), Die Grafschaften Nassau, Hanau-Münzenberg und Ysenburg (Die evangelischen Kirchenordnungen des XVI. Jahrhunderts, Bd. 10, Hessen III), Tübingen 2012, 379.

33 Ebd.; Steitz (s. Anm. 6), 97.

34 Steitz (s. Anm. 6), 97.

35 Arend (s. Anm. 32), 551f; Goeters (s. Anm. 1), 46.

36 Goeters (s. Anm. 1), 46; Arend (s. Anm. 32), 553.

heim und Dreieichenhain erhielten reformierte Pfarrer[37]. Als Graf Wolfgang Ernst I. die Regierung in Isenburg-Ronneburg übernahm, sicherte er sich für die Einführung der reformierten Lehre und damit auch des Heidelberger Katechismus die Unterstützung einflussreicher reformierter Fürsten wie Johanns VI. von Nassau-Dillenburg, Johann Albrechts I. von Solms-Braunfels, Ludwigs I. von Sayn-Wittgenstein und Wilhelms IV. von Wied[38].

f) Wied-Runkel

In den vereinigten Grafschaften Wied-Runkel kam der Heidelberger Katechismus unter dem Grafen Johann IV. in Gebrauch. Seine Einführung erfolgte wahrscheinlich durch eine Kirchenordnung von 1575, die sich an die kurpfälzische Ordnung angelehnt haben wird[39]. Im Jahre 1589 war die Grafschaft Wied reformiert[40]. Nach Johanns IV. Tod wurde das Land zwischen seinen Söhnen Hermann I. und Wilhelm geteilt. Hermann I. (1581–1591), der die eigentliche Grafschaft Wied und die Herrschaft Ysenburg ererbte, ließ die Kirche seines Gebietes auf der Herborner Generalsynode 1586 in den synodalen Verband der reformierten Kirchen eingliedern. Sein Bruder Wilhelm, der das Gebiet Wied-Runkel geerbt hatte, gestaltete ebenfalls das Kirchenwesen seines Gebietes im reformierten Sinn um und zwar mit Hilfe von Eberhard Blyttershagen in Runkel[41]. Cuno schreibt: „Von größter Bedeutung für die Kirche in Wied war aber ihre Eingliederung in den synodalen Verband der reformierten Kirchen von Nassau-Katzenelnbogen, Wittgenstein und Solms-Braunfels, welcher auf der Herborner Generalsynode am 13. Juli 1586 [...] zustande kam“[42].

g) Die Wetterauischen Grafschaften insgesamt

Wie ersichtlich war nach der Kurpfalz als Herkunftsort des Heidelberger Katechismus die Grafschaft Nassau-Dillenburg dasjenige deutsche Territorium, von dem aus im stärksten Maße für die weitere Verbreitung des Bekenntnisbuches gesorgt wurde. In Nassau-Dillenburg war es in erster Linie Caspar Olevian, der andere Herrschaftsgebiete für das reformierte Bekenntnis und damit für den Heidelberger Katechismus zu gewinnen trachtete, stets eifrig unterstützt durch Graf Johann VI. So erfolgte unter dem Einfluss des Nassauers die Einführung des

37 Steitz (s. Anm. 6), 99.

38 Arend (s. Anm. 32), 560.

39 Graffmann (s. Anm. 25), 52; Cuno (s. Anm. 42), 22.

40 Goeters (s. Anm. 1), 46; Heinrich Richard Schmidt, Konfessionalisierung im 16. Jahrhundert (Enzyklopädie Deutscher Geschichte, Bd.12), München 1992, 45; vgl. Steitz (s. Anm. 6), 91; Glawischnig (s. Anm. 17), 128.

41 Graffmann (s. Anm. 25), 52f.

42 Fr(iedrich) W(ilhelm) Cuno (Hrsg.), Gedächtnisbuch deutscher Fürsten und Fürstinnen reformierten Bekenntnisses, Lieferung 5, Barmen o. J. [um1884], 33.

reformierten Bekenntnisses in Solms-Braunfels, Isenburg-Büdingen und Wied[43]. Klueting schreibt: „Von Nassau-Dillenburg aus erfasste das Reformiertentum andere wetterauische und westdeutsche Grafschaften wie Hanau-Münzenberg […], Sayn und die mit Wittgenstein verbundene Herrschaft Homburg im Bergischen Land“[44]. Und Georg Schmidt: „Trotz enormer Widerstände breitete sich das […] reformierte Bekenntnis vor allem über dynastische Verbindungen, Vormundschaften und die Erziehung der jungen Grafen erstaunlich schnell in der Wetterau aus.“[45]. So nahmen an der im Juli 1586 in Herborn tagenden Generalsynode Theologen aus den reformierten Westerwälder Grafschaften Nassau-Katzenelnbogen, Sayn-Wittgenstein, Solms-Braunfels und Wied teil[46]. Wenn man das sozial- und personengeschichtliche Kräftefeld der reformierten Territorien – über die Grenzen des Landes Hessen hinaus – betrachtet, dann „wird hier ein reformiert geprägter Familienkreis niederrheinisch-westfälischer und wetterauischer Grafen um die Häuser Nassau, Neuenahr, Daun-Falkenstein, Bentheim, Lippe, Wittgenstein, Solms, Wied oder Isenburg“ deutlich[47].

Bei allen diesen Vorgängen ist festzuhalten: Graf Johann VI., Graf Ludwig von Sayn-Wittgenstein oder Graf Konrad von Solms-Braunfels waren von der reformierten Lehre als dem einzig wahren Verständnis des Evangeliums zutiefst überzeugt und betrachteten es als ihre obrigkeitliche Pflicht, die Untertanen durch die Einführung des Calvinismus zum rechten Glauben zu führen[48]. „Der Weg zum Calvinismus muß […] auch als Ausbau und Vollendung der lutherischen Reformation gesehen werden“[49]. Mit der Einführung des reformierten Bekenntnisses beabsichtigte Johann VI. nicht nur den Konfessionswechsel innerhalb seines Herrschaftsbereichs, sondern er verfolgte auch den übergeordneten Plan einer mit den benachbarten reformierten Territorien Wittgenstein, Solms und Wied übereinstimmenden Kirchenleitung[50].

Die Verbindung zwischen der Kurpfalz und der Grafschaft Nassau-Dillenburg bewährte sich auch noch in anderer Hinsicht. Als Johann Casimir in der Kurpfalz nach der lutherischen Episode unter Ludwig VI. das Land mit neuen reformierten Pfarrern besetzen musste, da rekrutierte sich dieser neue Pfarrerstand vornehm-

---

43 Glawischnig (s. Anm.17), 128.

44 Harm Klueting, Das Konfessionelle Zeitalter 1525–1648 (UTB 1556), Stuttgart 1989, 220; vgl. Metz (s. Anm. 2), 585; Karl Dienst, Art. Nassau, TRE, Bd. 24, Berlin-New York 1994, 12–17; 13; Okko Herlyn, Was nützt es dir? Kleine Einführung in den Heidelberger Katechismus, Neukirchen-Vluyn 2013, 11.

45 Georg Schmidt, Die „Zweite Reformation“ im Gebiet des Wetterauer Grafenvereins. Die Einführung des reformierten Bekenntnisses im Spiegel der Modernisierung gräflicher Herrschaftssysteme; in: Heinz Schilling (Hrsg.), Die reformierte Konfessionalisierung in Deutsachland – Das Problem der „Zweiten Reformation“. Wissenschaftliches Symposion des Vereins für Reformationsgeschichte (SVRG, Bd. 195), Gütersloh 1986, 184–213; 197; Arend (s. Anm. 30), 132f.

46 Ebd., 199f.

47 Harm Klueting, Die reformierte Konfessions- und Kirchenbildung in den westfälischen Grafschaften des 16. und 17. Jahrhunderts; in: Schilling (s. Anm. 45), 214–232; 229.

48 Schmidt (s. Anm. 45), 185.

49 Ebd., 189.

50 Arend (s. Anm. 32), 38.

lich aus den Wetterauer Grafschaften[51]. Als freilich 1592 Johann Casimir starb und der kommende Pfälzer Kurfürst Friedrich IV. noch nicht volljährig war, drohte in der Person des lutherischen Herzogs Reichard von Simmern eine abermalige Lutheranisierung der Kurpfalz und damit ein erneuter Konfessionswechsel der Bevölkerung. Diese kritische Situation in der Kurpfalz führte zu einem Zusammenrücken aller reformierten Kräfte im Reich. Zur Schlüsselfigur wurde dabei der bisherige Erzieher Friedrichs IV, Otto von Grünrade, der Vertraute Graf Johanns VI. von Nassau-Dillenburg. Er stellte vor allem die Verbindung zu den Wetterauer Grafen dar. Johann VI. zögerte keinen Augenblick, dem jungen Friedrich IV., der sich zum überzeugten Reformierten entwickelt hatte, mit Rat und Tat beizustehen. Nassauische Truppen unter Führung von Johanns VI. Sohn Johann VII. rückten in die Pfalz ein und bewahrten das Land vor Pfalzgraf Reichards Zugriff[52]. Die Pfalz blieb reformiert und der Heidelberger Katechismus in Geltung.

h) Hessen-Kassel

In Hessen fand 1582 die letzte Generalsynode statt. Oberhessen, d. h. das Gebiet um Marburg, tendierte zum orthodoxen Luthertum, Niederhessen, d. h. das Gebiet um Kassel, zum Reformiertentum[53].

Bereits 1566 erschienen die sog. Althessischen Fragestücke, die keinen ausgeführten Katechismus darstellten, sondern nur die Hauptstücke der christlichen Lehre prägnant zusammenfassten. Auf der Grundlage dieser Fragestücke wurde dann, als zur Zeit des Landgrafen Moritz (1592–1627) in Hessen-Kassel 1605 die Entscheidung für das reformierte Bekenntnis gefallen war, das Kasseler Bekenntnis von 1605 und auf seiner Grundlage 1607 ein Landeskatechismus eingeführt, der in Niederhessen bis zum heutigen Tage in Geltung ist[54].

Im Jahre 1605 wurde der Heidelberger Katechismus in Kassel selbst gebraucht und den Katechismuspredigten zugrunde gelegt. Danach fand er zunächst durch Schüler aus der Pfalz und der Grafschaft Hanau neben dem hessischen Katechismus, d. h. neben dem Landeskatechismus im Pädagogium Marburg Eingang. Den eigentlichen Umschwung zu Gunsten des Heidelberger Katechismus brachte die Beschickung der Dordrechter Synode 1618/19 durch hessische Deputierte. Jetzt wurde der Heidelberger Katechismus am Hof zu Kassel und allmählich in allen Schulen des Landes in Gebrauch genommen. 1655 ergab eine statistische Aufnahme, dass er in sämtlichen Stadtschulen gebraucht wurde, ohne dass dies ausdrücklich befohlen worden war. In der Schulordnung vom 7. Juli 1656 wurde verfügt, dass in den oberen Klassen „zur Übung der Gottseligkeit“ der Heidelber-

51 Goeters (s. Anm. 7), 77.

52 Müller (s. Anm. 5), 378f.

53 Paul Münch, Zucht und Ordnung. Reformierte Kirchenverfassungen im 16. und 17. Jahrhundert (Nassau-Dillenburg, Kurpfalz, Hessen-Kassel), (Spätmittelalter und Frühe Neuzeit. Tübinger Beiträge zur Geschichtsforschung, Bd. 3), Stuttgart 1978, 113.

54 Graffmann (s. Anm. 25), 55.

ger Katechismus gebraucht werden sollte[55]. Auch die Ordnung für die Stadtschulen von 1697 setzt die Verwendung des Heidelberger voraus. 1726 erließ das Konsistorium eine Verordnung, wonach die katechetische Unterweisung mit dem kleinen Hessischen Katechismus, d. h. dem Landeskatechismus beginnen und dann zum Heidelberger Katechismus überleiten solle. Auch den reformierten Gesangbüchern Hessen-Kassels wurde der Heidelberger Katechismus regelmäßig beigedruckt[56].

3. Die Schulen

Friedrich Wilhelm Cuno hat bereits festgestellt, dass nächst der Kirche Graf Johann VI. von Nassau-Dillenburg besonders dem Schulwesen seine Fürsorge zugewendet habe. Es sollte nicht nur der Heidelberger Katechismus im ganzen Land eingeführt werden; daneben sollte eine Disziplin- und Almosenordnung verfasst, General- und Spezialvisitationen abgehalten und deutsche Schulen auf dem Land eingerichtet werden[57]. Bis zum Jahre 1594 waren Kirchspielschulen in jedem Pfarrdorf angelegt. In den Städten richtete der Graf Mädchenschulen ein[58]. Der Aufbau eines dreigliedrigen Schulsystems mit Dorf- und Trivialschulen sowie der nassauischen Akademie in Herborn als glanzvoller Spitze gehört trotz kursächsischer und württembergischer Vorbilder sicherlich zu den eindrucksvollsten Leistungen Graf Johann VI. Das nassauische Bildungssystem setzte sich mit nur geringer zeitlicher Verzögerung zunächst in Wittgenstein und Solms-Braunfels, später dann auch mit gewissen Modifikationen in Wied, Isenburg, Hanau[-Münzenberg] und Sayn durch[59]. Damit wurde das Nassauer Bildungssystem zum Modell für Wittgenstein, Solms-Braunfels, Wied, Isenburg, Hanau[-Münzenberg] und Sayn[60]. In den Grafschaften Sayn und Nassau hat Gerhard Menk eine „Bildungsrevolution" im niederen Schulwesen festgestellt, die in der zweiten Hälfte des 16. Jahrhunderts auch die Dörfer erreichte. „Der Wechsel zum Reformiertentum hat dabei eine Intensivierung des niederen Schulwesens gebracht, aber insgesamt doch nur auf kurze Frist"[61].

Allgemein ist festzuhalten, dass man im Rahmen der sog. „Zweiten Reformation", also der Einführung des reformierten Bekenntnisses, dem Bildungssystem erhöhte Beachtung schenkte[62]. Paul Münch schreibt: „Eine Vorbildwirkung ent-

55 Ebd., 56f.
56 Ebd., 57.
57 Münch (s. Anm. 53), 86.
58 Cuno (s. Anm. 42), Lieferung 3/4, Barmen o. J. [um1883], 59.
59 Schmidt (s. Anm. 45), 204.
60 Schmidt (s. Anm. 40), 54.
61 Ebd., 67.
62 Paul Münch, Nassau, Ottonische Linien. in: Anton Schindling/Walter Ziegler (Hgg.), Die Territorien des Reichs im Zeitalter der Reformation und Konfessionalisierung. Land und

faltete auch das nassauische Bildungsprogramm, das man in den Grafschaften Solms-Braunfels, Wittgenstein, Sayn, Hanau[-Münzenberg] und Ysenburg nachahmte“[63].

4. Rückgang durch die Aufklärung

Durch den Rationalismus, der im letzten Drittel des 18. Jahrhunderts einsetzte, war der Gebrauch des Heidelberger Katechismus umstritten geworden[64]. Luthers Kleiner Katechismus wurde von rationalistischen Pfarrern zu den unantastbaren, aber überflüssigen Lehraussagen des christlichen Glaubens gerechnet, während der Heidelberger Katechismus als überholte Form ehemals brauchbarer Unterrichtsformen (nur noch) Verehrung fand[65]. Die Beiseitelegung des Heidelberger Katechismus erfolgte im Zug der Aufklärung seit etwa 1777.[66] In Haiger-Sechshelden z. B. geschah sie um 1812, als anstelle des Heidelberger der sog. Snellsche Katechismus als Leitfaden eingeführt wurde, ein rationalistischer Katechismus, der nicht mehr Gottes Heilswerk in Jesus Christus, sondern die Dreiheit „Gott – Tugend – Unsterblichkeit“ herausstellte[67]. Auch in Herborn und damit auch wohl in anderen nassauischen Gemeinden wurde der kostbare Heidelberger abgeschafft, ebenso auch im Siegerland zu Beginn des 19. Jahrhunderts.[68] Auch in Solms-Braunfels, Wied-Runkel und Wied kam der Unterricht im Heidelberger Katechismus zum Erliegen.[69] Auch in Hessen-Kassel konnte er der Aufklärung auf die Dauer nicht widerstehen, wo die Pfarrer ihn zu Beginn des 19. Jahrhunderts durch rationalistische Privatkatechismen von Wille, Pfeiffer, Holzapfel, Snell und andere ersetzten.[70]

Konfession 1500–1650, Bd. 4, Mittleres Deutschland (Katholisches Leben und Kirchenreform im Zeitalter der Glaubensspaltung, Bd. 52), Münster 1992, 234–252; 245.

63 Ebd., 247.

64 Detlef Metz, Das 300. Jubiläum des Heidelberger Katechismus in Deutschland im Jahr 1863 (JWKG, Bd.108, 2012), 199–222; 203.

65 Steitz (s. Anm. 6), T. 2, Marburg/Lahn 1962, 264.

66 Graffmann (s. Anm. 25), 51.

67 Karl Müller, Geschichte von Sechshelden. Zur 200-Jahr-Feier der evangelischen Kirche. Im Auftrag des Kirchenvorstandes der evangelischen Gemeinde Sechshelden mit drei weiteren Beiträgen von J. Ufer, G. Lehmann und E. Cuntz, Dillenburg 2005, 170.

68 So in der noch erscheinenden Arbeit von Karl Müller, Abhängig – und doch selbständig. Die Versorgung der evangelischen Gemeinde Uckersdorf durch die Kirche von Herborn. Kirchengeschichte und Ortsgeschichte von Uckersdorf.

69 Graffmann (s. Anm. 25), 53.

70 Ebd., 57f.

5. Die Rückkehr des Heidelberger Katechismus

Doch bald setzt die Gegenbewegung ein. In Hessen-Kassel, im Fürstentum Lippe und in den anhaltinischen Gebieten war ein reformiertes Kämpfen für den Heidelberger Katechismus zu beobachten.[71] In Hessen-Kassel stellte die kurfürstliche Regierung zu Marburg 1847 für den Religionsunterricht Luthers Kleinen Katechismus, den Hessischen Landeskatechismus und den Heidelberger Katechismus zur Wahl.[72] In Kurhessen erwirkte 1854 der im Innenministerium für Kirchenangelegenheiten zuständige Konsistorialrat August Vilmar ein Reskript, das die Geltung des Heidelberger Katechismus als Bekenntnisgrundlage der hessischen, d. h. der hessen-kasselischen Kirche aufhob, wogegen sich Heinrich Heppe als Hauptkontrahent erhob.[73] Vilmar war ein heftiger Gegner des Heidelberger Katechismus, wobei sich der Kampf, da der Heidelberger nur noch in wenigen Gemeinden in Gebrauch war, vor allem gegen den reformierten Landeskatechismus wandte, so dass dieser immer mehr zurückgedrängt wurde und sein Gebrauch [1964] auf vier von 20 Kreisen beschränkt war.[74] In der reformierten Synode Wittgenstein ist er jedoch ohne großen Kampf wieder eingeführt worden.[75]

In Solms-Braunfels kam der Heidelberger durch die Erweckungsbewegung wieder zu Ehren und in Gebrauch.[76] In den reformierten Gemeinden des südlichen Hessens, d. h. im Großherzogtum Hessen war 1839 der Heidelberger Katechismus durch den Badischen Unionskatechismus von 1834 ersetzt worden. Nachdem aber die Lutheraner den lutherischen Katechismus zurückgewonnen hatten, baten die reformierten Pfarrer des Dekanats Hungen um Wiedergewährung des Heidelberger Katechismus. Das Konsistorium stellte am 7. Februar 1862 in Aussicht, dass die Pfarrer nach der Fertigstellung des in Arbeit befindlichen Hessischen Unionskatechismus zwischen diesem und dem Heidelberger wählen dürften. Da der Hessische Unionskatechismus aber zu lange auf sich warten ließ, führten die Reformierten den Heidelberger Katechismus wieder ein. So waren um das Jahr 1900 im Lande Hessen im evangelischen Bereich drei Katechismen in Gebrauch: Luthers Kleiner Katechismus, der Heidelberger Katechismus und der Unionskatechismus.[77] In den reformierten Gemeinden Gambach und Ober-Hörgern nahm Pfarrer Wilhelm Josef Graf 1892 den Heidelberger Katechismus wieder in Gebrauch.[78] Er ist seitdem wieder das in beiden Gemeinden Gambach und Ober-Hörgern geltende Bekenntnis- und Unterrichtsbuch.

71 Metz (s. Anm. 64), 204.
72 Graffmann (s. Anm. 25), 58.
73 Metz (s. Anm. 64), 205.
74 Graffmann (s. Anm. 25), 58.
75 Metz (s. Anm. 64), 205.
76 Graffmann (s. Anm. 25), 53.
77 Steitz (s. Anm. 6), T. 3, Marburg/Lahn 1965, 411f.
78 Karl Müller, Geschichte der evangelisch-reformierten Gemeinde Ober-Hörgern im Rahmen der allgemeinen Ortsgeschichte (Festschrift zum 75jährigen Bestehen. Festtage 21.–24. Juni 1985 verbunden mit einem großen Freundschaftssingen, Ober-Hörgern o. J. [1985]), 101–143; 120.

Was Rheinhessen betrifft, so verfügte der Kirchenrat von Mainz am 19. Juli 1823: Für den Unterricht sollte der Kleine Katechismus Luthers bei den Anfängern und der Heidelberger Katechismus bei der Fortgeschrittenen verwendet werden.[79]

Im Hanauer Land, das zu Hessen Kassel gehört, konnte sich der Heidelberger im Unterschied zu den meisten reformierten Territorien auch in der Aufklärungszeit halten, was wohl dort mit der dortigen konfessionellen Lage zusammenhing, wie Graffmann vermutet. Hier standen sich Lutheraner und Reformierte gegenüber. 1855 erschien ein Katechismus, der sowohl Luthers Enchiridion wie den Heidelberger enthielt, „Hanauer Katechismus" genannt. Es war in das Ermessen der Pfarrer gestellt, für welchen Katechismus sie sich entscheiden wollten. Dadurch verlor der Heidelberger an Terrain. Während er 1845 in 25 Gemeinden in Gebrauch war, verwendeten ihn 1964 kaum noch 12 Gemeinden.[80]

6. Der Heidelberger Katechismus im Dritten Reich

Was nun speziell die Evangelische Kirche in Hessen und Nassau betrifft, so wurde der Heidelberger Katechismus mit dem Jahre 1933 zu einer hochaktuelle Angelegenheit. Als die Deutschen Christen begannen, die zentralen Inhalte des Evangeliums zu verfälschen, da beschlossen z. B. im Dekanat Herborn die Kirchenvorstände von 14 Gemeinden (mit Filialen) z. T. einstimmig, den Heidelberger Katechismus wieder einzuführen: Ballersbach, Herbornseelbach, Beilstein, Bicken, Offenbach, Breitscheid, Dillbrecht, Dillenburg, Driedorf, Frohnhausen, Hirzenhain, Nenderoth, Oberrossbach und Schönbach[81]. Der Kirchenvorstand der evangelischen Gemeinde Herborn beschloss am 14. September 1933 die offizielle Wiedereinführung des Heidelberger Katechismus[82]. Man wusste theologisch auf einmal wieder, welches die beste Waffe im Kampf gegen die Irrlehre der Deutschen Christen, gegen die Verfälschung und Entleerung des christlichen Glaubens und überhaupt gegen den sog. Geist der Zeit war.

Dabei gab es freilich auch Irritationen. Pfarrer Willi Mertens/Wiesbaden berichtete am 21. Dezember 1933 dem Pfarrer Amborn/Braubach, der NS-Landesbischof Dietrich habe angeblich in Herborn ein „Bekenntnis zum christlichen Glauben" abgelegt, eine eigene Propstei Nassau-Nord in Aussicht gestellt und den Heidelberger Katechismus für den Dillkreis „versprochen"[83]. Aus der Reformierten Kirchenzeitung erfährt man jedoch am 3. Juni 1934, dass Dietrich den „alten reformierten Gemeinden des Dilltales" „die Einführung ihres rechtmä-

---

79 Steitz (s. Anm. 77), 338.

80 Graffmann (s. Anm. 25), 55.

81 Dokumentation zum Kirchenkampf in Hessen und Nassau, Bd. 1 (JHKV, Bd. 25), Darmstadt 1974, 305f.

82 Müller (s. Anm. 68).

83 Dokumentation (s. Anm. 81), Bd. I, 318.

ßigen Lehr- und Bekenntnisbuches verboten hat[te]"[84]. Im Übrigen wurde am 21. November 1933 festgestellt, dass in Starkenburg von acht reformierten Gemeinden fünf den Heidelberger benutzten[85] und in Oberhessen von 20 (genauer: 21) reformierten Gemeinden 12 den Heidelberger verwenden[86].

Im Rhein-Main-Gebiet stellte die Französisch-reformierte Gemeinde Frankfurt am Main fest, dass sie den Heidelberger als Lehrbuch benutze.[87] Pfarrer Dr. Wilhelm Boudriot/Offenbach am Main berichtete am 1. März 1934 dem Moderator des Reformierten Bundes, Pastor D. Hermann Albert Hesse: „In unseren reformierten Landgemeinden, die großenteils noch den Heidelberger Katechismus haben, z. T. ihn durch andersgesinnte Pastoren allerdings verloren [haben], ist jetzt allmählich ein neues Fragen nach dem reformierten Bekenntnis als solchem"[88].

Vereinzelte Pfarrer haben sich im Kirchenkampf sehr für den Heidelberger Katechismus eingesetzt. Pfarrer Ködding aus Eberstadt/Oberhessen erklärte am 11. Dezember 1933: Im Kampf um den Heidelberger Katechismus lerne er, „welche gemeindebauende Kraft in dieser unübertrefflichen Gesamtdarstellung evang[elischen] Glaubens liege"[89]. Pfarrer Boudriot schickte den Heidelberger Katechismus dem Pfarrer Berthold Eitel/Wölfersheim ins Gefängnis[90], wohin ihn die Gestapo gebracht hatte.[91] Im Reformierten Konvent des Dekanates Hungen in Kloster Arnsburg wurde am 31. Juli 1935 festgehalten, dass Pfarrer Max Weber aus Altenstadt/Oberhessen einen Vortrag über den Anfang des Heidelberger Katechismus halten werde.[92] Auch die Geschichte des Heidelbergers rückte also wieder ins Interesse.

Kandidat Walter Pfeifer berichtete am 4. Dezember 1933 aus dem Gefängnis dem Inspektor Walter Kreck, dass er im Gefängnis den Heidelberger in seinen Hauptstücken auswendig lerne.[93] Und Pfarrer Berthold Eitel/Wölfersheim schrieb am 6. März 1937 vom Kreisbruderrat Hungen-Büdingen aus an den Pfarrer der reformierten Gemeinde Gambach Johann Georg Christian: „Sie [sind] als Lehrer einer nach Gottes Wort reformierten Gemeinde gehalten [...], diese in der biblischen Lehre an Hand des Heidelberger Katechismus zu unterrichten"[94]. Wilhelm Boudriot/Offenbach am Main stellte kam am 8. Oktober 1937 im Schreiben an Pfarrer Albrecht Thaer von der reformierten Gemeinde Groß-Umstadt sogar zu der Einschätzung, dass „unsere reformierte Erkenntnis, so wie sie etwa der Hei-

84 Ebd., Bd. II,3, 331.
85 Ebd., Bd. I, 409.
86 Ebd., 410.
87 Ebd., Bd. I, 381; vgl. auch Bd. II,3, 477.
88 Ebd., Bd. II,2, 214.
89 Ebd., Bd. I, 416.
90 Ebd., Bd. IV,2, 360.
91 Ebd., Bd. IV,2, 358.
92 Ebd., Bd.IV,2, 391.
93 Ebd. Bd. V,2, 610.
94 Ebd. Bd. VI,1, 144.

delberger Katechismus vorträgt, als in sich richtig und unbestreitbar von allen ehrlichen Lutheranern anerkannt wird“[95].

Als 1938 die Eidesfrage anstand, wiesen freilich am 8. Juni 1938 auf dem Pfarrertag der Bekennenden Kirche in der Französisch-reformierten Gemeinde zu Frankfurt Pfarrer Karl Herbert aus Ober-Hörlen[96] und im Dezember 1938 Pfarrer Hans Erich Hess aus Sinn[97] auf die Frage 101 des Heidelberger Katechismus hin, in der ja der Eid auf Befehl der Obrigkeit bejaht wird – trotz Hinweis auf Mt 5,33-37 und Jak 5,12 bei Frage 102!

In dem Bericht über die Arbeitstagung der Bekennenden Kirche in Oberhessen zur Konfirmationsfrage betonte Pfarrer Lic. Günther Flechsenhaar aus Ulfa/Vogelsberg die Bedeutung der drei ersten Hauptstücke des Katechismus mit den Erklärungen Luthers bzw. den entsprechenden Fragen des Heidelberger Katechismus[98]. Die Fragen des Bekenntnisses und ggf. theologischen Widerstands vertieften also die Katechismusfrage und steigerten die Intensität der Beschäftigung sowohl mit dem Katechismus Luthers als auch mit dem Heidelberger.

Am 14. März 1941 schrieb Pfarrer Berthold Eitel/Wölfersheim, der zu dieser Zeit Hauptmann in Langendiebach war, an den Präsidenten des Landeskirchenamtes der Landeskirche Nassau-Hessen, dass Pfarrer Karl Rühl aus Friedberg, der die reformierte Gemeinde Wölfersheim zu betreuen hatte, in Eitels Abwesenheit den Konfirmanden Sätze diktiert habe, die „als offensichtlicher Ersatz für das Glaubensbekenntnis“ anzusehen sind und die einen „eindeutigen Angriff auf das Bekenntnis der Gemeinde Wölfersheim“ darstellten, „wie es vornehmlich im Heidelberger Katechismus seinen Ausdruck findet“[99]. Hingegen erzeigte der Kirchenvorstand Wölfersheim am 3. Juli 1940 seine Dankbarkeit gegenüber dem lutherischen Pfarrer Paul Lenz aus Wohnbach, dass dieser das Bekenntnis der reformierten Gemeinde Wölfersheim „in Lehre und Ordnung geachtet hat“, z. B. auch durch den Unterricht im Heidelberger Katechismus[100].

Es waren also immer wieder vereinzelte Pfarrer und Kirchenvorsteher, die aus dem Wissen um den wertvollen theologischen Gehalt des Heidelberger Katechismus auf dieses Buch hinwiesen, für es einstanden und kämpften. Der Heidelberger überlebte dort, wo die reformierte Tradition lebendig bewahrt wurde. Nicht zuletzt hatte er im Kirchenkampf des Dritten Reiches eine Funktion. Karl Barth zog bei der Abfassung der Barmer Erklärung 1934 die berühmte Frage 1 des Heidelberger Katechismus heran.[101]

---

95 Ebd. Bd. VI,2, 351.
96 Ebd. Bd. VI,3, 561.
97 Ebd. Bd. VII,1, 208.
98 Ebd. Bd. VIII,2, 379.
99 Ebd. Bd. VIII,2, 391.
100 Ebd. Bd. VIII, 1, 18.
101 Metz (s. Anm. 2), 385.

7. Der Heidelberger Katechismus in der Gegenwart

So ist der Heidelberger Katechismus – manchmal innerhalb eines Ortes mit Unterbrechungen – von Gemeinde zu Gemeinde benutzt worden. Es existiert darüber für die Gegenwart jedoch keine Statistik, die exakte Auskunft über seinen Gebrauch erteilen könnte. Ich kann deshalb nur auf vereinzelte Gemeinden hinweisen, von denen ich weiß, dass sie den Heidelberger Katechismus als Bekenntnis(buch) verwenden. Zu nennen ist dabei auch die von Erwin Wissmann entworfene Ausgabe des Kleinen Katechismus Luthers mit ausgewählten Fragen des Heidelberger Katechismus von 1962. Die EKHN brachte 1988 eine Neuausgabe heraus.

Ich denke im rheinhessischen Bereich an Gau-Odernheim und Gau-Köngernheim, wo die zumindest die Frage 1 auswendig gelernt wurde, und an Offenheim, Weinheim (und Erbes-Büdesheim), in deren Konfirmandenunterricht spätestens seit 1945 der Heidelberger von allen Pfarrern gebraucht wurde. Zu meiner Amtszeit dort lernten die Konfirmanden die Fragen 1, 21, 23, 26, 27, 54, 60 und 92. Letzteres gilt auch für die reformierten Gemeinden Gambach und Ober-Hörgern in Oberhessen. Ferner ist auf die beiden reformierten Gemeinden in Frankfurt am Main, die Französisch-reformierte Gemeinde Offenbach am Main und die Evangelisch-reformierte Gemeinde am Markt in Neu-Isenburg zu denken, wo besonders die Frage 28 geschätzt wurde. In Unnau im Westerwald wurden Fragen des Heidelberger in jedem Gottesdienst vorgelesen, und die Konfirmanden lernten die Fragen 1, 23, 32, 60, 92 und 119 auswendig. Auch in Höchstenbach bei Hachenburg wurde der Heidelberger gelehrt. 1949 mussten dort die Konfirmanden 17 Fragen lernen[102]. „Obwohl auch die Pädagogik [...] des 19. J[ahr]h[underts] dem Katechismus nicht günstig ist, bringt er sich aber nach und nach wieder zur Geltung", schreibt Jürgen Fangmeier[103].

So fanden anlässlich des 450jährigen Jubiläums des Bekenntnisbuches vom 27. Januar bis 6. Februar 2013 in Herborn Festveranstaltungen statt, in denen Prof. Dr. Eberhard Busch (Göttingen) die Fragen 1 und 32 auslegte und Prof. Dr. Georg Plasger (Siegen) einen Vortrag unter dem Titel „Der Heidelberger Katechismus – überholtes Lehrbuch oder Wegweiser für die Gemeinden?" hielt. Außerdem predigten einzelne Pfarrer im Dillkreis über die Frage 1. Auch im Umkreis von Frankfurt am Main wurden Reihenpredigten über Fragen des Heidelbergers statt.

Unabhängig davon finden bereits seit 16 Jahren im Dillkreis regelmäßig allmonatlich „Glaubensgespräche mit dem Heidelberger Katechismus" statt, die jeweils eine zahlreiche Hörerschar in ihren Bann ziehen und zu denen in den Gottesdiensten, in den Gemeindebriefen und in den Zeitungen eingeladen wird. Es geht eben nicht ohne Katechismus.

---

102 [Christian Hählke,] Der Heidelberger Katechismus. Glaubensbuch für christliche Gemeinden, Höchstenbach/Westerwald o. J. [2004], 65.

103 Jürgen Fangmeier, Art. Heidelberger Katechismus II, TRE, Bd.14, Berlin-New York 1985, 587–590; 588.

Am Ende stehe das berühmte Wort, das Calvin 1548 im Brief an Eduard Seymour, den Herzog von Somerset und Protektor des späteren Königs Eduard VI. von England gerichtet hat: „Glauben Sie mir, Monseigneur. Die Kirche kann sich nie halten ohne Katechismus, denn dieser ist gleichsam der Same, der verhindert, dass die gute Saat ausstirbt, sondern sich mehrt von Geschlecht zu Geschlecht [...]. Sorgen Sie doch ja so viel als möglich, dass das Evangelium gute Schallrohre findet, durch die es bis ins Innerste des Herzens dringe“[104].

104 Günter Twardella, Heidelberger Buchmalerei. Worte auf Auge, Herz und Verstand wirken lassen. Texte aus dem Heidelberger Katechismus in alter Schrift mit neuen Erklärungen, Wuppertal 2012, 47.

9. „Wahrheitsmilch" oder „verschimmelter Kohl"?

Eine Übersicht zu Einführung und Wirkung des Heidelberger Katechismus im Fürstentum Lippe bis zum Ende des 19. Jahrhunderts

Gesine von Kloeden (Mannheim)

Einführung

Die Wirkungsgeschichte des Heidelberger Katechismus in dem kleinen Fürstentum Lippe spiegelt die Reaktionen auf seine wesentlichen Grundzüge: eingeführt im Jahre 1684 als Bestandteil der reformierten Kirchenordnung, wurde er mit der Aufklärung als antiquiertes Glaubenszeugnis – namentlich als verschimmelter „Heidelberger Kohl"[1] – verspottet und durch andere „vernünftigere" Lehrbücher ersetzt; unter pietistischen Einflüssen wurde er auf erheblichen Druck konservativer Kräfte als Zeugnis des urchristlichen Glaubens wieder eingeführt und schließlich im 19. Jahrhundert als politisch einigendes und vermittelndes Bekenntnis zwischen den Konfessionen bestätigt. Seine Geschichte als Teil einer Kirchenordnung, dann als Glaubenszeugnis, danach als Lehrbuch, noch später als einendes Dokument und schließlich als Bekenntnis, das im Widerstand gegen die Deutschen Christen zu *bekennen* ist, zeigt also die unterschiedlichen Facetten dieses Textes. Der Heidelberger Katechismus ist bis heute in der überwiegend reformierten Lippischen Landeskirche verbindliches Bekenntnis, das in Teilen von den Konfirmanden auswendig gelernt und im Ersten Kirchlichen Examen als eigenes Fach „Katechismuskunde" abgefragt wird. Seine Geschichte ist im Zuge des Jubiläumsjahres 2005 als dem Jahr, in dem das reformierte Bekenntnis in Lippe eingeführt worden war, ausführlich bearbeitet und dokumentiert worden, so dass meinem Referat zuverlässige und detaillierte Quellen zugrunde gelegt werden konnten.

Wie kam es dazu, dass diese kleine Grafschaft zwischen dem katholischen Paderborner Land im Süden, dem zunehmend lutherischen Hannover und Schaumburg im Nord-Osten, sowie dem Minden-Ravensberger Land im Nordwesten überhaupt reformiert wurde?

---

1 Spottlied aus Lemgo auf die Melodie des Rheinliedes „Sie sollen ihn nicht haben, den freien deutschen Rhein" („Wir wollen ihn nicht haben, den Heidelberger Kohl…"), zitiert in Udo Smidt: Der Heidelberger Katechismus im Zeugnis der Bekennenden Kirche, in: Walter Herrenbrück, Udo Smdith (Hg.), Warum wirst du ein Christ genannt? Vorträge und Aufsätze zum Heidelberger Katechismus im Jubiläumsjahr 1963, Neukirchen-Vluyn 1965, 144–155; 146.

1. Reformation und konfessionelles Zeitalter

Reformatorische Strömungen sind in Lippe spätestens im Jahre 1532 mit einem Bildersturm in der Lemgoer St. Nikolaikirche Einzug zu beobachten. Graf Simon V. erklärte Lippe 1533 offiziell für evangelisch und führte die Kirchenordnung des Johannes Bugenhagen in seiner Grafschaft ein. Lemgo war damit eine der ersten ostwestfälischen Städte überhaupt, die lutherisch wurden. Simon V. selbst blieb allerdings zeitlebens katholisch. Erst nach seinem Tod 1537 schritt die Reformation im ganzen Fürstentum Lippe voran. Der Landtag zu Cappel (nahe Blomberg gelegen) im Jahr 1538 verabschiedete eine eigene lippische Kirchenordnung (verfasst von Johann Tiemann aus Bremen und begutachtet von keinen geringeren als den Wittenberger Theologen Martin Luther, Philipp Melanchthon, Justus Jonas und Johannes Bugenhagen), die allerdings ausdrücklich erklärte, das das katholische Lehnsrecht nicht angetastet werden solle, um den Konflikt mit dem Erzbistum Paderborn zu vermeiden. Mit der Kirchenordnung von 1538 begannen in Lippe auch die Visitationen, die erstmalig von Antonius Corvinus aus Hessen 1542 durchgeführt wurden. Das Ergebnis war ernüchternd: Das kirchliche Leben umfasste weiterhin sämtliche katholische Riten von der Heiligenverehrung bis zu den Wallfahrten; manche Pfarrer hatten überhaupt noch nicht begriffen, was es bedeutete, evangelisch zu sein und lebten weiterhin ehelos. Der Bildungsstand der Pfarrer und der gesamten Bevölkerung war erschreckend gering.

Simons Nachfolger Bernhard VIII. fügte sich nach dem Schmalkaldischen Krieg 1546/47 dem Interim (1548), so dass Lippe wieder dem katholischen Paderborn angegliedert werden sollte. Doch innerhalb weniger Jahre waren die Pfarrer nun doch erkennbar evangelisch geworden, wie eine weitere, nunmehr erzbischöfliche, Visitation im Jahr 1549 zeigte: nahezu alle lippischen Pfarrer waren inzwischen verheiratet und hatten die katholischen Riten abgeschafft. So konnte Lippe schließlich mit dem Augsburger Religionsfrieden von 1555 evangelisch bleiben. Die Kirchenordnung von 1538 trat bei einer Pfarrversammlung in Brake 1556 wieder in Kraft, bis 1571 der Generalsuperintendent Johann von Exter eine neue Kirchenordnung einführte, in der der Aufbau eines umfassenden Schulsystems Priorität hatte. Die Kirchenordnung von 1571 legte somit den Schwerpunkt auf den Unterricht.[2]

Ganz in der Tradition seines Vorgängers übernahm im Jahr 1579 Simon VI. die Regierungsgeschäfte in Lippe. Er nun ist maßgeblich für die Einführung *reformierter* Lehre in Lippe. Von Anfang seiner Regierung an investierte Simon VI. hohe Summen in die Verbesserung des Schulwesens. Die Vermutung liegt nahe, dass die spätere Einführung des Heidelberger Katechismus auch dem Ausbau des Bildungswesens geschuldet war.

In der Abendmahlsfrage war die Lippische Kirche allerdings gespalten: die lutherische Konkordienformel und das Konkordienbuch wurden von den lippischen

2 Die Stadt Lemgo mit ihrem Sonderstatus als Hanse behielt allerdings die Kirchenordnung von 1533.

Pfarrern (außer in Lemgo) abgelehnt. Die Lipper verstanden sich zwar als reformatorisch, aber nicht als lutherisch. Sie sahen sich somit vor das Problem gestellt, die *evangelische* Konfession in Lippe durchzusetzen, ohne sich aber die *lutherischen* Ordnungen und Lehren zu eigen zu machen. Dieser Aufgabe stellte sich der Regent, Simon VI. selbst. Dieser umfassend gebildete Mann, der in Philosophie, Malerei, Medizin, Astronomie und verschiedenen Fremdsprachen beschlagen war, war bereits dreizehnjährig zur Ausbildung nach Straßburg geschickt worden, geriet dort aber nicht unter reformierte sondern zunächst unter die lutherischen Einflüsse des Johannes Marbach. Prägender war für Simon VI. allerdings ein weiterer Bildungsaufenthalt im Herzogtum Braunschweig-Wolfenbüttel. Dort hatte Herzog Julius gerade erst die evangelische Lehre eingeführt. Simon erlebte also unmittelbar mit, wie ein Herzogtum evangelisch wurde. Federführend waren dabei die Theologen Martin Chemnitz und Jakob Andreä. Simon holte Chemnitz später nach Lippe als Gutachter für eine neue lippische Kirchenordnung. Während allerdings das Herzogtum Braunschweig-Wolfenbüttel immer mehr zum Luthertum tendierte, empfing Simon 1572 bei einem weiteren letzten Bildungsaufenthalt in Kassel bei Landgraf Wilhelm VI. weitere Impulse. Dieser gehörte ebenfalls zur lutherischen Konfession, aber regierte in Kurhessen vermittelnd und mäßigend mit viel Einfühlung auch gegenüber den Calvinisten. Wilhelm versuchte eine konfessionalistische Verfestigung in seinem Land zu vermeiden und betonte stattdessen die Zusammengehörigkeit der Reformatoren Luther, Zwingli, Melanchthon und Calvin. Folglich lehnte auch Wilhelm die Einführung der Konkordienformel in Hessen ab.

Die erfolgreiche Diplomatie in konfessionellen Fragen beeindruckte Simon VI. offenbar stark. Als er 1574 nach Lippe zurückkehrte, machte er sich eine ausgleichende Grundhaltung zu eigen, indem er regelmäßige Kontakte mit reformierten Theologen wie Menso Alting oder dem Bremer Superintendenten Christoph Pezel unterhielt. Gegen Ende des Reformationsjahrhunderts verstand sich Lippe also weder lutherisch noch calvinistisch, sondern „reformatorisch“. In seinem 1597 verfassten Testament schrieb Simon, dass er bis zu seinem Ende die Heilige Schrift und die altkirchlichen Bekenntnisse anerkennen wollte. „Bei dieser und keiner engeren Bekenntnisaussage“ wolle er „bleiben bis zum Scheiden aus dieser Welt“.[3]

Mit der Einführung der Reformation in Lippe war zunächst Luthers Kleiner Katechismus als verbindliches Lehrbuch eingeführt worden. Allerdings war man um die Jahrhundertwende mit diesem Katechismus nicht mehr zufrieden. Simon VI. suchte nach einem Katechismus, der weder lutherisch wie der Luthers noch reformiert wie der Heidelberger Katechismus sein sollte, sondern ausgleichend „reformatorisch“. So wurde im Jahre 1603 unter Generalsuperintendent Heinrich Dreckmeier (dem Nachfolger von Johann von Exter) ein Katechismus von Melchior Anger aus dem Jahre 1593 mit dem Titel „Kurtzer und einfältiger Bericht“ in Lippe eingeführt. Anger (1547 in Schlesien geboren) war ein Schüler des Zacharias Ursinus und Pfarrer in Heidelberg von 1583–1586 gewesen, anschlie-

3 Zitat nach Bartholt Haase u.a. (Hg.): Reformieren – streiten – bekennen. 400 Jahre reformiertes Bekenntnis in Lippe, Detmold 2005, 43.

ßend wirkte er in Bensheim[4], wo er als Superintendent eine umfangreiche Kirchen- und Schulvisitation durchführte. Ab 1603 diente Anger als Pfarrer in der Heidelberger Heiliggeistkirche. Die Abfassung des Katechismus erfolgte auf Anweisung des Kurfürsten Friedrich IV. Der Anger-Katechismus war nicht nur didaktisch einfacher formuliert, sondern schien auch theologisch moderater zu sein als der Heidelberger Katechismus. Simon wollte in Lippe auf jeden Fall den Eindruck vermeiden, dem Calvinismus das Wort zu reden und führte den Anger-Katechismus als reformatorisches Bekenntnis ein. Während er in seinen drei Teilen von Elend, Erlösung und Dankbarkeit durchaus dem Heidelberger folgt, formuliert er weniger persönlich (ohne die Pronomen „du" und „ich") eher dogmatisch in den Frageformen „Was ist…?" und „Was hat…?". Im Vergleich zum Heidelberger lautet die 1. Frage nicht „Was ist dein einziger Trost im Leben und im Sterben?", sondern „Was ist einem Menschen von nöthen zu wissen / der da begeret selig zu werden?" Antwort: „Drey stück: erstlich muss er sein jammer und elend /darinnen er entpfangen und geboren ist / und darinn er stecket / recht erkennen. Zum andern / muß er wissen / wie er auß solchem jammer und elend erlöset werde. Zum dritten / wie er sich gegen Gott für solche erlösung sol danckbar erzeigen. (Matth. 11. v. 28.29. Ephes. 2. 5.8.9.)"[5]

Der Dekalog kommt im Anger-Katechismus bereits im ersten Teil zu stehen, ist also lutherisch positioniert, indem der Aufdeckung des Menschen Elend dient und nicht wie im Heidelberger dem seelsorgerlichen Aspekt der Dankbarkeit untergeordnet wird.[6]

Zwar wird in reformierter Weise das Bilderverbot mitgezählt, aber die Betonung der Dankbarkeit christlichen Lebens nach dem Dekalog zurückgenommen. Unter dem Thema der Dankbarkeit werden nun mehr der Gehorsam und das Gebet verhandelt. Den Nutzen des Katechismus legt Anger eindeutig auf die Erkenntnis der wahren und die Abgrenzung von der falschen Lehre.

Der Durchsetzung des Anger-Katechismus korrespondierte die reformierte Weise der Abendmahlsfeier. Am 2. Juni 1605 nahm Simon VI. in der Erlöserkirche zu Detmold das Abendmahl in Form von Brot (nicht Hostie) und dem Trinken aus dem Kelch ein. An der Patene aus der Kirche in Schieder, die Simon VI. in der Erlöserkirche benutzte, sieht man sehr schön den Wechsel zum reformierten Glauben: Sie war zunächst nur für eine Schauoblate gedacht gewesen. Simon VI. ließ ihr einen vergoldeten Fuß anbringen, damit der Priester sie beim Austeilen des Brotes an alle Gläubigen besser halten konnte. Aber nicht alle Gemeinden folgten: Die Gemeindeglieder aus Bega, Wöbbel und Brake verweigerten den Abendmahlsgang; Cappel blieb bis 1608 bei der lutherischen Weise der Abendmahlsfeier und die Hansestadt Lemgo natürlich auch.

---

4 Die hessische Bergstraße stand bis zum 30jährigen Krieg ganz unter kurpfälzischem Einfluss und teilweise faktischer Verwaltung.

5 Abgedruckt in Matthias Freudenberg, Reformierte Katechismen aus drei Jahrhunderten. Anger – Lampe – Weerth (Beiträge zur Katechismusgeschichte 10), Rödingen 2005, 11.

6 Bekanntermaßen erfolgt die Erkenntnis des Elend des Menschen im Heidelberger Katechismus aufgrund des Doppelgebots der Liebe.

In den Folgejahren zeichnete sich ab, dass Lippe in verschiedene Konfessionen gespalten bleiben würde. Simon sah sich zwar durch das Prinzip *cuius regio eius religio* im Recht, das reformierte Bekenntnis qua Obrigkeit durchzusetzen, aber Lemgo beharrte auf seinen alten Rechten als Hansestadt. Beide Parteien beriefen sich also auf eine überterritoriale Rechtsprechung und wandten sich an das Reichsgericht. Die Prozesse zogen sich über mehrere Jahre hin, bis endlich im Jahre 1617 im Rezess auf dem Gut Röhrentrup (gelegen auf halbem Wege zwischen dem reformierten Detmold und dem lutherischen Lemgo) das Nebeneinander der beiden Konfessionen festgeschrieben wurde: Lemgo erhielt das Recht, seine kirchlichen Angelegenheiten selbst zu regeln, Pfarrstellen selbstständig zu besetzen und die Schulaufsicht sowie die Armenpflege von Magistrats wegen zu organisieren. Dafür erkannte die Stadt formell die reformierte Kirchenleitung in Lippe an. Allerdings hatte Lemgo auch weiterhin das „Recht des Schwertes" inne und machte davon bei mehreren Hexenprozessen bis zum Ende des 17. Jahrhunderts Gebrauch. Der Kurfürst, inzwischen Simons nachfolgender Sohn Simon VII., und der von nun an stets reformierte Generalsuperintendent von Detmold mussten diesem schrecklichen Geschehen tatenlos zuschauen.

Kurz nach dem Röhrentruper Rezess begann in Böhmen der 30jährige Krieg. Kaiserliche Truppen zogen auch durch Lippes Norden. Die wirtschaftliche Zerstörung und die Armut zeitigten die Ausbreitung von Pest und Ruhr. Fast 40% der Bevölkerung starb in Lippe durch direkte und indirekte Folgen des Kriegs. In dieser Situation interessierten die Bürger die konfessionstheologischen Probleme wenig. Dennoch erließ Simon VII. 1620 eine Polizeianordnung zur Kirchenzucht mit der Tendenz, Kirche und Regierung enger zu verzahnen: Die Obrigkeit sollte nun den regelmäßigen Gottesdienstbesuch kontrollieren, sowie die Einhaltung von Sittlichkeit und Eherecht überprüfen. Die Schulaufsicht oblag den Pfarrern. Und da wurden nun die reformierten Bekenntnisschriften wieder bedeutsam. Die Landesherren (ja nicht nur in Lippe, sondern überall im Reich) versuchten, im Zusammenspiel mit der Kirche ihre Handlungsspielräume im Reich auszudehnen. Dafür bot die reformierte Lehre eine günstige Basis, denn sie verzichtete auf überterritorial verbindliche Bekenntnistexte und Strukturen. Während sich die Landesherren in lutherischen Gebieten stets der Konsistorien bedienten, entstand auf reformiertem Gebiet ein Machtvakuum, in das die Landesherren durch Wahrnehmung reformierter Kirchenzucht hineinstoßen konnten.

1648 wurde im Westfälischen Frieden die reformierte Konfession dann auch ausdrücklich neben der lutherischen (und katholischen) reichsrechtlich garantiert. Durch eine bewusste Hinwendung zum reformierten Bekenntnis löste in Lippe der Heidelberger Katechismus nach und nach den Anger-Katechismus ab.

Als nach dem 30jährigen Krieg allmählich Ruhe in Lippe einkehrte, wurden unter Generalsuperintendent Conrad Sustermann aus Treysa ab 1651 auch wieder Schul- und Kirchenvisitationen durchgeführt, bei denen er auf den einheitlichen Gebrauch des Heidelberger Katechismus achtete. Außerdem musste eine neue Kirchenordnung geschaffen werden, die die Implikationen einer explizit reformierten Prägung formulieren sollte. Diese Aufgabe übernahm Sustermanns Nachfolger Johann Jakob Zeller, der von 1677–1691 Generalsuperintendent in Lippe war und dessen dezidiert calvinistische Kirchenordnung mit umfassenden Ausführungen zur Kirchenzucht 1684 in Kraft trat. Der Regierung kam dies gelegen, denn sie übte ihre Befugnisse nun auch unter dem Mandat des göttlichen Gesetzes aus. Der Heidelberger Katechismus war dabei unangefochtener Lehrteil der Kirchenordnung und prägte die Pfarrergenerationen Lippes bis zum Ende des 18. Jahrhunderts.

2. Katechismus und Unterricht vom 17. bis zur Mitte des 19. Jahrhunderts

Besonders ist hier Friedrich Adolf Lampe zu nennen, der damals auch außerhalb Lippes als einer der wichtigsten reformierten Theologen und Lehrer überhaupt galt. Lampe, ein Enkel Zellers als Pfarrerssohn 1683 in Detmold geboren, studierte in Westfriesland die Föderaltheologie des Johann Coccejus. 1717 verfasste er seinen ersten Katechismus mit dem Titel „Erste Wahrheitsmilch für Säuglinge am Alter und Verstand", der durch seine Kürze besticht, sich aber weniger als Glaubens*zeugnis* darstellt denn als ein bündiges dogmatisches Lehrbuch *über* den christlichen Glauben. Nach einer Zwischenstation als Pfarrer in Bremen übernahm Lampe 1720 die Ausbildung reformierter Theologen in Utrecht. In diesem Jahr entstand sein bedeutendster Katechismus „Milch der Wahrheit nach Anleitung des Heidelbergischen Catechismi zum Nutzen der Lehrbegierigen Jugend." Lampes „Milch der Wahrheit" wurde zusätzlich zum Heidelberger Katechismus als Bearbeitung desselben in Lippe verbreitet und gelesen, um das reformierte Bewusstsein gegen die lutherische Erweckungsbewegung aus dem Lemgoischen zu stärken. Der aus Erlangen nach Detmold als Superintendent berufene Otto Thelemann[7], der 1863 selbst eine Ausgabe des Heidelberger Katechismus ediert hatte, schreibt in seiner Lampe-Biographie von 1868: Lampe sei „nächst Schleiermacher (…) seit dem Zeitalter der Reformation (…) der bedeutendste Theologe, welchen die reformirte Kirche Deutschlands hervorgebracht hat".[8]

Bereits in der „Ersten Wahrheitsmilch" und dann auch in der umfassenderen „Milch der Wahrheit" kündigt sich die Tendenz an, einen Katechismus der Landbevölkerung und insbesondere den Kindern und Jugendlichen in Fragen von Tugend und Moral zugänglich zu machen. Die lippischen Pfarrer wünschten sich ein Lehrbuch, worin „nebst Glaubenslehren auch die Pflichten der Moral und eines gottseligen Lebenswandels auf eine rechte Art vorgetragen werden."[9] Diesem Wunsch folgte 1802 ein neuer Katechismus von Ludwig Friedrich August von Cölln, der sich nun nicht mehr als Bekenntnisschrift, sondern als Lehrbuch verstand und den Titel trug „Christlicher Unterricht nach der Geschichte und

7 S. dazu den Beitrag von Johannes Ehmann zu Thelemann in diesem Band.

8 Zitiert im Vorwort zu: Friedrich Adolf Lampe: Milch der Wahrheit, hg. von Matthias Freudenberg, Rödingen 2000, IX.

9 Zitiert bei Werner Weinholt: Der Heidelberger Katechismus in Lippe, unter http://www.heidelberger-katechismus.net/9680-0-227-50.html

Lehre der Bibel für Kinder auf dem Lande“. Von Cölln war lippischer Generalsuperintendent ab 1799 und förderte die Volksbildung durch Lieder und Gedichte für den Schulunterricht und den Aufbau eines Lehrerseminars. Der „Christliche Unterricht“ beinhaltete das, was gemäß dem Leben Jesu „vernünftig“ zu glauben wäre. Kirchliche Dogmen wurden abgelehnt. Ziel der Gottesdienste sollte sein, die „einfache Lehre Jesu“ wieder herzustellen mit der Folge, dass die Predigten der Pfarrer sich vorwiegend auf das Alltagsgeschehen bezogen und das alte Liedgut zugunsten neuerer Jesus-Lieder verworfen wurde.

3. Rationalistische Einflüsse

Der sich hier abzeichnende Rationalismus hielt endgültig 1844 Einzug in Lippe mit der Einführung eines weiteren Katechismus aus der Feder Ferdinand Weerths, der den Heidelberger Katechismus bis in die Mitte der sechziger Jahre nun mehr vollständig verdrängte. Mit Weerths „Leitfaden für den Religionsunterricht in den Schulen“ begann der sog. Lippische Katechismusstreit. Ferdinand Weerth, geb. 1774 in Gemarke in Wuppertal, wurde durch Fürstin Pauline 1805 als Generalsuperintendent nach Detmold gerufen, um dort das Schulwesen zu reformieren. Während der Heidelberger Katechismus als konfessionalistisch und überhaupt nicht mehr zeitgemäß galt, präsentierte sich der Leitfaden als einfache verständliche Dogmatik im ersten Teil und als Pflichtenlehre im zweiten Teil, beide flankiert nicht nur mit Bibelstellen, sondern auch mit allerlei Tugendliedern aus dem damaligen Gesangbuch und nunmehr mit dem Verzicht auf die typische Frage-Antwortform. Der dogmatische Teil beginnt mit der Lehre über die Heilige Schrift, in der sich bereits das Ziel der Lehre, nämlich ein tugendhaftes Verhalten, ankündigt: „Wenn der Mensch anfängt, vernünftig über die Welt und sich selbst nachzudenken, so will er gern wissen, wer alles geschaffen habe, und wozu es geschaffen sey, wie er sich verhalten soll, und was er dann, wenn er sich gut verhält, erwarten dürfe.“[10] Nach acht Kapiteln zur sog. Dogmatik folgen vier ausführliche Pflichtenkataloge, eingeleitet mit den Worten: „Das Christenthum lehrt uns, was wir für wahr halten sollen, es lehrt uns aber auch, wie wir gesinnt seyn und leben sollen. Dasjenige, was man zu thun schuldig ist, ist Pflicht. Wir haben Pflichten gegen Gott, gegen den Nächsten und gegen uns selbst.“[11] Die Hauptstücke des Glaubens (Zehn Gebote, Glaubensbekenntnis, Vaterunser, Taufe und Abendmahl) sind der Pflichten- und Sakramentenlehre, die ebenfalls auf ein tugendhaftes Leben zielt, unkommentiert angehängt. Es verwundert nicht, dass der „Leitfaden“ den Protest der Anhänger aus der Erweckungsbewegung hervorrief. Die „Erweckten“ sahen im „Leitfaden“ überhaupt kein kirchliches Bekenntnis mehr, sondern nur noch ein blutleeres Lehrbuch über das Verhalten der Men-

10 Zitiert in: Reformierte Katechismen (wie Anm. 5), 48.
11 Ebd., 82.

schen. Der Streit eskalierte, als alle lippischen Pfarrer durch die Fürstin verpflichtet wurden, ihren Amtseid auf den „Leitfaden“ abzulegen. Daraufhin taten sich fünf Pfarrer zusammen, die der Erweckungsbewegung nahestanden und verbreiteten eine Flugschrift: „Die alte und die neue Lehre, oder: wer lehret Gott recht?“ Damit riefen sie zum Widerstand gegen Weerths „Leitfaden“ auf. Die Unruhen drangen bis zur „Deutschen Evangelischen Kirchenkonferenz“ (1846) nach Berlin. Da man dort dem Wunsch folgte, eine Versammlung aller evangelischen Kirchentümer im Reich anzustreben, hatte der lippische Katechismusstreit Signalwirkung. So wurde der lippische Generalsuperintendent Ferdinand Weerth nach Berlin gebeten, um einen Rechenschaftsbericht „über die Ereignisse in Lippe“ abzugeben. Weerth erklärte, dass der Leitfaden zwar verpflichtend sei, aber der Heidelberger Katechismus zusätzlich weiter verwendet werden dürfe. Dies reichte zwar in Berlin aus, nicht aber in Lippe. Die Unruhen setzten sich fort. Hinter dem Streit um den „Leitfaden“ brannten allerdings noch zwei weitere Konfliktherde, die sich am Katechismusstreit entzündeten: zum einen ging es um die Kompetenzen der Fürstin in Religionsangelegenheiten: Hatte sie das Recht, amtlich und verbindlich für alle Gemeinden einen Katechismus einzuführen? Und zum anderen waren die Pfarrer, die sich gegen den Leitfaden wandten, besorgt um die Konturen der reformierten Konfession: Verschwammen in einer allgemein gültigen Tugendlehre nicht die Grenzen zwischen Reformierten und Lutheranern? Genau dies aber beabsichtigten die Anhänger des Leitfadens, denn die Konfessionalisierung schien ihnen überholt. Vielmehr sollten sich die Kirchen doch auf ihre gemeinsamen Pflichten, jenseits ihrer konfessionellen Zugehörigkeit, besinnen. Ein Katechismus, der in der Abendmahlsfrage nicht nur gegen die katholische Kirche, sondern auch den lutherischen Glauben polemisierte, dürfte nicht geduldet werden. Gerade in der Abendmahlsfrage zeigte sich der Kompetenzstreit zwischen erweckten Pfarrern einerseits und dem Generalsuperintendenten und der Fürstin andererseits deutlich: Das lippische Konsistorium schrieb fest, dass Pfarrer und Presbyter niemanden von der evangelischen Abendmahlsfeier ausschließen dürften. Zugleich eröffneten sie ein Disziplinarverfahren gegen die bekenntnistreuen Pfarrer, die dies gemäß der Kirchenordnung von 1684 mit Bezug auf die Kirchenzucht weiterhin taten. 1845 wurde das Disziplinarverfahren allerdings ergebnislos eingestellt.

4. Erneute und schließliche Geltung des Heidelberger Katechismus

1851 folgte Leopold III. auf den lippischen Fürstenstuhl. Anders als Pauline sympathisierte er mit den bekenntnisorientierten Pfarrern. 1856 entschied er, wieder einen landeseinheitlichen Katechismus einzuführen und Weerths Leitfaden zu verbieten. Der Widerstand aus Oerlinghausen, Lieme, Lage, Stapelage, Augustdorf und Heiligenkirchen blieb erfolglos. Der nun amtierende Generalsuperintendent Georg Althaus legte daraufhin sein Amt nieder. Der Heidelberger

Katechismus wurde schließlich als kirchliches Bekenntnis *und* verpflichtendes Schulbuch wieder eingeführt. Dazu erschien ein neues Gesangbuch mit den alten Liedern, aber ohne die Lieder, die zu sehr durch den Geist der Aufklärung geprägt waren. Freilich nahmen dies die sog. „Freunde des aufgeklärten Protestantismus" nicht hin und hielten sich weiter an Weerths „Leitfaden" sowie an das Gesangbuch mit seinen zahlreichen Tugendliedern. Um neuerlichen Streit zu vermeiden, empfahl eine überregionale Kirchenbehörde den Gebrauch von Liedern, die in beiden Gesangbüchern stünden.

Der Geist der Revolution von 1848 hinterließ schließlich auch und gerade in Lippe seine Spuren durch die verpflichtende Einrichtung von Presbyterien und der Einrichtung einer Landessynode. 1877 (zwei Jahre nach der Gründung der weltweiten Allianz Reformierter Kirchen in London), fand in Lippe die erste Landessynode statt, die forthin alle 4 Jahre zusammentreten sollte. Ihr oblag von nun an die Gesetzgebung, die Finanzhoheit und die Verfügung über Gesangbücher und Katechismen. Hier wurde der Gebrauch des Heidelberger Katechismus endgültig für Lippe festgeschrieben. Als sich 1882 auch die Lutheraner, und zwar nicht nur die aus Lemgo, sondern im Zuge der Industrialisierung auch an anderen lippischen Orten ansässigen, als eigene lutherische Klasse der Synode anschlossen, bestätigte die Gesamtsynode ihr Recht, die lutherischen Bekenntnisschriften in ihren Gemeinden weiter zu verwenden. Der Heidelberger Katechismus aber hatte sich etabliert und erträgt nicht erst seitdem neben sich auch andere Bekenntnisschriften. Seine Zuwendung gilt allen Evangelischen: Reformierten und Lutheranern, der lippischen Landjugend und dem städtischen Wirtschafts- und Bildungsbürgertum; den Aufgeklärten genauso wie den Erweckten, den der „Milch bedürftigen Säuglingen am Verstand" ebenso wie den Gebildeten unter den Verächtern.

10. „Die Calvinisten sind mit Fuchsschwänzen und spitzen Hörnern auf dem Kopf dargestellt“.

Ein Überblick zur Geschichte des reformierten Bekenntnisses in Pommern seit dem 16. Jahrhundert

Haik Thomas Porada (Greifswald)

Im Jahr 2013 wurde das 450. Jubiläum des Heidelberger Katechismus begangen. Mancher, der sich in Pommern und darüber hinaus einer eher lutherischen Tradi-

tion verpflichtet fühlt, mag sich fragen, was das mit dem Land am Meer zu tun hat. Das war im Juni 2013 der Grund für eine Studienfahrt der Arbeitsgemeinschaft für pommersche Kirchengeschichte, die mehr als 50 Teilnehmer in das südliche Vorpommern und die angrenzende Uckermark führte.[1] In dieser Verbindung über die märkisch-pommersche Grenze hinweg liegt nämlich der Schlüssel zur Antwort auf die Frage, warum es auch in Pommern eine reformierte Tradition gibt, die seit 1817 konstituierender Bestandteil der unierten Landeskirche war.

Einführung

50 Jahre nach der Publikation des Heidelberger Katechismus war Kurfürst Johann Sigismund von Brandenburg zum reformierten Bekenntnis übergetreten.[2] Bereits im folgenden Jahr, 1614, hatte er für sein Territorium ein richtungsweisendes Toleranzedikt erlassen.[3] Damit war den zum damaligen Zeitpunkt fast vollständig lutherischen Untertanen ebenso wie den rasch zahlreicher werdenden reformierten Gemeinden die Religionsfreiheit zugestanden worden.[4] Diese Praxis weiteten die Nachfolger Johann Sigismunds auf alle Territorien aus, die sie im Laufe der folgenden Jahrzehnte ihrem ständig wachsenden Staatsgebilde zwischen Rhein und Memel hinzufügen konnten. Für Hinterpommern traf dies seit dem Westfälischen Frieden 1648 bzw. besser gesagt der Inbesitznahme des Landes nach dem Stettiner Grenzrezess 1653 zu. In Altvorpommern, also dem südlich der Peene gelegenen Teil Vorpommerns mit der alten Landeshauptstadt Stettin, wurden ab 1720 reformierte Gemeinden gegründet.

Dieser Prozess war keineswegs geradlinig und konfliktfrei. Für die Zeitgenossen war seit dem 16. Jahrhundert die Frage der rechten Erkenntnis des göttlichen

1 Michael Lissok, Geschichte und Gegenwart des reformierten Bekenntnisses und der reformierten Gemeinden in Pommern. Bericht über eine Exkursion der Arbeitsgemeinschaft für pommersche Kirchengeschichte am 22. Juni 2013 in die Uecker-Randow-Region; in: POMMERN – Zeitschrift für Kultur und Geschichte, Heft 1 (2014), 52. Jg., 43–48.

2 Vgl. dazu den Beitrag von Eike Wolgast in diesem Band.

3 Vgl. zur Frage der konfessionellen Prägung und Beeinflussung Johann Sigismunds von Brandenburg demnächst die aufschlussreichen Ausführungen von: Pauline Puppel, Anna von Preußen – Erbin von Jülich-Kleve-Berg, in: Monika Schneikart/Dirk Schleinert (Hgg.), Zwischen ThronSaal und FrawenZimmer. – Handlungsfelder pommerscher Fürstinnen um 1600 im Vergleich (Veröffentlichungen der Historischen Kommission für Pommern), Köln/Weimar/Wien 2015 (in Vorbereitung).

4 An dieser Stelle sei noch einmal nachdrücklich unterstrichen, dass mit „Toleranz“ in jener Zeit nicht unsere heutige Vorstellung von den Inhalten dieses Begriffes verbunden wurde. Vgl. dazu die informativen Ausführungen bei: Jörg Schmidt, Ein „tolerantes“ Bekenntnis? Einige Hinweise zur „Toleranz“ des Heidelberger Katechismus, zugleich eine perspektivische Einführung in die Ausstellung „450 Jahre Heidelberger Katechismus – Entstehung, Inhalt, Wirkung“. Begleitpublikation zur Ausstellung Reformierten Bundes in Deutschland, Hannover 2012.

Wortes und der damit verbundenen liturgischen Formen eine zentrale Frage ihres Daseins.

Ein Beispiel für einen Rückschlag sei an dieser Stelle aus Stettin angeführt. Nach Absprache erhielt dort 1722 die deutsch-reformierte Gemeinde Stettin ein Mitbenutzungsrecht der Johanniskirche, die bis zur Reformation als Gotteshaus den Franziskanern gedient hatte und nunmehr als Garnisonkirche im Gebrauch war. Doch kam es bald zu heftigen Auseinandersetzungen mit der lutherischen Geistlichkeit. Der Wunsch, aus der Garnisonkirche eine richtige Konkordienkirche zu machen, in der Lutheraner und Reformierte ohne Lehrstreitigkeiten einträchtig nebeneinander leben könnten, blieb vorerst unerfüllt.

Wie unversöhnlich der Disput zwischen den Konfessionen schon in den ersten Jahrzehnten nach der Einführung der Reformation in Stettin geführt wurde, bezeugt ein Ölgemälde, das seit 1572 in der Johanniskirche hing. Hellmuth Heyden, der Nestor der pommerschen Landeskirchengeschichtsforschung, hat die leider nicht erhaltene Darstellung wie folgt charakterisiert: „An einem Altar amtieren zwei lutherische Prediger, unter den Abendmahlsgästen sieht man Luther, Melanchthon und Bugenhagen; an einem einfachen Tisch ohne Crucifix und Leuchter ist ein Calvinischer Prediger tätig, die Calvinisten sind mit Fuchsschwänzen und spitzen Hörnern auf dem Kopf dargestellt. Beide Parteien streiten sich um die Bedeutung der Einsetzungsworte. Die Calvinisten beschließen, Gott selber zu befragen, und steigen auf einer Leiter zum Himmel, ohne aber Gott anzutreffen. Sie müssen unverrichteter Sache wieder herniedersteigen. Doch nun durchhaut Luther mit einem Beil die Leiter, und die Sakramentierer stürzen in die Tiefe!“[5]. Derartige, für den protestantischen Bereich typische Bilder, mit denen die Gottesdienstbesucher, wie in diesem Fall vor den „Irrlehren“ der Calvinisten, gewarnt werden sollten, stehen uns allen vor Augen.[6]

---

5 Hier zitiert nach: Dietrich Peitz, Die Kirchen und die konfessionellen Krankenanstalten mit ihren Pflegeheimen; in: Ilse Gudden-Lüddeke (Hg.), Chronik der Stadt Stettin, Leer 1993, 153.

6 Die bisherigen Forschungsergebnisse zur Verbreitung calvinistischer Ideen in Pommern vor dem Dreißigjährigen Krieg sind überschaubar. Der bedeutendste Kirchenhistoriker Pommerns im 20. Jahrhundert hat in seinem Standardwerk dazu einen Überblick aus den bis zum Zweiten Weltkrieg noch reichlich vorhandenen kirchlichen Quellen gegeben, vgl. Hellmuth Heyden, Kirchengeschichte Pommerns, Band II, Köln-Braunsfeld 1957, 45–56. Dem Hauptakteur im Kampf gegen die Calvinisten in Pommern in jener Zeit, dem von 1557 bis 1595 wirkenden Generalsuperintendenten von Pommern-Wolgast Jakob Runge, ist eine Biographie gewidmet worden, die ein eigenständiges Kapitel „Runge und der Calvinismus“ enthält: Klaus Harms, Jakob Runge – Ein Beitrag zur pommerschen Reformationsgeschichte, Ulm 1961, 164–178. Die neueste Untersuchung stammt von polnischer Seite und behauptet, dass es in Pommern keinen calvinistischen Einfluss gegeben habe: Maciej Ptaszyński, Nadordziny zwaodu. Duchowni luterańscy i proces bodwania konfesji w Księstwach Pomorskich XVI/XVII w. (Die Geburt eines Berufs. Die lutherischen Geistlichen und der Vorgang des Aufbaus einer Konfession in den pommerschen Herzogtümern im 16. und 17. Jahrhundert), Warszawa 2011, 86. Vgl. dazu auch die eingehende Besprechung von Rudolf Benl, in: Baltische Studien – Pommersche Jahrbücher für Landesgeschichte, N.F., Band 99 (2013), 136–140.

1. Das Edikt von Potsdam und die Folgen für den brandenburg-preußischen Konglomeratstaat

Während der Zeit des Absolutismus in Brandenburg-Preußen kamen infolge des Edikts von Potsdam 1685 mit dem Versprechen von Religionsfreiheit und Siedlungsprivilegien aus dem gesamten Heiligen Römischen Reich und seinen Nachbarländern Kolonisten in die einzelnen brandenburgischen und seit 1701 preußischen Territorien. Die Hochzeit dieses Zuzugs lag zwischen den letzten Lebensjahren des Großen Kurfürsten, der 1688 starb, und dem Todesjahr Friedrichs des Großen, der 1786 starb. Für die friderizianische Zeit sprechen wir von der sog. Bruchkolonisation an der Oder, der Warthe, der Netze, am Rhin und an der Dosse. Dazu zählen unter Franz Balthasar Schönberg von Brenkenhoff auch die Bemühungen um die Urbarmachung der Feuchtgebiete rund um den Madüesee und am Lebasee in Hinterpommern.[7] Dabei ist von keiner geradlinigen Erfolgsgeschichte auszugehen, die Zahl der Fehlsiedlungen war hoch. Viele Siedlerfamilien fanden sich schon in der nächsten Generation in den Städten wieder, d. h. in den großen aufstrebenden Manufakturzentren, vor allem in Berlin. Aber es gab nicht nur diese Bruchkolonisation. Nach den Kriegen des 17. Jahrhunderts verbuschte und wiederbewaldete Gemarkungen, wüst gefallene Dörfer und Ödländereien sowie ausgedehnte Waldgebiete sollten nach dem Wunsch der Landesherrschaft wieder urbar gemacht werden. Zu diesem Zweck wurden Kolonisten in der Uckermark, im Land Ruppin, z. T. in der Prignitz sowie beiderseits der mittleren Spree angesiedelt.[8] In der östlichen Uckermark und in den angrenzenden pommerschen Ämtern um Gartz an der Oder, Greifenhagen und Bahn ließen sich zahlreiche französische Flüchtlinge nieder, die in zeitgenössischen Quellen als Planteure bezeichnet wurden. Ihre Aufgabe war der Tabakanbau. Bis zum heutigen Tag erinnern die Tabakscheunen am Rande der Dörfer des unteren Odertals an diesen Wirtschaftszweig. Außerdem förderten die Kurfürsten von Brandenburg und nachmaligen Könige in Preußen das Aufblühen von Gewerbestandorten in ihrem gesamten Herrschaftsbereich. Gerade hier spielten auch die Hugenotten eine zentrale Rolle. Um 1700 fanden sich allein in Berlin 15000 Einwohner hugenottischer Herkunft.[9]

---

7 Benno von Knobelsdorff-Brenkenhoff, Eine Provinz im Frieden erobert. Brenckenhoff als Leiter des friderizianischen Retablissements in Pommern 1762–1780 (Studien zur Geschichte Preußens 37), Köln 1984.

8 Eines der letzten baulichen Zeugnisse dieser bäuerlichen hugenottischen Siedlung hat sich vor den Toren von Templin in der Uckermark erhalten, vgl. Amelie Seck, Ort der Zuflucht – Das Hugenottenhaus in Hammelspring braucht Unterstützung; in : MONUMENTE – Magazin für Denkmalkultur in Deutschland 24. Jg., Heft 5 (2014), 21–25.

9 Bei den in diesem Abschnitt genannten Zahlen wurde auf die folgende grundlegende Darstellung zurückgegriffen: Gerd Heinrich/Wolfgang Scharfe, Kolonistenzuzug und Staatssiedlung 1688–1786, Erläuterungen zu Lfg. 35 des Historischen Handatlas' von Brandenburg und Berlin (Veröffentlichungen der Historischen Kommission zu Berlin beim Friedrich-Meinecke-Institut der Freien Universität Berlin), Berlin 1971, insb. 6.

Wenn hier von Siedlungsprivilegien die Rede ist, so müssen wir uns darunter die schriftliche und mündliche Werbung im Auftrag der brandenburg-preußischen Landesherrschaft in Ländern mit wirtschaftlicher Not, persönlicher Unfreiheit oder auch konfessioneller Unduldsamkeit vorstellen. In Frankfurt am Main und Hamburg befanden sich ständige Werbe-Residenturen. Von hier aus schwärmten die Werber in großen Teilen Europas aus. Sie operierten mit einer schriftlichen Zusicherung des preußischen Königs, wonach Reise- und Unterhaltskosten erstattet, Land von verschiedener Größe bis hin zu Vollbauernstellen zugeteilt, Steuerfreijahre gewährt würden, kein Militärdienst – auch für die Kinder und Enkel – geleistet zu werden bräuchte und, was mit das wichtigste Argument darstellte, die Religion frei und ungestört ausgeübt werden könnte. Zu letzterem zählte auch das Recht, den eigenen Pfarrer auf Wunsch bei der Einwanderung mitbringen zu dürfen. Gefordert wurde dagegen Arbeitsamkeit, Eigenkapital – man wollte keine Bettler aufnehmen – und die Unterordnung unter das preußische Rechtswesen. Von großer Bedeutung war, dass jedes neue Kolonistendorf von landesherrlicher Seite umgehend mit einem Schulmeister ausgestattet wurde. Im Laufe der Ansiedlungsbemühungen erwies es sich als sinnvoll, den Kolonisten möglichst ganze Bauernstellen zu übertragen, da sonst die Bereitschaft zum Verlassen der eigenen Scholle in Zeiten des Misswuchses und des Krieges sehr hoch war.

In den 100 Jahren zwischen dem Tod des Großen Kurfürsten und dem Tod Friedrichs des Großen kamen schätzungsweise 90000 Menschen in die Mark Brandenburg. Insgesamt wurden 450 neue Siedlungen angelegt. Wichtig ist an dieser Stelle der Hinweis, dass in Ostpreußen noch mehr Menschen als in der Mark eine neue Heimat fanden – hier sei an die europaweit für Aufsehen sorgende Ansiedlung der Salzburger erinnert – und eine ähnlich hohe Zahl von Neusiedlern auch in Schlesien ansässig wurde.[10] In Pommern lassen sich einige Areale ausmachen, in denen es zu einer Konzentration von Kolonisten kam. Dazu zählten die Ueckermünder Heide in Vorpommern, das untere Odertal sowie der Bereich der hinterpommerschen Strandseen.[11] Während Berlin die größte französische Kolonie in ganz Preußen beherbergte, ist nach 1720 auch in Stettin eine

---

10 In Ostpreußen waren es während der Regierungszeit Friedrichs des Großen 14886 Familien, in Brandenburg 14383, in Schlesien schließlich 14050 Familien.

11 Grundlegend für die Kenntnis des so genannten Retablissements in Pommern sind die folgenden Studien: Benno von Knobelsdorff-Brenkenhoff, Zu Brenkenhoffs Tätigkeit auf dem Gebiet der Landeskultur in Vor- und Hinterpommern 1762–1780 (Erster Teil); in: Baltische Studien, N.F., Band 65 (1979), 36–69; ders., Zu Brenkenhoffs Tätigkeit auf dem Gebiet der Landeskultur in Vor- und Hinterpommern 1762–1780 (Zweiter Teil); in: Baltische Studien, N.F., Band 69 (1983), 34–54; ders., Zu Brenkenhoffs Tätigkeit auf dem Gebiet der Landeskultur in Vor- und Hinterpommern (Dritter Teil); in: Baltische Studien, N.F., Band 70 (1984), 113–136. ders., Neustettin und die Ablassungsarbeiten an Vilm- und Streitzig-See im 18. Jahrhundert; in: Baltische Studien, N.F., Band 73 (1987), 65–87. Ders., Anlage von Kolonien und Bau von Kolonistenhäusern an der Madue in friderizianischer Zeit; in: Baltische Studien, N.F., Band 74 (1988), 92–112; ders., Die „Aal-Beek-Kolonisten“ und das Thurbruch auf der Insel Usedom in Vorpommern Schriften der J.-G.-Herder-Bibliothek, Siegerland e.V., 27), Siegen 1992.

große hugenottische Gemeinde entstanden. Zwischen beiden Städten ragte Prenzlau mit einer großen Zahl von französischen Einwohnern hervor.[12]

Die Wirkungen der Ansiedlung von Kolonisten in Brandenburg-Preußen sind immens gewesen. Hinsichtlich der Landeskultur ist deutlich zu erkennen, dass sich durch Meliorationen, die Intensivierung des Ackerbaus und die Einführung von Edelkulturen, wie z. B. Tabak, nachhaltige Verbesserungen in der Wirtschaftsstruktur abzeichneten, die bis ins 20. Jahrhundert spürbar blieben. Die Siedlungs- und Bevölkerungsdichte in Brandenburg erreichte wieder die Werte, die sie vor der großen Agrarkrise am Ende des Mittelalters und den Folgen der verheerenden Kriege des 17. Jahrhunderts hatte. Die Sozialstruktur des gesamten brandenburg-preußischen Konglomeratstaats wurde einschneidend verändert. Neben die bisherigen Stände und Schichten traten damals privilegierte Neubürger. Damit war das alte ständische Prinzip vielfach durchbrochen, was eine wesentliche Wurzel z. B. für die Ideen darstellte, die am Beginn des 19. Jahrhunderts zu den Stein-Hardenbergschen Reformen führten.

Aus kirchengeschichtlicher Sicht entscheidend ist jedoch die Tatsache, dass das Kurfürstentum Brandenburg und nachmalige Königreich Preußen seit den letzten Regierungsjahren des Großen Kurfürsten in zunehmendem Maße auf konfessionelle Toleranz und, um eine zeitgenössische Vokabel zu gebrauchen, auf „Kirchenfrieden“ setzte. Zuwanderer, die aus Territorien kamen, in denen konfessioneller Streit oder gar Verfolgung aus religiösen Gründen herrschten, haben ihrer neuen Heimat große Sympathien entgegengebracht. Letztlich wurde hier der Prozess der Gleichberechtigung der Konfessionen in Gang gesetzt, der zu unserem modernen Verständnis von einem die verschiedenen Weltanschauungen tolerierenden Staat führte. Ohne den Zuzug der Kolonisten, darunter ganz wesentlich der Hugenotten, wäre der Aufstieg Preußens in Deutschland nicht denkbar gewesen. Die innere Verfassung dieses Territoriums war am Ende des 18. Jahrhunderts eine signifikant andere als vor dem Beginn der vom Staat geförderten Ansiedlungspolitik.[13]

---

12 Zur besseren Veranschaulichung sei hier auf die Lieferung 35 „Kolonistenzuzug und Staatssiedlung 1688–1786“, bearbeitet von Gerd Heinrich, Hilmar Ruminski und Wolfgang Scharfe, im Historischen Handatlas von Brandenburg und Berlin (Veröffentlichungen der Historischen Kommission zu Berlin beim Friedrich-Meinecke-Institut der Freien Universität Berlin), Berlin 1971, verwiesen.

13 Vgl. dazu die Einschätzung bei: Gerd Heinrich/Wolfgang Scharfe, Kolonistenzuzug und Staatssiedlung 1688–1786, Erläuterungen zu Lfg. 35 des Historischen Handatlas’ von Brandenburg und Berlin (Veröffentlichungen der Historischen Kommission zu Berlin beim Friedrich-Meinecke-Institut der Freien Universität Berlin), Berlin 1971, insb. 7f.

2. Übersicht zur Kirchenorganisation in Brandenburg-Preußen zu Beginn des 18. Jahrhunderts

Wie war nun in Brandenburg-Preußen das reformierte Kirchenwesen organisiert? Für die reformierten Kirchen, vor allem in den Städten, schuf König Friedrich Wilhelm I., der auch Unionskirchen hatte bauen lassen, 1713 ein reformiertes Kirchendirektorium als oberste Kirchenbehörde, dem außer der mit Immediat-Status ausgestatteten Oberpfarr- und Domkirche in Berlin, die fünf deutsch-reformierten Inspektionen Berlin (mit zehn Mutterkirchen), Prenzlau (mit fünf Mutterkirchen) und Neuruppin (mit sieben Mutterkirchen) unterstellt waren.[14] Für die Reformierten in Pommern, d. h. zuerst für Hinterpommern, seit 1720 dann auch für Altvorpommern, bestand ein gesondertes Pommersches Direktorium.[15] Die Kirchen der Hugenotten besaßen eine von den übrigen Kirchen und Konfessionen unabhängige Verwaltung mit dem französischen Oberkonsistorium beim Französischen Departement, welches unmittelbar beim Justiz-Departement ressortierte. Das ebenfalls unter der Leitung von Großkanzler bzw. Justizminister stehende allgemeine Geistliche Departement setzte sich im Übrigen aus dem lutherischen und dem reformierten Departement zusammen. Die katholischen Gemeinden gehörten im Hinblick auf die allgemeine Kirchbau- und Schulaufsicht zum lutherischen Departement. Schließlich ist noch an das von einem Feldpropst geleitete Kriegskonsistorium im Militärjustizdepartement als Aufsichtsinstanz aller sog. Feld- und Besatzungsprediger zu erinnern.

Mit der 1817 vom Monarchen initiierten Union zwischen lutherischem und reformiertem Bekenntnis entstand ein Kirchengebilde, dass knapp zwei Jahrhunderte lang auch in Brandenburg und Pommern die konfessionelle Tradition prägen sollte. Ein beredtes Symbol dieser auch im Kirchenvolk verinnerlichten Union zwischen lutherischem und reformiertem Bekenntnis ist das Gemälde in der Ueckermünder Stadtpfarrkirche, auf dem sich Luther und Calvin vor einem zum Abendmahl hergerichteten Altar die Hand reichen. Eine zeitgenössische Widmung erklärt den Anlass für die Stiftung dieses Gemäldes: „Mit innigem Dank gegen den Allgütigen der Kirche geschenkt im Jahre 1845 von dem Bölschen Ehepaar, welches, obwohl von verschiedenen Confessionen unter dem Segen Gottes 32 Jahre in glücklicher Ehe gelebet hat. Der Name des Herrn sei gelobt."[16]

---

14 Die Darstellung zur Administration und Organisation der reformierten Gemeinden folgt hier: Gerd Heinrich (Bearb.), Kirchen und Konfessionen um 1800, Erläuterungen zu Lfg. 55 des Historischen Handatlas' von Brandenburg und Berlin (Veröffentlichungen der Historischen Kommission zu Berlin beim Friedrich-Meinecke-Institut der Freien Universität Berlin), Berlin 1976/77, 5.

15 Hellmuth Heyden, Kirchengeschichte Pommerns, Band II, Köln-Braunsfeld 1957, 117.

16 Norbert Buske, Das evangelische Pommern – Bekenntnis im Wandel (Beiträge zur pommerschen Landes-, Kirchen- und Kunstgeschichte 12), Schwerin 2012, 59–62.

3. Der Weg von der lutherischen Landeskirche in Pommern über die konfessionelle Toleranz in Brandenburg-Preußen zur unierten Landeskirche in Preußen

Norbert Buske hat in seiner programmatischen Schrift „Das evangelische Pommern – Bekenntnis im Wandel“, die 2009 im Vorfeld der in vielerlei Hinsicht problematischen Bildung der Nordkirche aus den vormals selbständigen Landeskirchen in Mecklenburg, Nordelbien und Pommern, erschienen ist, zurecht darauf verwiesen, dass bei der Darstellung des Bekenntnisstandes einer evangelischen Landeskirche zwischen den Bekenntnisformulierungen des 16. Jahrhunderts, die im Kirchenrecht der Landeskirchen festgeschrieben wurden, und der sich anschließend weiterentwickelnden Bekenntniswirklichkeit zu unterscheiden ist. [17] Die in den Jahrzehnten nach Einführung der Reformation formulierten Bekenntnisse wurden seit dem 18. Jahrhundert schrittweise unter Einbeziehung der Gesetzgebung, insbesondere des Kirchenrechts, herausgelöst und als Bekenntnisinhalte gewertet, die den Erfordernissen der jeweiligen Zeit anzupassen waren. Auch das erste Lehrbuch lutherischer Dogmatik, Philipp Melanchthons „Loci communes“, zählten anfangs zum kirchenrechtlich festgeschriebenen Bekenntnisstand der pommerschen Kirche.

Bereits in der Frühen Neuzeit, mit noch größerer Intensität aber im Zuge der Integration Pommerns in die preußische Landeskirche, kam es in Pommern zu einem tiefgreifenden Wandel der Bekenntniswirklichkeit. Das Streben der Staatsspitze nach einer Kirchenunion führte in der preußischen Landeskirche zu einem Verzicht auf eine kirchenrechtliche Festlegung des Bekenntnisstandes. Man erkannte die von den einzelnen Gemeinden als gültig betrachteten Bekenntnisse in allgemeiner Form an. Neben der übergreifenden Bezeichnung „evangelisch“ konnte gemäß der 1922 bzw. 1924 beschlossenen und in Kraft gesetzten „Verfassungsurkunde“ der Evangelischen Kirche der Altpreußischen Union jede Gemeinde fortan ebenso die spezielle Bezeichnung „evangelisch-lutherisch“, „evangelisch-reformiert“ oder „evangelisch-uniert“ verwenden. Fast keine Gemeinde in Pommern hat von diesem Recht Gebrauch gemacht. Aus der evangelischen Landeskirche des Herzogtums Pommern war eine in die preußische Landeskirche fest eingegliederte Provinzialkirche geworden. Lediglich einzelne reformierte Gemeinden benutzten auch in Pommern in der Zwischenkriegszeit die Bezeichnung „evangelisch-reformiert“.

Nach dem Zweiten Weltkrieg, in dessen Ergebnis auch der Freistaat Preußen zerschlagen wurde, kam die preußische Landeskirche in eine schwere Krise. So wurde 1950 aus der Kirchenprovinz Pommern wieder eine selbstständige Landeskirche innerhalb der neu gebildeten Evangelischen Kirche der Union (EKU) entwickelt, die fortan unter der Bezeichnung „Pommersche Evangelische Kirche“ firmierte. Darin kam ein Bekenntnis zur eigenen, keineswegs geradlinigen Geschichte zum Ausdruck, zur durch die mit der Reformation erfolgten nachhaltigen

17 Vgl. dazu die Einführung von: Norbert Buske, Das evangelische Pommern, 9f.

lutherischen Ausrichtung und zur Bedeutung, die die Integration in die sich seit dem 17. Jahrhundert herausbildende preußische Landeskirche für Pommern hatte, die als Evangelische Kirche der altpreußischen Union (APU) bis weit in das 20. Jahrhundert das Selbstverständnis dieser Kirche prägte.

Nachdem auf diese Weise hinsichtlich des Bekenntnisstandes für Pommern ein Bogen von der Reformation bis zur jüngsten Zeit geschlagen wurde, sollen abschließend die einzelnen reformierten Gemeinden in Hinterpommern und schließlich auch in Vorpommern vorgestellt werden:[18]

Zwar lassen sich auch in Pommern durchaus schon in der zweiten Hälfte des 16. und zu Beginn des 17. Jahrhunderts einzelne Sympathisanten für den reformierten Glauben ausmachen, die allerdings mit großer Vehemenz durch die lutherische Geistlichkeit, wie das eingangs geschilderte Beispiel aus der Stettiner Johanniskirche zeigte, und nicht zuletzt auch durch das Greifenhaus verfolgt wurden. Die Verbindungen in die Kurpfalz, wie sie z. B. durch Amalia, der Mutter Herzog Philipps I. von Pommern-Wolgast, und seine Erziehung am Heidelberger Hof gegeben waren, stammten aus der Generation vor der Publikation des Heidelberger Katechismus.[19] Der Umstand, dass in den Nachbarterritorien Pommerns die Landesherrschaft mehr oder weniger erfolgreich zum Calvinismus übertrat, und es mit diesen Dynastien in jeder Generation Heiratsbeziehungen gab, hat in Pommern bis zum Aussterben des Greifenhauses zu keiner nachhaltigen Beeinflussung des Hofes geführt. Neben der Konversion Kurfürst Johann Sigismunds von Brandenburg im Jahres 1613 sei hier daran erinnert, dass auch Herzog Johann Albrecht II. von Mecklenburg-Güstrow, der von 1611 bis 1636 regierte, zum reformierten Bekenntnis übergetreten war, allerdings anders als bei den Hohenzollern sollte dieser Schritt keine Auswirkungen auf den lutherischen Bekenntnisstand in Mecklenburg haben.

In Hinterpommern entstanden erst mit der Übernahme der Regierung durch Kurfürst Friedrich Wilhelm von Brandenburg nach dem Abzug der Schweden im Jahre 1653 erste Ansätze für die Bildung deutsch-reformierter Gemeinden. Sie dienten in erster Linie den kurfürstlichen Beamten und Militärs, die wie ihr Landesherr reformierten Glaubens waren. Diese Gemeinden sahen sich in den ersten Jahrzehnten ihrer Existenz massiven Anfeindungen seitens der lutherischen Magistrate der jeweiligen Städte ausgesetzt. Dabei spielte die Teilung des Landes

18 Einen summarischen Überblick zur Entwicklung im Territorium und zu den einzelnen reformierten Gemeinden bietet: Norbert Buske, Kirchenorganisation und Bekenntnisstand nach der Reformation in Mecklenburg und Pommern, in: Historischer und geographischer Atlas von Mecklenburg und Pommern, hg. im Auftrag der Landeszentrale für politische Bildung Mecklenburg-Vorpommern, Band 2: Mecklenburg und Pommern. Das Land im Rückblick, Schwerin 1996, 38–43.

19 Hellmut Hannes, Bildnisse der pommerschen Herzöge, in: Norbert Buske/Joachim Krüger/Ralf-Gunnar Werlich (Hgg.), Die Herzöge von Pommern. Zeugnisse der Herrschaft des Greifenhauses. Zum 100. Jubiläum der Historischen Kommission für Pommern (Veröffentlichungen der Historischen Kommission für Pommern, Reihe V: Forschungen zur pommerschen Geschichte 45), Köln/Weimar/Wien 2012, 11–48. Siehe auch: Heimo Reinitzer, Tapetum Concordiae. Peter Heymans Bildteppich für Philipp I. von Pommern und die Tradition der von Mose getragenen Kanzeln (Abhandlungen der Akademie der Wissenschaften in Hamburg 1), Berlin/Boston 2012, 18f.

nach dem Westfälischen Frieden von 1648 zwischen Schweden und Brandenburg eine nicht unerhebliche Rolle, konnten sich doch die lutherischen Stände in Hinterpommern der Unterstützung ihrer Glaubensgenossen in Vorpommern und nicht zuletzt in Schweden sicher sein. Die ersten deutsch-reformierten Gemeinden in Hinterpommern entstanden an den Regierungssitzen in Kolberg und Stargard. Von Kolberg aus wurden Predigtstellen in Rügenwalde, Köslin, und Körlin betreut, von Stargard aus wurde der Gottesdienst in Augustwalde und Karlsbach sichergestellt. Charakteristisch für die beiden Gemeinden in Kolberg und Stargard ist die Bezeichnung der dortigen Pfarrer als Hofprediger, womit die Nähe zum kurfürstlichen Hof unterstrichen und in gewisser Weise auch eine Warnung an die lutherische Geistlichkeit in diesen Orten ausgesprochen wurde.[20]

Für Kolberg ist der erste reformierte Gottesdienst zu Weihnachten 1657 nachweisbar.[21] Eine erste Kirche mit Glockenturm wurde 1663 errichtet, allerdings wurde diese während des Siebenjährigen Krieges 1761 bei einer Belagerung durch russische Truppen wieder zerstört. Die 1834 in klassizistischen Formen errichtete reformierte Kirche wurde bei der völligen Zerstörung Kolbergs im März 1945 durch die Rote Armee ein Opfer des Granatbeschusses. Die letzten Reste dieses Gebäudes ließ die nunmehr polnische Stadtverwaltung 1956 abtragen. Bezeichnend für die Situation in den ersten Jahrzehnten der Existenz einer reformierten Gemeinde in Kolberg war das Agieren des seit 1653 an St. Marien in Kolberg amtierenden lutherischen Pfarrers Johannes Colberg, der in wütenden Schmähungen und Angriffen über die rasch wachsende reformierte Konkurrenz herzog. Abmahnungen der kurfürstlichen Regierung ignorierte er, so dass er des Landes verwiesen wurde. Nicht von ungefähr fand er Aufnahme in Schwedisch-Pommern und wurde in Greifswald zum Pfarrer an St. Marien und zugleich Professor der Theologie an der Universität berufen. Sein Eifer erlahmte jedoch auch hier nicht und führte wiederholt zu diplomatischen Verwicklungen zwischen Schweden und Brandenburg, weswegen ihn bald auch die schwedische Regierung seines Amtes entsetzte.[22] Die Atmosphäre in Kolberg war jedoch für lange Zeit nachhaltig vergiftet. Auch nach der Bildung der altpreußischen Union verblieb die Kolberger reformierte Gemeinde außerhalb der neuen Landeskirche. Peter Jancke, einem Zeitzeugen, verdanken wir ein eindrucksvolles Zeugnis vom Verhältnis zwischen den beiden protestantischen Bekenntnissen während des Untergangs seiner Heimatstadt im Frühjahr 1945: Angesichts des Herannahens der Roten Armee feierten „Lutheraner und Reformierte, die christliche Gemeinschaft, Methodisten und Baptisten gemeinsam noch einmal das heilige Abendmahl (*... im Dom*), wobei der Anhänger der Bekennenden Kirche, der lutherische Dompfarrer Paulus Hinz das Brot und der reformierte Hofprediger Albert den Wein austeil-

20 Hellmuth Heyden, Kirchengeschichte Pommerns, Band II, Köln-Braunsfeld 1957, 96–102.

21 Norbert Buske, Das evangelische Pommern, 32f.

22 Dirk Alvermann/Birgit Dahlenburg, Greifswalder Köpfe – Gelehrtenporträts und Lebensbilder des 16.–18. Jahrhunderts aus der pommerschen Landesuniversität, Rostock 2006, 65. Vgl. dazu auch die Ausführungen bei Hellmuth Heyden, Kirchengeschichte Pommerns, Band II, Köln-Braunsfeld 1957, 96f.

te".[23] Die Geschichte der reformierten Gemeinde in Kolberg endete mit der Ausweisung der letzten Gemeindeglieder im Jahre 1947 durch die polnische Administration.

Einzelne Vertreter des hinterpommerschen Adels, die am Berliner Hof Karriere machten, konvertierten zum reformierten Bekenntnis. Zu den besonderen Förderern zählte der Staatsrat, Kanzler und Erbkämmerer des Herzogtums Pommern und des Fürstentums Cammin, Lorenz Christoph von Somnitz, der als Patronatsherr von Charbrow südlich von Leba bei einem Neubau der Dorfkirche diese den Reformierten übereignete, was nicht ohne Widerstand der lutherischen Geistlichkeit und der übrigen Landstände hingenommen wurde. Später wurden die Gemeinden von Charbrow, Lauenburg und Schwartow – alle im Land Lauenburg gelegen –, zu einer Gemeinde vereinigt.[24]

Auch im an der Grenze Pommerns zur Neumark und zu Polen gelegenen Land Draheim, das seit 1668 dauerhaft unter brandenburgische Regierung kam, wurde 1688 eine reformierte Gemeinde begründet.[25]

Die größte deutsch-reformierte Gemeinde entstand in Stettin. Nachdem die Stadt während des schwedisch-brandenburgischen Krieges 1677 in die Hände des Großen Kurfürsten gefallen war, ließ er in seinem Hoflager bereits reformierte Gottesdienste durch den Kolberger Hofprediger abhalten. Dabei handelte es sich aber nur um ein kurzes Intermezzo, da die Stadt bereits wenige Jahre später an Schweden zurückgegeben werden musste. Erst nach dem Übergang Altvorpommerns nach dem Nordischen Krieg an Preußen bestand seit 1722 eine deutsch-reformierte Gemeinde in der Odermetropole, der verschiedene Kirchengebäude als Heimstatt dienten.[26]

In Vorpommern entstand in Pasewalk in jenen Jahren ebenfalls eine große deutsch-reformierte Gemeinde, was vor allem mit dem Umstand zu tun hatte, dass hier dauerhaft eine große Garnison etabliert wurde. Als Tochtergemeinde war Blumenthal dem Pasewalker Pfarrer zugeordnet. Eigentlich gingen aber die Bemühungen um die Bildung einer Gemeinde in Pasewalk von den Hugenotten aus. Sie hatten sich 1727 an König Friedrich Wilhelm I. mit der Bitte um Entsendung eines reformierten Predigers gewandt. In Pasewalk wird heute noch mit einem Schmunzeln die Geschichte erzählt, dass der König ihnen einen deutschen Predi-

---

23 Peter Jancke, Kolbergs Reformierte Gemeinde; in: ders., Kirchen und kirchliches Leben im deutschen Kolberg. Eine Dokumentation (Beiträge zur Geschichte der Stadt Kolberg und des Kreises Kolberg-Körlin; 35), Hamburg 2009, 342–343.

24 Norbert Buske, Das evangelische Pommern, 33f.

25 Die komplizierte Draheimer Entwicklung in der Gemengelage zwischen Lutheranern und Katholiken ist eingehend untersucht worden von Fritz Bahr: Kirchengeschichte des Landes Draheim; in: Blätter für Kirchengeschichte Pommerns, Bände 4, 5 und 7. München, Stettin 1929–1931 (zugl. diss. theol Greifswald 1929; Forschungen zur Kirchengeschichte Pommerns; 1. Stettin 1931); Ernst Bahr, Die Starostei Draheim zwischen 1565 und 1632; in: Baltische Studien, NF 57/1971, 27–42. Zuletzt und umfassend dargestellt bei Christoph Motsch, Grenzgesellschaft und frühmoderner Staat. Die Starostei Draheim zwischen Hinterpommern, der Neumark und Großpolen 1575–1805 (Veröffentlichungen des Max-Planck-Instituts für Geschichte 164), Göttingen 2001.

26 Vgl. Hellmuth Heyden, Kirchengeschichte Pommerns, Band II, Köln-Braunsfeld 1957, 112–118.

ger schickte, da sie ihr Gesuch in deutscher Sprache abgefasst hatten und alle späteren Versuche, doch einen französischen Prediger zu erhalten, von ihm unter Bezugnahme auf diesen „Urfehler" zurückgewiesen wurden. Hatten die Reformierten zuerst die Heiliggeistkirche in Pasewalk nutzen dürfen, so wurde ab 1730 die Nikolaikirche ihre neue Heimstatt. Bis 1948 diente dieses Kirchengebäude als Simultankirche für die lutherische, später unierte, und die reformierte Gemeinde. In jenem Jahr erfolgte die Eingliederung der deutsch-reformierten Gemeinde in die unierte Gemeinde an St. Marien in Pasewalk. Die schlichte Ausstattung der Nikolaikirche aus dem 19. Jahrhundert ist bis zum heutigen Tag ein beredtes Zeugnis der reformierten Tradition dieses Gotteshauses.[27]

In Hinterpommern war 1672 in Stolp ebenfalls eine deutsch-reformierte Gemeinde entstanden. Sie konnte seit 1684, dem Jahr des Todes von Herzog Ernst Bogislaw von Croy, die Schlosskirche mit benutzen. Es sei an dieser Stelle daran erinnert, dass Friedrich Daniel Ernst Schleiermacher (1768–1834) von 1802 bis 1804 Prediger der deutsch-reformierten Gemeinde in Stolp war. In diesen Jahren arbeitete er u. a. an der Übersetzung der Werke Platons. Die Erfahrungen in Stolp mit den völlig nebeneinanderher lebenden protestantischen Gemeinden bewogen ihn dazu, sich zu einem vehementen Verfechter der Kirchenunion und der Abendmahlsgemeinschaft zu entwickeln. Seine Beziehungen nach Vorpommern und dort insbesondere nach Rügen, zu Ernst Moritz Arndt und Caspar David Friedrich, überhaupt die Rezeption seiner theologischen und philosophischen Schriften durch die Romantiker sei hier nur angedeutet.[28]

Die Kirchen- und Geistesgeschichte Pommerns wurde nicht nur durch die deutsch-reformierten Gemeinden, sondern ebenso wie in Brandenburg und den anderen Territorien des brandenburg-preußischen Konglomeratstaats nachhaltig durch die Gründung französisch-reformierter Gemeinden nach dem Edikt von Potsdam geprägt. 1689 entstand die erste derartige Gemeinde in Stargard, 1698 in Kolberg. Im damals noch brandenburgischen Amt Löcknitz an der Grenze der Uckermark zu Vorpommern wurden 1686 in größerer Zahl Hugenotten angesiedelt. Das nahe gelegene Dorf Plöwen besitzt seit jener Zeit und bis zum heutigen Tag eine Simultankirche für die französisch-reformierte Gemeinde und die zur Landeskirche gehörende unierte Gemeinde. Auch im unweit gelegenen Bergholz, eigentlich schon zur Uckermark gehörend, hat sich bis zum heutigen Tag eine Simultankirche erhalten. Im Dorf gibt es ein deutsches und ein französisches Pfarr- und Gemeindehaus mit dem jeweils zugehörigen Schulgebäude. Während die zur Landeskirche gehörende Gemeinde, ebenso wie in Plöwen, vom Löcknitzer Pfarrer betreut wird, hält für die französisch-reformierte Gemeinde mittlerweile die Pastorin der Potsdamer Gemeinde den Gottesdienst. Wer sich für den Alltag der Hugenotten an der Grenze zwischen Pommern und der Mark Brandenburg interessiert, dem sei unbedingt der Besuch der Bergholzer Heimatstube empfohlen, die sich in der deutschen Schule unmittelbar gegenüber der Kirche befindet. Die enge Verbindung der nördlichen Gemeinden der Uckermark mit der Pommerschen Evangelischen Kirche geht auf eine 1973 getroffene Vereinbarung

27 Norbert Buske, Das evangelische Pommern, 35f.
28 Ebd., 37–41.

zwischen der brandenburgischen und der pommerschen Kirche zurück. Damals wechselten der Kirchenkreis Strasburg in der Uckermark und Teile des Kirchenkreises Brüssow von der Zuständigkeit des Berliner in die des Greifswalder Konsistoriums. Umgekehrt wurden einige Gemeinden bei Gartz an der Oder von Pommern an die brandenburgische Landeskirche abgetreten. Auf diese Weise gehört nun auch Wolfshagen in der Uckermark zur pommerschen Kirche. Die 1858 aufwändig gestaltete Westfassade dieser Kirche bietet links und rechts des Hauptportals unter Maßwerkbaldachinen stehend, nahezu lebensgroße Sandsteinfiguren von Martin Luther und Johannes Calvin. Der Große Kurfürst hatte 1670 seinen aus Pommern stammenden Ratgeber Otto von Schwerin mit Wolfshagen belehnt, dessen Nachfahren die Kirche als Zeugnis des unierten Bekenntnisses im Preußen des 19. Jahrhunderts errichten ließen. An dieser Stelle sei an ein weiteres Monument der Rezeptionsgeschichte der Reformation in einem Herrenhaus südlich von Demmin in Vorpommern aus jener Zeit erinnert. In der Eingangshalle des neogotischen Herrenhauses von Kartlow ließ die Familie von Heyden 1858 in Medaillons an den Rück- und Seitenwänden Reuchlin, Melanchthon, Luther, Bugenhagen und Calvin darstellen.[29]

Aber zurück zu den französisch-reformierten Gemeinden in Pommern. Die bedeutendste entstand 1721 in Stettin. Ihr wurde damals die Mitbenutzung der Schlosskirche zugestanden. Der zuvor in Dresden amtierende französisch-reformierte Pfarrer Franz Augustin Riquet wechselte 1811 nach Stettin, wo er bis zu seinem Tod maßgeblichen Einfluss auf das Geistesleben der Stadt gewann. Auch die 1824 erfolgte Gründung der für die Erforschung der Landes- und Kirchengeschichte Pommerns so wichtigen und bis heute blühenden Gesellschaft für pommersche Geschichte und Altertumskunde geht nicht zuletzt auf sein Engagement zurück.[30]

Im Vergleich zum brandenburgischen Landesteil war die Situation in Schwedisch-Pommern ganz anders geartet. Die Kirchengeschichte Schwedens im 16. Jahrhundert ist keineswegs so klar und eindeutig auf das Luthertum ausgerichtet, wie das der Blick aus dem 17. und 18. Jahrhundert zurück erscheinen lassen mag.[31] Auch gab es unter den nach 1630 neu ins Land kommenden schwedischen Adligen solche, die aus Gebieten Europas stammten, die zu jener Zeit dem reformierten Glauben zuzuordnen sind. Letztlich konnten sich aber die pommerschen Landstände nach dem Westfälischen Frieden gegenüber ihrem neuen Landesherrn durchsetzen und die lutherische Verfassung der Landeskirche uneingeschränkt konservieren. Gerade die Generalsuperintendenten von Schwedisch-Pommern und die Theologische Fakultät der Greifswalder Universität machten sich in der Folgezeit als Vorkämpfer der lutherischen Orthodoxie einen nicht immer rühmlichen Namen, die mit großer Vehemenz sowohl Reformierte als auch Pietisten in-

29 Ebd., 43f und 62f.

30 Ebd., 41–46.

31 Bengt Stolt, Das evangelische Schweden und sein Lutherisches Erbe, Manuskript zum Vortrag, gehalten auf dem Studientag der Arbeitsgemeinschaft für pommersche Kirchengeschichte in Greifswald am 25. Januar 2014, online unter: http://pix.kirche-mv.de/fileadmin/Pommern/AG-PKG/140125_Studientag_Stolt.pdf

und außerhalb Pommerns befehdeten. Erst 1781 wurde die Gründung einer reformierten Gemeinde in einer Kapelle der Johanniskirche in Stralsund seitens der schwedisch-pommerschen Regierung genehmigt, was in erster Linie mit der in der Stadt ansässigen großen schwedischen Garnison zu tun gehabt haben dürfte, die in jener Zeit überwiegend aus geworbenen deutschen Soldaten bestand, darunter auch solchen aus reformierten Territorien.[32]

Soweit dieser summarische Überblick zur Geschichte des reformierten Bekenntnisses in Pommern, an dessen Ende die noch im 16. Jahrhundert verhöhnten und verteufelten Calvinisten integraler Bestandteil der kirchlichen Wirklichkeit an der südlichen Ostseeküste geworden sind. Oder ist das vielleicht ein zu positives Resümee? Die neue Landeskirche gab mit der Wahl ihres Namens „Evangelisch-Lutherische Kirche in Norddeutschland" diesem Teil der Tradition im nunmehr Pommerschen Evangelischen Kirchenkreis keinen Raum. Die Arbeitsgemeinschaft für pommersche Kirchengeschichte hat, wie eingangs erwähnt, allerdings das Jubiläum des Heidelberger Katechismus im Sommer 2013 genutzt, um auf die zumindest im südlichen Vorpommern und in der Uckermark bis zum heutigen Tag nachwirkenden reformierten Traditionen angemessen hinzuweisen.

32 Hellmuth Heyden, Kirchengeschichte Pommerns, Band II, Köln-Braunsfeld 1957, 132f.

11. Das Herzogtum Sachsen-Barby – ein reformierter Sonderfall im lutherischen Kurfürstentum Sachsen ?

Hans Seehase (Magdeburg)

1. Einführung

Denkt man an das frühmoderne Sachsen als den einen der Hauptmotoren des frühneuzeitlichen *corpus evangelicorum,* so gilt dies in allen Teilgebieten der beiden wettinischen Linien als treues Gelände eines überzeugten Luthertums mit fast durchweg orthodoxen Zügen. Und da soll es auch einen reformierten Zweig gegeben haben? Die Tatsache ist seit 225 Jahren bekannt, aber nicht so verbreitet, dass sie als Gemeingut der Reformationsgeschichte im späten konfessionellen Zeitalter gelten kann. Wie es zu diesem Sonderweg gekommen ist, lässt sich nicht mehr in allen Einzelsträngen rekonstruieren. Aber es ist wie in vergleichbaren Fällen nicht zu übersehen, dass der Weg eines Landesherrn zur Konversion mehrere persönliche Ursachen gehabt haben kann. Da waren zunächst höchstpersönliche, da Herzog Heinrich von Sachsen-Barby in der Person seiner Ehefrau Elisabeth Albertine aus dem reformierten Fürstenhaus Anhalt-Dessau die Äbtissin des Reichsstifts Herford heiratete.[1] Zudem war der am 26. September 1657 geborene Herzog Heinrich seit 1674 Dompropst in Magdeburg und erlebte seit 1680 ein reformiertes Herrscherhaus im früheren Erzstift, jetzt Herzogtum Magdeburg. Acht Jahre, nachdem Heinrich 1680 nach dem Tod seines Vaters Erzadministrator August von Sachsen-Weißenfels die Regentschaft in Barby angetreten hatte, bekannte er sich in Dessau zur reformierten Glaubenspraxis. Dieser Konfessionswechsel geschah in dem Jahr, in dem am 29. April Kurfürst Friedrich Wilhelm von Brandenburg gestorben war, und zum Jahreswechsel am 30. Dezember 1688. 75 Jahre zuvor hatte Kurfürst Johann Sigismund von Brandenburg den selben Schritt vollzogen.[2] Ob dies nur ein Beweis seiner Ehetreue und seines Willens war, mit seiner Frau gemeinsam Abendmahl feiern zu können, oder ob es weitere Gründe für diesen Wechsel in der Glaubenspraxis gab, soll nicht spekuliert werden.[3]

---

1 Diesen Hinweis verdanke ich Dr. Markus Hein (Universität Leipzig – Kirchengeschichte).

2 S. dazu den Beitrag von Eike Wolgast in diesem Band.

3 Herzog Heinrich hat auch ein persönliches Bekenntnis verfasst, das aber dem Verfasser bisher nicht bekannt ist. Nach Mitteilung von Kirchenpräsident i. R. Helge Klassohn (Anhalt), dem ich diese Notiz verdanke, befindet sich in diesem Bekenntnis eine Bezugnahme auf die Dordrechter Synode von 1618/1619, die für das Fürstentum Anhalt im Übrigen untypisch ist und über den Konfessionshorizont der Fürstentümer weit hinaus geht. Als Grund

2. Historische und konfessionelle Gemengelage

Die folgenden Ausführungen sollen aus den wenigen verstreuten und eingesehenen Überlieferungen versuchen, ein Bild zu rekonstruieren, das in etwa darstellt, wie das konfessionelle Miteinander in dem kleinen Territorium ausgesehen haben mag. Dabei geht es nicht um ein statistisches Phänomen einer familiären Landesherrschaft mit einer übersichtlichen Personalgemeinde am Barbyer Hof in einer überschaubaren Geographie, sondern um die späte Frage einer undogmatischen Glaubensentscheidung in einer Zeit barocker Prachtentfaltung allenthalben, die die neue Herrscherin aus Herford vermutlich mitgebracht hat.

Das Grafengeschlecht Barby aus der Arnstein-Mühlinger Linie war seit Ende des 12. Jahrhunderts Inhaber einer kleinen Landesherrschaft im Elbe-Saale-Winkel zwischen den Grafen von Anhalt und dem Erzstift Magdeburg. Eine territoriale Ausweitung auf Städte und Orte dieser mächtigen Nachbarn, darunter auf Lindau, Dornburg und Zerbst in Anhalt sowie Möckern, Schönebeck, Egeln und Wanzleben gelang nur auf kurze Zeit. Die Familie, die 1497 von Kaiser Maximilian in den Grafenstand erhoben worden war und bei Fortdauer der 1356 erfolgten Lehnsnahme vom Kurfürstentum Sachsen die Reichsstandschaft erhalten hatte, starb am 17. Oktober 1659 mit Graf August Ludwig aus. Die Nachfolge hatte sich der Magdeburger Erzadministrator August von Sachsen-Weißenfels nach dem Heimfall an die albertinische Linie der Wettiner gesichert. Seine von ihm begründete Sekundogenitur war neben denen in Sachsen-Merseburg und Sachsen-Zeitz 1650 begründet worden und von Kurfürst Johann Georg I. von Sachsen in seinem Testament vom 20. Juli 1652 bedacht worden. Die von dem Magdeburger Erzadministrator beabsichtigte Nachfolgeregelung in der Nebenlinie kam 1680 zustande, als mit dem Tod des Erzadministrators das Herzogtum Magdeburg gemäß den Regelungen des *Instrumentum Pacis Osnabrugense* – Artikel XI §§ 6-10 – an Kurbrandenburg fiel und das Herzogtum Sachsen-Barby nach der Familienregelung an den Magdeburger Dompropst Heinrich gelangte.

Der neue Landesherr diente zunächst einige Jahre dem Kurfürstentum Brandenburg gegen die Türken, bevor er sich ab 1687 um sein Herzogtum intensiver kümmerte und bis 1715 die alte Burg Barby durch ein Barockschloß ersetzte, das aber 1737 den Südflügel bei einem Brand verlor.

Am 16. September 1711 stellte Herzog Heinrich von Sachsen-Barby die Hofpredigerstelle in Barby wieder her, wobei nicht deutlich wird, seit wann sie und wie lange nicht besetzt war. In ihr sollte eine tüchtige Persönlichkeit der „reformierten Confession" tätig sein. Es wird nirgends ausdrücklich betont, scheint aber von vornherein unstreitig gewesen zu sein, dass der Landesherr seine Konfession seinen Untertanen nicht aufzwang. Anders als noch bei dem Kurfürsten von Brandenburg Johann Sigismund 1613 wäre dieser Zwang auch ein Verstoß gegen den Westfälisch-Osnabrücker Friedensvertrag von 1648 gewesen, der die seit

---

dafür könnte gelten, dass die Mutter der Herzogin Elisabeth Albertine eine Prinzessin von Nassau-Oranien war, die diese ideelle Verbindung für elementar erachtete.

1555 mit nur wenigen Ausnahmen reichsverfassungsrechtlich normierte uniforme Landeskonfession abmilderte.[4]

Gleichwohl hatte das Bekenntnis des Landesherrn naturgemäß Auswirkungen auf das religiöse Leben in dem Herzogtum. Mit dem Antritt der Landesherrschaft verbunden war die Schaffung eines Konsistoriums, dessen Errichtung nicht exakt mit einer Gründungsurkunde angegeben werden kann. Wie in anderen Territorien war hier die Eigenständigkeit wichtig, vielleicht noch mehr als die breite Funktionsfähigkeit einer Behörde. Konsistorien sind seit 1540 Instrumentarien der reformatorischen Landesherren für die gerichtliche Behandlung streitiger Ehefälle unabhängig von Institutionen der römisch-katholischen Kirche und noch weit entfernt von Behörden eines landesherrlichen Kirchenregimentes. In wie weit die Abkoppelung von Kursachsen mit seinen Konsistorien in Dresden, Leipzig und Wittenberg praktiziert worden ist, lässt sich ohne Details aus einzusehenden Akten nicht klären. Immerhin aber haben die Anhalter Fürsten wie die Kurfürsten von Sachsen und Brandenburg und ihre Nebenlinien die regionale und funktionale Vielfalt auf diesem Feld zwischen Rechtsprechung und Verwaltung und zwischen Regierungen und Gerichten um 1545 durchaus belebt, bis die Grundzüge der funktionale Trennung von Exekutive und Judikative in der Frühmoderne erstmals ansatzweise ab der Mitte des 18. Jahrhunderts praktiziert wurden. Die Erwähnung des Spezialproblems „Ehesachen“ der Reformations-Jahrzehnte hat auch damit zu tun, dass der Pfälzer Kurfürst mit dem Heidelberger Katechismus gleich auch noch eine Eheordnung einführte, die um 1560 für das Reichsrecht mehrfach bemerkenswert war. In Mitteldeutschland sind die Fragen des materiellen Eherechts mit dem Einfluss der christlichen Kirchen in den Zeller Ehebedenken theologisch durchdacht worden, aber um 1544 im Kurfürstentum Sachsen und im Herzogtum Sachsen ohne formale Inkraftsetzung partikulares Gewohnheitsrecht geworden. Diese Tatsache ist dem Umstand zu verdanken, dass die Zuständigkeit zum Erlass solcher Normen in dieser Zeit streitig war und an sich vor ein ökumenisch beschicktes Konzil gehört hätte. Nur galt das in größeren Zeit-Intervallen tagende Konzil von Trient je länger je eher nicht als das Konzil, das eine „ewige“ Verständigung der christlichen Konfessionsparteien hätte erreichen können. Doch es bliebe zu untersuchen, ob das Dekret „Tametsi“ von 1563, auf das sich das Konzil nach langen Beratungen verständigt hat, in einem Zusammenhang mit der Kurpfälzer Eheordnung von 1563 zu denken ist. Zu diesem Phänomen gehört auch der Hinweis, dass wiederum in Anhalt am 12. Dezember 1545 das römische Recht an die Stelle des Sachsenspiegel-Rechtes trat und damit ein wichtiger Schritt zur Kodifikation juristischer Systematik aus den Rechtsschulen und Universitäten des päpstlichen Umfeldes vorgenommen wurde. Das damals als Gesamtstaat regierte Fürstentum Anhalt erhielt in Zerbst 1545 ein Konsistorium, das nach der Landesteilung 1605 Nachfolger in den einzelnen Territorien des Fürstentums erhielt.

Die Linie Sachsen-Barby starb 1739 mit dem Herzog Georg Albrecht, geboren 1695 und Regent seit dem Tod seines Vaters 1728, aus. Nach dem Heimfall an Sachsen-Weißenfels blieb auch diese Linie kinderlos und fiel 1746 mit dem Tod

---

4 Art. V § 30 und Art. VII des Instrumentum Pacis Osnabrugense.

von Herzog Johann Adolf II. an Kursachsen zurück. Damit erhielt die Grafschaft Barby einen zum römisch-katholischen Glauben konvertierten Landesherren, der als Kurfürst von Sachsen auch König von Polen war.

3. Katechismusexamen und Heidelberger Katechismus

Aus der Zeit des Herzogtums Sachsen-Barby finden sich in den Akten, soweit sie zugänglich waren, nicht sehr viele Hinweise auf die reformierte Landeskonfession. Dazu gehört ein Vorgang, der eher kryptisch zu sein scheint, mit dem der Kurfürst von Sachsen und König in Polen Friedrich August am 11. September 1713 nähere Auskunft darüber verlangte, wie weit der Ausbau der (reformierten) Privatkapelle im Schloss zu Barby gediehen sei. Die Anfrage stand im Zusammenhang mit dem Abriss der alten lutherischen Stadtkirche, deren Steine für Umbauten im Schloss verbraucht wurden.[5]

Für unser Thema wichtiger ist aber die Anordnung, die in einem Erlass des Herzogs vom 17. März 1693 an das Herzogliche Konsistorium zu Barby überliefert ist: Mit dieser Regelung führte der Landesherr nach einem mehrfachen Schriftwechsel das Catechismus-Examen ein. Lange hatte man darum gerungen, wann und an welchem Ort dieses Examen jeweils zu halten sei. Ab 1693 stand nun fest, dass das Examen nach der Sonntagspredigt zu halten sei. Diese Anordnung galt für Barby an jedem Sonntag, für die Dörfer vierzehntägig. Das Konsistorium verfasste aus der Anordnung eine Instruktion am 12. Mai 1693, der zu folge „der Katechismus" neben dem lutherischen Katechismus zu verwenden sei.[6] Ist die Deutung richtig, so zog also der Heidelberger Katechismus 130 Jahre nach seiner Schöpfung in ein Territorium ein, das in sächsischer Lehnsabhängigkeit um 1540 die Reformation durchgesetzt haben soll. Nähere Angaben zu dieser Reformation nach den Maßgaben der *Confessio Augustana* in der Nachbarschaft des Erzstifts Magdeburg und des Fürstentums Anhalt sowie Kursachsens lassen sich bei dem derzeitigen Forschungsstand nicht treffen. Es soll nur angedeutet werden, dass die Durchsetzung der Reformation in einem Gebiet, das in Lehensabhängigkeit zu Sachsen stand, nach den Vorgängen in vergleichbaren Territorien abhängig davon gewesen sein könnte, ob Sachsen hier eine Schutzherrschaft innehatte, oder ob der Territorialherr dem Vorbild der Ernestiner oder Albertiner nach Herzog Georgs Tod 1539 und unter Herzog Heinrich um 1540 folgte.

5 LHASA Abt. Magdeburg Bestand Rep A 12 spec. – Ältere Konsistorialakten Barby, Nr. 80.

6 Archiv der Kirchenprovinz Sachsen Bestand H 4 – Superintendentur Barby Nr. 217 – Anordnung des Catechismus-Examens in der Grafschaft Barby 1693.

4. Reformiertentum in einer gemischten Landeskonfession

So dürftig diese Hinweise sind, werfen sie für das Gesamtthema der Wirkungsgeschichte des Heidelberger Katechismus ein bemerkenswertes Licht. Gleich bedeutsam ist, dem Schicksal der reformierten Konfession in Barby nach 1739 zunächst im Kurfürstentum Sachsen und dann bis 1839 im Königreich Preußen nachzugehen. Auch wenn die Landesherrschaft zunächst wieder eine römisch-katholische mit dezidiertem Luthertum war, ist offenbar zunächst kein direkter Druck auf die reformierte Hofgemeinde ausgeübt worden. Lediglich bei – wie wir heute sagen würden – konfessionsverbindenden Eheschließungen finden sich um 1750 Hinweise auf die veränderte Lage der Landeskonfession. Nach Wegfall des Barbyer Konsistoriums waren dessen Amtsgeschäfte auf den „bi-konfessionellen" Superintendenten zu Barby übergegangen, seit 1746 aber waren die zum Konsistorium Wittenberg Königlich Polnischen und Churfürstlich Sächsischen Verordneten wieder für Barby zuständig. Sie erforderten am 17. Juli 1750 einen Bericht über das *exercitium religionis* von dem reformierten Prediger Johann Gottfried Krause in Barby und gaben diesen Bericht am 29. August 1750 nach Dresden weiter. In ihm ging es um Einzelfälle von Eheschließungen über die Konfessionsgrenze hinweg und vor allem um die Befolgung von Grundsätzen der Religionsverfassung, die sich mit der Duldung von Religionsangehörigen befassten, die sich nicht zu der landesherrlichen Religion hielten. Bezug genommen wurde dabei insbesondere auf Art. V § 34 des *Instrumentum Pacis Osnabrugense* und auf eine königliche Anordnung von 1720, der zufolge bei der Taufe eines Kindes die Verpflichtung zur Erziehung im lutherischen Landeskirchenwesen abzugeben war. Ein weiterer Punkt, auf den geachtet wurde, war die Frage der Wahl der Kirche in interkonfessionellen Ehen bei der Eheschließung und bei der Taufe von Kindern. Dazu hatte ein Reskript vom 8. September 1747 die Regelung getroffen, dass für Eheschließungen die Kirche der Braut zu wählen, während bei der Taufe der Beschluss der Eltern maßgebend sei. In jedem Falle aber waren dem lutherischen Geistlichen die anfallenden Stolgebühren zu entrichten! Diese Regelung wurde von den zum Konsistorium Wittenberg Verordneten am 28. September 1773 erneut eingeschärft.[7]

Als weiterer Vorgang lässt sich noch ein weiterer interkonfessioneller Streitpunkt anführen, der sich aus der Zuweisung des Schlosses und des Amtsvorwerkes Barby 1748 an eine Brüdergemeine in der Traditionslinie des Grafen Zinzendorf aus Herrnhut ergab. Im Verlauf des Jahres 1775 entstand Streit darüber, in welcher Höhe die Brüdergemeine an die Stadtparochie Stolgebühren für die Amtshandlungen zu bezahlen habe. Über diese Gebühren gab es auch eine Vereinbarung, an die sich aber die Brüderunität bald nicht mehr gebunden fühlte. Dabei berief man sich auf die Barbyer Kirchenordnung vom 10. Juni 1645 und erklärte die Leistungen zu freiwilligen Zahlungen. Alsbald entstand ein reger Wechsel von Gutachten zwischen dem Superintendenten und dem Syndikus der Brüderunität, bis die Konsistorial-Verordneten die juristische Fakultät der Uni-

7 Archiv der Kirchenprovinz Sachsen Bestand H 4 Nr. 129.

versität Wittenberg einschalteten. Auf den Bericht vom 17. September 1783 gab es erneute Verhandlungen und am Ende einen Vergleich, den der Kurfürst am 22. November 1790 anregte und der am 1. August 1791 aufgesetzt wurde. Danach sollte es in Zukunft mit der Schlossfreiheit (Ziffer 1) und dem Amts-Vorwerk (Ziffer 2) exemte Barbyer Ortsteile geben, die von den Stolgebühren befreit wurden. Wer zur Brüdergemeine gehörte, aber außerhalb der exemten Stadtteile wohnte und sich der Amtshandlungen der Stadtparochie bediente, war dort auch stolgebührpflichtig (Ziffer 3). Sonderregelungen gab es für die Reichung der Sakramente (Ziffer 4) und für Beerdigungen (Ziffer 5). Auch Gnadau wird hier bereits erwähnt, der nur für die Brüderunität gebaute Ort, der seit 1808 nach Auslaufen des Pachtvertrages in Barby nach 60 Jahren die Brüdergemeine beherbergt (Ziffer 7).[8]

5. Entwicklung im 19. Jahrhundert

Die Grafschaft Barby wurde gemeinsam mit dem kursächsischen Amt Gommern durch Patent vom 14. März 1808 in das französische Königreich Westphalen eingegliedert. Diese Zuordnung zu dem französischen Besatzungs-Subjekt war Ergebnis der Frieden von Posen vom 1. Dezember 1806 und von Tilsit vom 9. Juli 1807 und sollte den Verlust des Kreises Cottbus in der Niederlausitz kompensieren. Nachdem das Übernahmepatent an die Kirchentüren von Barby und Wespen angeschlagen worden und anschließend unter den Predigern der Grafschaft zirkuliert war, sollte es der Superintendent an das Kreisamt Wittenberg zurückschicken, was auch am 21. März 1808 geschah. Die Huldigung nahm der Präfekt des Elb-Départements Graf von der Schulenburg-Emden am ersten Pfingsttag 1808 ab. Der Friedensrichter Eggebrecht verfügte am 31. Mai 1808 an den Superintendenten, dass es am 3. Juni 1808 im ganzen Canton Barby und in Felgeleben, das zur Grafschaft Barby gehört hatte, jetzt aber dem Canton Schönebeck zugeschlagen war, eine Feier mit Predigt und Glockenläuten geben sollte.[9]

Bereits am 18. März 1808 reichte das Königlich-Westphälische Konsistorium in Magdeburg eine Verfügung der Ministerien des Innern und der Justiz aus Kassel vom 10. März 1808 weiter, der zu folge die Angaben über Kirchen, Schulen, Hospitäler und *pia corpora* vervollständigt werden sollten. Die sächsische Inspektion teilte generell mit, dass sie einige Verluste zu verzeichnen hatte – insbesondere war das Amt Walternienburg (Zerbst) königlich-sächsisch geblieben und einige Dörfer waren zum Saale-Départment gewechselt. Die Grafschaft Barby verfügte über eine reformierte Gemeinde und über zwei Kirchen der evangelischen Brüdergemeine, die nicht der lutherischen Inspektion, sondern dem

---

8 Archiv der Kirchenprovinz Sachsen Bestand H 4 Nr. 30 – Geistliches Ministerium und Schulcollegium Barby – Beschwerden gegen die Brüdergemeine Barby wegen Stolgebühren 1775–1796.

9 Archiv der Kirchenprovinz Sachsen Bestand H 4 Nr. 32.

Geheimen Rat direkt unterstanden. Die statistischen Angaben verdeutlichen das Stadt-Land-Gefälle in der Grafschaft: Die Stadt Barby hatte 1808 2.468 Einwohner und zwei lutherische Kirchen, die Orte ansonsten jeweils nur eine lutherische Kirche: Pömmelte hatte 424 Einwohner, Felgeleben 234, Werkleitz 269, Tornitz 407 und Wespen 192.[10]

Mit der Zuordnung zum Königreich Westphalen war auch die Einbeziehung der Grafschaft Barby in die Beitragsumlage für das Schullehrerseminar des Kloster Berge vor Magdeburg verbunden. Diese Umlage traf nach Titel LXXVII der Magdeburger Kirchenordnung alle Kirchen, bis 1767/1768 diese Pflicht auf die Kirchen königlichen Patronates beschränkt wurde. Das Konsistorium in Magdeburg forderte am 6. Dezember 1810 den Superintendenten auf, ein Verzeichnis der Patronatskirchen anzulegen, in dem sechs Kirchen vorkamen: Die Stadtkirche U.L.F. Barby sowie die Kirchen in Pömmelte, Felgeleben, Tornitz, Werkleitz und Wespen. Die Leistungskraft dieser Kirchen war sehr unterschiedlich, so dass auch die Zahlungen differierten. An sich sollten die Mutterkirchen einen Reichstaler und die Tochterkirchen zwölf Silbergroschen leisten, doch haben tatsächlich Barby, Pömmelte, Felgeleben und Werkleitz je einen Taler und Tornitz und Wespen je zwölf Silbergroschen bezahlt. Diese Beiträge sind auch nach dem Übergang der Grafschaft Barby an Preußen noch bezahlt worden, wenngleich dafür zunächst kein Geld im Kirchenärar vorhanden war. Die Eingänge sind bis zum April 1816 (für 1815) quittiert worden.[11]

6. Reformierter Gottesdienst und Kirchennutzung

Um den Gottesdienstort für die reformierte Gemeinde in Barby hat es immer wieder Differenzen gegeben. Die kleine Personalgemeinde des ehemaligen Hofes feierte nach dem Verlust der Kapelle im Schloss ihre Gottesdienste im reformierten Pfarrhaus. Das Predigerhaus sollte aber nach einer Verfügung des Westphälischen Magdeburger Konsistoriums vom 21. Januar 1813 Schulklassen aufnehmen. Im Gegenzug wurde der reformierten Gemeinde der Mitgebrauch der lutherischen Stadtkirche eingeräumt.[12] Der Superintendent in Barby berichtete am 12. Februar 1813, er habe sich von dem Rhythmus des reformierten Gottesdienstes in Barby falsche Vorstellungen gemacht und deshalb nach Rücksprache mit dem *maire* den reformierten Gottesdienst für immer in die ehemalige Franziskaner-Kloster-Kirche St. Johannis gelegt. Damit werde, so seine Begründung, der Zahl und dem Wert der Kirchen besser Rechnung getragen. Superintendent Bert-

10 Archiv der Kirchenprovinz Sachsen Bestand H 4 Nr. 81.

11 Archiv der Kirchenprovinz Sachsen Bestand H 4 – Nr. 23 Schullehrerseminar Kloster Berge 1810.

12 Diese Verfügung findet sich auch in dem Vorgang LHASA Abt. Magdeburg Rep A 12 spec. Ältere Konsistorialakten Barby – Nr. 41 Reformation der Schulen in Barby 1808–1817.

hold gab die Gottesdienstbesucherzahl mit acht Männern und 19 Frauen an; zudem war es kaum einzusehen, dass sie die wertvollere Stadtkirche nutzten, zu deren Erhalt sie allenfalls einen minimalen Beitrag leisteten! Am 25. März 1813 äußerte sich das reformierte Presbyterium: Die reformierte Gemeinde war mit einem vierzehntägigen Gottesdienst-Turnus in der St. Johannis-Kirche einverstanden, wollte sich aber einen all-sonntäglichen Gottesdienst in der St. Marien-Kirche mit lastenfreier Orgelnutzung vorbehalten. Die Kirchengemeinde betonte, dass der Garten des Predigerhauses gar nicht oder nur gegen eine hinlängliche Entschädigung des Predigers an die Kommune abgetreten werden könne. Nachdem sich der reformierte Konsistorialrat und Generalsuperintendent Mellin am 8. Juni 1813 in Magdeburg geäußert hatte, antwortete das Presbyterium am 11. Juni 1813. Nach Abwägen aller Erfahrungen mit dem Betsaal im Predigerhaus und der viel zu großen lutherischen Stadtkirche wolle man sich dem Ansinnen des Konsistoriums nicht verschließen und das Predigerhaus abtreten. Dies geschah schweren Herzens und nur mit der Erwartung von Zusicherungen des Konsistoriums und der Präfektur hinsichtlich der Lastenfreiheit der reformierten Gemeinde in der Zukunft.

Schon kurze Zeit später 1814 war der Rechtszustand der Gebäude in der Preußischen Provinz Sachsen nicht mehr recht präsent. Der Kreisamtmann fragte bei dem Superintendenten in Barby nach, ob es zu einer Schenkung gekommen sei, für die er eine Urkunde nicht gefunden habe. Doch auch der Superintendent suchte vergeblich und so konnte dem Landrat Bessel in Calbe/Saale nichts vorgelegt werden.

Im Oktober 1814 beschäftigte die Situation des Pfarrhauses erneut die preußischen Behörden, als es zum Schulhaus umgebaut werden sollte. Das nunmehr wieder Königlich Preußische Konsistorium in Magdeburg fragte erneut bei Superintendent Berthold an, der daraufhin am 11. Oktober 1814 seinen Bericht fertigte: Für die Kriegszeit gab der Superintendent an, dass die reformierte Gemeinde ab dem 8. April 1814 ihren Gottesdienst in St. Johannis gestattet erhalten habe und nur in besonderen Fällen in der großen St. Marien-Kirche feiere. Aber auch das war eher Theorie – nach nur einmaligem Gottesdienst in St. Johannis ließ die Beteiligung so nach, dass nur noch vierteljährlich Gottesdienst gehalten wurde! Die reformierte Gemeinde hat sich danach wohl über den Generalsuperintendenten an das Civilgouvernement in Halberstadt gewandt, um ihr Predigerhaus zurückzuerhalten. Diese Rückgabe kam zwar zustande, krankte jedoch daran, dass wegen der Abgabe des Predigerhauses als Lazarett so hohe Reparaturkosten anstanden, dass sich die arme Kirchengemeinde um eine königliche Beihilfe bemühte.[13] Der Landrat fasste die Vorgänge am 19. November 1814 zusammen: Das reformierte Predigerhaus war Ende des 17. Jahrhunderts von dem reformierten Landesherrn erbaut worden und wurde 1812 zum Lazarett umfunktioniert. Als dann der *maire* die Idee hatte, das Predigerhaus für die Stadtschule zu requirieren, erwies sich dies als nicht nur unpraktisch, sondern auch als zu teuer. Die rechtliche und tatsächliche Zuordnung des formal in Staatseigentum stehenden Gebäu-

13 Archiv der Kirchenprovinz Sachsen Bestand H 4 Nr. 301 – Haltung des Gottesdienstes der reformierten Gemeinde in der Johanniskirche 1813/1814.

des hat danach noch mehrfach das Civilgouvernement und das Konsistorium beschäftigt, ohne dass ein greifbares Ergebnis erkennbar ist.

Damit war ein Zustand festgeschrieben, der auf sehr niedrigem Niveau das Nebeneinander der Konfessionen in Barby beschrieb. Die St. Johanniskirche war damit zur selten genutzten Simultan-Kirche geworden, nachdem schon 1707 ihr Entzug vom lutherischen Gottesdienst gedroht hatte und sie 1776 wegen Baufälligkeit neu erbaut werden sollte, wofür extra eine Baukollekte in drei sächsischen Ephorien – in Barby, Eilenburg und Pegau – ausgeschrieben wurde.[14]

7. Die reformierte Predigerstelle

Auch das Schicksal der reformierten Predigerstelle ist bemerkenswert, weil sie in der Zeit des französischen Königreichs Westphalen mit Königlichem Dekret vom 9. März 1811 aufgehoben wurde. Nun ging es darum, welcher Nachbarprediger zweimal im Jahr mit der Austeilung des Abendmahls im reformierten Ritus beauftragt werden könne. Auf die Nachfrage des Präfekten des Elb-Départements bei dem Königlich-Westphälischen Konsistorium vom 4. April 1811 antwortete der reformierte Consistorialrat Mellin am 30. April, der reformierte Prediger aus Calbe sei geeignet, aber auch der Prediger zu Wespen, der zugleich Rektor der lutherischen Stadtschule in Barby war. Dafür war man geneigt, dem Rektor und Pfarrer in Wespen die Pfarrstelle zu nehmen und ihm die reformierte Stelle in Barby zu übertragen. Diese Lösung ergab sich aus einem Planspiel, das der Prediger Küster in Calbe mit Schreiben vom 13. Dezember 1812 entwarf. Der reformierte Generalsuperintendent favorisierte eine Pfarramtsverwaltung, für die eine Aufwandsentschädigung von 100 Reichstalern eine deutliche Ersparnis von 300 Reichstalern bedeutete.

Aber mit dem Ende der Franzosenzeit rückten die Bedenken hinsichtlich der Konfessionsgrenzen in den Vordergrund. So wandte sich das Civilgouvernement in Halberstadt im Juni 1814 an das Konsistorium in Magdeburg. Dort war man eher ratlos, weil man keine Akten über reformierte Prediger besitze. Als man gleichwohl im Juli mit der Prüfung dieses Sachverhaltes beauftragt wurde, stellte das Konsistorium fest, dass die Übertragung der Stelle an den Prediger und Rektor Wagner am 8. Oktober 1810 als Rektor und die Vokation zum Pfarrer in Wespen am 20. Oktober 1810 in der französischen Zeit korrekt gewesen sei. Wagner war zuvor Prediger in Rinteln an der Weser gewesen und verließ Barby 1815 nach Neuhaldensleben. Erneut tauchten die grundständigen Probleme auf, die mit der Versorgungsfrage der Stelle einhergingen und die schon den Präfekten des Elb-Départements bewogen hatten, für eine Trennung der Ämter zu plädieren. Nach einer Bewerbung des Konrektors der Stadtschule in Barby, Kulm, die auch

14 Archiv der Kirchenprovinz Sachsen Bestand H 4 Nr. 171 – Verlegung des Gottesdienstes aus der Kirche St. Johannis Baptistae in die Kirche U.L.F.

der Superintendent Berthold befürwortete, und einer Empfehlung des Predigers der Wallonisch-Reformierten Gemeinde Magdeburg, Schmidt durch den Generalsuperintendenten der reformierten Kirche D. Georg Samuel Albert Mellin wurde Prediger Schmidt 1816 als Rektor und Prediger eingeführt.[15]

8. Ende der reformierten Gemeinde

Das Ende einer reformierten Kirchengemeinde Barby wurde im Zuge der preußischen Unionsdebatte eingeläutet, die ja bekanntlich in den Provinzen systemwidrig mit der Diskussion um regionale Besonderheiten der Agende verknüpft war. Der Generalsuperintendent Bischof D. Franz Bogislaus Westermeier und Konsistorialrat D. Matthias Maenß reisten 1829 zu Spezialerkundungen nach Barby und fanden eine Gemeinde vor, die die erneuerte preußische und Provinzial-Agende, den Unionsritus und das Kirchenwesen in der preußischen Monarchie durchweg akzeptierte. In den Akten gab es vereinzelt Irritationen, weil – wie angedeutet – Barby wiederholt mit Calbe/Saale in Verbindung gebracht wurde, während man in Barby Wert auf die Eigenständigkeit legte, für die man Zusicherungen seit der Zugehörigkeit zum Königreich Westphalen erstritten hatte.

Die Vertreter der Kirchengemeinde waren auch sehr engagiert, sich einen Namen für ihre Kirchengemeinde auszudenken, die „Evangelische Schloßkirchengemeinde“[16] heißen sollte. In den Jahren 1834/1835 wurde ein Unions-Statut verhandelt, das vom Ministerium für geistliche, Unterrichts- und Medicinal-Angelegenheiten am 28. Januar 1839 bestätigt wurde. Für die vereinigte Evangelisch-Christliche Kirchengemeinde ohne den geplanten Namenszusatz sollte bei Aufgabe eines separaten reformierten Abendmahls möglichst sechsmal im Jahr das Abendmahl mit Brotbrechen und den Einsetzungsworten gefeiert werden. Die Dienstverhältnisse der drei Prediger und der Kirchenbeamten sollten unverändert bleiben. Die neue Kirchengemeinde erhielt das reformierte Kirchengerät kostenfrei übertragen und das Kirchenvermögen, während die staatlichen Gelder des reformierten Kultusfonds für ein Lehrergehalt an der neu zu errichtenden Mädchenschule umgewidmet wurden.[17]

---

15 LHASA Abt. Magdeburg Rep A 12 spec.– Ältere Konsistorialakten Barby – Nr. 84 Einziehung der reformierten Predigerstelle in Barby 1811–1815, und Nr. 19 Bei der Wiederbesetzung des Schulrektorats in Barby eingeleitete Verbindung des zugehörig gewesenen Pastorats in Wespen 1809–1816.

16 Um diesen Namenszusatz hat es auch in anderen reformierten Kirchengemeinden im Zuge der Unions-Debatten und den Auseinandersetzungen um eine Fusion oder Zuordnung zu konfessionellen Kirchenkreisen Streit gegeben, so etwa in Halberstadt. Dort bestritt das Kirchenregiment die Existenz einer Hof- oder Schlosskirchengemeinde, die nach 1815 tatsächlich mehr historischen Wert hatte.

17 Vgl. dazu Beitrag des Verfassers über Barby in: „Die andere Reformation“ – Johannes Calvin und die Reformierten in Mitteldeutschland; Begleitband zur Wanderausstellung, Verein für Kirchengeschichte der Kirchenprovinz Sachsen e.V., Magdeburg 2010, 41; in

9. Zusammenfassung und Versuch einer Bewertung, Forschungsdesiderate

So kursorisch die hier ausgebreiteten Inhalte sind, so werfen sie doch ein Licht auf ein Miteinander von Konfessionen, das nicht exemplarisch sein muss für das moderne Verständnis dessen, was die Evangelische Kirche in Deutschland in das Themenjahr 2013 der Reformationsdekade „Glaube und Toleranz“ gepackt hat. Toleranz ist nicht nur das Ertragen und Erdulden von etwas Fremden, sondern das Akzeptieren von etwas, das man als etwas Anderes verstanden hat.

Sachsen-Barby ist im kleinen Maßstab ein Beispiel für eine späte Fürstenreformation, die neben eine Flächenreformation des 16. Jahrhunderts trat. Dabei ist nicht deutlich, ob die Reformation zum Luthertum von der Bürgerschaft der größeren Orte oder vom Territorialherren ausgegangen war. Die Konversionen um 1600 sind generell zumeist Versuche der Landesherren, ihre Untertanen und Gebiete der für eine moderner erachtete Religion anzuschließen. Dies ist in Anhalt partiell durch die nicht vollständige Übernahme pfälzischer Vorgaben zwischen 1590 und 1605 erfolgt, während Kursachsen und auch das ernestinische Herzogtum Sachsen bei einem orthodoxem Luthertum blieben und jeden Kryptocalvinismus im letzten Viertel des 16. Jahrhunderts ausrotteten. Anhalt hat bei der Landesteilung am 29. Mai 1605 in Harzgerode vorgesehen, die Pfälzer Agende für die Hauptstädte gelten zu lassen und den Heidelberger Katechismus für die Dörfer. Ein weiterer Teilungsvertrag vom 7. August 1606 bestimmte, die Kirchengebräuche in den Landesteilen sollten in Zukunft konform bleiben. Diese Regelung konnte freilich nicht verhindern, dass es regionale Abweichungen gab. So haben Zerbst und Dessau 1635 eine reformierte Kirchenordnung eingeführt, die den Heidelberger Katechismus ersetzte. Bald darauf führte der lutherische Konfessionswechsel unter Fürst Johann von Anhalt-Zerbst 1642 bis 1644 zu heftigen Protesten in der Bevölkerung.

Doch dieser Protest war oft nicht inhaltlich begründet, sondern wandte sich gegen jede Form fürstlicher Initiative, die Landeskonfession zu verändern. Vor 1648 konnte darüber noch nach dem Recht des Augsburger Religionsfriedens gestritten werden, nach 1650 musste sich der verbleibende Widerstand nur auf den Osnabrücker Friedensvertrag berufen, wenn er nicht aufgrund absolutistischer Tendenzen in der landesherrlichen Regiments-Auffassung zermürbt wurde.[18]

---

demselben Band: Margit Scholz „Auf den Spuren der Reformierten in Mitteldeutschland“, Barby, 80.

18 Diese Gedanken sind einer Seminararbeit an der Martin-Luther-Universität Halle-Wittenberg aus dem Jahr 2001 unter dem Titel „Die Einführung der „Zweiten“ Reformation in den Städten Anhalts“ entnommen, die ohne Angaben eines oder mehrerer Autoren im Internet publiziert worden ist. Die Autoren kommen im Verlauf ihrer Arbeit zu der These, dass der reformierte Umschwung keine echte zweite Reformation war, sondern eine halbfertige Vorgabe des Fürsten Johann Georg. Dabei ließ sich die Pfälzer Kirchenordnung eben so wenig durchsetzen wie eine Anhaltische Kirchenordnung, die von jeder protestantischen Konfession Ansätze verfolgte. Das vielschichtige Bild der Reformation in Anhalt

Kurbrandenburg versuchte einen Weg ohne Anschluss an ein evangelisches Bündnissystem und hat die pfälzisch dominierte *Union* um 1600 sehr kritisch begleitet. Nur einmal kam Kurbrandenburg mit dem oberdeutschen Protestantismus in Berührung, als ein Sohn des Magdeburger Erzadministrators und Kurprinzen Joachim Friedrich, nämlich Johann Georg Herzog von Jägerndorf und Bruder des späteren Kurfürsten Johann Sigismund, 1592 zum Bischof von Straßburg gewählt wurde. Diese reichskonfessionell umstrittene Besetzung muss nicht von den konfessionellen Strömungen in Straßburg hin zu einem engagierten Luthertum tangiert worden sein, aber sie fällt in eine Zeit der divergierenden Glaubenspraktiken am Ende des 16. Jahrhunderts. Es lässt sich auch ohne Detailuntersuchungen nicht sagen, ob und in wie weit der Bischof aus dem Hause Brandenburg in Lehrfragen in seinem Stiftsgebiet an vorhandene Stände des Bistums gewiesen war oder Anleihe bei den brandenburgischen oder fränkischen Hohenzollern in Fragen von Organisation und öffentlicher Lehre suchen konnte oder wollte.

Zu Beginn des 17. Jahrhunderts fanden die Auseinandersetzungen in den späteren Vereinigten Niederlanden um die Synode von Dordrecht 1618/1619 statt, von denen zumindest der oranisch dominierte Nordwesten Europas beeinflusst worden ist. Die Fragen, die sich um Lehrbegriffe aus der *Confessio Augustana*, den Schmalkaldischen Artikeln oder der *Formula Concordiae* drehen, finden sich im Heidelberger Katechismus in der Form wieder, wie sie im Kurfürstentum Pfalz unter Kurfürst Otto Heinrich nach 1556 verhandelt worden sind. Es soll als Forschungsdesiderat eher als bleibende Frage angemerkt denn beantwortet werden, welchen Stellenwert diese Fragen im Alltag der Territorien gehabt haben. Für die Frage etwa, nach welchen Ordnungen Ehen geschlossen, aufgehoben oder geschieden werden, und vor welchen Instanzen, gibt es bekanntlich mehrere Modelle. Handelte es sich bei den zu lösenden Problemen um strittige Entscheidungen, konnten damit verordnete Räte unterschiedlicher Ausbildung, Theologen in den Gemeinden oder gar die Landesherrn selbst befasst worden sein. In der Fülle anderer Problemlagen des menschlichen Zusammenlebens galten die Katechismen als Richtschnur für Konfliktlösungen. Die Lehrzucht lag dabei entweder bei den Pfarrern und Seelsorgern (nach der lutherischen Linie des Augsburger Bekenntnisses) oder bei den Mitbürgern und Kirchenältesten (nach der reformierten Linie, wobei hier der Begriff aus Anhalt und nicht der des Helvetischen Bekenntnisses verwandt wird). Es sei nur auf die Pauschalierung hingewiesen, dass das Reformiertentum eher eine städtische Provenienz habe und sich in Europa im Nordwesten in den Niederlanden, in Frankreich und Ungarn etablieren konnte, während das Luthertum eine breite Bevölkerungsbasis in kleineren Städten und auf dem Land erfasst habe.

Insofern findet sich in Sachsen-Barby ein spätes Nachholen einer Bewegung im nördlichen Teil Mitteleuropas, die mit dem Heidelberger Katechismus und der landesherrlichen Glaubenspraxis ein modernes Religionsmodell kopierte. Spuren davon mögen bis in die Lehre von Friedrich Schleiermacher gelangt sein, in der Umgebung von Barby an Elbe und Saale sind sie kaum noch spürbar. Doch das

---

wird oft gepriesen als Ergebnis undogmatischer Irenik, die aber eher nach der Aufklärung denn im Reformationszeitalter anzusiedeln ist.

reicht weit über den Themenhorizont hinaus, der mit den Schöpfungen der Kurfürsten Friedrich II. von der Pfalz nach 1545, Ottheinrich von 1556 bis 1559 und Friedrich III. bis 1576 und mit denen der Theologen Zacharias Ursinus und Kaspar Olevian skizziert ist. Das Ergebnis ist aber auch insofern bemerkenswert, als in Anhalt bei fortwährender Freundschaft zwischen Philipp Melanchthon und Martin Luther der Weg in die Union der Protestanten ohne dogmatische Vertiefungen und Verwundungen zwischen 1822 und 1827 gelungen ist. Erst sehr viel später hat sich um 1844 die Idee für einen Landeskatechismus entwickeln lassen im Vorgriff auf die dynastische Einheit im Herzogtum Anhalt mit mehreren landesherrlichen Modellen bis 1863.

Dass dieser Landeskatechismus dank eines neuen Rationalismus in den Köpfen der landesherrlichen Kirchenregimente nicht zustande gekommen ist, ist hier nur eine Vermutung. In den Gebieten Anhalts, in denen unterschiedliche konfessionelle Mehrheiten vorherrschten, hat Luthers Kleiner Katechismus erst mit einiger Verspätung als Texthilfe Einzug gehalten, nicht als Bekenntnisschrift! Vor dem Ende des landesherrlichen Kirchenregimentes ist dann das Kirchenbuch für die Evangelische Landeskirche des Herzogtums Anhalt die letzte inhaltliche Neudefinition gewesen, die 1916 die Kirchenagende von 1873 ablöste. Zu dieser Zeit galt die Grafschaft Barby bereits seit über einhundert Jahren als Teil der preußischen Provinz Sachsen, zu dem sie aber erst durch die Wirren des französischen Königreichs Westphalen und der Befreiungskriege vor zweihundert Jahren geworden war. Damit ist ihr der Weg vom Wöllnerschen Religionsedikt von 1788 über die Neuorganisation des Staates unter der Geltung des Allgemeinen Landrechts für die Preußischen Staaten von 1794 bis hin zur Neugliederung des preußischen Konglomerat-Staates erspart geblieben und dann unmittelbar in die Debatte um die Union der beiden Konfessionsparteien ab 1817 gemündet. 1839 hat die mit sanftem Nachdruck vollzogene aufsaugende Politik des landesherrlichen Kirchenregimentes unter dem reformierten König Friedrich Wilhelm III. und dem Minister für geistliche, Unterrichts- und Medicinal-Angelegenheiten Karl Freiherr vom Stein zum Altenstein (1770–1840) die Spuren verwischt, die im benachbarten Calbe/Saale fast dazu geführt hätten, dass die reformierte Kirchengemeinde nicht in die sich langsam bildende preußische Landeskirche integriert worden wäre.

12. Der Heidelberger Katechismus und die Frage nach der religiösen Identität im Kirchenkreis Tecklenburg 1842–1895[1]

Felix M. Klemme (Paderborn)

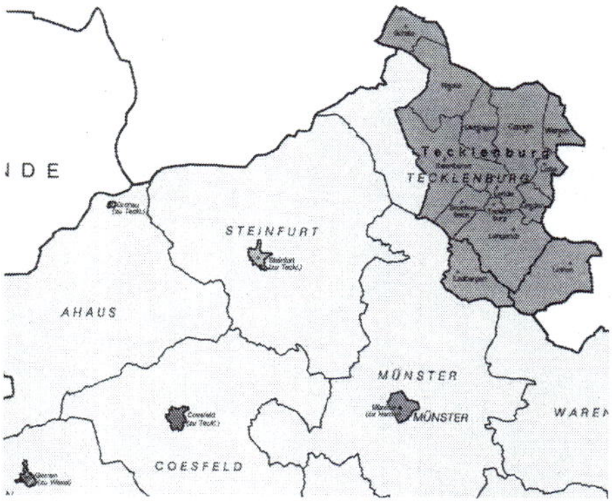

Der Heidelberger Katechismus spielte in seiner bis heute andauernden Wirkungsgeschichte nicht in allen Regionen Westfalens eine herausgehobene Rolle, wenn es um die positive Bestimmung einer eigenen religiösen Identität ging. Umso deutlicher sticht hierbei die Region um Tecklenburg, Oberlingen und Burgsteinfurt hervor, die durch historische Personen, Umstände und die nahe liegenden Niederlande bis ins 19. Jahrhundert einem reformierten Bekenntnis zuzuordnen sind. Der Heidelberger Katechismus fand hier eine wichtige Verwendung als Bekenntnisschrift und in der Gemeinde gebrauchter Lehrtext.

Mit der (erneuten) Herrschaft Preußens über die Region und der Schaffung der Provinz Westfalen, und damit auch eines preußischen Kirchenkreises Tecklenburg, kamen zu Beginn des 19. Jahrhunderts allerdings neue Herausforderungen auf die reformiert geprägten Gemeinden zu. Der Unionsaufruf Friedrich Wilhelms III. und der daraufhin unierte Charakter der neugebildeten und dem Kirchenkreis Tecklenburg zugeordneten evangelischen Gemeinden im ehemaligen

---

1 Dieser Beitrag basiert auf dem gleichbetitelten Vortrag, der am 21. September 2013 in Heidelberg gehalten wurde. Großer Dank gebührt Christian Peters (Münster) und Jürgen Kampmann (Tübingen).

Fürstbistum Münster brachten neue Aspekte in die Pflege der konfessionellen Identität der Tecklenburger ein.

Der Darstellungsgegenstand, die Rolle des Heidelberger Katechismus in den jährlichen Kreissynodalverhandlungen von 1842–1895, ergibt sich aus den Fragestellungen, die sich die verhandelnden Synodalen in den zeitgeschichtlichen Herausforderungen ihrer Diözese selbst gegeben haben. Eine für diesen Zeitrahmen relativ eingrenzende Rolle nehmen hierbei die beiden Veröffentlichungen einer eigenen Ausgabe der besagten Bekenntnis- bzw. Unterrichtsschrift 1843 und 1894/95 ein. Es wird herauszustellen sein, welche Rolle der Heidelberger Katechismus in der Argumentation des Moderamens, also des Kreissynodalvorstandes, der die Verhandlungsprotokolle schrieb und weitergab, spielte. Mögliche Wandlungen in der Argumentation zu bestimmten Zeitpunkten werden hierbei unter dem zeitgeschichtlichen und auch personellen Aspekt hinterfragt werden müssen, zumindest insoweit der Umfang dieses Vortrages das zulässt. Ganz besonderen Einfluss auf die Darstellung werden einzelne Anträge bezüglich aufkommender Bekenntnisfragen im Zuge der konfessionellen Diskussionen um die preußische Union nehmen.

So wird dieser Vortrag versuchen, einen knappen Überblick über die Rolle des Heidelberger Katechismus auf Kreissynodalebene in dem im Titel angegebenen Zeitrahmen zu ermöglichen.

1. Zur Geographie des Kirchenkreises Tecklenburg

1816 schuf das Königreich Preußen aus neugewonnenen Territorien im Nordwesten Westfalens den Landkreis Tecklenburg, an dem sich zunächst auch die Grenzen der Diözese bzw. des Kirchenkreises Tecklenburg orientierten. Gebildet wurde diese Diözese aus der ehemaligen Grafschaft Tecklenburg und der direkt daran angrenzenden Obergrafschaft Lingen. Auf den im Emsland liegenden Teil der Lingener Grafschaft, also „Niederlingen“, hatte Preußen zu Gunsten des Königreiches Hannover verzichtet.[2] Hinzu kamen mit der Herrschaft Bevergern noch kleinere Orte des ehemaligen Fürstbistums Münster.[3]

Die somit gebildete Diözese lag direkt nordwestlich von Münster, westlich von Osnabrück und grenzte selbst im Westen an die ehemalige Grafschaft Bentheim-Steinfurt. Die Gegend ist bis heute als ländlich zu bezeichnen, stand auch im 19. Jh. ohne nennenswert große Städte da und lag an der nordwestlichen Grenze der Provinz Westfalen und damit an einem entfernten Rand des Königreichs Preußen. Neben der zentralen Ortschaft Tecklenburg sind die Ortschaften Lenge-

2 Vgl. Kreissynode Tecklenburg: Der Kirchenkreis Tecklenburg in Geschichte und Gegenwart, Bielefeld (ohne Jahr), 27.

3 Vgl. ebd.

rich, Lotte und Ibbenbüren Namen von Gemeinden, die man auch als Außenstehender einmal gehört haben könnte.

Die Diözese Tecklenburg erfuhr im Laufe der ersten Hälfte des 19. Jahrhunderts einige Erweiterungen. Mit dem Zufall eines Teils des ehemaligen Fürstbistums Münster an Preußen durch den Wiener Kongress wurden im Jahre 1818 die Gemeinden Gronau und Coesfeld der Diözese Tecklenburg zugeschlagen. Auch die auf nach den Befreiungskriegen in das Königreich Preußen integriertem Gebiet gelegene Patronatsgemeinde Burgsteinfurt wurde in diesem Jahr zur Diözese zugeordnet.[4]

Auf Grund von industriellem Fortschritt und hierdurch bedingter Migration und Bevölkerungswachstum, aber auch auf Grund der angesiedelten preußischen Beamtenschaft nahm der Anteil an evangelischen Christen in der Bevölkerung des Münsterlandes im weiteren Verlauf des Jahrhunderts zu. Dies führte dementsprechend zu Gemeindegründungen und damit zu weiteren Erweiterungen der Diözese Tecklenburg. Die sukzessiven Zugänge von Gemeinden wie Lüdinghausen (1847) und Dülmen-Haltern (1863), direkt nördlich an das Ruhrgebiet grenzend, Warendorf (1836) und Münster (1838 zugeordnet), südöstlich des Diözesen-Kerngebietes, sowie Ahaus-Breden/Vreden (1846) und Rheine (1838), westlich hiervon gelegen, sorgten dafür, dass der Tecklenburger Synodalbereich ein immens großes Gebiet, ja im Grunde genommen den gesamten Nordwesten der Provinz Westfalen abdeckte.[5]

Zwischen den Gemeindeorten lagen große landwirtschaftlich genutzte Gebiete, die im Münsterland hauptsächlich römisch-katholisch geprägt waren. Hieraus ergab sich ein deutlicher Diasporacharakter der hinzugewachsenen Gemeinden der evangelischen Diözese. Das von der Fläche her im Vergleich zum Münsterland deutlich kleinere Tecklenburg-Oberlingische Kerngebiet war durchweg dem reformierten Bekenntnis zugehörig.

Im Jahr 1870 wurde im Südosten der Diözese eine Synode Münster abgespalten. Dies geschah auf Grund der enormen Größe und der vielen neu gewachsenen Gemeinden in der Diaspora des Münsterlandes. Bekenntnisgründe für eine solche Trennung lagen nicht vor.[6]

2. Bekenntnislage der verschiedenen Gemeinden der Diözese Tecklenburg

Konrad von Tecklenburg (1501–1557), der enge Beziehungen zum Landgrafen Philipp von Hessen unterhielt und sogar auf dem Reichstag zu Worms in dessen Gefolge anwesend gewesen war, hatte als erster westfälischer Graf bereits 1527

4 Vgl. ebd.
5 Vgl. ebd., 28.
6 Vgl. Protokoll der Verhandlungen der Kreissynode Tecklenburg 1870, 5f.

damit begonnen, die Reformation in seinen Herrschaftsgebieten durchzuführen und trat sogar dem Schmalkaldischen Bund bei.[7] Er führte die hessische Kirchenordnung in seinem Territorium ein, welche auch durch die späteren beiden ebenfalls lutherischen Tecklenburger Kirchenordnungen erst einmal nicht gänzlich verdrängt wurde.[8]

Als 1573 Konrads Enkel Arnold (1545–1606) die Regierungsgeschäfte übernahm, prägte er die konfessionelle Ausrichtung seiner Grafschaft noch einmal ganz neu und löste die hessische und tecklenburgische durch eine reformierte und vom Kirchenrat in Heidelberg geprüfte Kirchenordnung ab.[9] Arnold hatte in Straßburg unter Jakob Sturm, einem Bekannten Calvins, studiert, und leitete kurz vor dem Weihnachtsfest 1587 den konfessionellen Wechsel ein, indem er den Hohen Altar aus der Kirche schaffen ließ.[10] Mit der Unterstützung des Johann von Münster aus Vortlage bei Lengerich verbreitete er das reformierte Bekenntnis in seinem gesamten Herrschaftsbereich, also der gesamten Grafschaft Tecklenburg und der ihm 1582 ebenfalls zugefallenen Grafschaft Bentheim-Steinfurt.[11]

Das Lingener Gebiet nördlich von Tecklenburg war im Zuge der Niederlage im Schmalkaldischen Krieg abhandengekommen. Konrad musste es 1548 abtreten.[12] Die Reformation konnte demnach hier zunächst nicht Fuß fassen.

Die zweite Herrschaft des Hauses Oranien in Lingen 1597–1605 verhalf dem reformatorischen Anliegen allerdings dann direkt in Form des reformierten Bekenntnisses zum Durchbruch. Durch Übergabe von Kirchen und Kirchengütern an reformierte Gemeinden nach 1648 wurde diese Entwicklung noch bestärkt.[13] Der Heidelberger Katechismus war hier seit dieser Zeit als Grundlage für den kirchlichen Unterricht und zur Deutung des evangelischen Glaubens unumstritten.

Ähnlich wie in Tecklenburg verlief die Einführung eines protestantischen Bekenntnisses in Burgsteinfurt und Gronau westlich von Tecklenburg und Oberlingen. Graf Arnold II. von Bentheim-Steinfurt (1498–1553) entschied sich 1544 für die Reformation nach lutherischer Lehre.[14] Wie bereits oben dargestellt gab 1588 dann Graf Arnold IV., der Enkel Konrads von Tecklenburg, welcher durch die Heirat seiner Mutter Anna mit dem Grafen Eberwin von Bentheim-Steinfurt (1535–1562) nun Herr von Tecklenburg und Bentheim-Steinfurt war,[15] seinen

7 Vgl. Presbyterium der Evangelischen Kirchengemeinde Tecklenburg (Hg.), Tecklenburg. Kirche – Gemeinde – Stadt in Vergangenheit und Gegenwart, 400-Jahrfeier der Tecklenburger Kirche, Tecklenburg 1966, 79f.

8 Vgl. ebd., 81.

9 Vgl. ebd., 81; 83.

10 Vgl. ebd., 81f.

11 Vgl. ebd., 82; Heinrich Holle/Bernhard Krabbe: Die Reformation in Gronau und Ansätze einer Gegenreformation, in: Evangelische Kirchengemeinde Gronau/Die Katholischen Pfarrgemeinden in Gronau (Hg.), 800 Jahre Kirchengeschichte im Raum Gronau/Epe, Gronau 1987/88, 25–43; 29.

12 Vgl. Jens Murken: Die evangelischen Gemeinden in Westfalen. Ihre Geschichte von den Anfängen bis zur Gegenwart, Bd. 1: Ahaus bis Hüsten (Schriften des Landeskirchlichen Archivs der Evangelischen Kirche von Westfalen 11), Bielefeld 2008, 327.

13 Vgl. ebd.

14 Vgl. Holle/Krabbe (wie Anm. 11), 27.

15 Vgl. ebd., 29; Presbyterium Tecklenburg (wie Anm. 7), 81.

Herrschaftsgebieten eine Kirchenordnung, die den Gebrauch des Heidelberger Katechismus vorsah.[16]

Nicht nur der Umstand, dass Burgsteinfurt Patronatsgemeinde war und das Herrscherhaus sein Bekenntnis nicht wechselte, sondern auch die Nähe zu den direkt angrenzenden Niederlanden darf als förderlich für das Festhalten am reformierten Bekenntnis angesehen werden. Deutlichstes Beispiel hierfür scheint die Gemeinde in Gronau zu sein. Hier kam ein Großteil der Geistlichen aus Holland und die holländische Sprache bestimmte bis 1832 Gottesdienste und Schulunterricht.[17]

Anders lagen die Dinge in den erst im Verlauf des 19. Jahrhunderts neu gegründeten Gemeinden des ehemaligen Fürstbistums Münster. In Münster selbst war auf Grund der nun dort ansässigen preußischen Beamtenschaft bereits im Frühjahr 1805 eine evangelische Gemeinde vom preußischen Staat ins Leben gerufen worden.[18] Nachdem Preußen Münster zunächst verloren, 1813 dann aber wiedergewonnen und es im weiteren Verlauf der Geschehnisse zur westfälischen Provinzhauptstadt gemacht hatte, wurden ab 1816 wieder Pfarrer für die Zivilbevölkerung in Münster eingesetzt, die auch Konsistorialaufgaben zu erfüllen hatten. Die Münsteraner Militärgemeinde hatte bereits zwei Pfarrer, die die Zivilisten bislang mitbetreut hatten.[19]

Man bemerkt bereits an diesen kurzen Ausführungen einen erheblichen Unterschied zu den weiter oben dargestellten Gemeinden. Die Konfessionen waren hier bis zum Untersuchungszeitraum 1842–1895 nicht historisch gewachsen, sondern dort mit der preußischen Beamtenschaft und dem Militär angesiedelt worden. Die Gemeinden waren innerhalb des Untersuchungszeitraums noch mit ihrer Festigung am Standort beschäftigt.[20] Lutheraner und Reformierte lebten außerdem hier von vornherein neben- und miteinander,[21] wodurch eine gemeinsame konfessionelle Identität vor dem Hintergrund der Preußischen Union stark begünstigt wurde. Hinzu kam das noch unmittelbarere katholisch geprägte Umfeld, welches innerevangelische Gegensätze zunächst in den Hintergrund rückte.

Münster soll hier als ein Beispiel dienen. Ähnliche Strukturen finden sich allerdings in allen im Laufe des 19. Jahrhunderts neu dem Tecklenburger Synodalbereich zugeordneten Gemeinden.[22]

Die Synodalen selbst waren sich des Unterschieds beider Gemeindetypen durchaus bewusst. Immer wieder taucht in den Protokollen der Kreissynode die Unterscheidung zwischen den „älteren" und den „neuen" Gemeinden der Diözese auf. Es wird unmissverständlich deutlich, dass es sich hierbei auch um einen konfessionellen Unterschied handelt, da die neueren Gemeinden als seit ihrer

---

16 Vgl. Murken (wie Anm. 12), 384f; 713ff.

17 Vgl. Holle/Krabbe, 32.

18 Vgl. Friedrich Wilhelm Bauks: Die evangelische Kirchengemeinde, in: Franz-Josef Jakobi (Hg.): Geschichte der Stadt Münster, Bd. 2, Münster 1993, 433–460; 434f.

19 Vgl. ebd., 435f.

20 Vgl. ebd., 440.

21 Vgl. ebd., 437.

22 Vgl. Protokoll der Verhandlungen der Kreissynode Tecklenburg 1852, 5f.; vgl. auch Murken (wie Anm. 12) 396ff; 514ff.

Gründung der Union zugehörig angesprochen werden, die älteren als ursprünglich reformierte Gemeinden.

Im Frühjahr 1835 wurde sowohl die „Agende für die evangelischen Kirche in den kgl. preußischen Landen, mit besonderen Bestimmungen und Zusätzen für die Rheinprovinz und die Provinz Westfalen" wie auch die neue Kirchenordnung für die beiden genannten Provinzen in Kraft gesetzt.[23] Erstere war der Kompromiss einer Unionsagende auf Basis der umstrittenen Einführung der „Kirchenagende für die Kgl. Preußische Armee" bzw. der Hof- und Domkirche in Berlin als Landesagende. Den Forderungen aus den Westprovinzen kam man von Seiten des Königs über die Genehmigung gesonderter Anhänge nach.

Die neue Kirchenordnung verband einen presbyterial-synodalen Aufbau der Provinzialkirchen mit der in den meisten Teilen Preußens üblichen Konsistorialverfassung. Zwar wählte man in Gemeinden, Kreis- und Provinzialsynoden Vertreter und Leitungspersonen. Allerdings waren diese vom König bzw. dessen Konsistorien zu bestätigen. Die Kirche stand insgesamt unter staatlicher Aufsicht, im Falle Westfalens vor Ort durch das Konsistorium in Münster durchgeführt.[24]

Die preußischen Westprovinzen und damit auch die Kreissynode Tecklenburg erhielten so ihre konfessionelle und kirchenrechtliche Grundausrichtung für die Zeit bis 1918, auch wenn sich in der Kirchenverfassungsfrage bis dahin noch weitere historisch interessante Veränderungen ergaben.

Als konfessioneller Ausgangspunkt ist hier allerdings nun der Aufruf zur Union zu nennen. Der Kirchenkreis Tecklenburg stand mit den Anhängen zur Agende von 1835 positiv der Union gegenüber.[25] Auf Grund von verschiedenen noch zu nennenden, Entwicklungen hat sich das genaue „Bekennen" zur Union allerdings im Laufe der Zeit verändert. Die Deutung der Rolle des Heidelberger Katechismus wird durch die Unionsfrage deutlich beeinflusst.

3. Verhandlungen der Kreissynode Tecklenburg und der Heidelberger Katechismus

Die Kreissynode hatte auf ihrer Versammlung 1839 als grundlegende Entscheidung für den Weg der Kirchenlehre in den weiteren Jahren ein Festhalten „an den Bekenntnisschriften der evangelischen Kirche"[26] beschlossen. Auf eine Anfrage des Presbyteriums aus Cappeln nach einer Präzisierung dieser Aussage mussten nun weitere Festlegungen diesbezüglich stattfinden. Erstens findet sich bereits in der Cappelner Anfrage eine Aufzählung von drei Bekenntnissen, die stillschweigend vom Superintendenten angenommen wurde. Hierbei handelte es sich um das

23 Vgl. Klaus Breuer: Die Westfälische Provinzialkirche im Zeitalter von Liberalismus und Kulturkampf 1861–1879 (BWFKG 5), Bielefeld 1984, 18.
24 Vgl. ebd., 19; vgl. auch Kreissynode Tecklenburg (wie Anm. 2), 39.
25 Vgl. Breuer, 28.
26 Protokoll der Verhandlungen der Kreissynode Tecklenburg 1842, 5.

Apostolikum, den Heidelberger Katechismus und die Augsburgische Konfession.[27] Offen bleibt, um welche Ausgabe der CA es sich hierbei handelte. Zweitens kam hier die Frage einer Prüfung der Bekenntnistreue in den Blick. Dürfe von diesem Zeitpunkt an in der Diözese gegen diese Bekenntnisschriften oder über diese hinaus gelehrt werden? Die Antwort des Superintendenten Florenz Jakob Smend (1777–1845)[28] ist durchaus beachtlich. Zunächst stellte er fest, dass eine Lehre, die über die genannten Schriften hinausgehe und ihr nicht offen widerspreche, nur eine Erklärung ihrer Fundamentalartikel sein könne. Dies sagt implizit aus, dass er alle wichtigen evangelischen Fragen in diesen Bekenntnisschriften angelegt sah. Eine neue Lehre, insofern sie als rechtmäßig bezeichnet werden könne, lasse sich demnach mit den Bekenntnisschriften zumindest nicht widerlegen. Hiermit versuchte er nach eigener Aussage der Relevanz, die die Menschen in seinem Umfeld der Subjektivität in Sachen der Glaubensbezeugung gaben, gerecht zu werden. Eigene theologische Überzeugungen fußend auf den Grundlagen der konfessionellen Lehre erscheinen damit als eindeutig möglich. Smend fügte hinzu, dass diese „größere Freiheit" der Lehre vom überlieferten Wort des Bekenntnisses schließlich auch eine Grundlage für die Zustimmung zur Union bilde. Es sei demnach der Union abträglich und unzeitgemäß, sich auf einen genauen Wortlaut festlegen zu wollen. Dass die Synode „in allen Hauptstücken auf einem Grunde"[29] stehe, könne er allerdings auch so mit Sicherheit sagen. Jedoch ermahnte er die Gemeinden zur Bekenntnistreue, um eine unnötige Verwirrung ihrer Mitglieder zu verhindern.

Wer nun erwartet hätte, die 1843 von der Kreissynode beschlossene Herausgabe einer „unverstümmelte[n] Ausgabe des Heidelberger Katechismus"[30] sei Ausdruck eines erwachenden Konfessionalismus in der Kreissynode, der wird durchaus enttäuscht. 1844 wird bereits deutlich, dass mit dieser neuen Ausgabe weniger ein Profilierungsprozess innerhalb der Union unterstützt werden sollte. Vielmehr hatte man das römisch-katholische Umfeld im Blick, dem man im „mit Geisteswaffen zu führenden[,] Krieg"[31] eine gute Kenntnis der eigenen Lehre entgegenhalten können wollte. Dies erklärt auch die Behandlung dieses Themas in der Kreissynode unter dem Verhandlungspunkt „§ 1 C. Das Confessionelle", bei dem stets Anträge über das Verhältnis zwischen evangelischen und römisch-katholischen Gemeinden im Synodalgebiet verhandelt wurden.

Interessant ist dann allerdings, dass die Synode sich in einer Diskussion um die Kirchenzucht in Mischehenfragen in exakt demselben Jahr auf ihre konfessionellen Privilegien berief. Staatliche Behörden etwa dürften die Kirchenzuchtsbeschlüsse der Kreissynode nicht überprüfen und könnten sie erst Recht nicht ablehnen, da den Presbyterien dieses Recht laut „dem Worte Gottes, dem

27 Vgl. ebd.

28 Vgl. Friedrich Wilhelm Bauks: Die evangelischen Pfarrer in Westfalen von der Reformationszeit bis 1945 (BWFKG 4), Bielefeld 1980, 477, Nr. 5911.

29 Vgl. Protokoll der Verhandlungen der Kreissynode Tecklenburg 1842, 6.

30 Protokoll der Verhandlungen der Kreissynode Tecklenburg 1844, 5.

31 Ebd.

Heidelbergischen Katechismus"[32] zustehe. Dieses sei das Bekenntnis „fast sämmtlicher Gemeinden"[33] der Diözese und es würde durchaus zu Verärgerung führen, wenn der Staat der Synode gegenüber „offenbare Gleichgültigkeit gegen ihre Confession"[34] an den Tag lege. Ebenfalls ein durchaus vorhandenes konfessionelles Bewusstsein zeigt die Diskussion über ein Lesebuch für eine neu gegründete Schule in Rheine. Man wollte gern ein Lesebuch mit reformiertem Charakter einführen, stellte jedoch fest, dass das bislang favorisierte Buch, der „Gütersloher Kinder- und Jugendfreund" sehr wohl den lutherischen Katechismus, nicht aber den Heidelberger, behandelte. Eine Lehrerkonferenz wurde dementsprechend beauftragt, ein Lesebuch, welches durch eine Behandlung des Heidelberger Katechismus auch den konfessionellen Ansprüchen der Diözese genügte, auszuarbeiten.[35]

Dass allerdings nicht überall der Heidelberger Katechismus mit Freuden als Grundlage der Gemeindearbeit benutzt wurde, klang bereits an. Auf der in Münster versammelten Kreissynode 1847 trat hier eine Person besonders in den Vordergrund: der Lengericher Pfarrer Jakob Kriege (1776–1851)[36]. Er sprach sich in einer leider nicht den Synodalprotokollen angehängten Erklärung *gegen* den Heidelberger Katechismus als Bekenntnis aus. Der Grund hierfür ist in den Verhandlungen über die 1941 „Lichtfreunde" bzw. den „Verein der Protestantischen Freunde" der letzten Jahre zu sehen, mit denen sich auch die Synode in Tecklenburg auseinanderzusetzen hatte. Angedeutet wird, dass Kriege wohl mit der Argumentation der Synode bei der Zurückweisung der Lehre dieser rationalistischen Gruppierung nicht einverstanden war, die vornehmlich auf Basis des Heidelberger Katechismus vorgebracht wurde.[37]

Der Lengericher Pfarrer jedenfalls bezeichnete den Heidelberger Katechismus als objektiv schriftwidrig und wollte von seiner Lehre freigestellt werden.[38] Die Synode äußerte ihr Befremden und das Moderamen plante daraufhin, eine Verpflichtung aller Prediger auf die Symbole zu veranlassen, auf die sie ordiniert worden waren. Allerdings stellte sich heraus, dass Pfr. Kriege lediglich „auf das Wort Gottes"[39], und nicht auf die überlieferten Bekenntnisse ordiniert worden war. Und selbst wenn dies geschehen wäre, seien eben diese Symbole immer noch nicht über eine Prüfung an der Heiligen Schrift selbst erhaben. Nur in Reflektion auf die Heilige Schrift sei die Richtigkeit eines Bekenntnisses gegeben. Kriege müsse also das Recht zugestanden werden, auf Basis der Schrift gegen Lehren des Heidelberger Katechismus zu protestieren. Er könne demnach nicht belangt werden, insofern er keine eindeutige Häresie lehre. Ein solcher Vorwurf

---

32 Protokoll der Verhandlungen der Kreissynode Tecklenburg 1846, 7; vgl. auch Protokoll der Verhandlungen der Kreissynode Tecklenburg 1844, 5f.

33 Protokoll der Verhandlungen der Kreissynode Tecklenburg 1846, 7.

34 Ebd.

35 Vgl. Protokoll der Verhandlungen der Kreissynode Tecklenburg 1846, 11.

36 Vgl. Bauks (wie Anm. 28), 278, Nr. 3487.

37 Vgl. Protokoll der Verhandlungen der Kreissynode Tecklenburg 1847, Anlage C zu Antrag 10, 33; Protokoll der Verhandlungen der Kreissynode Tecklenburg 1846, 5f.

38 Vgl. Protokoll der Verhandlungen der Kreissynode Tecklenburg 1847, 7.

39 Vgl. ebd., Anlage C zu Antrag 10, 33.

wurde aber von der Synode deutlich verneint, da Pfr. Kriege bereits 50 Jahre lang seinen Dienst untadelig versehen habe.[40]

So beschloss die Synode (längst nicht einstimmig, sondern nur mit 30 der anwesenden 44 Stimmen!) zum Einen eine Stellungnahme, in der lediglich das Bedauern der Synode ausgedrückt wurde, dass „ein sonst würdiges Mitglied“ als „Verächter des Symbols“ dastehe,[41] und fügte hinzu, dass man selbst aber die Bekenntnistreue als wichtiges Gut erachte, welches es zu verteidigen gelte.[42] Die Erklärung Krieges wurde den Protokollen nicht hinzugefügt, womöglich um ihn vor dem Konsistorium zu schützen.[43] Die Diskussion um die Person Kriege schien damit zunächst abgeschlossen zu sein, da sie in den Verhandlungsprotokollen der Synode nicht wieder aufgenommen wurde. Erneute Gespräche über eine eigenständig gegebene presbyterial-synodale Kirchenverfassung in den preußischen Westprovinzen als Folge der Märzrevolution und die notwendige theologische Standortbestimmung in dieser Zeit ab 1848 verhinderten die Wiederaufnahme der Diskussion über diese Angelegenheit bis zu Krieges Tod 1851.[44]

Die Kreissynode sprach sich also für die Erhaltung der Bekenntnisse im Angesicht ihrer Bestreitung aus. Sie bekräftigte die Erhaltung bereits ein Jahr später auf Antrag des Presbyteriums zu Tecklenburg, allerdings vor einem generellen Forum „des immer allgemeiner um sich greifenden Abfalls von der evangelischen Kirchenlehre“[45]. Womöglich versuchten die Tecklenburger auf diese Weise der Theologie der Märzrevolutionäre zu begegnen, die liberales und demokratisches Gedankengut vertraten. Dies lässt sich zumindest im Kommentar des Superintendenten Rudolph Kobmann aus Lotte (1804–91)[46] vermuten, wenn er davon spricht, dass „die Geburtsstätte des Bekenntnisses […] das gläubige Herz“ sei „und nicht der diskutierende Verstand“[47].

Es wurde in dieser Erklärung besonders darauf geachtet, auch auf die Münsterländer Gemeinden einzugehen und der Union gerecht zu werden. Man fügte den beiden im Begründungstext genannten Symbolen, dem Heidelberger Katechismus und der CA, auch den Kleinen Katechismus Luthers hinzu, der noch zwei Jahre zuvor eben nicht im Schulbuch zu Rheine gebraucht werden sollte.

Allerdings sollte dies nicht zu der Annahme verleiten, man hätte nun widerspruchslos auch den Kleinen Katechismus Luthers in den sog. „älteren Gemeinden“ eingeführt. Die Verhandlungen der Kreissynode zur Kirchenlehre in den folgenden Jahren waren von Überlegungen geprägt, wie sich die Zustimmung der Synode zur Union, ebenso wie der unierte Charakter der sog. „neuen Gemeinden“

---

40 Vgl. ebd.

41 Ebd., Beschluss 14a, 7.

42 Vgl. ebd., Beschluss 4b, 7.

43 Es scheint sich in der Argumentation im Fall Kriege herauszustellen, dass dieser seine Stelle auf Grund seiner Haltung zum Heidelberger Katechismus hätte verlieren können, vgl. ebd., Beschluss 4d, 7; auch ebd., Anlage C zu Antrag 10, 33.

44 Vgl. Breuer (wie Anm. 23), 24.

45 Protokoll der Verhandlungen der Kreissynode Tecklenburg 1848, 5.

46 Superintendent von 1846–59 (Rücktritt auf Grund eines Pfarreiwechsels ins größere Lengerich, s.u.) und 1874–91, vgl. Bauks (wie Anm. 28), 262, Nr. 3315.

47 Protokoll der Verhandlungen der Kreissynode Tecklenburg 1848, 6.

im Münsterland, mit der starken und selbstverständlichen Orientierung der alten Gemeinden am Heidelberger Katechismus vereinbaren ließe.

Auf der einen Seite fand in eben den alten Gemeinden eine Konsolidierung unter den Heidelberger Katechismus statt. Der deutlichste Fall hierfür ist der Beschluss 110 der Synodalversammlung 1850 in Lengerich. Hier wurde die Gemeinde Ibbenbüren, die bislang den von der Synode geduldeten sog. „Heringschen Katechismus" benutzte, ohne große Verhandlungen auf den Heidelberger Katechismus verpflichtet und setzte dieses auch in Jahresfrist um.[48] Als Begründung für diese Forderung wurde allein die Tradition des Heidelberger Katechismus im kirchlichen Gebrauch der alten Gemeinden genannt. Ebenfalls wurde der Heidelberger Katechismus für die Gymnasien der Diözese als zu verwendender Katechismus angewiesen.[49]

Die Sorge der Synode um die Union allerdings zeigte sich deutlich nach der Kabinetts-Ordre vom 6. März 1852. Dieser Erlass forderte in konfessionellen Fragen in dem neu in Berlin für die Leitung der evangelischen Landeskirchen eingerichteten Evangelischen Oberkirchenrat (EOK) und im Konsistorium eine Entscheidung *itio in partes*, um auch in der unierten preußischen Kirche die Eigenständigkeit der Bekenntnisse zu wahren.[50]

Dies widersprach natürlich der Position zur konfessionellen Stellung in der Union, die bislang in den Verhandlungen der Synode Tecklenburgs vorherrschend war. Schon auf Grund der neuen Münsterländer Gemeinden der Diözese, die sich keiner der beiden in der Ordre angesprochenen Konfessionen voll zuordneten, konnte und wollte man diese Aufteilung in Bekenntnisfragen nicht akzeptieren. Sie waren in solchen Entscheidungen schlicht nicht mehr repräsentiert.

Die protokollierten Überlegungen zeigen deutlich, dass man nicht mehr hinter die Union zurückwollte, auch wenn die alten Gemeinden ihre reformierte Prägung und den Heidelberger Katechismus nicht aufgegeben hatten. Konfessionelle Schranken wurden vielmehr als Spitzfindigkeiten der Theologen diskreditiert. Man solle eher darauf achten, gegen den lauernden Katholizismus eine protestantische Einheit zu bilden, und sich nicht durch zu starke innere Differenzierung selbst zu schwächen.[51] Dementsprechend erleichtert war man, als sich in der Folgezeit auch andere Synoden der Provinz für die Union aussprachen und sich die „confessionellen Sonderbestrebungen" als Meinungen einer vornehmlich im Minden-Ravensbergischen zu findenden Minderheit in Westfalen herausstellten.

In den folgenden Jahren führten die heftigen Diskussionen, die die bereits angesprochenen ostwestfälischen Lutheraner durch konfessionalistische Forderungen in die Provinzialsynode einbrachten, in Tecklenburg zu der Notwendigkeit, die eigene Stellung zur Union weiter zu erläutern. In Minden, Lübbecke und Vlotho gab es deutliche Bestrebungen zur Bildung eines lutherischen Sonderbekenntnisses. Die Minden-Ravensberger Diözesen waren genötigt, auf diese sich

48 Vgl. Protokoll der Verhandlungen der Kreissynode Tecklenburg 1850, 28; vgl. auch Protokoll der Verhandlungen der Kreissynode Tecklenburg 1851, 5.

49 Vgl. Protokoll der Verhandlungen der Kreissynode Tecklenburg 1851, 5.

50 Breuer (wie Anm. 23), 29f.

51 Vgl. Protokoll der Verhandlungen der Kreissynode Tecklenburg 1852, 5f.

ansonsten separierenden Kreise einzugehen. Zum Vorwurf und Problem wurde in diesen Diskussionen besonders die unbefriedigende Bestimmung des Begriffes „Union" gemacht.[52]

Die Synode in Tecklenburg wollte durchaus ihr charakteristisches Herkommen aus der Lehre des Heidelberger Katechismus erhalten, allerdings auf Basis einer „Unionsliebe in gegenseitiger Durchdringung"[53] bzw. einer „bekenntnistreuen Union"[54].

Die Union bedeute keine Bekenntnislosigkeit, vielmehr ein gegenseitiges Korrigieren der Bekenntnisse untereinander. Die reformatorischen Bekenntnisse seien nichts anderes als verschiedene Zungen des einen Bekenntnisses Petri. Auch wenn der Heidelberger Katechismus in Tecklenburg „hochverehrt"[55] sei, solle er nicht als Werkzeug einer Abgrenzung zu anderen evangelischen Konfessionen zu verstehen sein. Vielmehr sei er eine Lehrsammlung, die sich am Evangelium selbst zu messen habe und durch die Streitpunkte mit anderen Konfessionen zu tieferer Wahrheit vordringen möchte.

Und die Rolle des Heidelberger Katechismus in diesem konstruktiven Austausch wollte die Diözese Tecklenburg auf keinen Fall herunterspielen! Die Vermittlung biblischer Geschichte in den Elementarschulen der alten Gemeinden sollte Beweisstellen für den Heidelberger Katechismus gebrauchen. Diese Stellen sollten ebenfalls dem Gesangbuch angehängt werden.[56] Außerdem wurden die Lehrerseminare in Soest und Petershagen daran erinnert, neben dem lutherischen auch den Heidelberger Katechismus zu lehren.[57]

Im Jahre 1858 trat Superintendent Kobmann auf Grund einer höheren Arbeitsbelastung in seiner neuen Pfarrstelle in Lengerich zurück. Als sein Nachfolger wurde mit deutlicher Mehrheit eine Person gewählt, die nun eine etwas veränderte Argumentationsrichtung in die Protokolle der Kreissynoden einbringen sollte: der liberale Pfarrer und bisherige Assessor Rudolph Smend aus Leeden (1806–74)[58]. Dieser war stark von der Theologie Schleiermachers und Neanders geprägt, ein großer Freund der Union und Gegner des Konfessionalismus.[59]

Diese Haltung wurde bereits drei Jahre nach seinem Amtsantritt als Superintendent deutlich. Gleich mehrere Gemeinden beantragten zum 300-jährigen Jubiläum des Heidelberger Katechismus eine kirchenkreisweite Feier am 19. Januar 1863 oder dem Sonntag danach. Hier entgegnete Smend, dass die meisten Gemeinden der Synode keine spezifisch reformierten, sondern „evangelische" Gemeinden seien. Die Diözese Tecklenburg sei eine weitherzige Gemeinschaft, ohne Bezug auf eine einseitige konfessionelle Sonderung. Eine zu große „reformierte Identität" solle demnach vermieden werden, der Begriff „ehemals reformiert" sei

---

52 Vgl. Breuer (wie Anm. 23), 32f.
53 Protokoll der Verhandlungen der Kreissynode Tecklenburg 1854, 5.
54 Protokoll der Verhandlungen der Kreissynode Tecklenburg 1855, 5.
55 Protokoll der Verhandlungen der Kreissynode Tecklenburg 1858, 6.
56 Vgl. Protokoll der Verhandlungen der Kreissynode Tecklenburg 1857, 14.
57 Vgl. Protokoll der Verhandlungen der Kreissynode Tecklenburg 1860, 11f.
58 Vgl. Bauks (wie Anm. 28), 477, Nr. 5912.
59 Vgl. Breuer (wie Anm. 23), 105ff.

passender.[60] Natürlich jedoch sei es für eine Synode mit dem Geist der evangelischen Union geboten, eine Erinnerungsfeier für dieses „vom h. Geiste des Evangeliums getränkte“[61] Lehrbuch zu veranstalten. Hierfür halte er den 31. Oktober 1863 allerdings für sinnvoller, da man somit ein Datum gewählt habe, welches größere Bedeutung für die gesamte Reformation habe.

Obwohl dieser veränderte Vorschlag eines deutlich stärker uniert geprägten Jubiläums des Heidelberger Katechismus von den Synodalen angenommen wurde, leisteten einige Pfarrer der ursprünglich reformierten Gemeinden Widerstand. Gleich drei Pfarrer erklärten auf der folgenden Synode, sie hätten das Gefühl, dass der Heidelberger Katechismus nun nicht mehr als das zu Recht bestehende Bekenntnis der Gemeinden anzusehen sei. Sie forderten eine verbindliche Erklärung des Superintendenten, ob die Gemeinden, die früher reformiert gewesen waren und nun uniert hießen, sich nun auch zu den Symbolen beider Konfessionen bekennen müssten.[62] Smend musste an dieser Stelle seine Aussagen vom Vorjahr relativieren. Der Heidelberger Katechismus sei lediglich nun nicht mehr das einzige, die Diözese verbindende und somit buchstäblich verbindliche Bekenntnis. Vielmehr seien die alten Gemeinden „uniert mit vorherrschend reformiertem Typus“[63]. Die Aussage, man sei „reformiert“ entspräche schließlich nicht der Gemeinderealität, da man sich hierdurch eine Bezeichnung gäbe, die die Union bestreite. Er stellte also fest, dass eine konfessionelle Einordnung der Gemeinden, die vormals reformiert gewesen waren und nun der Union angehörten, nicht mit herkömmlicher Terminologie vorgenommen werden könne und verwies auf eine Prüfung der Unions-Urkunden der Gemeinden.[64]

Die weiteren Jahre der Superintendentur Smends waren ebenfalls durch liberale und betont unierte Argumentationen geprägt, sodass der Heidelberger Katechismus nur äußerst selten zur Sprache kam. Fortschrittsdenken, das Finden einer bekenntnistheoretischen *mesotes* und eine Betonung der privaten Frömmigkeit wurden gegen jedwede „confessionelle Beschränktheit“[65] angeführt. Auf der Synode in Lengerich 1868 beklagte sich ausgerechnet das Presbyterium von Ibbenbüren über das Fehlen eines unierten Bekenntnisses.[66]

Mit dem Tod Smends[67] und der Rückkehr Kobmanns ins Superintendentenamt 1874 änderte sich nicht viel in der Argumentation des Vortrags des Superintendenten, allerdings scheinbar schon in der Ausrichtung der Synode, wenn sie Smend überhaupt jemals gänzlich gefolgt war. Die inzwischen ohne die seit einigen Jahren zur Münsteraner Synode zugeordneten Gemeinden tagenden Tecklenburger erklärten, sie seien uniert, allerdings niemals dem Heidelberger Kate-

60 Vgl. Protokoll der Verhandlungen der Kreissynode Tecklenburg 1862, 7.
61 Ebd.
62 Vgl. Protokoll der Verhandlungen der Kreissynode Tecklenburg 1863, 3f.
63 Vgl. ebd., 4.
64 Vgl. ebd, 4f.
65 Protokoll der Verhandlungen der Kreissynode Tecklenburg 1867, 3.
66 Vgl. Protokoll der Verhandlungen der Kreissynode Tecklenburg 1868, 4.
67 Zur Bedeutung Hermann Rudolph Smends in provinzialkirchlichem Zusammenhang und seiner liberalen Denkweise vgl. Breuer (wie Anm. 23) 105ff.

chismus untreu geworden.[68] Jedoch erklärten sie auch, dass ihre Gemeinden keinen Sinn für die Unterschiede zwischen reformierter und lutherischer Lehrauffassung hätten[69], eine übertriebene Aussage, die selbst von General-Superintendent Julius Wiesmann (1811–1884)[70] beanstandet wurde.[71]

1877 trat die Synode der Positiven Union bei, einer 1876 vom Hofprediger Rudolf Kögel gegründeten Kirchenpartei, die sich gegen die Konfessionalisten für eine preußische Unionskirche, aber auch gegen liberale Tendenzen in einer solchen aussprach.[72] Dies ist ein durchaus nachvollziehbarer Schritt, da die Positive Union somit dem von der Synode vertretenen Charakter einer „bekenntnistreuen Union“ durchaus nahe stand.

Mit dem Beitritt in die Positive Union jedoch ebbte dann auch jegliche Diskussion über Konfessionalität und Union in Tecklenburg ab. Man stand hinter den konservativen Zielen der Positiven Union und pflegte durch eine neuen Ausgabe des Heidelberger Katechismus aus der 1878er Edition des ehemaligen Lienener Pfarrers Karl Theodor Müller (1824–1890)[73], welcher nun in der Synode Siegen tätig war, auch wieder mehr seine konfessionelle Besonderheit. 1881 wurde dieser Ausgabe zudem ein Anhang mit Unterscheidungslehren zum Katholizismus beigefügt.[74]

Auf der Synode 1891 in Lengerich dann beklagte der Lienener Pfarrer Wilhelm Kriege (1829–1913)[75], dass den reformiert geprägten Protestanten mit dem Heidelberger Katechismus ein zu umfangreiches Schriftstück für den Schulunterricht gegeben sei. Die Lutheraner seien mit ihrem Kleinen Katechismus besser aufgestellt. Er selbst habe eine reduzierte Variante des Heidelberger Katechismus ausgearbeitet, die er für den Schulunterricht vorschlage.[76] Auf Grund der seit Beginn der 1870er veränderten schulpolitischen Lage[77] im Königreich Preußen sprach das Moderamen zunächst Zweifel aus, was die Annahme einer solchen Empfehlung von Seiten der Schulaufsicht anging. Allerdings stimmte man der Überprüfung des Schriftstücks zu und setzte hierzu eine Kommission ein. Im Jahr darauf erweiterte man das Vorhaben, indem man die Arbeit der Kommission in eine gänzlich neue Ausgabe des Heidelberger Katechismus umwandelte. Statt des bloßen Auszuges sollte ein gesamter Katechismus den Gemeinden zur Kontrolle vorgelegt werden, indem die von der Kommission herausgearbeiteten Sätze hervorgehoben wurden.[78] Nach erfolgreicher Prüfung und erneuten Revisionen wurde 1893 beschlossen, die neue Ausgabe der Provinzialsynode zur Annahme

68 Vgl. Protokoll der Verhandlungen der Kreissynode Tecklenburg 1875, 3.
69 Vgl. Protokoll der Verhandlungen der Kreissynode Tecklenburg 1876, 3.
70 Vgl. Bauks (wie Anm. 28), 558, Nr. 6945.
71 Vgl. Protokoll der Verhandlungen der Kreissynode Tecklenburg 1877, Anlage 1, 14.
72 Vgl. ebd, 5.
73 Vgl. Bauks (wie Anm. 28), 344, Nr. 4314.
74 Vgl. Protokoll der Verhandlungen der Kreissynode Tecklenburg 1881, 3.
75 Vgl. ebd., 278, Nr. 3489.
76 Vgl. Protokoll der Verhandlungen der Kreissynode Tecklenburg 1891, 13.
77 Vgl. hierzu Breuer (wie Anm. 23), 164–196.
78 Vgl. Protokoll der Verhandlungen der Kreissynode Tecklenburg 1892, 8.

vorzulegen und dann drucken zu lassen.[79] Sie wurde daraufhin auch von der Provinzialsynode angenommen und damit am 19. September 1894 die Verbreitung der neuen Tecklenburger Ausgabe des Heidelberger Katechismus im ganzen Gebiet der Diözese Tecklenburg angeordnet.[80]

4. Resümee

Es zeigt sich in der Betrachtung der konfessionellen Diskussionen auf den Verhandlungen der Kreissynode Tecklenburg, dass sich die Zusammensetzung der Diözese aus ursprünglich reformierten und erst im 19. Jahrhundert bereits als uniert gegründeten und in der Diaspora gelegenen Gemeinden auch prägend für ihre gesamte Haltung zu Union und Konfession ausgewirkt hat. Man stand bereits 1842 hinter der Idee der Union, auch wenn eine hinreichende Erläuterung ihrer Ziele noch ausstand. Mit dem Hinzukommen der Münsterländer Gemeinden verstärkte sich diese Tendenz. Allerdings wollte man sich in den alten Gemeinden auch das Charakteristische des reformierten Bekenntnisses bewahren, weshalb die Benutzung des Heidelberger Katechismus hier durchweg eine Selbstverständlichkeit bildete. An mehreren Stellen des behandelten Zeitraums stieß man mit dieser Einstellung auf Widerstände. Sich an den Geschehnissen der Zeit messend, musste dann die Synode diese beiden Ziele miteinander vereinbaren und fand hierfür immer wieder neue Argumente.

An diesem Gedanken, den sie selbst mit dem Begriff der „bekenntnistreuen Union“ umschrieb, hielt die Synode fest. Sie stellte sich demnach der wichtigen Aufgabe des Findens einer Identität und definierte so Begriff und Sinn der Union für sich. Dies blieb ihr selbst erhalten, als sich die Gemeinden aus dem Münsterland größtenteils als Synode Münster abspalteten; ja nicht einmal die Bekenntnishermeneutik während der Superintendentur Smends hat die Synode zum Abrücken hiervon veranlasst.

79 Vgl. Protokoll der Verhandlungen der Kreissynode Tecklenburg 1893, 9f.
80 Vgl. Protokoll der Verhandlungen der Kreissynode Tecklenburg 1894, 8.